성과경영 :
조직관리자 역할

Performance Management

| 나 기 현 지음 |

부산외국어대학교 출판부

성과경영: 조직관리자의 역할

2020년 2월 28일 초판 발행

저　자/ 나기현
발행인/ 정용각
발행처/ 부산외국어대학교 출판부
등　록/ 제 14-11-15호
주　소/ 46234 부산광역시 금정구 금샘로485번길 65
전　화/ 051) 509-6465, 6448 팩스/ 051) 509-6468
인터넷/ http://press.bufs.ac.kr
편　집/ 주간 · 박영구, 디자인 · 진은혜
인쇄처/ 세종문화사 (051) 463-5898
공급처/ 한국출판협동조합 (02) 716-5616~9

ISBN 978-89-8312-455-5 93320

정가 15,000 원

이 도서는 부산외국어대학교의 연구활동을 진작시키고
출판물의 저작 · 보급을 촉진하기 위해 도서개발연구비가 지원된 도서입니다

머리말

가치주도시장인 Market 3.0시대에 기업이 생존하기 위해서는 지속적으로 차별화된 부가가치를 고객에게 제공하여야 한다. 이를 위해 많은 기업에서 성과경영의 중요성을 인식하고 성과중심의 경영혁신기법들을 도입·운영하고 있지만 기대했던 만큼의 결과를 만들어내지는 못하고 있다. 그 이유는 새로운 제도나 기법은 운영자 및 구성원에게 새로운 역할을 필요로 한다는 사실을 망각하고 과거의 관행적인 프로세스나 역할에 치중하고 있기 때문이다.

이제는 과거의 관행적인 프로세스나 역할을 벗어나 전략의 일환으로 경쟁사와는 다른 차별적인 경쟁우위를 확보하면서, 미래의 성과를 창출할 수 있는 토대를 구축함은 물론 조직 내 다양한 구성원들이 한곳을 바라보며 서로 협력하여 높은 성과를 창출할 수 있도록 적시에 그들을 지원하고 코칭을 할 수 있는 새로운 역할을 조직관리자에게 요구하고 있다. 또한 기업과 구성원 모두가 기존의 경영방식에서 탈피할 수 있도록 성과경영프로그램을 통해 경영관리시스템과 업무수행방법, 직무수행역량을 재구축해야 한다.

성과경영이란 무엇인가? 성과자체를 관리하는 것도 중요하지만 환경변화에 따라 달라질 수 있는 성과동인을 찾아내고, 이를 데이터화해서 지속적으로 성과가 창출될 수 있도록 하는 것이다. 즉 조직구성원들이 높은 성과를 지속적으로 창출할 수 있도록 그들의 능력을 최대로 발휘할 수 있는 업무환경을 만들어 성과창출의 주체인 구성원들이 주인의식을 가지고, 열정과 헌신으로 똘똘 뭉쳐 신바람내면서 일하게 하는 것이다.

조직관리자란 누구를 의미하는가? 넓은 의미로는 경영자를 포함하는 개념으로 볼 수 있지만 본서에서는 좁은 의미로 경영층(진)에서 설정한 비전 및 전략실행을 성공적으로 달성하기 위하여 경영활동(관리)과정을 수행하는 사람으로 보고자 한다. 즉 사업부 또는 부문(기능)수준에서 목표를 수립하고, 이를 효과적으로 달성하기 위한 조직의 제 자원을 조직화하고, 구성원들을 지휘하고 통제하는 역할을 수행하는 관리자라고 할 수 있다.

따라서 본서에서는 생존방안의 일환으로 기업들이 성과경영을 성공적으로 정착·운영하기 위해 조직관리자에게 새로운 역할을 요구하는 것에 발맞춰 경영활동(관리)과정(Plan-Organize-Do-See)을 중심으로 각 과정에서 새롭게 요구하는 역할이 무엇인지를 총 4부로 구성하여 이론과 실무적인 차원에서 과제들을 제시하였다.

제 I 부에서는 계획수립(Planning)과 관련하여 성과경영의 성공적으로 정착 및 운영을 위해 조직관리자에게 요구하는 새로운 역할들을 제시하였다. Planning(계획)이란 비즈니스(사업)을 본격적으로 추진하기 전에 준비하는 활동으로서, 조직의 목표를 설정하고 그것을 달성하는 방법을 미리 제시한다. 즉 조직목표를 달성하기 위하여 누가 무엇을 언제, 어떻게, 얼마만큼 왜 작업을 해야 하는지에 관하여 사전에 명확하게 결정 및 설명하는 것이다. 이러한 계획수립과 관련하여 새롭게 요구되는 3가지 역할(조직가치 공유자 및 전파자 역할, 전략적 계획수립자 역할, 성과목표 설정자 역할)을 제시하였다.

제 II 부에서는 조직화(Organizing)과 관련하여 성과경영의 성공적으로 정착 및 운영을 위해 조직관리자에게 요구하는 새로운 역할들을 제시하였다. 조직화(Organizing)는 계획의 실현가능성을 탐색하는 것이다. 즉 계획을 실천에 옮기고 목표를 성공적으로 달성하려는 구성원들의 관계구조를 창출하는 과정을 의미한다. 성공기업이 되기 위해서는 '목적에 맞는 디자인'을 하여야 한다. 이는 일하는 전체 안에서 각종 시스템들이 정합적으로 연계되어 있는가? 전략실행도구를 창조하는 조직구조를 제대로 디자인하고 있는가와 관련하여 회사의 활동범위를 어디까지로 정할 것인가? 명령체계를 어떻게 그을 것인가? 등에 대해 구체적으로 또박또박 설명을 하고 있어야 한다. 이러한 조직화와 관련하여 새롭게 요구되는 6가지 역할(자율기반 구축자 역할, 참여촉진 조직설계자 역할, 공평한 인사시스템 설계자 역할, 변화담당자 역할, 학습조직 구축자 역할, 성과지향적 조직문화 구축자 역할)을 제시하였다.

제Ⅲ부에서는 실행(Do)인 지휘화(Leading)와 관련하여 성과경영의 성공적으로 정착 및 운영을 위해 조직관리자에게 요구하는 새로운 역할들을 제시하였다. Do인 지휘화(Leading)는 조직관리자가 준비된 구성원들로 하여금 일할 맛이 나도록 분위기를 조성하는 것을 말한다. 즉 조직이 목표를 달성하려면 구성원들을 효과적으로 지휘하여야 한다. 그 이유는 조직의 성공은 구성원들의 지식, 기술, 동기유발 등에 좌우되기 때문이다. 이러한 실행(do)인 지휘화(leading)와 관련하여 새롭게 요구되는 6가지 역할(적재적소 배치자 역할, 팀워크 증진자 역할, 성과몰입 유도자 역할, 임파워먼트 촉진자 역할, 갈등조정자 역할, 소통활성자 역할)을 제시하였다.

제Ⅳ부 확인(See)인 통제(Controlling)와 관련하여 성과경영의 성공적으로 정착 및 운영을 위해 조직관리자에게 새롭게 요구되는 역할을 제시하였다. See인 통제(controlling)는 실적을 목표와 비교·검토하고, 필요하면 조치를 취하는 과정을 의미한다. 만약 성과가 기준보다 낮을 경우는 그 원인을 파악하여야 한다. 팀 구성원의 역량이 부족한가? 혹은 목표기준이 과도한 것인가? 등을 살펴보아야 한다. 반면에 성과가 기준보다 높게 달성된 경우에는 잉여부분을 어떻게 배분할 것인가를 결정하면서, 차후에는 그 기준을 상향 조정하게 된다. 따라서 경영통제시스템은 계획된 목표를 달성하고 있는지 여부를 감지하여 경영자에게 알려준다. 이러한 확인(See)인 통제(controlling)와 관련하여 새롭게 요구되는 3가지 역할(모니터 역할, 공정한 평가자 역할, 피드백 제공자 역할)을 제시하였다.

본서는 미래의 CEO나 관리자를 꿈꾸는 학생들과 기업의 실무담당자들에게 조직관리자의 역할에 대한 관심을 높이고, 실제로 기업에 적용할 수 있도록 이론과 실천적인 측면의 균형을 맞추려고 노력을 하였다. 하지만 아직 미흡한 부문과 분야가 많이 있어, 더 깊고 넓은 연구와 통찰을 통해서 차후 보완해 나갈 것이다. 이 책이 나오기 까지 많은 분들로부터 격려와 도움을 받은 것이 큰 힘이 되었다. 특히 이 책이 출판되도록 지원해준 부산외국어대학교 출판부에 감사의 뜻을 전한다.

2019년 12월

지은이 씀

목 차

제2장 전략계획수립자 역할 ▶ 61

제3장 성과목표 설정자 역할 ▶ 75

제Ⅱ부 Organizing 관련 조직관리자의 역할

제Ⅳ부 See 관련 조직관리자의 역할

서장 경영이란 무엇인가?

글로벌 경쟁과 불확실한 환경 속에서도 기업들은 궁극적인 목적인 생존을 위해서 그리고 초일류기업을 넘어 위대한 기업을 지향하기 위해서는 뛰어난 성과창출이 일회성이 아니라 장시간 지속적으로 이루어져야 한다. 위대한 기업으로 거듭나고 지속적인 고성과 창출을 위해서는 무엇보다도 조직구성원들이 성과가 무엇인가를 정확히 이해하고, 그 바탕위에서 성과경영이 이루어져야 한다.

따라서 제1절에서는 경영과 성과경영의 개념에 대하여 알아보도록 한다. 그리고 제2절에서는 기업이 지속적으로 성과창출을 할 수 있도록 성과경영을 위한 조직관리자의 역할은 무엇인지에 대여 개략적으로 알아보도록 한다.

제1절. 경영에 대한 이해

1.1. 경영과 경영활동이란 무엇인가?

경영이란 말은 우리 주변에서 흔히 듣고 있기 때문에 아주 친숙한 느낌이 들지만 정작 경영이 무엇이냐고 질문을 받으면 제대로 설명하기가 쉽지는 않다.

현대 경영학에서는 경영이란 "조직이 경영목표를 효과적으로 달성하기 위하여 환경조건과 관련하여 계획, 조직, 지휘, 통제하는 연속적인 과정을 통하여 인적, 물적, 재무적 자원을 효율적으로 배분하고 유용함으로써 최종 생산물을 만들어 가는 순환과정"으로 정의한다. 즉 경영이란 "조직목표를 효과적으로 달성하기 위하여 환경조건을 고려한 조직이 갖고 있는 제 자원을 통합하고 조정하는 과정"으로 설명하고 있다.

경영은 과정의 관점, 업무의 관점, 의사결정의 관점, 그리고 순환과정의 관점(plan-do-see) 등 어떤 관점으로 보든 경영내부에 계획, 실행, 평가과정이 내포되어 있다. 경영과정과 경영활동을 다음의 <표 1-1>과 같이 정리할 수 있다.

〈표 1-1〉 경영의 관점과 경영활동

<table>
<tr><th colspan="2">구 분</th><th>내 용</th></tr>
<tr><td colspan="2">과정관점</td><td>계획, 조직, 지휘, 통제</td></tr>
<tr><td colspan="2">업무(기능)관점</td><td>생산, 마케팅, 재무, 인사</td></tr>
<tr><td colspan="2">의사결정관점</td><td>전략적, 관리적, 운영적 의사결정 활동</td></tr>
<tr><td rowspan="5">경영활동</td><td>계획화(planning)</td><td>목표와 달성방법을 결정하기 위하여 필요한 일들을 미리 생각하는 활동</td></tr>
<tr><td>조직화(organizing)</td><td>인적·물적 자원을 동원하고 결합하는 활동</td></tr>
<tr><td>지휘화(leading)</td><td>구성원들에게 작업지시와 일의 보람 느끼도록 분위기를 조성하는 활동</td></tr>
<tr><td>조정(coordinating)</td><td>구성원들 간에 상호작용이 잘 이루어지도록 조정과 연결을 하는 활동</td></tr>
<tr><td>통제(controlling)</td><td>조직목표를 향하여 잘 실행되어 가고 있는지를 확인하는 활동</td></tr>
<tr><td colspan="2">경영 목표</td><td>정성적 혹은 정량적인 공동목표를 제시하는 활동</td></tr>
<tr><td colspan="2">프로세스</td><td>목표를 효과적/유연하게 달성하기 위하여 업무를 체계적으로 처리하는 활동</td></tr>
</table>

자료: 김종득 & 김형일(2009), 지식·창이경영을 위한 경영학원론, 경문사.

기업경영에서 의도된 목적을 합리적으로 달성하기 위해서는 보다 구체적인 경영활동이 요구된다. 경영활동 또는 경영기능은 경영자가 수행할 기본적인 기능으로, 통상 경영관리과정(management process)이라고 부른다. 이는 조직목표달성을 위하여 인적·물적 자원을 계획, 조직화, 지휘, 통제하는 프로세스(process)를 의미한다. 각 과정을 살펴보면 다음과 같다.

1.1.1. 계획(planning)

계획이란 비즈니스(사업)를 본격적으로 추진하기 전에 준비하는 활동으로서, 조직의 목표를 설정하고 그것을 달성하는 방법을 미리 제시한다. 즉 조직목표를 달성하기 위하여 누가 무엇을 언제, 어떻게, 얼마만큼 왜 작업을 해야 하는지에 관하여 사전에 명확하게 결정 및 설명하는 것이다. 예로 인터넷 쇼핑몰을 운영한다고 가정할 경우 어떤 상품을 고객들에게 소개할 것이며, 어떤 방식으로 주문 상품을 배달할 것인가, 그리고 구성원들에게 어떤 일을 분담시킬 것인가 등을 사전에 계획한다.

계획을 잘 수립하면 다음과 같은 이점이 있다. 1) 계획은 조직의 미래(이익증대, 시장점유율 증대, 경쟁력 향상, 사회적 책임완수 등)에 대하여 미리 전반적인 목표와 방향을 설정해 준다. 2) 목표달성을 위하여 조직은 어떤 자원과 역량을 보유하고 있는가를 확인하게 해준다. 3) 이러한 목표를 달성하려면 어떤 업무가 요구되는가를 결정하는데 도움이 된다.

1.1.2. 조직화(organizing)

조직화는 계획의 실현가능성을 탐색하는 것이다. 즉 계획을 실천에 옮기고 목표를 달성하려는 구성원들의 관계구조를 창출하는 과정을 의미한다. 예로 조직구성원들이 경영계획을 실행하고 목표를 달성하도록 구조물(마케팅, 생산, 재무 등의 부서)을 만들고, 각 부서에 맞는 업무를 적절하게 할당하는 과정을 의미하기 때문에 인적자원뿐만 아니라 물적 자원과 경영정보도 포함한다.

급변하는 경영환경에 적극적으로 대응하기 위하서는 과거의 기능부서 메커니즘의 한계(부서이기주의, 공동목표달성을 위한 연계 및 조정 등)를 극복할 수 있는 유연한 조직구조물 즉 고객중심의 프로세스 조직을 구축하는데 초점을 두어야 한다. 특히 업무흐름에서 고객 중심적으로 모든 재화와 정보가 물 흐르듯이 부드럽게 흘러가는 것에 초점을 맞추어야 한다.

1.1.3. 지휘(leading)

조직이 조직구조를 갖추고 적합한 사람을 선발·배치하면, 실행관련 그들이 마음가짐과 일하는 방식 즉 일을 어떻게 하는가에 따라 조직의 성공과 실패가 결정된다. 여기서 지휘란 경영자가 준비된 구성원들로 하여금 일할 맛이 나도록 분위기를 조성하는 것을 말한다.

오케스트라 지휘자가 각종 악기의 소리를 모아 화음을 이루어 내는 것처럼 경영자는 조직을 지휘하여야 한다. 특히 조직목표를 달성하려면 구성원들을 효과적으로 지휘하여야 한다. 그 이유는 조직의 성공은 구성원들의 지식, 기술, 동기유발 등에 좌우되기 때문이다.

따라서 경영자가 구성원들을 효과적으로 지휘하기 위해서는 자신에게 충분한 동기부여가 이루어져서 리더십 역량을 갖추어야 한다. '왜 내가 이 일을 하여야 하는가? 이 일을 어떻게 진행하여야 하는가? 등에 관한 질문을 자신에게 계속 던지고 그 해답을 구해야 한다. 또한 자신의 뜻과 조직목표를 전달하는 의사소통능력이 필요하다.

1.1.4. 통제(controlling)

통제는 실적을 목표와 비교·검토하고, 필요하면 조치를 취하는 과정을 의미한다. 만약 성과가 기준보다 낮을 경우는 그 원인을 파악하여야 한다. 구성원들의 역량이 부족한가? 혹은 목표기준이 과도한 것인가? 등을 살펴보아야 한다. 반면에 성과가 기준보다 높게 달성된 경우에는 잉여부분을 어떻게 배분할 것인가를 결정하면서, 차후에는 그 기준을 상향 조정하게 된다. 따라서 경영통제시스템은 계획된 목표를 달성하고 있는지 여부를 감지하여 경영자에게 알려준다.

1.2. 경영은 성과예술

조안 마그레타(J. Magretta, 2002)는 "경영이란 공동의 성과창출을 가능하게 해주는 규율이며, 경영의 본질은 복잡한 것이든 특수한 것이든 성과를 창출해 낼 수 있도록 바꾸는 일"이라고 설명하고 있다. 여기서 경영이라는 규율은 "조직을 제대로 돌아가도록 하는데 필요한 사고와 경험을 집적한 체계인 사고방식 및 행동양식"을 의미한다. 19세기 이후에 나타난 "경영이라는 규율"은 우리의 삶을 분명히 바꿔놓았다. 즉 지난 1세기 동안 일의 개념을 바꾸었고, 생산성을 몇 배나 높였으며, 이 덕분에 회사나 조직들이 생겨나 우리의 삶의 구조를 더 나아지게 하는 세계가 가능해진 것이라고 설명하고 있다.

최근 많은 기업에서는 생존을 위한 성과창출의 방안으로 다양한 경영전략과 기법들을 동원하고 있다. 그러나 성공이란 것이 왜 그렇게 무지개처럼 잡기 힘들며, 장기적인 성공은 왜 오직 몇 안 되는 기업들에게만 가능한 것인지 생존과 초일류 기업을 넘어 위대한 조직의 지향은 결코 쉬운 문제가 아니다. 왜 그럴까? 성공이 쉽지 않은 문제에는 여러 원인들이 있을 수 있다.

먼저 다른 기업으로부터 성공비결을 우리는 배울 수는 있지만, 각자가 처한 상황(조직의 역사, 조직원들의 역량과 열정, 경영환경, 원하는 목표 등)은 특수하기 때문에 일률적으로 적용할 수는 없다는 점이다. 더 중요한 것은 시간이 지나도 인간의 본성이 쉽게 변하지 않듯이 인간들이 움직이는 조직의 본성 또한 쉽게 변하지 않는다는 근본적인 사실을 망각한 채 경영자들이 근본으로 돌아가서 현상을 통합적으로 파악하기 보다는 눈에 보이는 단편적인 현상만을 보고 이를 치유하려는 노력만을 해왔기 때문일 수도 있다.

이와 같은 노력에 반기를 든 제프리 페퍼(2009)는 기업이 지속가능한 경쟁우위를 확보하는데 사람이 결정적인 핵심인자(DNA)라고 한다. 그 이유는 우수한 인적자원을 확보하여 효과적으로 일하도록 관리하는 것은 모방하기 어렵고 상당히 긴 기간 동안 경영성과를 창출하는데 활용할 수 있기 때문이다. 그러므로 21세기 경쟁우위의 원천은 바로 인적자원에 있다. 이러한 관점에서 볼 때, 조직 내 어떤 사람이 있으며, 그 사람들에게 어떤 기회를 제공하고 그들을 어떻게 보상하고 개발하는가 하는 문제는 오늘날 기업의 사활이 걸린 문제가 될 수 있다. 조직이 인적자원을 가장 중요한 경쟁요소로 간주하여 미션과 전략의 중심에 놓고 전략적으로 잘 개발하고 활용하며, 그리고 단기적 성과보다는 장기적 성과중심으로 잘 관리하게 되면 인적자원은 레버리지 효과, 즉 기대이상의 효익을 조직에 안겨줄 수 있게 될 것이다.

따라서 우리는 기본으로 돌아가 생존을 위한 성과창출의 방안의 일환으로 휴머니즘이 전제가 된 성과경영을 실행해야 한다. 그 이유는 첫째, 기업을 끌고 가는 것도 사람, 혁신 및 성과창출의 주체도 사람, 그리고 기업의 비즈니스를 완성시키는 것도 사람이기 때문이다. 둘째, 조직이 직면한 복잡하고 다양한 관리의 문제들을 잘 해결해낼 수 있는 유능한 인력을 어떻게 확보하고, 얼마나 보유하고 있는가, 그리고 유능한 인력들이 만들어내는 성과를 어떻게 관리하고 있는가 하는 인간적인 요소가 조직의 생존을 위하여 점점 더 중요해지기 때문이다.

특히 세계경제가 지식기반화가 되고 글로벌화 되면 될수록 직무 및 조직 환경은 더 전문화되고 복잡해져 다른 사람들의 힘을 빌려 성과를 올려야 할 일이 더 많아지기 때문에 휴머니즘이 전제된 성과경영과 이의 성공적 실현을 위한 조직관리자들의 역할은 앞으로 더 중요하게 될 것이다. 특히 조직관리자들은 지속적인 성과창출을 위해 구성원들이 창의성을 발휘할 수 있는 일할 맛 나는 회사, 애정과 자부심을 느낄 수 있는 조직의 환경을 조성하여야 한다.

1.3. 성과경영이란 무엇인가?

1990년대부터 비즈니스의 비전을 제시할 수 있는 핵심적인 경영프로세스로 성과경영을 인식하기 시작하였다(Flectcher, 2002). 그 이유는 조직의 차별적 경쟁우위를 달성하고 유지할 수 있는 능력이 바로 조직의 인적자원과 성과창출을 지원하는 성과경영에서 나오기 때문이다.

성과경영은 조직의 성과를 관리하는 방법론, 매트릭스, 프로세스 등으로 설명될 수 있다. 즉 성과경영이란 '조직의 구성원들이 높은 성과를 지속적으로 창출할 수 있도록 그들의 능력을 최대로 발휘할 수 있는 업무환경을 만드는 프로세스'이다(Snell & Bohlander, 2007). 또한 '고객 요구사항을 구체적으로 목표화 하고 수행기준을 정해서, 결과에 대해 합리적이고 공정하게 보상(능력급, 성과급, 인센티브 등)하는 것'이다. 그러므로 효과적인 성과경영의 실행은 기업과 구성원들의 경쟁력을 키워서 그들이 시장경쟁에서 지속적 우위를 차지할 수 있게 하는 원동력이다. 즉 성과창출의 주체인 구성원들이 주인의식을 가지고, 열정과 헌신으로 똘똘 뭉쳐 신바람내면서 일하게 하는 것이다.

성과경영에 있어 성과자체를 관리하는 것도 중요하지만 무엇보다도 더 중요한 것은 시대 및 환경의 변화에 따라 달라질 수 있는 성과동인(고객이 요구하는 것을 잘 찾아내어 창의적인 지식을 동원하고, 구체화하며, 경제적으로 생산하여 고객에게 전달할 수 있는 핵심요소)을 찾아내고, 이를 데이터화해서 성과와의 인과관계를 연계하여, 지속적으로 성과가 창출될 수 있도록 하는 것이다. 성과경영의 도입목적과 운영기준을 다음의 <표 1-2>와 같이 간략하게 정리할 수 있다.

〈표 1–2〉 성과경영의 도입목적 및 운영기준

구분	내용
도입 목적	· 기업과 구성원 모두가 경쟁적 시장에서 생존하기 위해서는 휴머니즘이 전제되지 않고서는 제대로 작동될 수 없다. · 휴머니즘: 인간을 인격체로서 신뢰하고 존중하는 사고 및 생활방식(신유근, 1997) · 창의성과 자율성발휘를 전제로 하는 성과경영은 인적자원 모두가 한 인격체로서 그 가치를 존중받을 때 비로소 완성된다.
운영 기준	· 장기적 목표를 바라보면서 구성원들의 육성지향적인 관점에서 기록경쟁 방식으로 실행되어야만 한다(류랑도, 2004). · 전략과 연계된 각자의 성과목표와 업무수행기준을 케스케이딩 방식으로 함께 설정하고, 실행방법의 선택권한을 위임해 결과 및 목표달성여부에 대해 명확한 지표들의 관리를 토대로 책임을 묻는 기록경쟁 방식으로 운영되어야 한다.

만약 성과경영의 도입목적 및 운영기준에 대한 구성원들의 이해도가 높지 않은 경우에는 아무리 좋은 제도라고 할지라도 구성원들의 저항을 유발하여 도입 및 운영에 있어서 어려움을 초래할 수밖에 없다. 즉 무늬만 도입하는 결과를 초래할 수 있다.

따라서 조직에서 성과경영이 성공적으로 운영될 경우의 이점이라고 하면, 1) 전략차원에서의 정책결정과 이에 대한 타당화가 수월하며, 진척도의 측정과 이것에 대한 커뮤니케이션이 가능하다는 것이다. 2) 운영차원에서 변화의 유도와 더불어 효율성 달성을 들 수 있다. 그리고 3) 개인적 이점으로서 책임과 목표의 명확화, 전략적 목표나 미션과의 연계를 들 수 있다. 성과경영이 효과적으로 작동되게 되면 다음이 <표 1-3>과 같은 것들이 용이하게 됨으로써 개인과 조직 모두에게 유익할 수 있다.

〈표 1-3〉 성과경영의 효과적 작동시의 이점들

· 상위계층과 하위계층 간에 전략적 목표의 연계
· 개인과 팀의 성과주안점이 전체적인 목표와 부합될 수 있도록 조정
· 구성원-관리자 관계에서 상호 기대를 명확화
· 적시 피드백과 목표지향적인 인적자원개발을 통한 지속적인 학습과 성과의 향상
· 보상, 개발, 승계 계획 등과 같은 인적자원관리의 핵심프로세스들을 위한 기초를 제공

따라서 조직에서 구성원들이 높은 성과를 지속적으로 창출할 수 있도록 지원해주는 올바른 성과경영의 정착 및 실행시키기 위해서는 모든 구성원들이 성과에 대한 개념을 이해하고, 그 바탕위에서의 성과경영이 왜 필요한지 그리고 성과경영의 철학 등에 관하여 이해가 전제되어야 한다.

또한 조직관리자들이 성과경영의 본질인 당연히 사람을 중심으로 생각하면서 애정을 가지고 접근해야 성공한다. 특히 기업과 구성원 모두가 기존의 경영방식에서 탈피할 수 있도록 경영관리시스템과 업무수행방법, 직무수행역량을 성과경영프로그램을 통해 재구축해야 한다.

제2절. 성공적 성과경영을 위한 조직관리자의 역할은 무엇인가?

시장 환경이 고객중심의 고도경쟁, 저성장 구도로 변화함으로써 이에 대응하기 위해 우리기업의 경영자들은 서구의 성과경영 중요성을 인식하고 연봉제와 인센티브 등과 같은 성과중심의 경영혁신기법들을 너도나도 서둘러 도입하고 있다. 그러나 정작 문제는 새로운 제도는 운영자 및 구성원에게 새로운 역할을 필요로 한다는 사실을 망각하고 있다는 것이다. 따라서 본 절에서는 조직관리자의 개념과 구성원들이 높은 성과를 지속적으로 창출할 수 있도록 지원해주는 성과경영을 성공적으로 정착시키기 위해 조직관리자들에게 새롭게 요구하는 역할이 무엇인지에 대하여 살펴보고자 한다.

2.1. 조직관리자란 누구를 의미하는가?

우리는 관리자(manager), 집행자(executive), 경영자(administration), 감독자(supervision) 등의 여러 가지 용어들 사이에 어떤 특별한 차이를 두지 않고 포괄적 의미에서 모두 동일한 개념으로 함께 사용한다. 또한 조직의 구성원 중에서 종업원 위에 위치한 사람들을 모두 경영자라 부르고 있다. 그 이유는 집단의 노력을 효과적으로 발휘시키기 위한 환경조성을 하는 모든 사람은 같은 기능을 수행하는 것으로 보았기 때문일 것이다.

경영자를 분류하는 방법으로는 조직계층(organizational hierarchy or levels)에 따른 분류방법과 조직 내에서의 활동의 범위(the range of organizational activities)에 따른 방법이 있다.

먼저 경영자를 조직 내 활동의 범위에 따라 분류하면 직능경영자(functional manager)와 전반경영자(general manager)로 구분할 수 있다. 이를 다음의 <표 2-1>과 같이 간략하게 정리할 수 있다.

〈표 2-1〉 조직 내 활동의 범위에 따라 분류

구 분	내 용
직능경영자	· 조직 내 직능(인사부문, 마케팅 부문, 생산부문, 재무부문 등)의 한 가지 직능적 활동 또는 부문에만 책임이 있는 경영자를 의미.
전반경영자	· 어떤 조직의 하위단위의 모든 경영활동에 책임이 있는 경영자를 의미. · 자신이 속한 하위단위(독립채산제의 독립적 사업단위의 성격)의 인사, 생산, 마케팅, 재무 등 모든 직능분야에 책임이 있다.

다음으로 경영자를 조직계층에 따라 분류하면 3개의 유형의 경영자 즉 하위경영자, 중간경영자, 상위경영자로 구분하고 있다. 이들에 대한 책임을 정리하면 다음의 <표 2-2>와 같다.

〈표 2-2〉 3개의 유형의 경영자와 각 그들의 책임들

구 분	다른 명칭	책임들
하위경영자 (First-line manager)	· 현장감독자 (supervisor) · 일선관리자	· 종업원의 일과를 지휘/감독할 책임 · 반장, 계장, 감독 등의 타이틀을 갖고 중간관리자에게 보고
중간경영자 (Middle-manager)	· 중간관리자	· 최고경영층이 설정한 목표를 하위경영자가 수행할 수 있도록 선도할 책임: 조직목표달성을 위해 인적/물적 자원을 조직하는 최선의 방법을 발견할 책임 · 부장, 과장, 팀장 등의 명칭 · 일선감독자 관리 및 상위관리자에게 보고,
상위경영자 (Top-manager)	· 고(상)위 관리자 · 경영진	· 몇 개의 부서를 동시에 맡아 각 부서 중간관리자들의 업무를 지휘·통제: 자원을 얼마나 잘 이용하는가를 모니터링 · 최고경영자와 함께 중요한 정책결정을 내리면서 회사전반에 관한 상황에 민감하게 반응 · 상무이사, 전무이사 등과 같은 임원진
최고 경영자 (CEO: Chief Executive Officer)		· 조직의 전반적인 경영에 책임이 있는 경영자 · 조직의 방향에 관한 의사결정(전사적 조직목표수립 등) · 회장, 대표이사 사장, 일반사장 등의 명칭

이와 같이 조직 내 계층에 따라 그리고 활동범위에 따라 분류한 경영자를 다음의 [그림 2-1]과 같이 통합적으로 정리할 수 있다.

[그림 2-1] 경영자의 분류

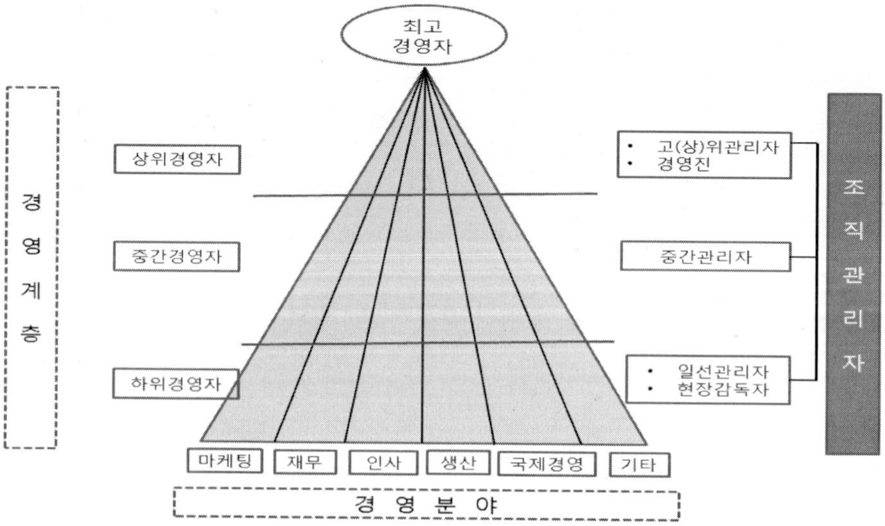

그러나 우리는 모두를 한꺼번에 경영자로 부르기 보다는 최고경영자와 조직관리자로 구분하고, 조직관리자에 상위관리자, 중간관리자, 그리고 일선 하위관리자를 포함하는 것이 더 적절한 것으로 보인다. 그 이유는 경영자에 대한 명칭은 학자에 따라서 상이한 견해를 보이고, 각자 권한범위도 다양하고 취급하는 문제도 다르기 때문이다. 즉 조직관리자는 최고경영층에서 설정한 조직의 전체목표 및 전략목표를 성공적으로 달성하기 위하여 경영활동(plan-do-see)을 수행하는 사람으로 부문 또는 기능수준에서 목표를 수립하고, 이를 효과적으로 달성하기 위한 조직의 제 자원을 조직화하고, 지휘하고, 통제하여야 하기 때문이다. 다시 말해 조직의 계획수립자(planner), 조직화 담당자(organizer), 지휘화 담당자(leader), 그리고 통제자(controller)역할을 수행하는 관리자라고 할 수 있다.

2.2. 성공적 성과경영을 위한 조직관리자의 역할

최근 기업의 핵심화두인 성과경영을 조직에서 성공적으로 도입·운영하기 위해서는 내부 핵심역량의 혁신은 물론 고객지향적인 마케팅이 필수적이다. 이는 내부지향적인 마인드나 프로세스로는 성과를 내기가 어렵고 철저하게 고객지향적인 마인드와 프로세스로 뭉쳐야 한다는 것을 의미하기 때문에, 성공적 성과경영을 위해서는 과거 조직관리자들이 관행적으로 행하였던 프로세스나 역할에서 벗어나 새로운 역할을 요구하고 있는 것이다.

2.2.1. 경영자의 역할

모든 경영자는 정도의 차이는 있지만 경영활동을 수행한다. 그렇다면 경영자는 그러한 경영활동을 수행하기 위해 어떠한 일을 하는가? 이는 경영자의 조직 내 역할(role)을 통해 알 수 있다. 여기서 역할이란 경영자가 경영활동을 수행하면서 보여주는 몇 가지의 행동유형으로, 경영자의 기능과 밀접한 관계가 있다.

경영자의 역할을 3개의 범주(대인 관계적 역할, 정보 관리적 역할, 의사결정적 역할)로 10가지를 제시한 민츠버그의 연구결과를 확장한 주요 경영기능과 연계한 경영자의 역할은 다음의 <표 2-3>과 같이 정리할 수 있다(김명학, 2000).

오늘날 경영자의 역할에 대한 인식의 변화를 살펴보면, 종전의 통제자와 감독자의 위치로부터 점차 코치, 촉진자, 지원자의 지위로 전환되고 있다는 점이다. 그 이유는 오늘날의 경영자는 수직적인 관계보다는 수평적인 관계를 중요하게 생각하기 때문이다. 특히 다수의 경영자들은 성과경영을 위하여 공식적인 권한과 지위를 앞세우는 대신에 조직의 구성원들과 함께 결과를 달성하기 위하여 파트너로서의 역할을 강조하고 있다.

〈표 2-3〉 주요 경영기능과 연계한 경영자의 역할

주요 경영기능	경영자 역할
계획화와 관련된 역할	· 전략계획 수립자(strategic planner) · 운영계획 수립자(operational planner)
조직화와 관련된 역할	· 조직 설계자(organizer) · 연결자(liaison) · 충원 조정자(staffing coordinator) · 자원 할당자(resource allocator) · 과업 위임자(task delegator)
지휘화와 관련된 역할	· 상징적 우두머리(figurehead) · 대변인(spokesperson) · 협상자(negotiator) · 코치(coach) · 팀 구축자(team builder) · 팀 운영자(team player) · 기술문제 해결자(technical problem solver) · 기업가(enterpreneur)
통제화와 관련된 역할	· 청취자(monitor) · 분쟁조정자(disturbance handler)

2.2.2. 성과경영을 위한 조직관리자의 역할

조직의 궁극적인 목표는 생존이다. 생존을 위해 조직은 지속적으로 현재의 성과를 창출함은 물론 미래성과를 창출할 수 있는 토대를 구축하여야 한다. 이와 관련하여 많은 기업에서는 생존을 위한 성과창출의 방안으로 다양한 경영전략과 기법들을 동원하고 있지만 생존과 초일류 기업의 지향은 결코 쉬운 문제가 아니다. 그렇다고 손을 놓고 있을 수 없다. 기업들이 경쟁자와는 차별화된 방법으로 가치를 창출하여 생존을 추구하기 위해서는 성과경영을 실행해야 한다. 그 이유는 기업을 끌고 가는 것도 사람, 혁신 및 성과창출의 주체도 사람, 그리고 기업의 비즈니스를 완성시키는 것도 사람이기 때문에, 그들이 만들어내는 성과를 어떻게 관리하고 있는가 하는 문제가 조직의 생존을 위하여 점점 더 중요해지기 때문이다.

그렇다면 오늘날의 기업은 리더와 관리자에게 무엇을 원하는가? 과거 '조직을 관리'하는 관리자의 역할을 벗어나 바로 '개인 및 집단(팀)이 성과를 내게 하는 성과창출자를 요구하고 있다. 그 이유는 성과경영이 제대로 실행되기 위해서는 각 단위의 조직관리자(사업본부장, 팀장 등)들은 성과리더십을 발휘해야하기 때문이다(류랑도, 2006). 즉 과거의 감시·감독의 통제에서 벗어나 성과과제를 설정하는 역할, 선략실행의 역할, 코칭 및 조정역할 등을 직극직으로 수행하여야만 하기 때문이다.

성과창출자(Performance Enabler)는 자신의 역량은 물론 같이 일하는 구성원들의 잠재역량을 이끌어내 주고 자신감을 불어넣어주며, 구성원들이 스스로 성과를 달성할 수 있도록 지원 및 코칭을 해주는 리더십을 수행하는 리더 및 조직관리자를 의미한다. 즉 성과창출자의 임무는 조직과 구성원들이 성과와 목표를 잘 달성할 수 있도록 하는 '~하게 하는 사람(enabler)'이고, 팀의 시너지를 올리는 사람이어야 한다(류랑도, 2006).

그렇다면 성과중심의 조직에서 성과창출자가 해야 할 가장 중요한 미션과 역할들을 무엇인가? 탁월한 성과를 창출하는 조직에서의 성과창출자가 해야 할 가장 중요하고도 핵심적인 미션은 구성원들을 '적재적소에 배치'하는 것이다(류랑도, 2006). 그 이유는 아무리 우수한 구성원이라도 적합한 자리가 아닌 곳에서는 성과를 창출하지 못하기 때문이다. 이러한 미션을 토대로 성과창출자는 조직을 이끌면서 늘 계획(plan)하고 실행(do)하며 평가(evaluate)하고 피드백(feedback)하는 일들을 반복해서 수행해야 한다. 성과창출자의 리더십 요체는 '성과목표 설정과 코칭, 그리고 평가'라고 할 수 있다. 이를 경영관리의 흐름에 맞춰 다음의 [그림 2-2]와 같이 역할들을 정리할 수 있다(류랑도, 2006).

[그림 2-2] 성과창출자의 역할

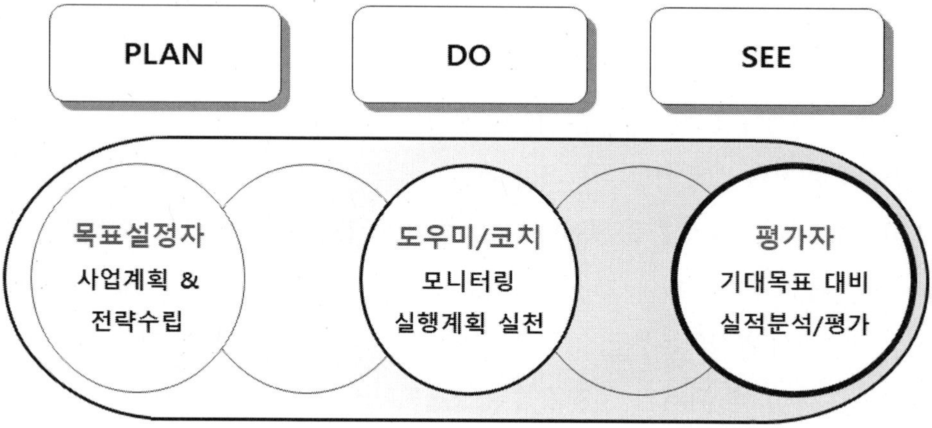

성과창출자의 역할은 도우미/코치로서 '리드와 지원'중심으로 변화해야하는 관리자의 혁신방향이기도 하다([그림 2-3] 참조)

[그림 2-3] 관리자의 혁신방향

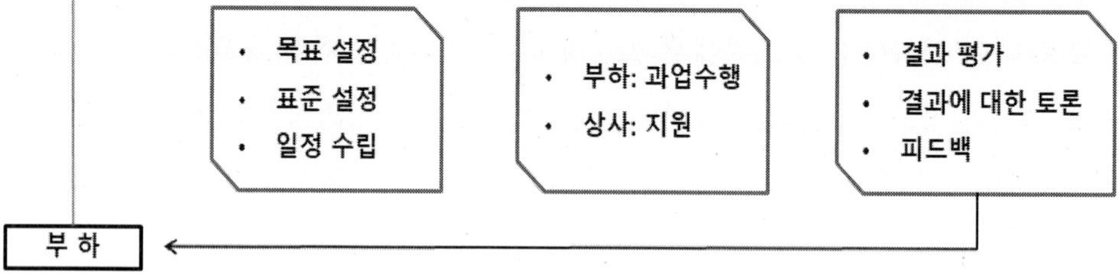

자료: 이광로, 장병집, 정기만(2013),경영학의 이해, 신영사. p158

조직에서 성과경영을 성공적으로 수행하기 위해 성과창출자인 조직관리자의 역할을 경영활동(plan-organizing-do-see)과 연계하여 다음과 같이 제시한다.

2.2.2.1. Plan 관련 조직관리자의 새 역할:

글로벌 경영환경변화에 대한 선제적으로 대응하고, 성과경영을 성공적으로 수행하기 위해서 조직관리자는 비즈니스(사업)를 본격적으로 추진하기 전에 준비하는 활동으로서, 조직의 목표를 설정하고 그것을 달성하는 방법을 미리 제시하여야 한다. 조직의 사업계획/전략을 수립하는 계획(plan)단계에서의 조직관리자의 새로운 역할은 변화된 환경과 조직내부의 역량을 정확히 파악하여 비전과 목표를 설정하는 목표설정자로서의 모습이다(류량도, 2006).

목표설정자 역할을 성공적으로 수행하기 위한 과제로, 1) 변화된 환경과 조직내부의 역량을 정확히 파악하여 조직과 구성원들에게 나아가야 할 방향인 비전 즉 '미래에 대한 그림'을 구체적으로 제시하여야 한다. 그 이유는 조직이 향해야 할 좌표제시로 조직과 구성원이 꿈을 품게 할 수 있기 때문이다. 2) 함께 비선실행을 위한 성과과제를 전사적인 차원에서 선정하고, 공감대가 형성된 과제별 핵심성과지표를 선정하여야 한다. 그 이유는 비전달성방법은 다양하고, 향후 이 지표가 평가요소 및 기준지표로 활용되기 때문이다. 3) 비전실행을 위한 성과과제와 과제별 핵심성과지표가 선정되면 전사차원, 부문차원, 팀이나 개인차원 등 순차적으로 성과목표를 설정하여야 한다. 성과목표를 설정할 때는 유의해야할 점은 조직의 핵심역량과 부문별 구성원들의 능력과 역량을 고려해 구체적으로 설정하여야 한다. 그리고 4) 성과목표 달성전략과 계획을 전사차원, 부문차원, 팀과 개인차원에서 구성원들과 함께 수립하여야 한다. 성과목표 달성전략과정을 어떻게 운영하는가에 따라 조직이 전략적이고 창의적으로 변화되느냐, 마냥 과거의 모습대로 남아 있느냐가 결정된다는 사실을 명심해야 한다.

이상과 같이 경영활동인 plan 관련 목표설정자 역할과제들을 성공적으로 실행하기 위해서는 성과창출자인 조직관리자가 도우미, 촉진자, 코치가 되어야 한다. 그 이유는 조직관리자는 직무담당자들에게 자신의 직무에서 충족해야 할 성과기대(핵심성과영역, 과업행동과 성과표준, 성과기준 등)을 지속적으로 소통하고, 이를 성취하기 위해 직무담당자들이 정확한 자기평가(능력 및 역량, 경험 등)를 바탕으로 산출(output) 중심으로 달성계획을 수립하도록 도와주어야 하기 때문이다. 여기서 조직관리자가 구성원을 대하는 태도여부에 따라 의사소통의 효과성, 달성계획 수립의 자율성 정도, 그리고 권한위임의 정도가 달라질 수 있다.

따라서 조직 내 구성원들이 각자의 직무에서 몰입하여 높은 성과를 창출할 수 있도록 조직관리자는 도우미/코치가 되어 기본적으로 조직가치 공유/전파자 역할, 전략적 계획수립자 역할, 성과목표 수립자 역할 등을 수행하여야 한다. 이러한 역할들은 제 I 부에서 구체적으로 다루기로 한다.

2.2.2.2. Organizing 관련 조직관리자의 새 역할

조직화는 계획의 실현가능성을 탐색하는 것이다. 즉 계획을 실천에 옮기고 목표를 달성하려는 구성원들의 관계구조를 창출하는 과정을 의미한다. 성공기업이 되기 위해서는 무엇보다도 목적에 맞는 디자인을 하여야 한다. 이는 '조직이 그 목적을 달성하기 위해 어떻게 해야 하는지'에 대해 또박또박 설명할 수 있어야 한다는 것을 의미한다.

'목적에 맞는 디자인' 관련하여 일하는 전체 안에서 각종 시스템들이 정합적으로 연계되어 있는가? 전략수행도구를 창조하는 조직구조를 제대로 디자인하고 있는가와 관련하여 회사의 활동범위를 어디까지로 정할 것인가? 명령체계를 어떻게 그을 것인가? 등에 대해 구체적으로 또박또박 설명을 하고 있어야 한다.

성과경영을 위한 경영활동인 조직화(organizing)와 관련된 도우미/코치인 조직관리자는 자율기반 구축자 역할, 참여촉진 조직설계자 역할, 공평한 인사시스템 설계자 역할, 변화담당자 역할, 학습조직 구축자 역할, 성과지향적 조직문화구축자의 역할 등을 수행하여야 한다. 이러한 역할들은 제 II 부에서 구체적으로 다루겠지만 그 중 일부만 간략하게 살펴보면 다음과 같다.

참여촉진 조직설계자 역할이 요구되는 이유는 급변하는 경영환경에 적극적으로 대처하고 공동의 목표를 달성할 수 있도록 조직을 유연하게 유기적인 개방시스템으로 구축하여야 함은 물론 모든 구성원들이 동등한 참여기회를 가져 목표달성에 기여하도록 만들어야 하기 때문이다.

변화담당자의 역할이 필요한 이유는 조직이 경쟁을 극복하면서 장기적인 성장과 목표를 달성하기 위해서는 구성원들이 변화에 대한 과감한 열망을 갖고 혁신을 실행에 옮길 수 있도록 혁신 및 변화의 주체가 되도록 만들어야 하기 때문이다. 또한 자율기반 구축자 역할이 필요한 이유는 개인과 집단(팀)구성원들이 창의적으로 생각하고 행동할 수 있도록 자율성을 부여하여 높은 성과를 창출할 수 있도록 유도하여야 하기 때문이다.

2.2.2.3. Do 관련 조직관리자의 새 역할

조직에서 실행이 하는 일을 구체적으로 살펴보면, 1) 먼저 우선순위를 정하고, 그에 따라 자원을 배분하는 것. 2) 구성원들에게 책임감을 부여하는 것. 3) 공통된 사명을 추구하기 위해 사람들에게 에너지를 불어넣고 고무시키는 일 등이다. 만일 실행의 몫인 이런 모든 것들을 제대로 하지 못한다면 경영은 성공할 수 없다. 그러므로 조직이 목표를 달성하려면 구성원들을 효과적으로 지휘하여야 한다. 그 이유는 조직의 성공은 성과창출의 주체인 구성원들의 지식, 기술, 동기유발 등에 좌우되기 때문이다.

성과경영을 위한 경영활동들 중 실행(do)인 지휘화(leading)와 관련하여 성과창출자인 조직관리자는 도우미/코치의 역할을 하여야 한다. 조직관리자가 해야 하는 도우미의 역할로는 실행단계에서는 수립된 계획들의 실행이 제대로 진행되도록 구성원들에게 적절한 권한을 부여하고, 자율적으로 창의성을 발휘할 수 있도록 자율기반을 구축하여야 한다. 또한 구성원들의 사기를 진작하고 근로의욕을 향상시켜 성과몰입을 유도하여야 한다. 이 외에도 실행과정에서 나타나는 장애요인이 무엇인지 그리고 무엇을 도와주어야 할지에 대하여 구성원들과 진솔하고 원활한 소통이 이루어질 수 있도록 소통체계를 구축하는 노력도 필요하다.

따라서 경영활동인 Do관련 도우미/코치 역할과제들을 성공적으로 실행하기 위해서는 성과창출자인 조직관리자가 적재적소배치자 역할, 팀워크 증진자 역할, 성과몰입 촉진자 역할, 임파워먼트 촉진자 역할, 갈등조정자 역할, 소통활성자 역할 등을 수행하여야 한다. 이러한 역할들은 제Ⅲ부에서 구체적으로 다루기로 한다.

2.2.2.4. See 관련 조직관리자의 새 역할

조직이 경쟁력을 확보하기 위해서는 계획된 목표를 지속적으로 달성하고 있는지 여부를 확인하여 알려주어야 한다.

이를 위해 구성원들의 실적을 목표와 비교·검토하고, 필요하면 조치를 취하는 과정이 경영활동인 see 과정이다. 이 과정에서 성과창출자인 조직관리자는 기대한 목표와 창출한 실적간의 차이를 평가하고, 왜 그런 차이가 생겨났는지 원인을 분석해 구성원들의 성장/발전을 도와주기 위해 도우미/코치로서 정확히 피드백 해주는 평가자역할을 다해야 한다.

평가자 역할을 제대로 수행하기 위한 과제로는 1) 수시평가가 이루어져야 한다. 평가가 연말과제가 아닌 반기·분기·월별 단위로 주기적인 성과목표를 부여하고 확인하는 등 수시로 이루어져야 한다. 그 이유는 성과를 달성하지 못하게 된 사유를 찾아내 그 원인을 분석하고, 다음번 성과목표를 실행할 때 원하는 성과를 내기 위해서는 무엇을 개선할지 방안을 수립하기 위함이다. 2) 공정한 평가가 이루어져야 한다. 이를 위해서는 주관적 지각오류를 제거하고 성과목표를 분명하게 설정하여 일정기간동안의 결과와 객관적으로 비교하여야 한다. 그 이유는 평가결과가 피드백을 위한 기초자료로 활용되어야 하기 때문이다. 3) 성과분석은 미래지향적이어야 한다. 그 이유는 구성원의 성장과 개발에 초점을 두어야 하기 때문이다. 성과분석은 일정기간동안 조직과 개인의 성과를 성과기준 또는 목표수준과 대비하여 성공요인, 실패요인, 보완사항, 강화사항 등의 주요요인을 도출하는 것을 의미한다. 그리고 4) 성과피드백은 눈높이에 맞추어야 한다. 그 이유는 구성원들의 성장에 실질적인 도움을 주어야 하기 때문이다. 특히 객관적인 평가결과와 연계한 보상을 통하여 구성원들의 만족과 새로운 동기부여를 유도하여야 한다. 조직에서 필요로 하는 핵심역량과 경쟁우위요소를 구성원들이 확보할 수 있도록, 고객지향적인 관점에서 창의적 사고와 문제해결능력을 향상시킬 수 있도록, 그리고 자발적이고 창의적이며 도전적인 성과목표지향적인 실무자로 육성해야 한다.

이상과 같이 경영활동인 See관련 도우미/코치 역할과제들을 성공적으로 실행하기 위해서 성과창출자인 조직관리자는 모니터의 역할, 평가자의 역할, 피드백 제공자의 역할 등을 수행하여야 한다. 이러한 역할들은 제Ⅳ부에서 구체적으로 다루기로 한다.

2.3. 새 역할수행을 위해 요구되는 기술과 역량

기업경영은 조직성과를 위해 반드시 구성원들의 희생이 뒤따라야 하는 제로섬(zero-sum)게임이 아니다. 조직목표와 개인목표의 조화를 추구하는 조직유효성향상을 목적으로 하고 있기 때문에 함께 성장하는 기반을 구축해야 한다. 이를 위해서는 경영자와 조직관리자가 앞장서서 긍정에너지를 발산하여 구성원들과 우호적인 관계를 맺고 영향력을 행사하여, 이들이 스스로 나아가도록 해야 한다. 또한 경영활동과정(Plan-Organizing-Do-See) 전반에 걸쳐 성과창출자인 조직관리자가 도우미/코치의 역할을 성공적으로 수행하기 위해서는 새로운 역할변화에 따라 요구되어지는 기술과 역량을 개발하여야 한다. 즉 성과리더가 갖춰야 할 능력과 자질을 좀 더 세분해 보면 다음과 같다(조영탁, 2010).

1) 올바른 인격과 성품을 갖추어야 된다. 인격(persona)이란 정돈된 자아의 모습으로, 이의 구성요소로는 겸손, 책임감, 정직, 성실성 등이 있다. 또한 성품(Character)은 사람의 성질이나 됨됨이로 생각, 감정, 행동의 총체적 표현이다. 정직과 도덕성 등 리더의 올바른 성품은 모든 리더십의 근본이다. 또한 리더가 인격을 갖추지 못하면 결코 사람들의 신뢰를 받을 수 없어 영향력을 행사할 수 없다. 신뢰를 창출하고 유지하고 싶다면 좋은 성품을 갖추고 있어야 한다.

2) 열정과 자신감을 가져야 한다. 열정 없이는 성취가 있을 수 없다. 리더가 열정과 자신감이 없으면 도전하지도 못하고, 다른 사람이 따르지 않는다. 리더는 매사에 긍정적, 적극적 사고방식, 열정과 자신감을 가지고 대해야 한다. 리더의 열정과 에너지, 관심은 일터에서 열정과 에너지 그리고 관심을 만든다.

3) 감성지능을 높여야 한다. 감성지능(Emotional Intelligence)이란 '자신의 한계와 가능성을 객관적으로 판단해 자신의 감정을 잘 다스리며, 상대방의 입장에서

그 사람을 진정으로 이해하고, 타인과 좋은 관계를 유지할 수 있는 능력'을 말한다. 따라서 탁월한 리더가 되기 위해서는 차가운 지성만이 아닌 뜨거운 가슴 즉 감성도 함께 가지고 있어야 한다. 특히 리더와 부하직원 간의 이해와 배려를 바탕으로 한 인간적 유대감은 신바람 나게 일할 수 있는 강한 조직문화를 형성할 수 있는 토대를 마련해주므로 오늘날 리더에게 있어 '감성'은 매우 중요한 자질 중 하나가 되었다.

4) 소프트 스킬(Soft Skill)을 보유하여야 한다. 리더가 제대로 된 리더십을 발휘하기 위해서는 소프트 스킬 즉 직관과 통찰력을 바탕으로 한 의사결정능력, 건전한 판단력, 설득과 갈등해결능력, 커뮤니케이션능력, 팀 전체를 하나로 묶어서 시너지를 극대화할 수 있는 팀워크 빌딩능력 등을 갖추고 있어야 한다.

5) 인간관계능력(존중과 관심, 칭찬과 격려, 경청, 상냥한 태도, 정직하고 솔직한 대화능력 등)이 절대적으로 필요하다. 성공한 리더는 유연하고 원활한 의사소통을 통해 구성원들의 마음을 배려할 줄 안다. 배려는 '다른 사람이 어떻게 생각하고 느끼는가를 이해하는 마음'이다. 또한 그들은 깊고 신뢰할 만한 인간관계를 구축하고 유지시킬 줄 알고 있다.

6) 동기부여 능력을 갖추어야 한다. 그 이유는 리더는 조직의 목표를 세우고 난 다음, 목표달성에 어떤 가치가 있는지를 잘 설명하고 구성원들이 자발적으로 참여하도록 해야 하기 때문이다. 그러므로 리더는 현재 상황에 맞는 다양한 동기부여능력을 갖추고 있어야만 구성원들을 움직여 모두가 원하는 즉 조직의 목표를 달성할 수 있다.

7) 피플스킬을 제고하여야 한다. 이는 구성원들의 업무를 세세하게 관리하기보다는 큰 방향만 제시하고 구성원들이 자율적으로 일할 수 있게 해주는 기술, 일일이 지시해가면서 일을 시키기 보다는 구성원들의 의욕을 북돋아 스스로 업무에 몰입하여 성과를 창출하게 하는 기술, 구성원들의 능력을 키워 리더로 성장할 수 있도록 발판을 마련해 주는 기술을 의미한다(IGM세계경영연구원, 2012). 이러한 피플스킬을 제고하기 위해서 성과창출자는 구성원들이 방향감각을 갖고 일할 수 있도록 자신이 맡은 부문에서의 방향제시를 할 수 있는 능력을 키워야 한다. 이를

위해서는 환경변화에 대한 높은 감수성과 통찰력을 바탕으로 우리가 가고자 하는 목적지가 어디인가? 그리고 우리는 그곳에 어떻게 도달할 것인가? 이런 모든 구성원들이 공감할 수 있는 비전과 전략을 제시하여야 한다. 또한 구성원들이 제시된 비전과 전략을 수용하도록 왜 이것을 해야 하는지(know-why)를 다양한 소통방식 및 도구를 통해 구체적으로 알려주어야 한다(나기현, 2017).

8) 코칭스킬을 제고하여야 한다. 이는 성과창출자가 구성원들과 상호작용하며, 그들이 역량을 갖추도록 지원하는 것은 물론 현 직무에서 성과를 향상시키는데 장애요소들을 극복할 수 있도록 도움을 주기 위한 적극적인 역할과 관심을 갖는 지속적인 협력프로세스를 의미하기 때문이다. 이러한 코칭스킬을 제고하기 위해서는 ① 구성원들이 스스로 고민하고 일하도록 이끄는 올바른 질문을 할 수 있는 능력을 키워야 한다(IGM세계경영연구원, 2012). 이를 위해서는 구성원들에게 답을 알려주기보다는 스스로 답을 찾을 수 있도록 내가 도와줄 것은 무엇인가? 당신이라면 이 일을 어떻게 하겠는가? 경쟁자라면 이 일을 어떻게 하겠는가? 등의 열린 질문을 하여야 한다. 그 이유는 성과창출자의 역할 중 중요한 부분이 구성원들의 업무내용과 수행방법 등에 대하여 적극적으로 도와주고 지원하는 코치로서의 역할을 수행하여야 하기 때문이다. ② 바람직한 코칭태도를 가져야 한다. 성과창출자가 구성원에 대해 어떤 코칭 태도를 갖고 있느냐의 여부에 따라 코칭의 질이 달라진다. 코칭의 질을 향상시키기 위해서는 성과창출자가 자신의 코칭태도가 어떤가를 파악하여야 한다. 그 이유는 코칭태도는 개인의 신념과 가치 등을 바탕으로 형성되기 때문이다. 따라서 성과창출자가 바람직한 코칭태도를 갖기 위해서는 '관리자인 내가 구성원의 성장 및 개발을 통해 그들의 직무성과에 있어 더 효과적이 되도록 어떻게 도와줄 수 있는가?'라는 확실한 신념 즉 믿음과 확신을 가져야 한다(나기현, 2017).

참고문헌

김명학(2000), 경영학의 이해, 세학사.

김종득·김형일(2009), 지식·창이 경영을 위한 경영학 원론, 경문사.

나기현(2014), 전략적 인적자원관리: 통합성과관리모델, 부산외국어대학교 출판부.

나기현(2017), 코칭리더십 및 주도성이 직무성과에 미치는 영향: 직무자율성의 조절된 매개효과, 전문경영인연구, 제20권 제4호, 한국전문경영인학회, pp.277-299.

류량도(2004), 통합성과관리시스템, 한언.

류량도(2006), 1Mission 3 Roles: 성과중심의 리더십, 웅진윙스.

신유근(1997), 인간존중의 경영, 다산출판사.

이춘우(2014), 인적자원관리, 무역경영사.

조안마그레타(권영설·김홍열 역, 2005), 경영이란 무엇인가, 김영사.

조영탁(2010), 리더십 기본역량: 인격과 열정(비디오녹화자료), 휴넷 상상마루.

IGM세계경제연구원(2012), 세상 모든 CEO가 묻고 싶은 질문들, 위즈덤하우스.

Pfeffer(포스코경영연구소, 2009), 사람이 경쟁력, 21세기북스.

Flectcher, C.(2002), Appraisal: An individual psychological perspective, In S. Sonnetag(EDs.), Psychological Management of Individual Performance, Chichester: Wiley.

Snell, S. & Bohlander, G.(2007), Human Resource Management, Mason, OH: Thomson.

제 I 부

Plan 관련 조직관리자의 역할

제 I 부는 3개의 장으로 구성되었다.

■ Planning(계획)이란 비즈니스(사업)을 본격적으로 추진하기 전에 준비하는 활동으로서, 조직의 목표를 설정하고 그것을 달성하는 방법을 미리 제시한다. 즉 조직목표를 달성하기 위하여 누가 무엇을 언제, 어떻게, 얼마만큼 왜 작업을 해야 하는지에 관하여 사전에 명확하게 결정 및 설명하는 것이다.

■ 계획을 잘 수립하면 다음과 같은 이점이 있다.

1) 계획은 조직의 미래(이익증대, 시장점유율 증대, 경쟁력 향상, 사회적 책임완수 등)에 대하여 미리 전반적인 목표와 방향을 설정해 준다.
2) 목표달성을 위해 조직은 어떤 자원/역량을 보유하고 있는가를 확인해줌.
3) 이러한 목표를 달성하려면 어떤 업무가 요구되는가를 결정하는데 도움이 된다.

■ 제 I 부에서는 기업이 지속적인 성과창출을 위한 조직관리자의 역할이 무엇인지에 대해 구체적으로 알아본다. 특히 성과경영의 계획수립(plan)과 관련된 역할들을 제시하였다.

1. 조직가치 공유/전파자 역할
2. 전략적 계획수립자 역할
3. 성과목표 설정자 역할

제1장

조직가치 공유/전파자 역할

최근 사명과 비전 그리고 가치의 중요성에 대한 인식이 널리 확산되어 많은 조직에서는 이들을 정하여 구성원들이 잘 볼 수 있는 곳에 부착해 놓고 있다. 그러나 문제는 이들이 왜 정해져야 하며, 조직 내에서 어떠한 기능을 해야 하는지에 대한 본질적인 문제인식 없이 형식적으로 존재하는 경우가 많다는 것이다. 조직관리자는 이러한 문제들을 제거하고 조직 내 모든 구성원들이 앞으로 나아갈 방향을 알고, 그 방향을 보고 구성원들이 다 같이 협력하여 조직유효성을 향상시킬 수 있도록 하여야 한다.

따라서 제1절에서는 조직가치 공유/전파자 역할의 의미와 중요성을 알아보도록 한다. 제2절에서는 조직가치에 대한 이론적 논의를 살펴본다. 그리고 제3절에서는 조직가치 공유/전파자 역할의 실행방안을 제시하도록 한다.

제1절. 조직가치 공유/전파자 역할의 의미와 중요성

성과가 높은 기업과 낮은 기업과의 차이는 무엇인가? 성과가 낮은 기업들이 갖는 공통적인 특징은 일관적인 신념을 갖지 못했고, 명확한 목표를 갖고 있더라도 재무적 목표(주당수익률이나 성장률 등)에만 치우쳐 있다는 것이다. 반면에 성과가 뛰어난 기업들은 모두 실제로 회사를 이끌어줄 수 있는 명확한 일련의 신념을 보유하고 있다는 것이다. 즉 초우량 기업은 스스로의 위치를 명확하게 인식하고, 가치형성의 과정을 중요시하게 여기기 때문에 모방할 수 없는 차별화된 일련의 신념이 존재한다는 것이다.

이러한 측면에서 기업 내 경영자와 조직관리자 모두가 가장 걱정해야 할 부분은 바로 가치체계를 명확히 하고 거기에 생명을 불어넣는 것이다. 그러나 가치체계를 창조하고 주입시키는 것은 분명 쉬운 일이 아님에 틀림없다. 그 이유는 그 체계를 받아드리는 일이 대단히 어렵고 많은 시간을 요하기 때문이다.

그럼에도 불구하고 오늘날 기업이 진정으로 성공방안을 원한다면 기업이 지향하는 바를 구성원들이 이해하도록 만들고, 그들 스스로 자부심을 느끼도록 하여야 한다. 그러고 나서 가치시스템을 지향하는 능동적인 경영을 하는 것이다. 즉 가치관 경영을 실현하는 것이다.

이는 한마디로 구성원들이 같은 가치관을 공유하고, 그 가치관을 활용해 경영을 하는 것이기 때문에 경영자가 제시하는 기업의 비전과 미션, 이의 실현을 위해 추구해야할 기업의 가치들을 조직의 구성원들이 얼마나 공유하고 이해하고 있는가? 그리고 이를 구성원들이 이해하도록 효과적인 의사소통을 하고 있는가? 등을 구체적으로 파악하고, 이에 적극적으로 대응하여야 한다. 즉 기업 내 조직관리자들은 과거와는 다른 조직가치 공유자 및 전파자의 역할과 책임을 수행해야만 한다.

조직가치 공유/전파자 역할이란 사명과 비전 그리고 가치 등을 통해 한 조직의 정체성을 명확히 하고, 구성원들이 그것을 풋대와 행동지침으로 삼아 동일한 목적의식을 가지고 나아갈 수 있도록 하는 것을 의미한다. 이러한 역할에 대한 본래의 의의를 살릴 수 있도록 하기 위해서는 기업의 경영진이 조직의 사명과 비전 그리고 가치를 구체적으로 설정하여 구성원들의 마음속에 새기도록 하는 것이 중요하다. 그렇다면 이러한 의의를 살리면서 구성원들이 같은 생각을 갖도록 가치체계를 구축하기 위해 할 수 있는 방안은 무엇일까? 또한 만약 조직 내 구성원들이 조직의 가치를 공유하고, 이의 실현을 위해 주도적으로 노력한다면 조직에는 어떠한 결과가 나타날 것인가?

조직의 가치에 대해 공유함으로써 구성원들이 같은 생각을 갖게 될 때의 중요성을 다음과 같이 정리하고 있다(IGM 세계경제연구원, 2012).

첫째, 조직의 가치를 구체화하여 공유하게 되면 회사에 혼이 살아있게 되고, 그

혼이 구성원들을 이끌게 된다고 한다. 그 이유는 구성원들이 단지 돈만을 위해 일하는 것이 아니라 보이는 가치를 위해 일하는 것이 바로 혼이고, 그 혼을 통해 구성원을 이끌기 때문이다.

둘째, 명확하게 정립된 조직의 가치는 회사에서 중요한 것이 무엇인지를 분명하게 해지주기 때문에 구성원들이 의사결정을 하기 쉽게 도와준다.

셋째, 조직가치의 공유를 통해 회사 내에서 영속성과 유대관계가 생겨난다. 그 이유는 사람이 바뀌어도 기준이 있으면 모든 결정에 일관성과 영속성이 생기는 것은 물론 공유된 조직가치는 구성원 전체를 보이지 않는 끈으로 묶어주고, 그 안에서 같은 유대감을 유지하게 되기 때문이다.

넷째, 조직가치는 구성원들에게 가슴 설레는 미래의 청사진을 보여준다. 그 이유는 기업과 구성원이 미래에 원하는 모습을 공유함으로 모두가 한 곳을 보고 나갈 수 있기 때문이다.

제2절. 조직가치에 대한 이론적 논의

2.1. 조직가치란 무엇인가?

기업의 본질인 구성원들의 생각을 '가치관'이라고 하는데, 모든 생각을 가치관이라 하지 않고, 세 가지 질문에 대한 대답을 개인 가치관 또는 기업 가치관이라고 한다. 그렇다면 세 질문은 무엇이고, 사람과 기업의 가치관을 비교해 보면 다음의 <표 2-1>과 같이 정리·요약할 수 있다(IGM세계경제연구원, 2012).

〈표 2-1〉 사람과 기업의 가치관 비교

사람의 가치관	기업의 가치관	공통점	
나는 왜 사는가?	우리 회사는 왜 존재하는가?	존재 이유	사명
어떻게 살 것인가?	어떤 방식으로 사업할 것인가?	가치 기준	핵심가치
앞으로 무엇이 될 것인가?	앞으로 어떤 회사가 될 것인가?	미래의 꿈	비전

자료: IGM세계경제연구원(2012), 세상 모든 CEO가 묻고 싶은 질문들, 위즈덤하우스. p.439.

사명과 비전 그리고 가치는 무엇인가? 우리는 사명을 '우리 조직이 존재해야 할 근본적인 이유는 무엇인가?'에 대한 답으로, 비전을 우리는 '어떠한 미래의 모습을 꿈꾸고 나아갈 것인가?'에 대한 답으로, 그리고 가치를 '그러한 존재목적과 미래모습을 이루기 위한 어떠한 행동원칙(가치기준)을 지킬 것인가?'라는 질문에 대한 답으로 이해하고 사용하기로 한다(양혁승, 2007).

이처럼 비전은 목표와 관련이 있는 반면, 기업사명은 행동방식과 관련이 있다. 핵심가치가 행동의 구체적인 모습에 반영되고 제도가 그 행동요소의 유발을 촉진시킬 때, 전략과 비전을 효과적으로 지원할 수 있다.

만일 구성원들이 기업과 관련하여 이 세 가지 가치관을 다르게 생각한다면 어떤 일이 벌어질까? 존재하는 이유, 가치 기준, 미래의 꿈에 대한 생각이 다르면 갈등을 일으킬 수밖에 없다. 회사가 엉망일수록 이 세 가지에 대한 구성원들의 생각은 모두 다르다고 할 수 있다. 조직관리자는 구성원들이 조직의 가치(사명, 비전, 핵심가치 등)에 대해 같은 생각을 갖도록 노력함으로써 구성원을 한 방향으로 유도해야 한다. 그럴 경우 이는 엄청난 힘을 발휘할 수 있다.

따라서 가치관 경영은 한마디로 임직원이 이 세 가지 질문에 대하여 같은 생각을 하는 가치관을 갖도록 하고, 그 가치관을 활용해 경영하는 것을 의미한다(IGM세계경제연구원, 2012). 가치관 경영의 3요소(사명, 비전, 핵심가치) 중에서 가장 중요한 요소가 핵심가치이다. 그 이유는 어느 회사에나 우리 회사만의 일하는 기준이 필요하기 때문이다. 이것이 바로 핵심가치이다.

2.2. 명확하고 구체적인 비전제시

비전이 명확한 조직은 어떤 모습일까? 비전이 명확한 조직은 어떤 업무를 추진하든 일체감을 갖고, 일을 추진하는 과정에서 시간과 에너지를 낭비하는 일이 현저히게 줄일 수 있기 때문에 조직의 견인력은 그 이상으로 커지게 된다. 또한 구성원들은 자신의 업무경계선이 정확히 어디까지인지, 그리고 행동으로 옮기기 전에 경영진의 도움을 얻어야 할 시기는 언제인지에 대해 잘 알고 있기 때문에 신속한 추진과 견인이 가능하다.

그런데 왜 많은 경영진들이 조직의 비전을 명확히 하지 못하는 것일까? 그 이유는 대부분의 경영자들이 '유연성'을 지나치게 강조하기 때문인 것 같다. 경영자들은 조직이 민첩해져야 한다는 구실로 조직의 지향점을 명확히 정하지 않으려고 한다. 설령 정해도 철저하게 하지 않으며, 결국 상황이 조금씩 바뀔 때마다 사업방침을 바꾸는 위험천만한 곡예를 서슴지 않는 것이다. 그러나 민첩한 조직은 항상 모든 사항을 명확히 정의해 놓는다. 수많은 회사에서 나름의 사명이나 비전을 내걸고 있지만, 그 내용을 제대로 명확하게 정의하고 있는 회사는 의외로 드물다.

그러나 명확한 비전의 제시야말로 의사소통, 직원채용, 승진, 의사결정 등 모든 행위의 근본이 되고, 한 조직체 내에서 이루어지는 책임규명의 기초가 되므로 기업의 장기적인 성공을 위해서는 반드시 필요한 요건이라 할 수 있다.

어떻게 해야 조직의 비전을 명확히 할 수 있을까? 비전설계의 목적은 구성원들의 의식과 가치관의 혼란, 조직의 정체성(identity)의 부재를 극복하고 모든 구성원들이 화합하여 한 방향으로 나아갈 수 있도록 하는데 지침이 될 핵심가치와 믿음 그리고 사명을 설정하는 것이다. 따라서 렌시오니(송경모 역, 2000)는 조직의 비전을 명확히 하고 싶다면 다음의 <표 2-2>와 같이 몇 가지 질문에 대해 분명한 대답을 해 봐야 한다고 주장한다. 만약 질문에 대한 대답이 망설여지는 조직이라면 비전제시가 제대로 되어 있지 않다는 것이다.

〈표 2-2〉 명확한 비전을 도출하기 위한 질문들

1. 다른 조직과는 다른 우리 조직만의 존립목적은 무엇인가?
2. 가장 근본적이고 대체 불가능한 조직의 가치는 무엇인가?
3. 우리가 하는 사업은 정확히 어떤 것이며, 경쟁상대는 누구인가?
4. 어떤 차별화된 전략으로 이 사업에 임하는가?
5. 목표를 이루기 위해 누가 어떤 일을 맡아서 해야 하는가?

이러한 질문들에 대한 답을 찾아 비전을 보다 명확하게 도출하여야 한다. 조직의 가치가 명확한지를 진단하는 방법도 위에 제시된 질문사항을 경영진들에게 물어보

면 된다.

대답을 쓰게 하는 방법도 괜찮다. 그러고 나서 다 같이 테이블에 둘러앉아서 각자 자신의 답변을 임원들에게 읽어주도록 한다. 이때 겉으로는 대답들이 다르게 나타날 수 있다. 그 이유는 다양한 질문에 대해서 사람들은 조금씩 다른 언어를 사용할 것이기 때문이다. 그러나 우리가 찾아내야 할 것은 어디까지나 개념상의 합의점임을 잊지 말아야 한다.

따라서 효과적인 가치를 만들기 위해서는 우선 조직의 '핵심이념'을 형상화 하여야 한다. 그 핵심이념은 ① 지도원칙 및 신조의 체계인 '핵심가치와 믿음' 그리고 ② 조직의 가장 근본적인 존재이유인 '사명' 등 두 부분으로 구성된다.

2.3. 조직의 핵심가치와 기능

조직의 핵심가치란 무엇인가? 조직구성원이 함께 공유하는 우선순위와 행동의 기준이다. 즉 수많은 가치 중에서 업무를 처리할 때 무엇을 가장 먼저 고려할 것인지 정의하는 것이다. 예컨대 '승리'와 '상명하복'이 핵심가치인 조직이 있는 반면에 '소통'과 '양보'가 핵심가치인 조직도 있다. 또한 '도전'과 '혁신'이 중요한 조직이 있는 반면에 '공동체 의식'이 우선인 조직도 있다. 이처럼 조직에 따라서 다 다르다. 우리는 가치를 좋다거나 나쁘다고 따질 수는 없다. 단 중요한 것은 '조직의 핵심가치가 얼마나 명확한가? 구성원이 이를 잘 알고 동의하여 실천하는가?' 하는 점이다. 즉 좋은 핵심가치는 그 기준과 근거가 명확해야 한다. 구구절절하게 설명하지 않아도 구성원들을 움직이게 할 정도로 구체적이고 명확해야 한다. 모호하면 사람마다 제각각 다른 해석이 나오게 되고, 그러면 일관된 기준으로서의 역할을 제대로 하기 어렵기 때문이다.

조직의 핵심가치가 명확하지 않을 때 어떤 부작용이 발생할까? 반대로 핵심가치가 명확하고, 이를 제대로 실행한다면 어떨까? 예상되는 결과를 다음의 <표 2-3>과 같이 요약할 수 있다.

〈표 2-3〉 조직의 핵심가치가 명확할 때와 그렇지 않을 경우의 예상결과

구 분	예상 결과
핵심가치가 명확하지 않을 때	· 구성원들은 회의 때마다 서로의 생각이 옳다고 우기며 논쟁할 것이다. · 논쟁이 많다보면 갈등이 생기고, 갈등이 깊어지면 팀워크는 깨져 화합이 어려워진다. · 조직에 시너지가 발생하기는커녕 구성원들이 뿔뿔이 흩어질 것이다. · 사장이 조직의 중요한 일을 하나하나 다 결정해야 하니 너무 바쁘고, 의견이 다른 구성원들을 끌고 가느라 힘이 든다.
핵심가치가 명확할 때	· 모두 같은 기준 갖고 의사결정을 내리니 모든 결정에 갈등이 적어진다. · 단순히 함께 일하는 동료가 아니라 뜻과 꿈을 함께하는 동지로 발전하게 됨. · 구성원들이 가치를 중심으로 똘똘 뭉쳐 결속하게 됨으로 조직의 에너지가 커진다. · 조직이 한마음 한뜻으로 일하니 사장의 부담이 줄어들고, 그렇게 해서 생긴 시간에 사장만이 해야 하는 다른 중요한 일을 할 수 있게 된다.

자료: 나기현(2013), 성과예술: 인간존중경영, 부산외국어대학교 출판부, p. 73.

서로 다른 생각을 하는 구성원들을 한 방향으로 나아가게 하려면 무엇보다도 조직의 핵심가치가 명확해야 한다. 또한 이를 모든 구성원들이 확실히 알고 업무 속에서 실천할 수 있도록 공유와 공감이 충분히 이루어져야 한다. 그 이유는 조직의 핵심가치의 힘이 구성원들의 마음을 하나로 모아서 조직의 에너지를 높여주기 때문이다.

2.4. 핵심가치의 산정 및 재정립

최근 들어 선진기업들이 핵심가치를 새로 선정하거나 기존의 것을 개편에 착수하거나 또는 그대로 유지하는 기업들도 그 내용을 강조하는 등 핵심가치를 기반으로 하는 경영을 새삼 강조하고 그리로 선회하고 있다. 그 이유는 기업들이 직면한 환경변화(글로벌화, 무한경쟁, 윤리성 강조 등)를 극복하고 재도약하기 위해서이다. 따라서 기업들이 핵심가치를 경영의 요체로 인식하고 발굴 및 제도화에 나서고 있는 선진기업들의 사례를 살펴보도록 한다.

2.4.1. 핵심가치 필요성의 변화

핵심가치의 필요성은 비즈니스의 시대적 상황변화에 따라 변화될 수 있다(고현철 · 강우란, 2004). 핵심가치 필요성의 변화를 다음의 <표 2-4>로 정리할 수 있다.

〈표 2-4〉 핵심가치 '필요성'의 변천

구 분	80년대	90년대	2000년대
핵심가치 필요성	'사람이 자산'	경쟁우위	상생과 장수
비즈니스 상황	일본기업의 대약진, 미국기업의 경쟁력 추락	다운사이징 본격화	글로벌화, 기업윤리와 책임
기업 목표	경쟁력 있는 기업	초일류 기업	존경받는 기업
방향제시자	톰 피터스 외 'In Search of Excellence'(1982)	짐 콜린스 외 'Built to Last' (1994)	피터 드러커 재조명 'Management Challenges for the 21st Century'(1999)

자료 : 고현철·강우란(2004), 기업 핵심가치의 발견, CEO Information 제476호, 삼성경제연구소.

80년대는 기업경쟁력을 사람에게서 찾자는 주장이 대두되면서 핵심가치의 중요성이 기업들에게 광범위하게 확산되었던 시기이다. 반면에 90년대 들어서는 다운사이징이 일상화되면서 핵심가치가 최고 기업들이 보유한 차별적 우위요소로 인식되었다. 그리고 2000년대 들어서는 글로벌화의 개념이 시장 확장에서 도전으로 최우선 순위가 바뀌면서 핵심가치가 다양성 관리, 윤리성 확보 등의 기초요소로 정착하고 있다. 이처럼 시대적 상황변화에 따라 핵심가치의 필요성이 변화됨으로써 선진기업들은 핵심가치 재정립에 착수하고, 재정립된 핵심가치를 제도화하여 현장에서 실천하고 있다.

2.4.2. 핵심가치의 산정 및 재정립 절차

핵심가치는 회사의 의사결정의 원칙 내지 모든 구성원들이 갖추고 실천해야 할 행동원칙과 정신자세 등 조직 문화적 요소를 표현한 것이다. 따라서 핵심가치를 산정 및 재정립하기 위해서는 핵심가치에 대한 기본적인 이해는 물론 회사의 존재이유인 사명과 미래의 꿈인 비전에 대하여 이해가 선행되어야 한다. 이와 관련된 재정립 단계를 알아보도록 한다(나기현, 2015; 문근찬, 2006).

2.4.2.1. 우리 회사의 존재이유와 비전에 대한 이해

회사의 존재이유와 비전에 대한 이해도를 높이기 위해서는 세 부문에 대한 이해가 요구된다. 1) 우리 회사가 존재하는 이유, 업의 개념에 대한 이해가 요구된다. 2) 우리 회사가 고객에 기여하는 바를 검토한다. 그리고 3) 정서가치, 정체성에 대한 개념을 이해한다.

실상 목적을 재정립하는 이유는 현재하고 있는 일이 진정으로 가치 있는 일이 되도록 업의 성격을 좀 더 폭넓게 정의하기 위한 것이다. 또한 업의 성격을 너무 근시안적으로 규정할 경우 외부환경의 변화에서 오는 위기와 기회를 제대로 파악할 수 없기 때문이다.

2.4.2.2. '5 Way 기법'을 이용한 핵심가치의 도출 및 의미작성

업의 심층적인 본질을 찾아내기 위한 도구로서 '5 Why' 방법을 쓸 수 있다. 핵심주제는 다음과 같은 질문들이다.

- 우리의 진정한 고객은 누구인가?
- 우리의 업의 본질은 무엇인가?
- 우리의 존재가치(이유)는 무엇인가?
- 우리가 궁극적으로 기여(공헌)하고자 하는 것은 무엇인가?

'5 Why' 방법을 활용하여 회사의 존재이유를 보다 정서적 가치로 추상화 할 수 있다. 이를 토대로 우리 회사의 핵심가치를 핵심단어(keyword) 중심으로 도출한다. 앞서 도출된 키워드를 정리해서 핵심가치의 선언문을 만드는 것이다. 이는 서술식 문장으로 표현할 수도 있고, 요목식 단문으로 열거해도 무방하다. 어떤 형식이든지 창의적이고 정서적으로 구성원의 마음을 움직일 수 있는 서술이 되도록 노력해야 한다. 굳이 다른 기업과 차별화될 필요는 없지만 동기를 부여하는 역할을 할 수 있어야 한다.

2.4.2.3. 핵심가치 재정립 및 실천사례

선진기업들은 핵심가치의 확립, 공유와 실천을 가장 중요한 활동으로 간주하고 있다. 그 이유는 각 기업의 전통에 근간을 둔 핵심가치를 위기극복, 기회창출, 그리고 미래성장의 원천으로 인식하고 있기 때문이다. 선진기업(IBM, 존슨&존슨)의 핵심가치 재발견 및 실천사례를 살펴보도록 한다.

(1) 존슨&존슨: 핵심가치를 매개로 윤리경영을 지속

1943년 3대 사장인 존슨이 기업의 책임을 명시하는 '우리의 신조(Credo)'를 핵심가치로 제정하였다. 그 후 1979년과 1987년 두 차례 수정되었다. 현재는 '우리의 신조'가 50개 이상의 언어로 번역되어 전 세계에서 활용되고 있다. 수정내용을 정리하면 다음의 <표 2-5>와 같다.

〈표 2-5〉 존슨 &존슨의 핵심가치 수정사례

초기	79년 1차 수정	87년 2차 수정
· 사업부 및 관련회사에 전략적/재무적 자율성 부여. · 기업이 준수해야 할 책임강조. · 50년대 이후 M&A된 기업에 '우리의 신조'와 리더십 역량 집중강조. · 여타 경영활동엔 자율성 강조.	· 환경보존에 대한 책임추가 · 적용범위를 글로벌 차원으로 확장.	· 양성평등 강조. · 가족에 대한 책임을 다하도록 배려.

이처럼 '우리의 신조'는 기업의 책임을 소비사 - 종입원 - 지역사회 - 주주의 순으로 규정하였다. 주주를 맨 뒤에 배치한 이유는 소비자, 종업원, 지역사회에 기여를 하면 주주에 대한 책임은 자연스럽게 이루어진다고 보았기 때문이다. 1982년 타이레놀 사건이 발생했을 때 '우리의 신조'에 기초하여 대응을 하였고, 이를 계기로 윤리경영 추진이 더욱 힘을 받아 이후 가치경영의 대표기업으로 부각되었다.

〈타이레놀 독극물 투입사건과 회사의 대응〉

· 1982년 타이레놀에 독극물을 투입하는 범죄로 7명 사망하는 사건 발생.
· 회사는 1억 달러의 손실을 보면서 신속하게 자발적 리콜을 실시하여 출시된 모든 제품을 수거하였다. 또한 제품의 전 제조과정을 언론에 공개함.
· 독극물 투입 가능성이 있는 캡슐형 생산을 중단하고 알약으로 대체 출시함.

'우리의 신조' 가치(Credo Values)를 체질화하기 위하여 회사에서는 다양한 방안들을 실행하고 있다. 실행방안으로는 1) '우리의 신조'와 4개 부문(리더십, 혁신. 고객 및 품질, 근무환경 등)에 대한 임직원의 인식을 측정하고, 변화양상을 파악하기 위해 조사를 주기적으로 실시하고 있다. 그 이유는 조사결과를 피드백 하는 것은 물론 행동개선 방안도 마련할 수 있기 때문이다. 2) '우리의 신조'에 바탕을 둔 리더십 모델을 전 세계적으로 적용하고 있다. 특히 임원교육에서 '우리의 신조'에 입각한 리더십을 강조함은 물론 이의 실행정도를 업적평가에 포함하고, 그 결과를 임금인상에 반영하고 있다.

(2) IBM: 핵심가치를 영속성장의 구심점으로 활용

1962년 왓슨 2세가 선대의 철학을 계승하여 '3 Basic Beliefs'(개인존중, 최고의 고객서비스, 탁월한 실행)라는 형태로 IBM의 가치를 제시하였다. 그러나 90년대 경영위기에 대응하여 구조조정을 추진하는 과정에서 IBM의 전통과 정체성이 와해됨을 파악한 CEO거스너가 새로운 IBM을 건설하기 위해서는 전통을 버리기 보다는 되살리기의 일환으로 핵심가치 체계를 다시금 강조하였다. 또한 2003년 신임 CEO인 팔미사노가 '위대한 IBM 재건'을 본격화하며, 전 직원이 참여한 가운데 창업자인 왓슨의 3대 핵심가치를 새 시대에 맞게 수정하여 신 3대 핵심가치를 재창조(renewal)하였다. 기존가치의 진부화, 왜곡을 극복하고, 신규 사업 등과의 적합성 제고를 위해 밑으로부터의 가치혁신을 꾀한 결과, 재창조된 IBM의 새가치를 다음의 <표 2-6>과 같이 정리할 수 있다.

〈표 2-6〉 IBM 가치의 재창조(renewal)

기존 가치		진부화 · 왜곡		신 가치
인간 존중 Respect for the individual	➡	고용보장 (guaranteed job)	➡	모든 관계에서 신뢰와 책임구현 (Dedication to every client's success)
고객 만족 The best customer service	➡	기존 서비스 영역 고수	➡	고객의 성공을 위한 헌신 (Innovation that matters-for our company and for the world)
최고 지향 The pursuit of excellence	➡	자만심 (arrogance)	➡	혁신 최우선-회사와 세계를 위해 (Trust and personal responsibility in all relationship)

자료: 예지은 외 3인(2011), 신세대특성과 조직관리방안, CEO Information 제603호, 삼성경제연구소.

회사에서는 핵심가치를 전파하고 실행하는데 주력하고 있다. 이에 대한 방안으로는 1) 핵심가치를 17개 언어로 번역해서 배포하고, 모든 임직원에게 핵심가치의 실행 가이드라인을 구체화하여 매년 1월에 서명을 하도록 하고 있다. 특히 고객의 성공에 헌신하라는 가치를 실천하기 위해 '신뢰를 위한 1억$ 투자' 프로그램을 추진하고 있다. 2) 'IBMers Values'와 인사 프로세스를 연계시키는 작업을 진행하고 있다. 예로, 모든 성과측정을 핵심가치와 연계시키는 시스템을 개발하고 있으며, 채용기준과 신입사원의 사회화 커리큘럼에도 적용하고 있다. 또한 모든 관계에서 신뢰와 책임구현을 위해 경영자 스톡옵션 조건을 엄격하게 관리하고 있다. 그리고 3) 경영진이 핵심가치 전파를 위한 소통활동을 적극적으로 전개하고 있다. 예로, CEO가 사내방송에 출연하여 가치 재정립 취지를 설명하고 전세계 종업원의 동참을 호소함은 물론 SLT(Senior Leadership Team)가 관리자 계층에 대한 교육을 실시하여 현장전파를 촉진하고 있다.

이처럼 사례에서 살펴본 봐와 같이 선진기업들은 직면한 환경변화(글로벌화, 무한경쟁, 윤리성 강조 등)를 극복하고 재도약하기 위해핵심가치를 경영의 요체로 인식하고 발굴 및 제도화에 나서고 있다. 따라서 우리기업들도 글로벌 일류 대열에 합류하기 위해서는 핵심가치의 활용도를 높이는 것이 필수적이다.

제3절. 조직가치 공유/전파자 역할의 실행방안

회사가 강력한 엔진을 달고 하나의 방향으로 힘차게 나아가게 하기 위해서는 서로 선호하는 가치가 다르고 다양한 가치의 우선순위 등이 다른 조직구성원들이 기업의 존재하는 이유, 기업이 선호하는 가치 기준, 기업미래의 꿈에 대해서는 같은 생각을 하는 가치관을 갖도록 하여야 한다. 조직구성원들이 공감할 수 있는 명확한 가치를 제시함으로써 기업이 무슨 목적으로, 왜 존재하는지를 분명히 깨닫게 하고, 조직에 대한 강한 정서적 몰입을 유발할 수 있는 환경을 조성한다(이승주, 2003).

조직 내 구성원들이 같은 생각을 갖도록 할 수 있는 방안은 무엇일까? 이에 대한 조직관리자의 역할 즉 조직가치 공유/전파자 역할의 실행방안을 제시하도록 한다.

3.1. 공유/전파를 위해 적극적으로 소통해야

구구절절하게 설명하지 않아도 구성원들을 움직이게 할 정도로 구체적이고 명확하게 만들어진 비전, 사명, 핵심가치 등을 조직 내 모든 구성원들이 공유하도록 적극적 소통이 이루어져야 한다. 경영자와 관리자는 구성원들이 조직의 비전, 사명, 핵심가치 등을 공유하도록 소통하는데 많은 시간을 할애하여야 한다. 소통부재로 인해 구성원들이 이를 제대로 공유하지 못한다면 구성원들이 하나로 뭉치지 못하고, 각자가 딴 생각으로 행동하게 되므로 조직의 에너지를 높일 수 없다. 또한 우리 회사만의 일하는 일관된 기준으로서의 역할을 제대로 하기도 어렵다.

의사소통을 자주하는 조직은 어떤 모습일까? 의사소통을 자주하는 회사에서는 모든 부서의 구성원들이 자신이 속한 조직이 어떤 일을 하고 있으며, 그 일의 성공을 위해 어떻게 기여할 수 있는가를 잘 이해하고 있다. 그러므로 이들은 자신이 받아드리는 정보의 양과 빈도에 대해서는 불평할지 몰라도 최소한 회사상황에 관한 정보의 전달경로에서 배제당하지 않는다고 인식하게 된다(IGM세계경제연구원, 2012). 결과적으로 이런 회사에서는 목적과 방향이 전 구성원에게 각인되어 있고,

이 공통인식은 부서 집단이기주의 혹은 이념적 파벌주의에도 철저히 우선한다. 그렇다면 어떻게 해야 효과적으로 의사소통할 수 있을까? 조직이 실제로 가치를 개발하고도 이를 적은 수의 회의나 소통을 통해 전달하려고 한다면 대부분의 조직 구성원들은 이 새로운 시도를 이해하지 못할 것이다. 그 결과 조직 내 냉소주의가 만연하고 의사전달에 대한 믿음이 떨어질 것이다. 그러므로 성공한 조직의 경영자와 조직관리자들은 가치를 전달하기 위해 기존의 모든 의사소통채널을 활용한다. 예를 들면, 사보, 간부회의, 사내의 많은 교육프로그램 등 모든 가능한 채널을 활용하고, 특히 중요하지 않은 정보로 인해 낭비되고 있는 채널을 적극 활용한다.

탁월한 조직은 다양한 방식으로 의사소통함으로써 조직의 명확한 가치를 구성원들에게 전달한다. 효과적으로 의사소통을 하기 위해서는 다음의 <표 3-1>과 같이 4가지 중요한 방식을 이해해야 한다(렌시오니; 송경모 역, 2000; 나기현, 2015).

〈표 3-1〉 효과적으로 의사소통방식

방식	내 용
반복	· 성공적 의사소통을 위해서는 동일한 메시지를 기회가 생길 때마다 반복하라. · 대부분의 사람 또는 경영진은 동일메시지를 반복전달을 싫어한다. 그 이유는 자신은 지적수준이 비교적 높다고 생각하고 부하직원들도 자신과 비슷한 수준이라 생각하기 때문. 또한 한두 번 전달하고 나면 지루해져 다른 새로운 문제로 관심을 돌리고 싶어하기 때문이다.
간단명료	· 매일 많은 정보를 제공받고 있는 구성원들이 리더에게 요구하는 것은 간단명료한 메시지다. 그 이유는 메시지의 내용이 복잡하면 구성원들은 혼란에 빠지기 쉽기 때문이다. · 이 메시지에 조직이 움직이는 방향, 그곳으로 가려면 자신들이 어떤 방식으로 가야 하는지 등의 내용이 짧고 분명하게 담겨있어야 한다.
복수의 매체	· 대부분의 경영자들은 조직의 여러 단위에서 메시지를 전달하는데 한 가지 방식(직접의사전달, 이메일이나 인트라넷 게시판, 릴레이 방식 등)만을 사용하면서 만족스러워함. · 그러나 직원들도 정보를 받아드리는데 있어 특별히 선호하는 방법이 있지만 전달메시지를 분명히 부각시키기 위해 여러 전달경로를 사용해야. 즉 성공적 의사소통을 위해서는 다양한 의사소통 매체를 활용해야 한다.
계단식 메시지	· 조직규모와 상관없이 가장 강력하면서도 의외로 활용빈도가 낮은 의사소통 방법은 바로 '계단식 의사소통'이다. · 리더는 직속 직원에게 핵심메시지를 명확하게 전달한다. 이런 의사소통 사이클은 모든 직원에게 메시지가 전달될 때까지 반복된다.

조직 내 소통이 효과적인지 아닌지를 어떻게 진단할 수 있을까? 진단방법은 아주 간단하다.

먼저 1) 조직의 존립목적이 무엇인지, 근본가치가 무엇인지, 어떤 사업을 하고 있는지, 경쟁상대는 누구인지, 전략은 무엇인지, 올해의 주요목표는 무엇인지, 임원들이 어떤 일에 대하여 책임을 명확히 지고 있는지에 대해서 알고 있는지 질문을 해 보라. 다음으로 2) 구성원들에게 개별적으로 수행하고 있는 업무가 이 각각의 영역에 어떤 방식으로 영향을 미치고 있는지에 대해 질문해 보라. 이때 아무런 대답을 못하거나 이상한 대답만 나온다면 조직의 의사소통이 매우 부족하다는 신호이다.

3.2. 솔선수범 등 실천을 통해 공유/전파해야

조직가치는 말로만 설명하는 것이 아니라 중요한 것은 '행동으로 말하기'이다. 조직가치는 구호에 의해 공유/전파되는 것이 아니라, 리더들의 실천을 통해 공유/전파된다는 것을 우리는 분명하게 알아야 한다. 실천을 통해 공유하기 위해서는 다음과 같은 방법을 활용할 수 있다(홍석환, 2013).

1) CEO를 포함하여 조직관리자는 기회가 있을 때마다 사명과 비전 그리고 가치를 구성원들과 소통을 하되, 더 중요한 것은 조직의 모든 의사결정과정에서 솔선수범하여 그것들을 적용하고, 하부단위의 의사결정과정에 그것들이 제대로 반영되고 있는지 여부를 수시로 확인하는 것이 중요하다. 또한 CEO부터 참여하여 실천해야 한다. 회의나 교육을 통해 핵심가치를 강조했다고 CEO가 역할을 다한 것이 아니다. 실제 핵심가치를 더 철저하게 실천해 야 할 책임이 CEO에게 있다. 솔선수범을 통한 조직가치의 공유/전파로 구성원들의 생각과 행동의 일부분이 될 때 자율규제의 기초가 마련된다고 볼 수 있다.

2) 추진 조직을 구축하라. 핵심가치의 선정, 지속적 내제화, 업무를 통한 성과 창출로 이어지기 위해서는 CEO 혼자서 할 수 없다. 추진 조직이 필요하고, 이 조직을 통해 방향과 단계별 추진이 이루어지며, 점검과 피드백이 지속적이고 체계적으로

실행되어야 한다. 추진 조직은 인사부서나 경영혁신부서 산하에서 팀 단위 조직으로 운영되며, 각 사업본부에서 조직문화 추진담당자를 선정하여 전사적으로 이끌어 가야 한다. 추진 조직은 핵심가치 해설집 제작, 핵심가치 교육과정 개설과 사내강사 양성, 핵심가치 실천사례의 전파, 핵심가치 실천서 제정 및 제창, 핵심가치 우수실천자의 선정과 포상, 각 사업본부 추진담당자의 교육과 동기부여, 제도 수립 등의 업무를 추진한다.

3) 현장조직의 장 중심의 실천을 하라. 현장조직의 장이 움직여주지 않으면 핵심가치의 내재화와 실천은 불가능하다. 구성원의 일의 접점에는 항상 조직장이 있다. 조직장의 생각과 행하는 것이 곧 법이며 가치가 된다. 조직장이 핵심가치의 전도사가 되어야 한다. 본인이 먼저 솔선수범하여야 한다. 구성원들에게 롤(role)모델이 되어야 한다. 이를 위해서는 전 조직장의 사내강사화가 되어야 한다. 언제 어디서 누가 질문하더라도 동일한 철학과 원칙을 가지고 있다면, 구성원의 의사결정의 갈등은 크게 줄어들 것이다.

4) 구성원의 실천의지도 요구된다. 아무리 좋은 것이 있더라도 본인이 싫으면 의미가 없다. 결국 구성원들이 절실하게 필요성을 느끼고 실천해야 그 성과가 나타난다. 절실하지 않고, 중요하지 않다고 생각하여 관심이나 의미를 부여하지 않으면 그만이다. 구성원들이 조직가치가 얼마나 중요한가를 수백 번 이상 강조하여 뼛속 깊이 자리 잡게 해야 한다. 구구단처럼 언제 어디서나 술술 답이 나오도록 해야 한다. 업무를 함에 있어, 왜 이 일을 해야 하며, 이런 행동은 왜 하지 않아야 하는지 모두가 동일한 판단을 내릴 수 있도록 자발적으로 수행하도록 해야 한다.

3.3. 인력시스템으로 구축해야

아무리 효율적으로 의사소통이 이루어지고 있는 조직이라도 단지 의사소통만으로 조직의 가치를 유지해갈 수는 없는 것이다. 그러므로 조직의 가치를 유지 및 강화하기 위해서는 탄탄한 인력시스템 구축이 수반되어야 한다. 즉 조직가치와 인사제도의 연계를 추구해야 한다.

다시 말해 조직의 가치를 채용, 평가, 승진에 연계하여 확실히 실천하도록 해야 한다. 대부분의 기업은 평가에 있어서도 핵심가치 실천 정도를 항목에 연계시켜 평가하고 있다. SK그룹은 20년 넘게 SKMS(SK Management System)를 승진의 중요한 툴(tool)로 활용한다. 시험을 통해 일정 점수를 받지 못하면 승진할 수 없게 하고 있다. 기타 인사제도와의 연계와 관련하여 핵심가치를 잘 실천한 직원에 대한 수상제도와 승진가점제도를 고려할 수 있다. 또한 회사에서 운영하는 집합교육의 모든 교육과정에 핵심가치 이해 1시간 이상을 배정하여 사내 강사를 통해 핵심가치가 강의되고 점검되도록 할 수도 있다. 또한 사전 테스트를 통해 일정 점수가 되지 않는 사람은 교육에 입과조차 못하게 하기도 한다.

따라서 인력시스템을 적절히 구축하고 활용할 줄 아는 조직은 아무리 경영환경의 변화가 심해져도 정체성과 방향성을 잃지 않기 때문에, 인력시스템을 조직의 가치강화에 어떻게 활용할 수 있을까? 조직 가치를 강화하기 위해 꼭 필요한 4가지 인력시스템은 다음과 같다(렌시오니; 송경모 역, 2000).

1) 면접 및 고용판단자료로 활용하는 것이다.
2) 성과관리절차는 조직비전을 강화할 수 있는 또 다른 시스템이다.
3) 보상과 인정시스템은 조직이 행동을 강화해가는 방식과 깊은 관련이 있다.
4) 건강한 조직은 구성원 해고 시 가치관 및 명확성과 관련된 여러 사항을 주요지침으로 활용함.

조직가치 강화에 인력시스템 활용여부를 진단하는 방법은? 조직가치 강화에 인력시스템 활용여부를 진단해보기 위해서는 다음과 같은 질문들에 대하여 하나씩 대답해 보자(렌시오니: 송경모 역, 2000).

- 채용후보자를 면접한 다음 면접관끼리 모여서 각각의 의견을 교환하는 절차가 있는가?
- 면접할 때 어떤 부서에서든 조직의 가치를 반영한 공통으로 적용할 수 있는 일관된 질문이 정해져 있는가?
- 조직 전반에 걸쳐서 구성원의 성과를 관리할 수 있는 합리적인 절차가 있는가?

- 조직의 가치관과 목표에 비추어서 구성원의 행동을 평가하고 있는가?
- 관리자와 실무자 모두 이 성과관리시스템에 적극적으로 참여하고 싶어 하는가?
- 구성원에 대해 보상을 결정하고 능력을 인정해주는 조직만의 차별화된 합리적인 절차가 있는가?
- 조직의 가치관에 비추어서 승진 대상자를 평가하는 합리적인 절차가 있는가?
- 구성원을 조기 퇴출시킬 때 적용할 수 있는 조직만의 차별화된 합리적인 기준이 마련되어 있는가?
- 조직의 가치관에 적합하지 않은 것으로 판단 되 조직에서 구성원이 해고된 적이 있는가?

이와 같은 질문들에 대하여 아무리 탁월한 조직이라도 '예'라고 전부 대답할 수는 없겠지만, '아니요'라는 대답이 꽤 나온다면 조직의 가치강화를 위해서 아직 개선해야 될 사항이 많다는 신호로 받아 드려야 할 것이다. 최소한 여기에서 요구하는 성노의 골격을 갖추기 위해 끊임없이 조직은 노력해야할 것이다.

조직가치 창출자 & 공유자 사례: LG그룹

1974년엔 럭키그룹, 1983년 럭키금성그룹으로 불리다 1995년 지금의 LG그룹으로 명칭을 바꿨으며, 2005년에는 LG그룹이 LG그룹과 GS그룹으로 분리됐다. LG그룹은 재계 순위 3위(2017년), 지주회사 (주)LG를 중심으로 전자, 화학, 통신, 서비스 부문에서 사업을 하며, 주력 계열사는 매출 기준으로 LG전자, LG디스플레이, LG화학이다.

〈직면 문제〉

1980년대 중반(1985~1991년)의 7년 동안은 LG그룹의 힘든 시기로 불리는데, 그룹의 운영과 관련한 불확실성이 문제로 부각되면서 LG그룹을 둘러싼 외부요인들의 변화로 LG그룹의 전략에 문제가 발생하였다.

첫째로, 1960-70년대에 비해 1980년대 중반 임금수준의 상승 및 삶의 질이 높아지면서 한국 소비자들의 기호가 변화하였으며 품질이 높은 제품에 대한 수요가 증가하였다. 대부분의 한국 소비자들은 저렴한 가격에 제공되는 품질이 낮은 제품에 만족하지 못하게 된 것이다.

두 번째로, 한국 시장진입을 억제하고 있던 무역장벽들이 완화하기 시작하였으며 다국적 기업들은 LG보다 품질과 디자인 측면에서 뛰어난 제품을 보유하고 있었으며 또한 가격경쟁력도 많이 개선되었다.

세 번째로, 한국 기업들의 원가경쟁력이 약화되기 시작하였다. 한국 내 임금이 지속적으로 상승하면서 한 동안 한국의 비교우위의 원천이었던 저렴한 노동력이라는 장점이 잠식되었으며 더불어 한국보다 저렴한 노동력을 보유한 외국기업들과의 기술격차가 줄어들고 있었다.

결과적으로 1980년대 중반과 후반에 걸쳐서 이러한 외부 환경의 변화는 LG의 재무적 성과에 바로 반영되었으며 1987년 전년 대비 매출은 7%가 감소하였고 수익은 18% 감소하였다.

〈문제해결 노력〉

LG그룹은 1989년에 기획조정실 내에 V추진본부가 조직되었으며 맥킨지사로 부터 컨설팅을 받아 1990년에 그룹의 비전수립을 완성하기에 이른다. LG그룹의 비전명칭은 '21세기를 향한 경영구상'이었으며 1차적으로 그룹비전부터 완성하고 그룹비전을 수립한 V추진본부의 멤버들이 추축이 되어 그동안 체득한 비전수립방법론을 바탕으로 각 계열사별 비전수립을 지원하기 시작하면서 전 계열사에 비전경영이 확산되었으며 이후 LG그룹은 비전수립에 이어 세부적인 경영전략으로 간접부문의 효율화를 위한 여러 프로젝트를 지속적으로 추진하였다.

1990년에 수립한 비전인 '21세기를 향한 경영구상'은 LG그룹이 처음 수립한 장기경영전략이었으며 1990년 이후에 대내외 환경변화가 급격히 진행됨에 따라 1995년에 비전에 대한 수정작업이 진행되어, 2005년을 목표로 하는 경영구상인 'Leap 2005'를 수립하였다. 이후 각 사별 비전은 시대에 맞게 5~10년 마다 재수립되어 왔다.

〈성과〉

비전이라는 전략을 계획한 LG그룹의 경영성과에 얼마나 큰 영향을 미쳤는지 조사한 결과는 다음과 같다. 1994년 말 30조원이었던 LG그룹의 매출은 2014년 말 150조원으로 5배 늘었고 이 중 해외 매출은 10조원에서 100조원으로 10배가 늘었다. LG그룹의 시가총액은 7조원에서 67조원으로 10배가량 불어났는데 이는 1999년 LIG의 계열분리를 시작으로 LS(2003년), GS(2005년), LF(2007년) 등이 LG에서 분리되어 나갔음에도 불구하고 거둔 성과이기에 더욱 놀라운 결과인 것이다. LG그룹은 전력의 절반 이상을 잃고서도 지난 20년 동안 임직원 수가 10만 명에서 22만 명으로 증가했고, 해외법인도 90개에서 290여개로 늘어나면서 명실상부한 글로벌 기업의 반열에 올라섰다(포브스코리아 특별취재팀, 2015). 이와 같이 결과는 비전경영을 선도적이고 열정적으로 실천해 온 LG그룹에 있어서 비전경영체제의 도입과 추진이 그룹의 경영성과에 매우 큰 영향을 주고 있는 것으로 판단할 수 있다.

참고문헌

고현철·장우란(2014), 기업 핵심가치의 재발견, CEO Information, 제476호, 삼성경제연구소.

나기현(2015), 인간존중경영이 실현되는 신나는 일터, 부산외국어대학교 출판부

나기현(2013), 성과예술: 인간존중경영, 부산외국어대학교 출판부.

렌시오니(송경모 역, 2000), 탁월한 조직을 만드는 4가지 원칙, 위즈덤하우스.

문근찬(2006), 혁신과 변화관리, 한티미디어.

양혁승(2007), 사람중심경영 실현방안에 관한 연구, 한국노동연구원.

이승주(2003), 경영전략실천메뉴얼, 시스마인스트컴.

홍석환(2013), 일하고 싶은 문화(2), 월간인재경영, 7월호, 제101호.

IGM세계경제연구원(2012), 세상 모든 CEO가 묻고 싶은 질문들, 위즈덤하우스.

제2장 전략계획수립자 역할

조직에서 성과경영을 효과적으로 실행하기 위한 첫 단계는 명확하게 이해할 수 있는 계획을 수립하는 것이다. 그 이유는 조직 내·외적인 환경변화를 고려하여 설정된 조직의 방향과 목표를 효과적으로 달성하기 위해서는 전략을 포함한 비즈니스 계획수립과 함께 시작되기 때문이다.

기업전반의 전략은 조직 내 대부분의 계획의 방향을 설정해 준다. 즉 조직의 전략에 따라 조직목표, 부문 간 목표, 현장의 목표로 흐르게 되고, 전략 및 전체 계획에 따라 운영계획과 부서계획으로 수립된다. 그러므로 전략계획은 조직목표달성에 매우 중요하다.

따라서 제1절에서는 전략계획수립자의 역할의 의미와 중요성에 대하여 알아본다. 제2절에서는 계획수립에 대한 이론적 논의를 살펴본다. 그리고 제3절에서는 비즈니스 계획을 성공적으로 수립하기 위해 전략계획수립자 역할의 실행방안을 제시하도록 한다.

제1절. 전략계획수립자 역할의 의미와 중요성

오늘날 기업들은 환경의 높은 불확실성에 직면하고 있다. 이러한 불확실성에 기업이 선제적으로 대처하고 가치주도시장을 효과적으로 주도하기 위해서는 경영자 및 조직관리자가 장기적인 전략계획을 명확하고 구체적으로 수립하여야 한다. 또한 명확하고 구체적으로 작성된 전략계획을 조직 내 사업부 및 기능수준에서 그리고 구성원들 수준에서 다 같이 공유하도록 하여야 한다.

선진기업은 미션, 비전, 가치를 반영한 전체적인 목표와 목표를 달성하기 위한 전략적 계획을 명확하게 정립하여 조직 내 구성원들이 공유하도록 하고 있다. 그 이유는 이를 공유한 조직은 모든 구성원들이 한 방향으로 나아가도록 강력한 조직문화를 형성해 기업성과를 높여 지속가능 경영의 밑거름이 되고, 구성원들의 자발적 참여가 가능해지기 때문이다. 그러므로 이러한 이유들로 인해 경영자 및 조직관리자에게 전략계획의 수립자 역할이 요구되는 것이다.

전략계획 수립자 역할이란 장기적인 관점에서 조직이 나아갈 방향을 정하는 것으로, 조직의 사명과 비전을 설정하고, 이를 성취하기 위해 조직의 내·외적인 환경에 대한 분석을 통해 전체적인 목표설정과 이를 달성하기 위한 전략선택 등 목표설정의 근거(Know-why)와 달성방안(Know-how)을 체계적으로 만들어내는 과정을 의미한다. 이러한 전략적 계획수립은 전사차원, 사업부 차원, 팀 차원, 그리고 개인 차원으로 분화되고 통합된다.

다시 말해 전략계획(strategic planning) 수립은 조직의 주요목표를 설정하고, 목표를 달성하기 위한 조직 전체의 전략을 설정하는 것이다. 즉 조직에 있어 장기적이고 광범위한 목적을 설정하고, 이러한 목적들을 위해 필요한 자원이 무엇인지를 결정하는 것과 관련이 있다. 특히 경제·기술·사회적 이슈들과 같은 외부환경요인을 평가하는 것은 성공적인 전략수립에 있어 중요한 일이다. 또한 조직의 장기적 사명과 같은 전략적 계획수립은 최고경영진에 의해 공식화 되고, 그보다 낮은 단계의 조직구성원들에 의해 실행에 옮겨진다(노승종·오세경·이승창·정헌수 역, 2009).

전략계획과 전술적 계획은 혼동하기 쉽지만 분명하게 구분된다. 전략적 계획은 조직에 있어 장기적이고 광범위한 목적을 설정하고 이를 달성할 방안들을 포함하고 있다. 반면에 전술적 계획(tactical planning)은 전략적 계획의 실행에서 시작된다. 즉 전략적 계획에 근거하여 작성하는 중기적 계획을 의미한다. 전술계획은 이처럼 기간 면에서 전략계획보다 단기적이며 더욱 구체적이고, 조직의 부문별 문제점을 조정하고 각각의 부문에 자원을 할당하는 활동을 한다. 이를 정리하면 다음의 <표 1-1>과 같이 정리할 수 있다.

〈표 1-1〉 전략적 계획과 전술적 계획의 차이

형태	기간	관리자 수준	적용 범위	의도와 목적	내용의 범위	정확성/예측가능성
전략	3~5년	최고경영자 (Ceo, 부사장, 중역 등)	외부환경과 조직 전체	사명, 장기적 목적 설정	광범위하고 일반적	높은 수준의 불확실성
전술	1~3년	중간관리자	전략적 사업단위 (SBU)	실행을 위한 중간점 위의 목표수립	더 구체적	중간정도의 확실성
운영	현재	일선관리자	지리적 기능적 부서	구체적 목표 실행	세부적 구체적	적당정도의 확실성

자료: 노승종 외 3인 역(2009), 경영학의 이해, 한경사. p. 168

전략계획수립의 효용을 유추해 보면, 다음과 같이 정리할 수 있다. 1) 전략계획은 조직의 방향과 목표를 부여한다. 그 이유는 전략계획이 조직의 이상을 구체화하여 조직의 목표를 결정하는 메커니즘이기 때문이다. 2) 전략계획은 경영체질의 강화뿐만 아니라 사업구조의 변화를 계획적으로 추진할 수 있다. 그 이유는 조직의 내·외적인 환경에 대한 분석을 통해 전략계획을 수립함으로 환경변화에 적절하게 대응할 수 있기 때문이다. 3) 조직 내에 모든 의사결정의 통합을 꾀할 수 있다. 그 이유는 전략계획달성의 방향으로 모든 의사결정을 합리적이고 효과적으로 할 수 있기 때문이다. 그리고 4) 장기적인 목표가 분명해짐으로써 단기적인 행동에 지침을 제공하고, 부문의 변화가 전체에 비추어 적절한지 여부를 판단할 수 있는 기준을 제공해 준다.

이와 같이 전략계획수립은 경영자와 조직관리자가 수행해야 할 가장 핵심적인 과제이다. 계획이 없으면 추진력 없는 배와 같이 조직은 큰 혼란에 빠진다. 또한 많은 연구결과들에서 전략계획의 수립은 기업성과에 긍정적인 영향을 미치고(Miller & Cardinal, 1994), 급변하는 환경에서도 공식적인 전략수립과정은 긍정적인 효과를 낳는다고 한다(Brews & Hunt). 반면에 부정적인 연구결과도 있다. 많은 경영자들이 새로운 전략계획수립 시기가 오면 괴로워하기 시작한다고 한다. 또한 몇몇 경영학자들은 최고의 전략은 대부분 정교한 계획과정 없이 만들어진다고 주장한다.

그 이유는 정교한 계획은 창의성과 행동의 자율성을 해치기 때문이라고 주장한다 (Mintzberg, 1978).

제2절. 경영계획수립에 대한 이론적 논의

기업의 활동이 합리적으로 수행되기 위해서는 목표를 설정하고, 이를 효과적으로 달성하기 위해 필요한 활동방향, 지침, 그리고 질서를 결정해야 한다. 이와 관련하여 계획 및 계획수립의 개념과 비즈니스 목표유형과 계획의 유형에 대하여 살펴보도록 한다.

2.1. 계획 및 계획수립의 개념

계획(plan)이란 '조직이 정의된 목표를 달성하는데 필요한 방법이나 과업을 상세히 기술한 틀'을 말한다(김종득 & 정형일, 2009). 이는 조직의 목표를 달성하기 위하여 누가, 무엇을, 언제, 어떻게, 왜 작업을 해야 하는지에 관하여 사전에 결정하는 것으로 현재의 활동과 미래의 활동을 연결하는 교량역할을 한다. 그러므로 계획의 궁극적인 목적은 조직의 목표달성 정도를 높이기 위해 조직의 제반활동을 조정하는데 초점을 두기 때문에, 결국 조직에 있어서 활동목표, 운영목표, 그리고 전체목표를 달성하기 위한 방법 또는 수단이 된다.

계획수립(planning)은 조직이 직면하게 될 가능성이 있는 문제와 기회를 예측하는 것에서 시작한다. 그 이후 경영자 및 관리자는 현재의 문제를 해결하거나 또는 미래의 문제를 차단하거나 기회를 활용하기 위한 전략을 설계한다. 이들 전략은 목적(goals), 목표(objectives), 방침(policies), 절차(procedures)를 위한 토대역할을 한다. 즉 계획수립은 조직의 목표를 달성하기 위해 해야 할 일이 무엇인지를 설정하고, 언제 어떻게 그 일을 실행할 수 있는지를 명확히 하고, 누가 그 일을 해야 하는지를 결정하는 것이다. 효과적인 계획수립의 핵심은 미래의 상황과 사건을 예측하는 것이기 때문에 기업 내부 환경뿐만 아니라 기업이 경쟁하는 외부경영환경에 대한 폭넓은 정보를 필요로 한다. 따라서 계획수립은 관리활동의 출발점이자 가장 근본적인 활동이므로, 계획수립이 잘되면 이는 향후 조직의 활동에 강력한 토대가 된다.

2.2. 비즈니스 목표유형과 계획의 유형

기업은 비전 및 전략을 갖고, 이를 달성하기 위해서는 경영자와 조직관리자가 조직구성원들의 활동방향을 이끌어갈 비즈니스목표를 설정하고, 이러한 목표들을 달성하도록 비즈니스 계획을 수립해야 한다. 그 이유는 계획수립은 목표달성을 위해 해야 할 일의 순서와 방법을 찾는 것이기 때문이다. 비즈니스계획은 경영과정상의 각 기능과 밀접한 관련을 갖고 있기 때문에 무엇을 언제, 누가 어떻게, 얼마만큼 할 것인가에 대해서 명확하게 설명하는 것이다.

조직에서 수립하는 계획유형은 계획이 적용되는 조직의 수준(전략·운영 계획), 계획의 적용기간(장기·단기 계획), 계획이 사용되는 빈도(일회성·지속적 계획), 상황요인의 반영방식에 따라 나누어 볼 수 있다.

[그림 2-1] 계층별 목표와 계획

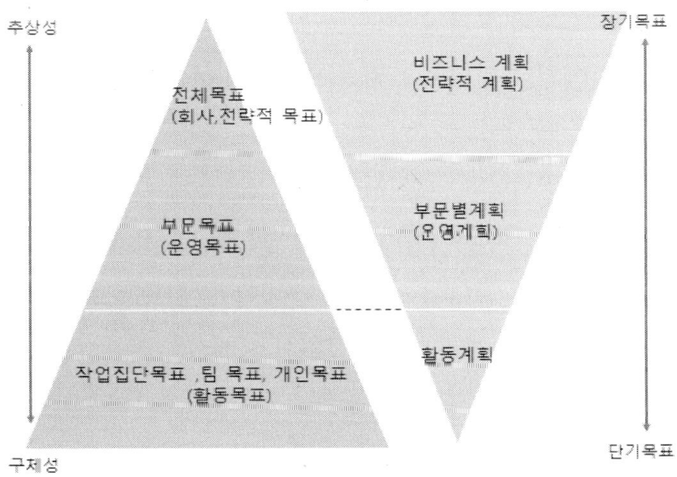

자료: 나기현(2014), 전략적 인적자원관리: 통합 성과관리모델, 부산외국어대학교 출판부

조직의 각 부문이 어떠한 책임을 수행하는가에 따라 구분되는 목표와 기간 및 성격에 따라 다양하게 구분되는 계획들 간의 관계를 [그림 2-1]과 같이 정리할 수 있다. 이에 대해 간단히 살펴보도록 한다(나기현, 2014).

2.2.1. 전체적 목표(장기 및 전략적 목표)와 비즈니스 계획(장기 및 전략계획)

전체적인 목표는 기업의 사명이나 비전을 토대로 궁극적으로 기업이 무슨 활동을 할 것이며, 어디에 초점을 둘 것이며, 무엇을 달성해야 하는지와 관련된 추상성이 많은 개념이다. 그러나 조직의 장기적 성공을 위한 방향에 도움이 되며, 환경변화에 조직을 적응시키도록 하는 중요한 특성을 갖고 있다. 이처럼 내·외적인 환경변화를 고려하여 조직방향과 목표를 설정하고, 이를 효과적으로 달성하기 위해서는 전략을 포함한 비즈니스 계획수립과 함께 시작되어야 한다. 따라서 명확하고 이해할 수 있는 비즈니스 계획수립은 조직에서 전체적인 목표를 달성하고 효과적인 성과경영을 하기 위한 첫 단계가 된다.

전체적 목표가 장기 및 전략적 목표(기업사명을 달성하기 위한 하나의 수단적인 목표로 설정된 것이기 때문에 경영전략의 실행을 통해 최종적으로 얻고자 하는 결과를 가능한 정량화된 형태로 구체화한 것)를 포함하듯이 비즈니스 계획은 장기 및 전략계획을 포함한다. 조직의 전체목표를 달성하기 위한 방법 및 활동들을 기술하는 비즈니스계획은 기업의 모든 경영활동을 포괄하는 청사진이므로, 조직의 최상층의 수준에서 수립되며 조직의 포괄적인 목표를 달성하는데 초점을 두어야 한다.

따라서 회사목표와 경영목표 등을 포함하고 있는 전체적인 목표와 비즈니스 계획에는 구체적인 목표달성의 시기가 명시되지 않지만, 이 목표와 계획을 통해 최고경영층은 조직의 계층별로 각 부문의 목표, 운영목표, 활동목표 등을 설정하게 된다. 이러한 목표와 계획을 효과적으로 달성하기 위해서는 목표달성 및 계획실행에 필요한 모든 활동과 역할을 공식직무로 설계하고, 각 직무간의 연결 관계를 분명히 해야 한다.

2.2.2. 부문목표(중기 및 운영목표)와 운영계획(중기 및 부문/단위계획)

부문목표는 '전체적 목표인 경영목표달성을 위한 부문별(부, 과, 집단 및 팀별)로 할당된 목표'를 의미한다. 부문목표는 조직의 실제적인 활동목표를 통해 추구되는 목표이며, 구체적이고 단기와 장기목표가 혼합된 성격을 갖고 있다. 운영목표의 달성여부는 최고경영층의 지시를 받는 중간관리층의 책임영역에 속한다. 또한 이 목표는 전년도의 성과평가, 환경적 추세의 예측, 경쟁기업의 성과분석 등을 통해 조정되며, 연도별로 재정의 되기도 한다.

운영계획은 '전략적 계획을 실행하기 위한 구체적인 활동이 담긴 계획 즉 전략목표의 수단인 부문목표를 달성하기 위한 방법 및 활동들을 보다 구체적으로 계획한 것'을 말한다. 즉 운영계획수립은 조직의 특정한 기능영역에서 사용되는 구체적 기준(standard), 방법(methods), 방침(policies), 절차(procedures)를 말한다. 또한 전술계획 실행을 가이드하며 통제하도록 설계된다. 최고경영층과 부서장 또는 팀장이 협의하는 캐스케이딩(cascading)방식으로 설정된 부문별 목표달성을 위한 운영계획은 조직 내 구성원간의 관계에 대한 계획을 대상으로 한다. 특히 장기의 전략적 계획이 미래의 불확실한 환경을 해결하기 위한 것이라면, 중기의 운영계획은 불확실성이 적은 계획기간 내에 수행되어야할 제 활동들 계획에 초점을 둔다.

2.2.3. 활동목표(단기 및 작업 단위목표, 개인목표)와 활동계획(단기 및 개인계획)

활동목표는 '운영목표를 기초로 수립되고, 자체에 행동기준, 성과기준 및 달성시기를 갖고 있는 목표'를 말한다. 이 목표는 구체적이며 단기적인 특성을 갖고, 조직구성원에게 어떻게 그리고 언제 달성할 것인가를 제시해 준다. 활동목표를 달성한다는 것은 운영목표를 달성하는 것을 말하며 궁극적으로는 조직 전체목표를 달성하는 것을 의미한다. 개인목표설정은 부문별 목표를 개인중심으로 할당하여 개인의 직무한계와 목표를 확정하는 일이다.

활동계획은 '조직의 목표달성을 위한 일상적인 활동내용에 관한 계획이며, 조직계층별 계획에서 운영계획의 하부계획'이라고도 할 수 있다. 이는 일반 작업자의 활동에 관한 계획을 다룬다. 특히 조직의 특정목적을 달성하기 위한 일시적으로 사용되는 일시적 계획도 포함하지만 주로 목표달성을 위해 반복되어 사용되어지는 상용계획을 포함하고 있다. 따라서 조직구성원의 활동을 조정하는데 있어서 적절하다고 판단될 때까지 반복적으로 이용된다.

이상에서 살펴본바와 같이 비즈니스계획 속에서 조직계층에 따른 각각의 목표(조직목표, 부문목표, 활동목표 등)의 달성수단인 계획들은 연결 또는 통합되어야 한다. 그 이유는 모든 계획들이 전략적인 목표들을 향해 움직이도록 하여 조직이 성공하기 위해서는 운영적인 계획은 단독으로 설 수 없고 전략적인 계획과 함께 통합되어야함은 물론 인적자원계획은 전략적 계획 그리고 운영적인 계획과 함께 통합되어야 하기 때문이다(Manzini, 1988).

제3절. 전략계획수립자 역할의 실행방안

기업의 활동이 합리적으로 수행되기 위해서는 목표를 설정하여야 하고, 효과적으로 달성하기 위해서는 경쟁기업과는 차별화된 방식의 전략을 선택하여야 한다. 이처럼 선택된 기업전반의 전략은 조직 내 대부분의 계획의 방향을 설정해 준다. 전략계획에 따라서 운영계획과 부서계획이 수립되기 때문에 전략계획은 매우 중요하므로 전략계획수립자의 역할과 관련하여 어떻게 전략계획이 수립되고 실행되는지에 대한 과정을 살펴보고, 이의 실행방안을 제시하도록 한다.

3.1. 전략계획수립의 과정을 전체적으로 이해하라.

전략계획수립과정은 조직의 미션, 비전, 가치, 목표를 설정하는 것으로부터 시작된다. 그 후에 조직의 외부환경과 내부환경을 분석한다. 조직 내·외부환경 분석(SWOT)의 목적은 조직의 강점과 약점, 외부환경으로부터의 기회와 위협을 찾아내는 것이다. 이런 과정을 거쳐 경영자는 조직 내부의 강점과 약점을 바탕으로 환경으로부터의 기회를 활용하고, 위협을 중화시키는 전략을 선택한다. 다음으로 실행계획(action plan)을 수립한다. 전략계획수립의 과정에 포함된 요소들 간의 관계를 [그림 3-1]과 같이 정리할 수 있다.

[그림 3-1] 전략계획수립의 과정에 포함된 요소들 간의 관계

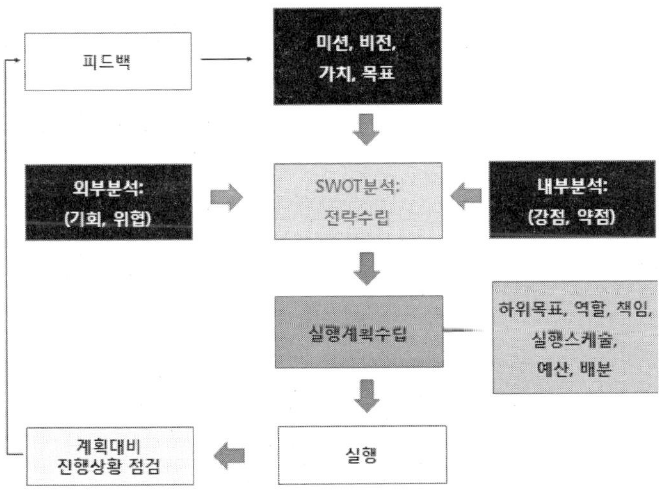

자료: 김기태 외 9인 역(2011), 경영학 원론, 경문사.

3.2. 조직이 향해야 할 방향(미션, 비전, 가치, 목표)을 명확하게 설정하라:

조직의 미션, 비전, 가치, 목표의 설정은 전략계획의 시작점이다. 또한 이들은 전략계획의 나머지 과정과 전략계획이 포함하는 운영 및 부서계획의 방향을 설정해준다. 그러므로 경영자와 조직관리자는 조직이 향해야 할 좌표를 명확하게 제시하여, 조직과 모든 구성원이 꿈을 품게 할 의무가 있나.

조직이 향해야 할 방향의 구성요소들을 구체적으로 살펴보면, 먼저 비전은 목표와 관련이 있는 반면, 기업사명은 행동방식과 관련이 있다. 일반적으로 창업자의 신소, 혹은 창업자에 의해 실제로 구현된 경영철학이 핵심가치로 여겨진다. 핵심가치가 행동의 구체적인 모습에 반영되고 제도가 그 행동요소의 유발을 촉진시킬 때, 전략과 비전을 효과적으로 지원할 수 있다. 이 요소들에 대하여 정리하면 다음의

<표 3-1>과 같다.

〈표 3-1〉 조직이 향해야 할 방향의 구성요소들

미션	· 조직의 목적을 보여준다. · 좋은 미션은 기업이 충족시키고자 하는 고객의 니즈에 초점을 맞춘 것이다.
비전	· 바람직한 미래상황(달성하고자 하는 것)을 기술해 놓은 것. · 좋은 비전은 구성원들에 전략의 궁극적 목적이 무엇인지 알려주고, 그 목적을 달성하기 위한 전략/탐색하고 수립하도록 동기부여를 해 새로운 전략의 창출을 돕는다.
가치	· 임직원들이 헌신해야 할 우선순위(어떻게 행동/사업하고, 어떤 기업 만들지) 나타냄. · 조직 내에서 바람직한 행동을 알려줌으로써 조직문화에 중요한 영향을 미침.
목표	· 조직이 실현하고자 하는 미래의 바람직한 상황이다. · 미션과 비전을 달성하기 위해 정확히 어떤 일을 해야 하는가를 구체화시킨 것.

조직과 구성원들이 원하고 이루고자하는 '꿈'인 '미래에 대한 그림'인 비전을 공유하고 나면, 비전달성을 위한 구체적이고 명확한 목표들을 시기별, 계층별, 기능별로 구체적으로 설정하여야 한다. 그 이유는 조직이 나아갈, 그리고 모든 구성원들이 도달해야 할 목적지를 분명히 제시함으로서 모든 구성원들이 뚜렷한 목표의식을 갖게 만들 수 있기 때문이다. 이와 같이 잘 수립된 장기목표(생산성, 품질, 내·외부 고객만족, 혁신 등)는 장기적인 성과와 경쟁력 향상에 도움이 되기 때문에 전략의 유효성과 경영자의 성과를 평가하는 수단을 제공한다.

3.3. 조직의 내 · 외부 환경을 정확하게 분석하라

미션, 비전, 가치, 목표를 설정함으로써 전략계획의 방향을 설정한 후, 다음단계는 조직의 내부환경(internal environment) 및 외부환경(external environment)을 분석하는 것이다(이승주, 2003).

경영자 및 조직관리자는 외부환경 분석을 통해 기회와 위협요인을 파악해야 한다. 기회(opportunity)는 과업 및 일반 환경의 추세가 비전과 목표의 달성가능성을 높일 잠재력을 가지고 있을 때 발생한다. 반면에 위협(threat)은 과업 및 일반 환경의 추세가 조직의 비전과 목표의 달성을 어렵게 할 때 발생한다. 외부환경으로부터 기회와 위협요인을 포착한 후, 경영자 및 조직관리자는 조직내부로 눈을 돌려서 강점과 약점을 파악해야 한다. 강점(strength)은 조직이 잘하는 활동으로 경쟁우위의 원천이 된다. 반면에 약점(weakness)은 조직이 잘하지 못하는 활동으로 경쟁우위를 저해하는 요소이다.

3.4. SWOT분석을 통해 올바른 전략 선택/수립하라

조직내부 및 외부환경 분석을 통해 강점 및 약점, 그리고 기회와 위협요인들을 구체적으로 찾아낸 다음, 이를 정리하여 전략을 선택하는 과정에 들어가게 된다. 이 단계의 목적은 기업, 사업부, 운영수준에서 약점을 극복하고, 강점을 통해 기회를 활용하고 위협을 차단하는 전략을 수립하는 것이다. 이러한 전략은 기업의 가치에 부합하는 방법으로 미션과 비전을 실현하고, 목표를 달성할 수 있는 것이어야 한다. 특히 SWOT분석을 통해 도출된 전략들 간에는 서로 일관성이 있어야 한다. 운영전략은 기업의 사업부전략과 일관성을 가져야 한다. 뿐만 아니라 기업전략은 사업부전략이 뒷받침되어야 한다. 즉 경영자 및 조직관리자들은 SWOT분석을 통해 서로 일관성을 가진 사업, 사업부, 운영전략을 수립해야 한다.

이와 같이 SWOT분석과 분석결과에 따른 전략 선택/수립 등 모든 것을 사람이 하는 일인 만큼 인간적인 오류를 범할 수밖에 없다. 특히 경영자들은 회사를 지속적으로 성장시키고 성과를 내야 한다는 압박에 시달려 여러 가지 목적을 추구하려는 유혹에 빠지기 쉽다. 이로 인해 조직의 현실을 직시하지 못해 또는 무엇이든지 해낼 수 있다는 지나친 낙관주의로 인해 전략이 정직하지 못할 때가 많다. 예로 경영자는 회사의 핵심역량이 경쟁우위의 원천이라고 주장하지만 타 경쟁사들이 훨씬 잘할 수 있는 것을 잘못 붙잡고 있는 경우도 있다.

따라서 경영자는 전략 선택/수립을 하는 과정에 여러 사람들로 구성된 경영진들의 도움을 받을 필요가 있음을 인식하여야 한다. 그 이유는 경영이 다루는 범위는 인간능력의 범위를 넘어서는 것이기 때문 경영진들의 전문적 도움을 받아 인간적 오류들을 최소화하고 정확하게 현실을 직시하는 것은 물론 올바른 자기인식을 바탕으로 최적의 전략을 선택하여야 하기 때문이다.

3.5. 선택된 전략의 실행계획을 수립하고, 즉시 이를 실시하라

실행계획(action plans)은 기업수준, 사업부수준, 운영수준의 전략을 실제로 어떻게 실행할 것인가를 구체화한 것이다. 실행계획은 하위목표, 담당자와 담당부서, 실행 스케줄, 예산을 반드시 포함하고 있어야 한다. 이러한 실행계획은 다소 광범위하고, 추상적인 전략을 특정 기간 내에 실행되어야 할 구체적인 행동으로 변화시킨다. 즉 실행계획을 통해 전략계획이 실행가능해지는 것이다. 그 이유는 실행계획이 수립되고, 구성원들이 전략을 실행하기 위해 해야 하는 각자의 역할을 알게 되면, 전략은 비로소 실행되기 때문이다.

기본적으로 전략실행(strategy implementation)은 실행계획을 실제로 실행하는 것이다. 그러나 더 넓게 생각하면 실행을 위해서는 적절한 인적자원의 조합뿐만 아니라 적절한 조직구조, 인센티브구조, 통제시스템, 조직문화가 필요하다. 일반적으로 조직관리자들의 역할은 구성원들이 실행계획을 실행토록 뒷받침하는 내부환경을 만들기 위해 구조, 인센티브, 통제, 문화, 인적자원에 대한 결정을 하는 것이다.

3.6. 실행결과를 바탕으로 수정 및 보완을 지속하라

전략계획의 마지막 단계는 계획대비 실제 성과를 정기적으로 점검하고 필요한 경우 계획을 수정하는 것이다. 계획은 통제메커니즘의 하나로 볼 수 있다. 만약 조직 전체 또는 하위조직이 계획에 명시된 목표를 달성하지 못하면, 경영진은 그 이유를 파악하기 시작한다. 그리고 그 이유를 알게 되면 계획을 달성하기 위해 잘못된 것을 수정하기 위한 행동을 하게 된다. 극단적인 경우, 기존 계획을 폐기하고 새로운 계획을 수립하기도 한다.

여기서 중요한 것은 계획은 새로운 정보에 따라서 수정될 수 있고, 실제로 흔하게 수정된다는 것이다.

전략계획 및 운영계획 수립자 역할 사례: 두산그룹

두산은 1999년부터 추진해 온 4단계 구조조정을 성공적으로 마무리하고 새로운 도약과 성장을 통해 세계적인 경쟁력을 갖춘 기업으로 성장하기 위해 2002년을 'NEW START' 원년의 해로 선포하고, 2006년까지 영업이익 2조원 달성을 위한 '2G전략(Growth of Business, Growth of People)'을 전개하였다. New Start 의 핵심은 탁월성을 바탕으로 한 성장이다. 사업과 핵심역량의 근간이 되는 사람에 대한 중장기적 투자를 통하여 최고의 역량을 확보하고 그것을 성장의 밑거름으로 삼는다는 것이 기본 개념이다.

'2G전략'은 조직 구성원의 성장(Growth of People)을 바탕으로 사업수익의 성장(Growth of Business)으로 이어지고, 이 수익은 다시 조직원에게 재투자하여 다양한 교육 및 경험 등의 기회를 제공함으로써 회사의 핵심역량과 조직원의 자질이 향상되는 선순환 구조를 갖게 되어 기업과 조직원 모두가 성장하게 되는 것을 말한다.

두산그룹은 사람의 성장을 통해 사업의 성상을 추구하는 2G전략을 추진하기 위해 사업의 성장을 위한 4대 전략과제와 성장 인프라 구축을 위한 3대 전략과제 등 총 7 大 전략과제를 선정했다.

사업 성장을 위한 4대 전략과제는 1) 신규시장 창출 및 시장지배력 강화 2) 핵심기술 양성 및 확보 3) 지속적인 perational Excellence Cnrn 4) 최적의 사업 포트폴리오 구축이며, 성장 인프라 구축을 위한 3대 전략과제는 1) High Performance Leader 육성(People Leadership) 2) 핵심역량지원 시스템 구축 3) 성과지향 조직구조 및 문화 확립이다.

두산은 미래 성장을 위해 단기적인 수익성 개선에서 벗어나, 근본적인 변화와 체질강화를 통한 중장기적인 성장성과 수익성을 확보하는 것이 매우 중요한 과제로 이를 실천하기 위해 밸류 드라이버에 의한 경영혁신을 추진했다.

참고문헌

김종득·정형일(2009), 지식·창의경영을 위한 경영학 원론, 명경사.

김기태·김동배·김성훈·김주일·노중균·송영화·이상민·이은영·이정현·이준우 역(2011), 경영학 원론, 경문사.

나기현(2014), 전략적 인적자원관리: 통합 성과관리모델, 부산외국어대학교 출판부.

노승종·오세경·이승창·정헌수 역(2009), 경영학의 이해, 한경사. p. 168

이승주(2003), 경영전략 실천매뉴얼, 시그마 인사트컴.

Brews & Hunt, Learning to Plan and Planning to Learn.

Manzini, A. O.(1988), Integrating Human Resources Planning and Development: The Unification of Strategic, Operational and Human Resources Planning Systems, *Human Resources Planning*, 11(2), 79-94.

Miller, C. C. & Cardinal, L. B.(1994), Strategic Planning and Firm Performance: A Synthesis of More Than Two Decades of Research, *Academy of Management Journa*l, 37, pp. 1649-1965.

Mintzberg, H.(1978), Pattern in Strategy Formulation, *Management Science*, 24, pp. 934-948.

제3장 성과목표 설정자 역할

끊임없이 변화하는 경쟁체제에서 환경에 적합한 경영전략의 수립과 실행은 매우 중요한 요소이다. 특히 기업은 한정된 자원을 바탕으로 전략목표의 달성을 효과적으로 실행하고, 이에 대한 적절한 평가와 성과측정을 위해서는 무엇보다도 기업과 목표에 적합한 고객중심의 성과경영이 우선되어야 한다. 그럼에도 불구하고 많은 기업의 경영자와 조직관리자들은 성과경영에 대한 객관적인 구축방법을 모르거나, 설령 성과경영시스템을 구축하였다고 해도 이를 운영할 전문 인력이나 운영관련 지식 및 정보의 부족으로 인해 기대했던 결과를 얻지 못하고 있다.

따라서 기업에서 성과경영을 성공적으로 수행하기 위해서 경영자와 조직관리자들이 이해하고 알아야 할 기본적인 내용들과 새로운 역할 관련하여 제1절에서는 성과목표 설정자 역할의 의미와 중요성에 대하여 알아보도록 한다. 제2절에서는 목표관련 성과경영(관리)에 대한 이론적 논의를 살펴본다. 그리고 제3절에서는 성과목표 설정자 역할의 실행방안을 제시하도록 한다.

제1절. 성과목표 설정자 역할의 의미와 중요성

가치주도시상인 Market 3.0시장에서 소비자들은 자신이 선택하는 제품 및 서비스가 기능 및 정서적 만족감을 충족시켜줄 뿐만 아니라 영적가치를 담아내기를 원하기 때문에 기업은 단순히 고객만족과 이익실현을 넘어 좀 더 큰 미션과 비전 그리고 가치를 통해 세상에 기여하여야 한다.

이와 같이 기업이 시장에서 살아남을 수 있느냐의 여부는 누가 고객에게 더 차별화된 부가가치(added value)를 제공하느냐에 달려있어서 기업은 가치를 통해 스스로를 차별화 하여야 한다. 즉 기업에서는 세상 및 고객에게 가치를 제공해 줄 수 있는 구체적인 결과물인 성과를 창출할 수 있어야 한다.

따라서 마켓 3.0시장에서 지속적 생존을 추구하기 위해서 기업의 경영관리방식은 기업내부의 경영방식들을 글로벌 스탠드에 맞추고, 고객만족경영과 투명경영, 그리고 고객중심의 성과경영을 통한 지속적인 경쟁우위를 창출하여야 한다.

1.1. 성과목표 설정자 역할의 의미와 중요성

성과경영은 구성원 개개인의 성과향상과 역량개발을 통해 조직이 지속적인 성과를 달성하기 위한 전략적이고 통합적인 과정을 의미하기 때문에, 많은 기업들에서는 경쟁력의 원천인 사람의 중요성은 물론 그들에 의한 성과창출의 중요성을 인식하고 성과경영(관리)을 적극적으로 도입하고 있다. 그렇지만 기업에서 도입전 기대했던 결과를 얻어내지는 못하고 있는 실정이다.

따라서 기업에서는 고객이 요구하는 성과를 극대화하고, 그들을 만족시키기 위한 성과경영을 성공적으로 운영되도록 하기 위해서는 단순히 새로운 제도를 도입하는데 그쳐서는 안 되고, 조직관리자들의 역할이 기존의 지시 및 감시자의 역할에서 벗어나 성과경영에 적합하게 새롭게 변화되어야 한다. 이러한 측면에서 성과목표 설정자의 역할을 요구하는 것이다.

성과목표 설정자란 전략적 성과관리를 기반으로 기업이 경영진과 전략적 계획수립자들이 설정한 전략적 계획을 사업부나 부서차원에서 성공적으로 실행하기 위해 다음과 같은 역할을 수행하는 조직관리자를 의미한다. 1) 비전실행의 바로미터이자 조기경보기인 성과과제를 사업부나 부서별로 구체적으로 설정하는 역할 2) 성과기준을 명확히 하기 위해 구성원과 함께 과제별로 핵심성과지표(Key Performance Indicator)를 활용한 성과목표를 설정하는 역할. 3) 설정된 성과목표의 달성전략 및 계획을 구성원과 함께 수립하고, 이의 달성을 위한 실행방법의 선택권한을 고객접점에 있는 조직이나 실무자에게 위임하는 역할. 4) 실무자들이 동기부여 되어서 창의적으로 업무에 임할 수 있도록 명확하게 설정된 성과기준을 토대로 일정시간이 경과되어 창출된 성과에 대해 반드시 평가절차를 거치고, 그 결과에 걸맞는 보상이 전제되도록 하는 역할 등을 들 수 있다.

조직관리자에게 이러한 역할을 요구하는 이유를 좀 더 구체적으로 살펴보면, 1) 전략적 계획수립자들이 설정한 비전과 목표달성전략을 구체적으로 구성원들에 제시하는 역할을 수행하여야 하기 때문이다. 2) 자신과 하위 실행조직이 달성해야할 성과목표와 업무수행기준을 사전에 명확히 제시해주는 역할을 수행하여야 하기 때문이다. 그리고 3) 부서나 팀 내에 공감대를 형성시켜 구성원들을 한 방향으로 집중시켜야 하기 때문이다.

그러므로 이러한 역할을 성공적으로 수행할 경우, 다음과 같은 긍정적인 효과를 기대할 수 있다. 1) 사업부나 부서차원에서 전략적 계획의 완벽한 실행을 의미함으로 기대했던 조직목표를 달성할 수 있다. 2) 부서와 구성원에게 성과목표를 명확히 하고, 목표달성시 보상을 명확히 함으로써 목표의식의 고취 및 목표달성을 위한 개인의 역량을 집중할 수 있다. 3) 성과기준을 통하여 조직이 구성원에게 기대하는 사항을 명확히 함으로써 조직성과에 대한 기업과 구성원간의 이견에 따른 갈등과 마찰을 예방할 수 있다. 4) 달성결과에 대한 피드백으로 교육 및 자기개발 기회를 부여함으로써 구성원의 역량개발을 도모할 수 있다. 그리고 5) 성과개선에 긍정적인 효과가 있을 것이다.

이와 관련하여 최근 실증연구결과를 살펴보면, 성과관리를 도입한 기업이 그렇지 않은 기업에 비해서 생산성도 향상되었고, 이에 따라 기업의 재무적인 성과도 좋은 것을 알 수 있다. 특히 1인당 매출액, 1인당 수익이 높으며, ROE와 ROA도 약 2배 정도 높은 것으로 나타났다. 이를 정리하면 다음의 [그림 1-1]과 같다(Gubman, 1998).

[그림 1-1] 성과관리 도입기업과 도입하지 않은 기업 간의 생산성과 재무적 성과 비교

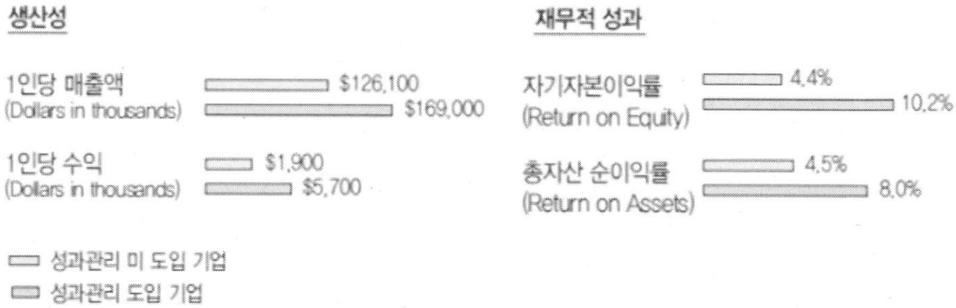

1.2. 새로운 역할과 이의 실행을 위한 전제조건

새롭게 제시된 성과목표 설정자 역할들을 성공적으로 수행하기 위해서는 조직차원과 조직관리자 차원으로 구분해 볼 수 있다. 먼저 조직관리자 차원에서는 관리스타일과 역할이 변화되어야 한다.

첫째, 관리차원에서 조직관리자는 수동적인 실행주체인 지시 및 통제의 실행자 위주 역할이 아닌 구성원들이 높은 성과를 창출할 수 있도록 능동적인 관리주체로의 성과관리위주로 재정립하여야 한다. 즉 목표설정 관련하여 케스케이딩(cascading)방식으로 구성원과 함께 목표설정 및 달성계획을 수립하는 목표설정자, 달성계획이 제대로 실행되는가를 확인하는 모니터, 계획실행과정에서 나타나는 문제들의 해결방안을 함께 고민하고 힘을 북돋아주는 조정자, 실행결과를 공정하게 평가하는 평가자, 그리고 평가결과를 토대로 성장 및 발전을 도와주는 피드백 제공자의 역할 등을 성공적으로 수행하는 코치 및 도우미의 역할로 변화되어야 한다. 이를 <표 1-1>과 같이 정리할 수 있다.

둘째, 조직차원에서는 성과경영을 적극 지원하는 내부시스템, 성과지향적인 조직문화, 그리고 참여 및 자율성을 유도하는 조직구조 등으로의 변화가 요구된다. 즉 완전경쟁을 기본으로 하는 시장경쟁 메커니즘을 기업내부에 도입시켜 기존 공급자 중심마인드가 팽배한 기업문화를 변화시키고, 사업부제를 통한 책임경영체제를 실현시켜야 한다. 또한 투입자원의 질과 과정을 중시하는 기존의 인사시스템

을 결과지향적인 성과중심의 인사체제로 새롭게 바꾸어야 한다.

〈표 1-1〉 성과경영을 위한 조직관리자의 새 역할

과거/현재		향후	
철저한 실행과제 이행관리사 역할 (Generalist)		창의성과 혁신성을 갖춘 위기관리자 및 지원자 역할 (Entrepreneur)	
주요임무	역할	주요임무	역할
일상적 기본 목표설정 (Bottom-Up)	합의/승인자 10%	성과목표설정(Cascading) · 단위조직 비전 및 성과목표 & 핵심 실행과제 협의, 배분 · 업무수행기준, 필요역량/능력제시 표준 업무수행 Process 제시	기준설정자 (Goal Setter) 50%
각 직무별 실행과제에 대한 지시, 검토, 승인, 협의	실행자 80%	실행 장애요인 제거 · 보유지식, 경험을 바탕으로 한 실행코치, 상담, 조언 · 실행 장애요인 해결 · 고객니즈의 실시간 전달자	도우미 (Helper)
평가 및 피드백	단순 실적평가자 10%	분석, 평가 및 피드백 · 목표와 실적에 대한 분석 · 목표달성 수준 및 등급결정 · 목표달성과정에 대한 구체적 피드백	평가자 (Evaluator) 30%
지시사항 이행자 (지시자 - 이행자)	구성원에 대한 관점	성과목표 달성주체 (고객 - 고객)	구성원에 대한 관점

제2절. 목표관련 성과경영(관리)에 대한 이론적 논의

성과목표관련 이론적 논의 부분에서는 성과경영의 의미와 목적이 무엇인가에 살펴보고, 그리고 성과경영(관리)의 과정에 대하여 알아보도록 한다.

2.1. 성과경영(관리)의 의미

성과경영(performance management)이란 학자들에 따라 약간씩 차이가 있다. 이를 정리하면 두 측면(거시적, 미시적)으로 구분된다. 1) 거시적인 측면에서는 구성원 개개인의 성과향상과 역량개발을 통해 조직이 지속적인 성과를 달성하기 위한 전략적이고 통합적인 과정으로 보고 있다. 또는 조직이 기대하는 성과수준과 경영활동을 통해 창출한 실적과의 차이를 평가하고, 이를 다시 조직의 전략 및 실행에 반영하는 프로세스로 보고 있다. 반면에 2) 미시적인 차원에서는 관리자와 부하사이에 목표를 명확하게 설정하고 달성하기 위한 파트너십에 기초한 지속적인 소통과정으로 보고 있다(Bacal, 2001; 유창규 역). 또는 고객의 요구사항들을 구체적으로 목표화 하고, 수행기준을 정해서 그 결과에 대해 합리적이고 공정하게 보상하는 것으로 보고 있다(류량도, 2007). 이외에도 한국 IBM에서는 성과관리를 구성원들이 회사의 목표를 달성하기 위해 각자 무엇을 해야 하는지, 어떻게 해야 하는지, 일하는 방법들을 알게 한다. 그리고 평가결과를 토대로 보상결정의 기본적인 수단으로 활용할 수 있고, 구성원 개개인의 경력개발에 대한 관리자와 구성원간의 소통을 위한 수단으로 사용할 수 있다고 한다.

이와 같이 고객이 요구하는 성과를 극대화하고, 그들을 만족시키기 위한 성과경영이 성공적으로 운영되도록 하기 위해서는 조직관리자의 역할변화와 성과책임을 분명하게 하여야 한다. 아직도 조직 내 많은 관리자들은 성과를 얻기 위해서 실제로 하는 일은 없이 자신의 성과책임을 하위조직이나 구성원들에게 나누어 떠넘기고 있다. 또한 이들은 통제와 지시받은 일만 추진하고 실행하는데 더 익숙해져 있기 때문에 성과목표달성을 위해 창의적이고 차별화된 전략을 수립하고 실행하며, 고객지향적인 새로운 방법을 사용해서 능동적으로 일을 추진해 나가는 것에는 미숙하기 짝이 없다. 특히 성과과제를 설정하는 능력과 전략실행능력의 부족은 하위조직이나 구성원에게 전략적으로 비전을 제시하거나 합리적인 목표 및 평가기준을 설정하는 일, 효율적으로 업무를 배분하는 일에 서툴 수밖에 없다. 또한 실행을 통제하는 것에만 익숙하다보니 물론 구성원을 지원해주는 도우미/코칭 능력, 그리고 그들의 역할을 조정하는 조정능력과 결과에 대한 피드백을 이끌어내는 능력이 미흡하고 부족할 뿐이다. 그러므로 조직관리자의 역할이 변화하지 않을 경우에는 새로운 성과경영시스템을 기업에 도입하더라도 기대했던 만큼의 결과를 절대로 얻을 수가 없다.

2.2. 성과경영의 목적과 중요성

성과경영시스템의 목적은 세 차원 즉 전략적(strategic), 관리적(administrative), 그리고 개발적(developmental) 차원으로 구분해 볼 수 있다(Russel & Russel, 2010).

1) 전략차원의 목적

성과경영시스템은 구성원의 활동과 조직목표를 연계시켜야 한다. 그 이유는 전략이 실행되는 주요방법은 결과, 행동, 전략실행에 요구되는 특성을 정의한 뒤, 구성원들이 그 특성을 발휘하고 행동에 참여하며 결과를 생산할 수 있는 수준을 최대화할 수 있도록 측정 및 피드백 시스템을 개발하는 과정을 통해 이루어지기 때문이다. 그러므로 성과경영은 기업들의 핵심인재관리를 하는데 있어서 필수적이다.

2) 관리차원의 목적

조직은 성과관리정보(특히 성과평가)를 관리(급여, 승진 및 개발, 해고 등)를 위한 의사결정에 널리 활용하지만 일부의 경영자와 조직관리자들은 성과평가과정을 필요악 정도로만 간주하는 경향도 있다. 이럴 경우에는 성과관리정보는 쓸모가 없어지므로 관리와 관련하여 합리적인 의사결정이 어려워진다.

3) 개발차원의 목적

성과경영의 또 다른 목적은 자신의 업무에 유능한 구성원을 개발하는 일이다. 그 이유는 성과경영시스템이 구성원의 성과에서 부족한 부분을 파악하는 것뿐만 아니라 그 원인을 찾아내 피드백으로 개발을 돕고, 이를 통해 성과를 향상시키는 것이 임무이기 때문이다. 따라서 성과경영은 인재관리시스템을 실행하는데 필수적이다.

이러한 목적들을 효과적으로 달성할 경우, 성과경영은 기업과 구성원들의 경쟁력을 길러서 시장경쟁에서 지속적인 우위확보를 위한 원동력이 된다. 또한 기업의 성과경영이 기업의 전략목표달성을 더 용이하게 하며, 한정된 기업자원과 전 구성원들의 노력을 적절히 안배함으로써 목표달성에 집중할 수 있도록 한다.

2.3. 성과경영의 과정

성과경영의 과정은 경영의 일반적인 과정인 plan-do-see를 그대로 원용하고 있다. [그림 2-1]에서 보듯 성과계획-성과점검-성과평가로 이어진다. 이는 전략적인 관점에서 성과관리를 도입하고 있는 전형적인 모습이다. 전사적 비전, 미션, 목표를 부서나 작업 단위별 목표와 연계시키고, 이를 다시 구성원 개개인의 목표와 연계시키는 모습을 보여주고 있다(Aguins, 2009).

[그림 2-1] 전략적 성과관리

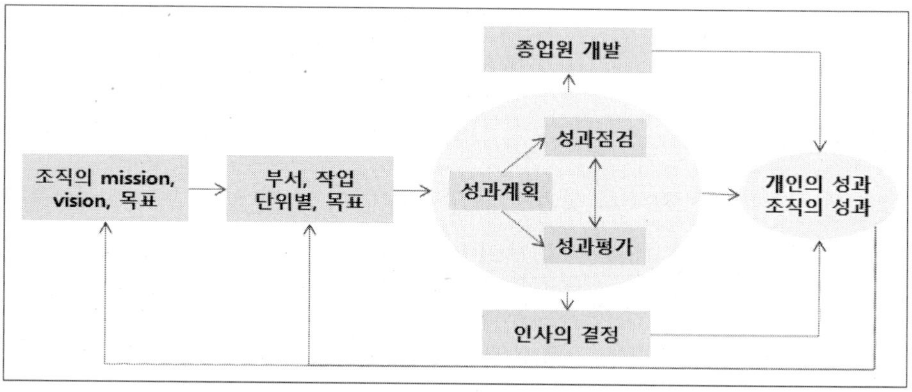

[그림 2-2] 효과적인 성과관리과정 모델

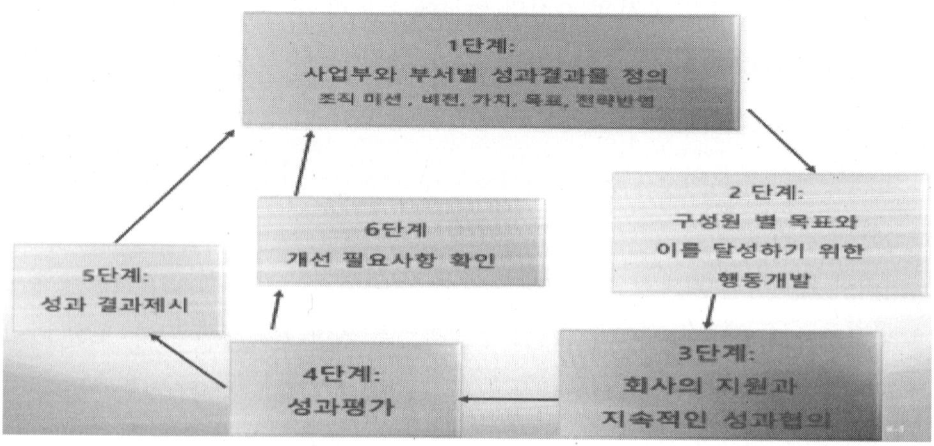

출처: Pulakos, P.(2009), Performance(Oxford, England: Wiley-Blackwell).

조직에서는 1년의 성과관리과정에 한 두 차례의 평가회의를 포함하고 있지만 효과적인 성과경영은 이벤트가 아니라 과정이다. [그림 2-2]은 성과경영(관리)의 과정을 보여준다. 이 과정모델에서 볼 수 있듯이 피드백을 하고 공식적인 성과평가를 하는 게 중요하지만 회사의 경쟁력에 기여하는 효과적인 성과경영시스템에서 유일하게 중요한 요소는 아니다.

성과경영시스템이 성공적으로 정착되고 실행되기 위해서는 CEO와 임원들의 확실한 지원이 필요하다. 이를 통해 시스템이 회사 전체에 걸쳐 지속적으로 활용되고, 평가는 정해진 시기에 이루어지며, 성과피드백을 주고받는 일이 기업문화의 일부로 받아드려지게 한다. 성과경영(관리)과정의 초기 두 단계는 회사가 무엇을 성취하려고 하는지(목표) 즉 목표에 영향을 미치는 핵심요소들을 나타내는 성과지표들을 확인한 다음 주요 성과지표를 측정할 수 있는 수단을 개발하는 일이다. 따라서 성과경영(관리)의 과정을 간단하게 살펴보면 다음과 같이 정리할 수 있다.

1) 주요 성과물에 대한 이해 및 확인

성과경영과정의 첫 단계는 주요 성과물을 이해하고 확인하는 일에서 시작한다. 대개 이 결과물은 회사나 부서 또는 팀의 전략, 미션, 그리고 가치가 고객, 조직자체, 구성원들에게 혜택을 가져다주는 결과물을 결정하는데 중요한 역할을 한다. 기업은 목표를 달성하기 위해 전략을 추구하며, 사업부, 부서, 팀 그리고 구성원들은 그들의 목표와 행동을 일치시켜야 하며, 조직의 전략과 목표달성에 공헌할 수 있는 활동들을 선택하여야 한다.

2) 구성원별 목표와 목표달성을 위한 행동개발

두 번째 단계는 첫 단계에서 수립된 목표를 달성하기 위한 방법을 이해하는 과정이다. 이 과정에는 측정 가능한 목표, 행동, 그리고 구성원들이 성과달성에 필요한 활동들을 확인하는 일이 포함되어 있다. 목표, 행동 그리고 활동들은 조직관리자와 구성원이 달성여부를 알 수 있도록 측정가능 하여야 하며, 이는 구성원의 직무성과 기대에 포함돼 있어야 한다.

3) 회사의 지원과 지속적인 성과협의

이 단계는 회사차원의 지원으로써 구성원들에게 교육훈련 및 필요한 자원과 도구를 제공하고, 구성원과 관리자가 성과달성여부뿐만 아니라 과제에 대해 서로 빈번한 피드백을 주고받는 것을 의미한다. 효과적인 성과경영(관리)을 위해서는 조직관리자들과 구성원들은 피드백을 중시하고, 이를 정기적으로 교환하여야 한다. 이때 조직관리자들은 피드백 방법에 대한 훈련과 피드백 제공시간을 확보해야 한다.

4) 성과평가

이 단계는 조직관리자와 구성원이 성과목표치와 지원활동을 실제 결과와 검토하고 비교하는 것이다. 연도별 또는 반기별 성과점검이 여기에 속한다. 효과적으로 정기평가를 하는 한 방법은 연례 성과점검을 기다리지 않고 성과에 대해 구성원들과 자주 대화를 하는 것이다.

5) 성과결과 제시 및 개선 필요사항 확인

성과경영의 마지막 단계는 조직관리자의 도움을 받아서 구성원이 자신의 장점을 강화하고 약점을 보완하기 위해 무엇을 할 수 있는지를 함께 파악하고, 성과결과물을 달성 또는 실패했는지에 대해 알려주는 일이다. 이를 위해서는 교육훈련의 필요성 파악, 피드백 방식 및 빈도수 조정, 성과 결과물 명확화 또는 수정 등이 필요하다. 또한 개선이 필요하거나, 조직 및 부서목표의 변화 또는 새로운 분야 등장으로 우선순위가 변한 경우와 관련된 행동이나 활동에 관한 논의도 포함된다. 그리고 구성원들이 무엇을 달성(실패) 했는가와 그 결과가 조직의 사업전략과 성과목표 그리고 지속적인 성과경영(관리)과정에 어떤 변화를 가져올지를 인식하는 것이 중요하다.

제3절. 성과목표 설정자의 역할 실행방안

성과관리과정의 모델을 토대로 고객중심의 성과경영을 성공적으로 수행할 수 있도록 성과목표 설정자 역할의 실행방안을 제시하도록 한다.

3.1. 비전과 비전달성을 위한 사업부나 부서별 명확한 목표를 제시하라

조직에서 경영자와 조직관리자는 조직이 향해야 할 좌표제시로 조직과 모든 구성원이 꿈을 품게 할 의무가 있다. 이를 위해서는 변화된 환경과 조직내부의 역량을 정확히 파악하여 비전과 비전달성을 위한 목표를 구체적으로 설정하여야 한다. 그 이유는 조직이 나아갈, 그리고 모든 구성원들이 도달해야 할 목적지를 분명히 제시함으로서 모든 구성원들이 뚜렷한 목표의식을 갖게 만들기 때문이다.

조직이 원하고 이루고자 하는 비전(꿈, 미래에 대한 그림)을 공유하고 나면, 비전달성을 위한 구체적이고 명확한 목표들을 시기별, 계층별, 기능별로 설정하여야 한다. 구체적으로 목표가 설정되면 이를 달성하기 위해서 해야 할 과제들이 무엇인지를 찾아내어야 한다(<표 3-1> 참조).

이와 같이 경영자와 조직관리자는 성과관리와 관계된 전 과정에 많은 애정과 역량을 쏟아 부어 직책수행자들에게 목표를 제시하기만 할 것이 아니라 목표달성을 위한 구체적인 방법에 대해 끊임없이 코칭하고 조언해 주어야 한다. 또한 조직관리자는 구성원들에게 어떻게 목표를 합리적으로 배분하고 그들과 어떻게 목표실행계획에 합의하며, 생산적인 면담을 수시로 하면서 결과에 대한 피드백을 제대로 당사자들에게 주고 있는지에 대한 관심을 보여야 한다.

〈표 3-1〉 목표달성을 위한 과제 유형

과제 유형	내 용
전략 과제	· 상위조직의 성과목표달성을 위해 전략적으로 할당된 과제 · 기업이나 사업부 전체의 비전달성을 위해 중장기적으로 추진해야할 목표와 당해 연도의 경영방침과 조직전략에 연계되어 있다.
본연 과제	· 하위 단위조직(사업부, 팀 등) 차원에서 중요하게 달성해야 할 지표와 관련된 과제 · 단위조직차원에서 독립적으로 설정하고 관리하나, 이를 설정할 때도 상위조직의 동의를 받는 것이 좋다.
공헌 과제	· 타 부서의 목표와 연계되어 제시되는 임무

3.2. 핵심성과지표를 선정하고, 이를 토대로 성과목표를 설정하라.

조직체 전체의 비전달성을 위해 사업부나 부서별로 달성해야 할 명확한 목표가 제시된 후, 사업부나 부서차원에서는 제시된 목표를 달성하기 위해 해야 할 과제들(일)을 선정하여야 한다. 이때 선정된 각 과제들을 중심으로 효과적으로 실행하고 있는가 여부를 확인할 수 있는 여러 지표들 중 핵심성과지표를 선정하고, 이 지표상에서 성과목표를 설정하여야 한다. 그 이유는 이렇게 선택된 지표는 성과목표의 상태를 확인하는데 매우 유익하기 때문이다.

성과목표란 '비전달성을 위해 조직이 세운 전략이나 방침을 어느 정도 수행했는지 확인할 수 있는 기준이자 지표(indicator)'이다. 즉 비전에 현실적으로 도달할 수 있도록 구체화한 '중간 목적지'이다. 이처럼 성과지표는 기업의 비전과 성과목표의 달성정도를 측정하는 도구일 뿐만 아니라, 기업전략과 연계해서 계획을 수립하고, 그것이 효과적으로 이행되고 있는지 여부를 점검하고 촉진하게 하는 도구가 되어준다. 특히 핵심성과지표는 성과달성여부를 판단할 수 있는 지표로서도 중요하지만, 그보다도 더 중요한 것은 구성원들의 행동지침이 되는 역할을 하기 때문이다.

핵심성과지표가 설정되기 전에는 어떠한 행동이 바람직한지 조직 내에서 암묵적인 동의가 있어, 때로는 문제가 발생했을 때 상사와 부하 간에 갈등이 생길 수 있다. 그러나 핵심성과지표는 이를 명확하게 드러냄으로써 어떠한 행동이 바람직한지를 분명하게 드러내는 장점을 가지고 있다. 그러므로 핵심성과지표는 잘 활용한다면 구성원들을 한 방향으로 결집하여 조직의 성과창출에 큰 도움이 된다.

따라서 성과경영(관리) 자체가 관리자와 부하직원 간의 소통과정이듯이 핵심성과지표상의 목표설정과정도 관리자에 의한 일방적인 목표할당이 아니라 상호의견을 교환하여 더 바람직한 성과를 도출해내기 위한 소통과정이라 할 수 있다.

3.3. 성과목표 달성전략을 짜라.

사업부나 회사차원의 성과목표와 연관성이 있는 부서나 팀 차원의 성과목표가 설정된 후, 이에 대해 구체적으로 납득되고 공감대가 형성되었다면 부서원들이나 팀원들에게 성과목표를 구체적으로 부여해줘야 한다. 그 다음에는 이를 달성하기 위한 구체적인 전략을 수립해야 한다. 그 이유는 성과목표 달성전략은 객관적인 데이터 자료를 바탕으로 핵심성공요인과 예상 장애요인을 파악하고 해결방안을 도출할 수 있기 때문에 미래지향적 사고를 심어줄 수 있기 때문이다. 이처럼 달성전략이 결정되면 함께 달성계획을 협의하고 합의하여야 한다. 개인차원에서 달성계획을 작성하는 과정은 내부고객인 관리자와 부하직원이 캐스케이딩(cascading)방식으로 정해진 기간 동안(일반적으로 1년) 수행해야 할 업무목표를 어떻게 달성할지에 대한 계획을 함께 면밀하게 구체화하는 과정이라 할 수 있다. 이때 달성계획을 연간단위, 분기단위, 월간단위 등 세부적으로 수립하는 것은 아주 중요한 필수항목이다. 그러나 분기단위가 힘들다면 반기 단위까지는 반드시 달성계획을 수립하여야 한다.

달성계획 시 고려해야할 점은 '투입(input)중심'의 얼마나 많은 업무를 실행했는가를 염두에 두고 작성하는 것은 피하고 '산출(output) 중심'으로 계획하여야 한다. 달성계획을 수립할 때 협의과정에서 도우미 역할을 해야 하는 조직관리자는 스스로에 다음과 같은 질문을 던져보자.

- 과거공경험이나 직관적 통찰력을 동원하여 아전인수 격의 업무추진계획을 수립하고 있지는 않은가?
- 업무추진계획의 변화 없이 그저 '열심히', '적극적으로', '최대한'이라는 말을 반복하고 있지는 않는가?
- 성과지향적이라고 하면서 업무진행순서를 단순히 나열해놓은 업무추진계획을 세우고 있지는 않는가?

3.4. 실행방법의 선택권한을 고객접점 조직/실무자에게 위임하라.

내부고객과 합의하여 함께 작성한 '산출중심'의 달성계획을 수립할 경우에만 자율적으로 실행할 수 있는 권한위임을 해줄 수 있다. 권한위임을 제대로 하려면 반드시 달성계획에 대해 권한을 위임하는자(관리자 혹은 팀장)와 위임받는자(구성원) 사이에 합의가 전제되어야 한다. 이러한 권한위임 프로세스는 조직의 일하는 방법을 혁신시키는 아주 중요한 도구이며, 구성원들에게 동기부여 하는데 효과적인 수단이다. 그 이유는 구성원들이 관리자(팀장)로부터 권한을 위임받아 성과를 달성하는 수단이나 실행방법을 스스로 결정하고, 그 결과에 대해 향후 제대로 평가받았다고 생각될 때 가장 효과적으로 동기부여 될 수 있기 때문이다.

기업에서 향후 필요로 하는 성과중심의 조직관리자(팀장)의 역할은 인풋보다는 아웃풋 지향적으로 사고하고 팀의 성과목표에 초점을 맞추어 그 목적지에 도달하기 위해 조직과 구성원의 개별목표를 전략적으로 연계시킴으로서, 최대한 구성원들이 자신의 역량에 맞게 계획을 수립하도록 도와주고, 그들이 창의적인 제안을 할 수 있도록 실행주체에게 힘을 불어넣어주는 존재이다(류량도, 2006). 이것으로 역할을 다 한 것은 아니다. 구성원들이 조직관리자와 합의하에 만들어진 달성계획을 잘 실행해나가도록 모니터링 하는 일이 남아 있다. 이를 위한 장치를 효과적으로 설정하여야 한다.

3.5. 설정된 성과기준 대비 결과평가 후, 보상을 연계하라.

평가와 보상은 성과경영(관리)시스템에서 핵심적인 기능을 수행하는 과정이다. 그 이유는 평가가 개인의 행동에 영향을 미침으로써 개인성과는 물론 조직성과와 직접적인 관련을 갖기 때문이다. 또한 성과와 보상간의 연결은 동기부여와 관련이 있기 때문이다. 이와 같은 이유들로 인해 선진기업들은 공정한 평가를 위한 다양한 노력을 기울이고 있고, 구성원들의 동기부여 효과를 극대화하기 위해 금전적 보상과 비금전적 보상을 적극적으로 활용하고 있다.

첫째, 평가와 관련하여, 성과경영(관리)를 위해서는 평가가 경영전략과의 통합을 통해 조직체 목표달성에 기여하여야 하고, 직무성과와 높은 관련성을 가져야 하며, 측정이 가능해야 한다(Baker, et. al., 1990; Heide, 1993; 나기현, 2014). 이를 위해 성공적 평가의 전제조건은 세 가지로 볼 수 있다. 1) 관리자와 직무담당자가 성과목표와 성과기준에 대하여 충분한 사전협의가 있어야 한다. 그 이유는 사전협의 단계에서 이미 평가는 시작되는 것이기 때문이다. 그리고 2) 최소 월간/분기 단위로 모니터링이 진행될 수 있도록 조직체의 적극적인 지원이 있어야 한다. 그 이유는 성과평가는 성과모니터링의 과정을 종합하는 것이기 때문이다. 그리고 3) 역량평가와 관련해서는 평가항목에 있어 먼저 역량모형분석을 통해 회사가치, 핵심역량, 인재상으로 부터 요구되고 필요로 하는 역량과 기능 및 직무수행에 요구되는 필요역량을 도출하고, 평가항목별 구체적 행동특성을 평가기준으로 설정하여 평가객관성을 강화하여야 한다.

객관적 비교를 통한 평가의 결과는 구성원의 보상과 동기부여 그리고 능력개발에 결정적인 역할을 하기 때문에 향후에는 상벌결정의 사용에는 물론 성과향상, 성과피드백과 목표설정, 인력개발과 경력계획 등의 목적으로 사용되어야 할 것이다 (Peck, 1984).

둘째, 보상과 관련 하여, 평가 후 결과에 따른 보상으로서 임금의 증가는 성과 그리고 바람직한 과업행동과 연계되도록 명확하게 설계되어져야 한다. 특히 개인 및 팀 단위에서의 성과목표를 달성하고 사업부 내지 전사차원의 성과목표달성에 기여하기 위해서는 성과보상이 필요하다.

성과보상이란 '구성원 또는 일정 조직단위에서 창출한 성과와 보유 및 개발한 역량에 대한 평가를 통해 승진과 같은 신분적 보상, 연봉조정, 성과급, 인센티브 등과 같은 금전적·비금전적 보상이 시스템적으로 이루어지는 것'을 의미한다(류량도, 2006). 이처럼 성과보상은 구성원이 조직에 제공한 노동의 대가를 금전적 혹은 비금전적으로 보상받는 것이기 때문에, 이를 통해 구성원들의 근로의식을 고취, 긍정적인 직무태도로 개인 업무성과와 조직성과를 향상시킬 수 있다.

성과목표 설정자 역할: 구글의 성과목표설정제도(OKR)

구글의 OKR(Objectives & Key Results)이라는 성과목표제도는 기대수준(Expectation)을 70% 정도로 책정하고 공개한다. 평가는 내부 고객의 개념을 도입하여 피 평가자의 다양한 업무관련자들이 하게 된다. 특히 평가 시에는 '실제로 한 일, 계속 잘해야 할 일, 더 잘해야 할 일' 3가지로 구분해서 평가수준과 의견을 달고 피 평가자가 확인할 수 있도록 한다. 확인을 해야 다음에 보완을 할 수 있어 아주 중요한 지표가 된다. 즉 주위 동료 혹은 선/후배들의 평가를 통해 피드백이 가능하고 이러한 피드백을 토대로 다음연도 성과목표를 조절할 수 있다.

어찌 보면 좀 냉정하고 철저한 성과중심의 기업문화가 오히려 일과 가정을 양립시키고 기업성과까지 이끌어 낸다는 사실이 아이러니 하지만 고개가 끄덕여진다. 또한 그렇기 때문에 시간과 장소에 구애받지 않고 일할 수 있는 환경이 마련되기 때문에 구글이 세계적으로 일하기 좋은 기업/젊은 사람들이 일하고 싶어 하는 기업인 이유 중 하나이다(신나는 일터 구축).

평가등급은 간단하게 기대이상, 기대수준, 기대이하 3단계로 이루어진다. 매년 이뤄지는 평가등급에 따라 기대이상은 기대수준이 더 높은 업무로(승진의 개념), 기대이하는 그 기대수준에 맞는 업무로 재배치(강등의 개념)된다. 마치 메이저리그 프로야구선수처럼 간단하면서도 투명한 시스템이 직원이 납득할 수 있는 합리적인 근무환경을 만들어준다. 특히 승진된 직원은 더 높은 곳으로 가거나 혹은 유지하기위해 그리고 성과를 강등된 직원은 다시 승진을 하기 위한 성과를 설정할 것이다.

참고문헌

나기현(2014), 전략적 인적자원관리: 통합 성과관리모델, 부산외국어대학교 출판부.

류량도(2007), 하이퍼포머 팀장매뉴얼, 쌤앤파커스.

_____ (2006), 1Mission 3Role: 성과중심의 리더십, 웅진윙스.

이승주(2003), 경영전략실천메뉴얼, 시그마인사트컴.

Aguins, H.(2009), "An Expanded View of Performance Management" in J. W. Smith and M. London(eds.) Performance Management(San Francisco: Jossey-Bass).

Bacal, R.(2001). Performance Management(유창규역: 평범한 팀장이 비범한 성과를 내게 하는 성과관리의 기술), 지식공작소.

Baker, H. G., Spier, M. S., & Dhammannungune(1990), Trust, Credibility, and Empowerment, paper presented at the Bay Area Organizational Development Network Conference, Palo Alto, CA.

Gubman, E.(1998), The Talent Solution: Aligning Strategy and People to achieve Extrodinary Result, McGraw-Hill. pp.306-308.

Heide, D. P.(1993), A Comprehensive Performant Management Model, A Dissertation in School of Human Behavior, United States International University, San Diego, CA.

Peck, C. A.(1984), Pay and Performance: The Interaction of Compensation and Performance Appraisal, *Research Bulletin*, no, 155, NY: Conference Board.

Pulakos, P.(2009), Performance(Oxford, England: Wiley-Blackwell).

Russel, P. and Russell, L.(2010), "Take me through it: The Next Level of Performance Management," T+D, April. pp. 42-48.

제Ⅱ부

Organizing 관련 조직관리자의 역할

제Ⅱ부는 6개의 장으로 구성되었다.

- 성공기업이 되기 위해서는 무엇보다도 '조직이 그 목적을 달성하기 위해 어떻게 해야 하는지'에 대해 또박또박 설명할 수 있어야 한다. 조직화는 계획의 실현가능성을 탐색하는 것이다. 즉 계획을 실천에 옮기고 목표를 달성하려는 구성원들의 관계구조를 창출하는 과정을 의미한다. 예로 조직구성원들이 경영계획을 실행하고 목표를 달성하도록 구조물(마케팅, 생산, 재무 등의 부서)을 만들고, 각 부서에 맞는 업무를 적절하게 할당하는 과정을 의미하기 때문에 인적자원뿐만 아니라 물적 자원과 경영정보도 포함한다.

- '그 목적에 맞는 디자인' 관련하여 일하는 전체 안에서 각종 시스템들이 정합적으로 연계되어 있는가? 전략수행도구를 창조하는 조직구조를 제대로 디자인하고 있는가와 관련하여 회사의 활동범위를 어디까지로 정할 것인가? 명령체계를 어떻게 그을 것인가? 등에 대해 구체적으로 또박또박 설명을 하고 있어야 한다.

- 제Ⅱ부: 성과경영의 조직화(organizing)와 관련된 조직관리자의 역할들을 제시하였다.
  1. 자율기반 구축자 역할
  2. 참여촉진 조직설계자의 역할
  3. 공평한 인사시스템 설계자의 역할
  4. 변화담당자 역할
  5. 학습조직 구축자 역할
  6. 성과지향 조직문화 구축자의 역할

제1장 자율기반 구축자 역할

오늘날의 글로벌 무한경쟁의 시장경제시스템 속에서 조직이 높은 성과를 창출하기 위해서는 조직 내 구성원들이 스스로 도전적 목표를 설정하고 새로움을 시도하는 자기주도적 행동을 할 수 있는 자율적 기반이 구축되어야 한다. 특히 구성원들에게 자율성을 부여하고, 창의성을 발휘할 수 있도록 실패보다는 시도를 칭찬하며, 때로는 한 발 물러선 리더십을 발휘하는 자율경영이 요구되는 것이다 (최나은, 2012). 따라서 제1절에서는 조직관리자에게 새롭게 요구되는 자율기반 구축자 역할의 의미와 중요성에 대하여 알아보도록 한다. 제2절에서는 자율 및 자율경영에 대한 이론적 논의를 살펴본다. 그리고 제3절에서는 자율기반 구축자 역할의 실행 방안을 제시하도록 한다.

제1절. 자율기반 구축자 역할의 의미 및 중요성

사실 자율은 Y이론 이래로 새로운 개념은 아니지만 새삼 자율이 기업 성공의 중요한 요소로 떠오르고 있는 이유는 무엇일까? 자율의 중요성을 이해하기 위해서는 '경영환경의 불확실 및 복잡성 증대'와 '일하는 방식의 변화'에 주목할 필요가 있다고 한다(박지원, 2009).

조직 내에서 구성원 자율의 필요성을 증대시키는 원인들로는 1) 경영환경의 불확실성 및 복잡성의 증대 그리고 변화의 속도가 빨라지는 것을 들 수 있다. 그 이유는 불확실성 및 복잡성 증대는 의사결정사안을 점점 복잡하게 만들고, 빠른 의사결정과 유연한 대응을 요구하기 때문이다. 불확실성이 높고 급변하는 환경 하에서 이제는 경영자와 조직관리자가 혼자서 모든 사안을 챙기고 올바른 의사결정을 제때 내리기 어려운 상황이므로, 빠른 의사결정과 민첩하고 유연한 대응을 통해 일이 제대로 진행되도록 하기 위해서는 구성원들에게 적절한 권한배분을 통해 그들이 일정부분의 의사결정을 할 수 있도록 하고, 이를 자발적으로 실행에 옮길 수 있어야 한다. 또 다른 원인으로 2) 일하는 방식의 변화를 들 수 있다. 즉 일하는 방식이 성실에서 창의로 변화하고 있다. 그 이유는 창의적 문제해결능력이 기업성과의 핵심요인으로 작용하기 때문이다. 이러한 창의적 역량을 제고하고 창의적 성과를 내기 위해서는 자율성의 뒷받침이 무엇보다도 중요하다. 또한 구성원들의 몰입을 통한 창의적 성과를 창출하기 위해서는 기존의 관리 및 통제형 방식에서 벗어나 구성원들이 자율적으로 행동할 수 있도록 무엇보다도 자율성이 뒷받침된 환경을 구축하는 노력이 필요하다. 따라서 조직에서는 집단 및 팀 그리고 구성원들이 각자의 분야에 있어서 창의성을 발휘하여 높은 성과를 창출할 수 있도록 그리고 자유로운 활동이 보장될 수 있도록 새로운 자율기반 구축자 역할을 요구한다.

자율기반 구축자란 조직 내 집단 및 팀 차원에서 자율기반을 구축하는 것을 의미하는 것으로 조직 내 다양한 집단/팀들의 활성화로 자율적 집단/팀을 만들어 발전시키고, 이를 통해 인간존중의 경영이 이루어지기 위한 집단수준의 토대를 마련하는 것이다. 이러한 자율기반 구축자의 역할로는 1) 자율을 핵심직무특성의 하나로 보아 직무설계(직무수행방법, 수행결과 평가방법 등)에 이를 고려하여야 한다 (Roberts & Hunt, 1991). 2) 집합적 창의성을 발현할 수 있도록 구성원들 간의 협력을 유도하는 시스템을 구축하여야 한다. 그리고 3) 집단 및 팀이 자율적으로 운영되도록 집단 활성화 촉진 및 경쟁체제를 구축하여야 한다.

이러한 자율기반 구축자의 역할이 조직 내에서 성공적으로 수행되어질 때의 효과는 무엇인가? 이를 정리하면 다음과 같다.

첫째, 집단의 성과뿐만 아니라 조직 전체의 성과향상에도 기여한다. 그 이유는 개인이 자율을 전제로 하여 창의적으로 수행하는 업무는 새로움, 변화, 바람직함을 추구하고 일차적으로 집단에 의해 그리고 최종적으로는 조직에 의해 통합되어 조직목표에 기여하기 때문이다. 즉 조직과 마찬가지로 집단도 업무의 분화와 통합이 이루어지는 장소이기 때문에 자율기반이 요구되는 것이다.

둘째, 이질화 되고 다양화된 집단 내 구성원들 간에 호의적인 관계를 형성할 수 있다. 그 이유는 다양한 개인들로 구성된 집단에 대한 자율성 인정 및 그 바탕위에 경영을 수행함으로서 집단의 우호적인 분위기는 물론 사기향상, 대인관계를 긍정적인 방향으로 발전시킬 수 있기 때문이다.

셋째, 집단 및 팀 그리고 개인역량의 강화를 지원할 수 있다. 그 이유는 자율경영이 이루어지면 집단을 구성하는 개개인들은 각자 자발적으로 업무처리를 해야 함으로, 구성원들이 자발적으로 업무처리를 위해 자기계발의 소지가 늘어나 업무처리능력을 향상시킬 수 있기 때문이다.

넷째, 집단 및 팀에 대한 주인의식은 물론 자긍심향상도 꾀할 수 있다. 그 이유는 집단 및 팀이 주체가 되어 목표설정을 하고, 그 속에서 구성원들이 자기업무에 대한 결정권을 스스로 행사하고 업무수행과정에서 발생되는 문제들을 스스로 해결을 위해 창의성을 발휘하려고 노력하는 과정에서 그들의 적극적인 사고를 촉진시키며 문제해결능력을 증대시킬 수 있기 때문이다.

다섯째, 개방적인 기업문화를 구축할 수 있다. 그 이유는 창의적인 구성원들의 적극적 참여로 인한 사기와 작업의욕을 고취시키며, 집단 및 팀의 활성화를 촉진하여 진취적이고 개방적인 기업문화가 형성되는데 큰 도움이 되기 때문이다.

제2절. 자율 및 자율경영에 대한 이론적 논의

자율기반을 구축하는 목적은 효과적으로 목표를 달성하기 위해 집단 및 팀 간의 그리고 구성원들 간의 선의의 경쟁을 유도하는데 있다. 즉 집단 및 팀의 활성화를 통해 집단 성과향상과 인간관계의 개선에 있다. 이러한 자율기반구축을 위해서는 인간에 대한 기본전제, 자율경영과 자율집단 운영, 그리고 집단 및 팀의 활성화 등에 대한 내용들을 살펴보도록 한다.

2.1. 인간에 대한 기본전제: 자율적 존재. 복합인

오늘날처럼 경쟁이 격화된 상황에서 기업경영이 성공적으로 이루어지기 위해서는 구성원 개개인이 자발적이고 적극적인 참여와 창의성이 절대적으로 필요하다. 또한 조직구성원들의 교육수준이 향상되고 민주적인 시민의식이 성숙됨에 따라, 이들을 자율적인 존재로 보아 개성을 존중하고 능력을 개발하며 자기 스스로 일을 알아서 하도록 하는 경영방식을 실행하여야 한다.

자율경영에서 인간에 대한 전제는 1) 일에 대한 태도나 자율성 측면에서 자율적인 존재 즉 자기 동기유발적이고 자기통제적인 능동적·자주적 존재라고 보고 있다. 이러한 자율적 인간관(Y이론적 관점: McGregor, 1960)에서는 인간을 조건만 주어진다면 일을 놀이처럼 즐겁게 생각하고, 자발적으로 무엇인가 새로운 것을 만들고자 자기지시나 자기통제를 하며, 맡은 바를 기꺼이 책임지려는 창조적인 존재로 파악한다. 따라서 Y이론적 시각을 가진 경영자는 좋은 여건을 마련해서 구성원이 잠재력을 개발하고 자기계발과 자아실현을 위해 노력하도록 촉진하여야 한다고 믿는다. 또 다른 전제는 2) 조직에서의 인간을 복합적인 존재로 바라본다. 그 이유는 인간은 단순히 한 가지의 동기에 의해 움직이는 존재가 아니라 여러 가지 복합적인 동기에 의해 행동하는 존재하기 때문이다. 인간 동기의 여러 측면을 강조하는 복합인(complex man) 관점은 경제인의 관점과 사회인의 관점을 포함하면서, 사람을 복합적이고 매우 변동적인 존재이며 조직생활이나 업무경험을 통해 새로운 욕구를 배울 수 있는 존재로 본다. 특히 복합인의 관점에서 중시하는 것은 인간이 자신의 모든 능력을 최대한 발휘하려는 자아실현인(self-actualizing man)이라는 것이다. 사람들은 성숙되기를 바라고 또 그렇게 될 수 있으며, 장래에 대한 진망과 관심을 갖고 보다 높은 이상을 지향하는 일에 관심을 갖고 있다고 보는 것이다 (Tannenbaum & Davis, 1969; Friedlander, 1976; Schein, 1980).

이처럼 자율성영의 인간관이 자율적 인간, 복합인으로서의 인간에 기초하는 이유는 기본적으로 인본주의사상에 그 뿌리를 두기 때문이며, 기업현장에서 그러한 인간본성에 대한 믿음을 갖는 것이 필요하기 때문이다.

2.2. 자율경영과 자율집단 운영

자율(autonomy)이란 '스스로 만든 규칙에 따라 행동하는 것'을 의미하는 것으로, 이 개념을 확장하여 개인이나 집단이 각자의 뜻에 따라 행동하고 의사결정을 할 수 있을 때, 이 개인을 자율적 인간이라 하고 그러한 집단을 자율적 집단이라고 한다. 또한 기업경영에 응용하여 자율적 작업집단을 운영하는 것을 자율경영이라 한다.

전통적인 작업집단에서는 집단구조라든가 수행과업의 절차 등과 같은 전반적인 집단행위가 경영층에 의해서 이루어진다. 그러나 자율적 집단은 조직의 전체목표 아래 경영층과의 협의를 통해 집단목표를 설정하고, 집단행위는 집단에 의해 자율적으로 계획되고 통제된다. 즉 집단구성원들은 직무수행절차나 일의 분담 등과 같은 문제에 대해 결정할 수 있는 권한과 능력인 자율권을 갖는다(Barker, 1993). 그러므로 집단이 자율적으로 운영되기 위해서는 무엇보다도 집단 및 집단구성원들을 임파워먼트(empowerment) 시켜야 한다(Hess, 1987: Katzenbach & Smith, 1993). 이를 위해서 조직관리자는 집단 및 집단구성원의 임파워먼트가 성공할 수 있는 조건들을 이해하고 있어야 한다.

2.3. 직무설계와 재설계

조직 내 많은 목표달성주체(집단 및 팀, 구성원)들이 역동적으로 상호작용을 하고 창의성을 발휘하여 기대했던 결과를 성공적으로 달성할 수 있도록 하기 위해서는 동기부여적인 직무의 설계 및 직무재설계가 중요하다. 기본적으로 직무설계는 개인과 조직체를 통합시키고, 경영전략 및 조직구조와도 연계될 경우 조직체 성과와 조직효율성에 크게 기여한다. 직무설계(job design)란 어떻게 업무가 수행되는지 그리고 주어진 직무에서 필요한 과업을 정의하는 프로세스이다. 반면에 직무재설계(job redesign)는 과업의 변화 또는 기존 존재하는 업무수행방법을 변화시키는 것을 의미한다. 효과적으로 직무를 설계하기 위해서는 직무분석을 통한 기존의 직무와 업무흐름분석을 통한 업무흐름의 과정을 이해하여야 한다.

조직관리자들은 업무와 직무단위에서의 과업수행에 대한 세부적 지식을 갖고 있어야지만 직무설계를 위한 다양한 대안(합리적 직무설계, 동기부적 직무설계 등)을 가질 수 있다(<표 2-1>참조). 우리는 기존 직무를 대상으로 동기부여적인 관점에서 직무내용을 개선하고 직무의 효율성을 높이기 위한 직무재설계에 초점을 맞춘다.

〈표 2-1〉 직무설계의 방법

방법	내 용
합리적 직무 설계	· 직무의 전문성, 상호연결성, 능률, 합리성과 생산성을 우선적으로 강조하는 방법 · 전제: 과업의 수 제한, 작업조건을 표준화하며, 작업자의 대체성을 높일수록 능률향상 · 직무의 과학적 분석을 통해 이상적 직무내용과 직무수행방법을 설계해 작업자가 그대로 수행하게 하는 하향적 방법
동기 부여적 직무 설계	· 직무의 경제적 및 기술적 요소뿐만 아니라 직무와 연결된 모든 사회 및 심리적 요인을 통합해 구성원에게 보람있는 직무내용을 설계하여 동기유발을 시키려는 방법 · 전제: 직무성과는 수행결과에 따른 경제적 보상보다 구성원의 심리적 만족에 달렸다. · 직무수행과정에서 동기유발/자아실현 기회부여토록 직무내용과 직무환경을 설계 · 수평적 측면: 직무구성의 과업 수와 종류초점: 확대시 의미와 정체성커져 성취감 향상 · 수직적 측면: 직무내용(지식/기술, 창의성/분석능력, 작업집단 참여 등)이 보람 있는가 · 구성에 초점: 비율이 높을수록 의미와 정체성, 중요성 증대: 심리적 강화(보람감, 성취감, 만족 등)

현대조직에서 동기부여적 직무설계방법은 기존 직무성과를 향상시키기 위한 직무재설계에도 많이 활용된다. 흔히 사용되는 직무재설계방법은 다음의 <표 2-2>와 같다.

〈표 2-2〉 직무재설계 방법

방법	내용
개인 수준	· 적용되는 방법들: 직무순환, 직무확대, 직무충실화 등 · 직무순환: 기존 직무내용을 변경하지 않고 구성원을 바꾸는 방법 · 직무확대: 직무내용의 수평적 측면인 과업의 수를 증가시켜 과업을 다양화 하는 방법 - 내용변화는 꾀하나 직무자체의 중요성이나 수행과정에서 보람감은 강화 못함. · 직무충실화: 직무내용의 수직적 측면을 강화해 직무중요성과 수행과정에서 보람강감강화
집단 수준	· 적용되는 방법들: 작업팀, 자율적 작업집단(선발, 조직, 관리 및 통제 자체시행), 분임조등 · 작업팀과 작업집단: 직무의 수평적 측면과 수직적 측면을 각각 적용한 형태 작업팀: 수평적 인 직무확대 개념을 적용, 자율적 작업집단: 수직적인 직무충실화 적용 공통점: 과업배정, 작업스케줄 결정, 능률향상에 전적인 책임을 갖고 특정 작업을 수행 · 분임조: 직무의 수직적 측면 강화시켜 구성원 만족과 집단성과 향상시키는 방법. 7~8명)으로 구성되고, 주기적(주 1회 정도) 만나 품질 및 생산관련 토의 및 해결책 강구

2.4. 집단활성화의 개념 및 중요성

집단활성화(group vitalization)란 '집단구성원들 사이 혹은 집단 간의 관계를 보다 긍정적이고 상호보완적으로 만듦으로서 집단수준에서 이루어지는 모든 집단행위가 자율기반구축에 이바지하도록 하는 제반활동'을 말한다. 집단은 개인들의 집합체로 그들의 노력이 없이는 집단성과를 제대로 창출할 수 없다. 문제는 집단목표의 달성에 효과적으로 기여할 수 있도록 개인들의 노력을 어떻게 유기적으로 조정·통합하느냐, 어떻게 집단 간의 관계를 관리하느냐 하는 것들이 집단활성화가 추구하는 바이다.

이러한 집단활성화는 집단 및 팀의 차원에서 인간존중경영의 실현에 있어 1) 집단을 구성하고 있는 개인들 간의 상호작용뿐만 아니라 집단 간의 상호관계를 통해 집단특유의 역동성에 대한 이해를 증진시켜 준다. 또한 2) 개별적 집단행위, 나아가 전체적인 집단행위의 통합에 초점을 둠으로써 집단행위를 통합적으로 관리할 수 있는 근거를 마련해 준다(신유근, 1997).

제3절. 자율기반 구축자 역할의 실행방안

조직관리자가 자율기반 구축자의 역할을 성공적으로 수행하기 위해서는 첫째, 자율을 반영한 직무설계를 하여야 한다. 이는 동기부여의 내재적 요인을 증진시키기 위한 방안으로 직무 자체로부터 느끼는 무료함과 단조로움을 해소하고 과업이 더욱 도전감을 줄 수 있도록 직무자체의 설계 및 재설계(직무확대, 직무충실화, 잡크래프팅 등) 방식이다. 둘째, 일하는 방식을 변화(스마트 워크 등)시키는 것이다. 이는 개인은 물론 집단 및 팀의 집합적 창의성을 발현토록 구성원들 간의 협력을 유도하는 시스템을 구축하는 방식이다. 그리고 셋째, 집단 및 팀이 자율적으로 운영되도록 집단활성화 촉진 및 경쟁체제를 구축하여야 한다. 이에 대한 실행방안을 제시하도록 한다.

3.1. 직무재설계를 통한 직무충실화 및 잡크래프팅을 실행하라

조직 내 구성원들은 일 자체에 대해 의미를 느끼거나 해볼 만한 일을 하게 될 때, 그리고 어떤 목적을 갖고 일해야 하는지를 알 때 자발적으로 열심히 일을 하게 된다. 이러한 일을 설계하도록 하는 재설계방식이 직무충실화이다. 이는 개인이 업무수행에 있어 자신의 성과를 계획, 지시, 통제할 수 있는 자율과 책임을 느끼고, 성장에 대한 기회나 의미 있는 업무경험 같은 동기요인을 제공받도록 [그림 3-1]과 같이 일의 내용을 재편성 하는 것을 의미한다(신유근, 1997; 나기현, 2013).

[그림 3-1] 직무충실화: 일내용 재설계

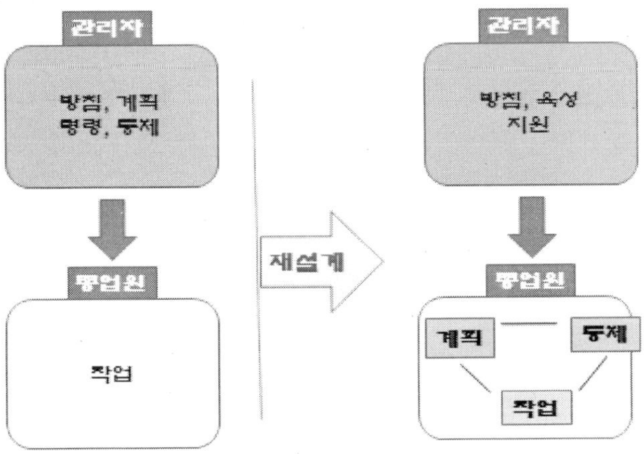

자료: 나기현(2013), 성과예술: 인간존중경영, 부산외국어대학교 출판부, p. 114.

직무충실화가 성공적으로 진행될 경우, 자신이 하는 일이 전체조직에서 어떤 의미를 갖고 어떤 위치에 있는가하는 전체맥락을 이해하도록 하고, 자신의 일에 중요한 의미를 부여하도록 함으로써 동기부여를 증진시켜 만족감과 업무성과를 향상시키게 된다.

잡크래프팅(Job Crafting)은 "자신에게 주어진 업무를 스스로 변화시켜 일을 더욱 의미 있게 만드는 활동"을 말한다(Wrzesniewski & Dutton, 2001). 이를 통해 개인은 일에 대한 통제력과 자긍심을 높이고, 기업은 성과를 향상시킬 수 있다. 일을 즐거워지도록 변화시키는 효과적인 잡 크래프팅 방법은 다음과 같다(임명기, 2013; 신소연·탁진국, 2017).

첫째, 업무의 난이도와 범위 조정하기. 자신의 권한 내에서 과제의 개수나 난이도를 조정하도록 한다. 이때 자신의 역량에 맞춰 적당한 긴장과 부담이 느껴질 수 있도록 업무 난이도를 설정할 필요가 있다. 개인의 역량과 과업의 난이도가 조화를 이루면 도전의식과 성취감을 자극하여 업무에 대한 몰입이 가능해지기 때문이다. 또한 조직관리자는 구성원에게 계획과 통제기능 일부를 위임하여 자율성을 제고하거나 구성원 개개인의 직무범위를 확장할 필요가 있다.

둘째, 고객과 동료와의 관계 재구축하기. 주어진 역할을 넘어서 본인이 더 의미를 부여할 수 있는 역할로 고객이나 동료와의 관계를 재설정하도록 한다. 즉 단순히 상품과 서비스를 판매하는 사람이 아니라 고객에게 필요한 가치를 제공하고 지원하는 조력자 및 옹호자로의 역할변화를 꾀할 필요가 있다. 또한 직장동료들과는 공동의 목표를 함께하는 동반자로 관계를 재설정할 필요가 있다. 대부분의 직장인들은 업무지시를 그저 지시와 명령으로 여기지만, 누군가는 이를 같은 길을 함께 걸어가는 인생선배와 후배로서 후배의 성장을 돕는 코칭과 멘토링으로 활용하고 있을 것이다.

셋째, 자신의 일에 긍정적 의미부여하기. 일의 목적을 명확히 이해함과 동시에 의미 있게 재정의(redefine) 해야 한다. 재정의 하기 위해서는 무엇보다도 업의 본질과 궁극적인 목표에 대해 명확히 인지해야 한다. 또한 명시된 요구수준을 넘어 내가 하고 있는 일의 목표를 더 크고, 깊고, 넓게 재정의 해보아야 한다(임해성역, 2012). 그리고 일에 대한 자기인식을 긍정적으로 전환(reframe)해야 한다. 자신의 일에서 긍정적인 가치를 찾아내 부정적인 인식을 희석시키고, 작더라도 중요한 의미를 부각할 필요가 있다.

3.2. 창의적인 스마트워크 기반을 구축하라.

창조적 기업으로 도약하기 위해서는 체계적으로 창의성을 관리해야 한다. 이를 위해서는 창의적으로 일할 수 있는 스마트워크 기반을 구축하여야 한다. 이의 실행 방안을 제시하도록 한다.

첫째, 일과 삶의 균형(Work-Life Balance)을 통한 창조여력을 확보하라. 조직에서 일하는 방식과 관련하여 성실성은 중요한 가치이긴 하지만, 오래 일한다고 해서 창의성과 생산성이 높아지는 것은 아니다. 창의적인 기업을 만들기 위해서는 일과 삶의 균형을 추구할 수 있도록 탄력적 근무시간제 운영이 필요하다(Michaels, et al., 2001). 탄력적 근무시간제의 방안으로는 파트타임의 근무, 하나의 직무를 두 사람이 하는 직무공유(job sharing/paring), 재택근무, 네트워크 오피스, 스마트 워크 센터, 모바일 오피스 등이 있다. 이러한 탄력적 근무시간제 방안들의 활용효과성을 높이기 위해서는 ① 생체리듬에 따라 근무시간을 정하는 자율출퇴근제를 도입하라. 그 이유는 사람마다 생체리듬이 다르므로 집중이 잘 되는 시간도 다를 것이기 때문이다. ② 집중근무시간제도를 도입하라. 집중근무시간이란 '회의나 휴식(담배나 음료섭취, 잡담 등), 이메일, 전화 등 그 어떤 것에도 방해받지 않고 업무에 집중하는 시간'을 의미하므로, 이 제도가 성공하려면 명확한 규정이 필요하다. 또한 이 제도가 잘 시행되고 있는지 모니터링도 필요하다. 그 이유는 모니터링을 통해 구성원의 만족도를 파악하고 문제점을 지속적으로 개선해야하기 때문이다.

둘째, 조직의 다양성을 확보하되, 소통을 활성화 하라. 조직에서 인력의 다양성 관리는 향후 기업경쟁력의 핵심요소 중 하나이다. 그 이유는 기업 내 인력의 다양성이 높아질수록 더 높은 성과창출과 창조 및 혁신이 발생할 가능성이 증대되기 때문이다. 다양성 관리방안의 일환으로 조직 내 소통을 활성화하여야 한다. 그 이유는 지식, 아이디어의 다양성 확보를 통한 창조여력의 제공이 중요하기 때문이다. 그러므로 소통활성화방안으로는 사무실 환경을 바꾸는 공간혁신이 필요하다. 그 이유는 사무실은 구성원들이 일하는 공간이며, 이 공간의 분위기에 따라 창의성이 좌우되기 때문이다. 그렇다면 창의적인 조직을 만들려면 사무실 분위기를 어떻게 바꿔야 할까? ① 자기 일만 하던 사무실에서 서로가 소통하고 협력할 수 있는 사무실 즉 구성원들 간에 존재하는 물리적인 거리부터 줄여야 한다. 구성원들이 모두 같은 공간에 있을 때 커뮤니케이션 빈도가 가장 높고, 팀워크도 좋고 구성원 간의 친밀도도 높아진다. ② 구성원들이 서로를 볼 수 있도록 사무실을 설계해야 한다. 시야에 들어오는 사람의 수가 많으면 커뮤니케이션의 빈도가 증가하기 때문에 거리를 좁히는데 그치지 말고 서로 자주 마주치도록 해야 한다. 그리고 ③ 업무집중을 위한 공간을 따로 만들어라. 서로가 한눈에 보일 만큼 거리가 가깝고 개방적인 사무실이 효율적이지만 모든 구성원이 이런 사무실을 다 원하는 게 아니다. 폐쇄된 공간에서 업무에 집중하고 싶은 구성원도 있음으로 이들을 위해 업무 집중공간을 만들 필요가 있다.

셋째, 과감한 분권화를 통한 업무혁신과 임직원의 자발적 참여정신을 강화하라. 조직에서 창의성을 유발하기 위한 방안으로 "창조 프로세스의 관리"를 하여야 한다. 이를 위해서는 다음과 같은 방안들을 제시할 수 있다. 1) 다양한 방법을 통해 업무를 혁신하여야 한다. 그 이유는 열심히 하고 있음에도 불구하고 성과가 나오지 않는 구성원들은 중요하지 않은 일에 많은 시간을 허비하는 등 업무요령이 없기 때문이다. 업무혁신을 위해서는 여러 업무에 우선순위를 정해, 가치 없는 업무를 제거해야 한다. 그리고 그 시간을 가치 있는 업무로 대체하는 업무혁신을 해야 한다. 최근 눈길을 끄는 업무혁신 방안은 비주얼 플래닝(visual planning) 즉, 업무 드러내기 방법도 있다. 2) 아이디어 공유를 통해 지식융합을 추구하여야 한다. 구성원들간에 지식과 아이디어를 모아 논의 과정을 통해 창의적 결과를 도출하여야 한다. 지식공유방법으로는 지식을 담을 수 있는 '틀'을 만들어야 한다. 최근에는 IT 시스템을 활용해 사내 인트라넷에 지식업로드 게시판을 만들고, 구성원들이 지식과 업무 노하우를 올리도록 하는 방법도 있다. 또한 구성원들의 참여를 독려하기 위해, 지식에 인센티브를 제공하는 것이다. 이렇게 하면 구성원들의 지식과 업무 노하우가 회사의 지적 재산으로 차곡차곡 쌓이게 될 것이다. 3) 조직에서 벤처처럼 활동하는 임직원의 사내기업가정신(Intra-preneurship)을 고취하여야 한다. 조직에서 자발적 참여정신을 강화하기 위해서는 사내기업가체제의 구축 등 권한위임을 제도화하고 비공식활동을 고취하여 창의성에 대한 관심을 조직일선까지 확대할 필요가 있다. 특히 비공식 조직과 활동을 촉진하되, 지속적인 모니터링과 동기부여를 통해 성과관리에 만전을 기해야 한다. 또한 상사와 부하, 회사와 구성원간의 신뢰구축을 통해 도전정신을 격려하는 조직분위기를 조성해야 한다. 그 이유는 창의성을 발휘하기 위해서는 위험감수가 불가피하며 조직 내 신뢰기반 없이는 추진하기 곤란하기 때문이다.

3.3. 집단 및 팀의 활성화 촉진 및 경쟁체제를 구축하라

기업에서 자율경영이 효과적으로 실현되기 위한 자율기반을 구축하기 위해서는 집단활성화가 이루어져야 한다. 자율적 집단(팀)의 활성화 방안을 제시하도록 한다.

첫째, 자율작업팀을 구축하고 활성화하라. 자율적 작업팀은 스스로 해야 할 일을 결정하고 그 속도와 질을 통제하는 등 전통적으로 경영층에 속해 왔던 의사결정의 대부분을 자체적으로 수행하는 팀 또는 집단을 의미한다. 이런 팀의 성공요인은 완결적 업무프로세스에 대한 책임, 충분한 자율성, 팀 역동성에 대한 기술적 지원 등을 들 수 있다. 특히 팀 중심의 관리책임체제로 전환하여, 팀원 간 조정과 커뮤니케이션을 돕고 직무충실화를 증진시키는 방향으로 기술을 활용할 때 그리고 구성원들이 비공식적인 활동들을 할 수 있도록 다양한 네트워크가 형성되도록 유도하고 지원할 때 집단활성화가 촉진되어 자율작업팀은 성공적으로 작동하게 된다(Carson & Stewart, 1996; Emery & Fredenhall, 2002).

둘째, 팀 임파워먼트를 부여하라. 권한위임 내지는 책임위양은 임파워먼트를 위한 수단일 뿐이다. 궁극적인 목적은 임파워먼트를 통한 각 개인들이 책임감과 주인의식을 체험함으로써 각자의 능력을 신장시키고 주도성을 발휘하여 팀 전체가 활력이 넘치는데 있다. 팀 임파워먼트의 성공은 회사가 장애요인을 제거하고, 어느 정도 팀원들로 하여금 임파워먼트를 활용할 수 있는 여건을 조성할 수 있는가에 달렸나. 특히 인적자원의 역량이 팀 임파워먼트의 성패에 중요하다. 그 이유는 역량이 부족한 이들은 자기효능감이 떨어져 업무에 재량권을 줘도 과업을 수행하고 작업방식에 대한 의사결정을 하는데 발휘하기 어렵기 때문이다. 또한 직무설계가 단순하며 담당자에게 의미가 부족하다면 팀 임파워먼트를 통하여 자율권과 책임을 주어도 성취감을 느끼고 과업을 적극적으로 수행하기 어려워진다. 따라서 회사가 임파워먼트를 팀 내부에 구축하는 것을 넘어서 팀 임파워먼트를 뒷받침해 줄 수 있는 제도와 프로그램(교육·훈련제도 및 인적자원개발제도와 접목)을 실행하여야 팀 성과가 향상 될 수 있다.

셋째, 보상시스템을 통해 경쟁체제를 구축하라. 집단 및 팀 간의 활성화, 협력체계 및 경쟁체제를 구축하기 위해서는 기능 및 성과중심의 보상시스템과 연계되어야 한다. 이의 방안으로는 1) 보상시스템이 팀 공동의 성과와 팀원의 기여도를 평가하여 반영하여야 한다. 이는 팀워크를 조성하고 팀 공동체의식을 함양할 수 있다. 2) 팀원들의 스킬개발에 직접보상이 이루어지고, 주인의식 및 참여정도를 증대시킬 수 있도록 보상시스템이 정비되어야 한다. 이는 팀의 성장 및 활성화에 도움을 줄 수 있어야 한다. 그리고 3) 팀의 성과기준이 명확해야 한다. 팀 성과급 시스템은 성과기준이 불명확할 경우 갈등 및 불만을 유발할 수 있기 때문에 사전에 팀 차원의 객관적 성과측정 가능성, 팀의 성숙도 등의 검토는 물론 팀이 달성하고자 하는 성과지표별(생산성과 품질 및 원가 등을 측정할 하드 지표와 팀원 간 신뢰도와 소통 및 협조 등의 팀 성숙도를 측정할 소프트지표) 그 초과정도를 측정할 수 있는 성과기준을 구체적으로 제시되고 구성원들 간에 공유되어야 한다.

넷째, 비공식 네트워크인 Cop를 구축하라. Cop(Community of Practice)란 구성원간에 자발적인 참여를 통해 그들의 통찰력과 경험 등을 공유하고, 상호작용하면서 지식을 창출하고 적용해나가기는 3~10명 규모의 집단이다(Wenger, 1998). 즉 업무를 보다 효율적으로 처리하거나 업무와 관련한 보다 깊이 있는 전문지식을 토론, 학습, 창조하기 위해 형성된 비공식 네트워크이다. 이 Cop가 성공하기 위해서는 외부의 간섭 없이 자유롭게 상호작용하고 활동할 수 있어야 한다.

Cop의 기대효과는 [그림 3-2]와 같이 구성원 및 조직의 학습역량 향상과 구성원과 조직의 문제해결능력 향상을 통해 궁극적으로 조직역량향상으로 이어지게 된다. 또한 자유로운 의사소통과 부서 및 부문 간의 교류증진을 통한 열린 문화구축으로 조직 내 벽허물기로 이어지게 된다.

[그림 3-2] Cop의 기대효과

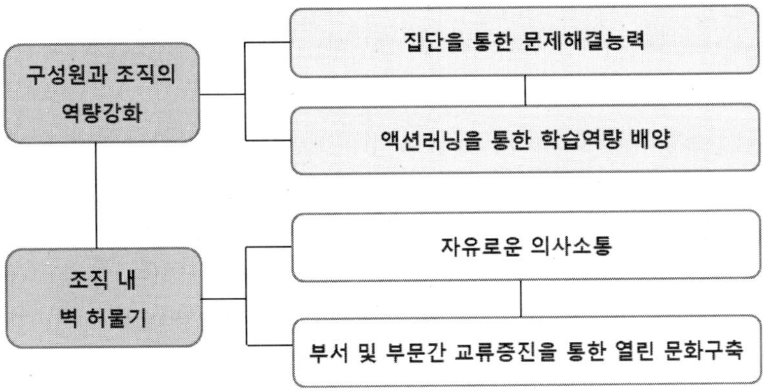

Cop의 유형은 다음의 [그림 3-3]과 같이 토론형, 학습형, 문제해결형으로 분류될 수 있다.

[그림 3-3] Cop의 유형

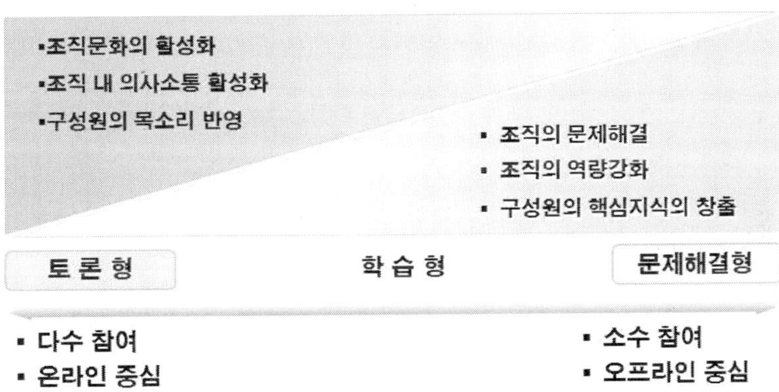

조직에서 연구모임인 Cop가 성공적으로 정착, 운영되기 위해서는 개인과 조직의 역량 향상과 정체성 증대를 위한 구성원의 학습태도도 중요하지만 경영자와 조지관리자가 학습을 기업의 핵심역량으로 인식하고, CoP 활동과 운영에 대한 관심과 적극적 지원이 필요하다. 특히 구성원의 자발성, 참여도, 소속감 등의 학습조직 활성화를 위해 평가 결과에 따른 물질적 보상과 인센티브 제도화가 요구되며, 전담 혁신추진 팀의 적극적인 교육 및 컨설팅 등의 지원이 필요하다.

다섯째, 구성원들 간 협력을 유도하는 시스템을 구축하라. 자율은 구성원들의 주도성과 능동성을 강조한 것이지 '혼자 알아서 해보는 것'을 의미하지 않는다. 올바른 자율이 시도되기 위해서는 구성원 스스로 고민하고 행동하되, 구성원들 간의 원활한 협력체계를 구축함으로써 집합적 창의성을 발현하도록 해야 한다(박지원, 2009). 즉 기업은 구성원들이 다양한 아이디어와 피드백을 주고받음으로서 적극적인 협력이 이루어질 수 있는 시스템을 구축하여야 한다.

구글은 사내통신망 MOMA(Message Oriented Middleware Application)를 통해 내부에서 진행되는 프로젝트를 검색하고, 구성원들과 상호 의사소통하고 자유롭게 피드백을 얻거나 도움을 부탁하는 시스템을 갖추고 있다. 또한 모든 연구원들은 매주 개인 활동과 성과를 요약하여 사내 웹사이트에 올려 모든 구성원들이 올려진 목록을 검색할 수 있도록 했다. 그러므로 구글의 개방성과 자유로운 소통시스템이 구성원들의 자율성에 큰 도움이 된다고 한다.

픽사는 구성원들이 도움을 필요로 할 때 언제든 다양한 아이디어를 제공하고 현 어려움의 극복방안을 함께 모색하는 두뇌위원회(Brain Trust)를 운영하고 있다. 두뇌위원회는 결정권을 갖지 않고 단지 조언만 해주고, 조언에 대한 의사결정은 팀이나 팀원들이 한다.

따라서 집단 및 팀의 활성화를 통해 집단창의성 및 구성원들의 자율성과 창의성을 유도하기 위해서는 선진기업들처럼 사내 협력을 유도하는 시스템의 구축이 필요하다.

자율기반구축자의 역할 및 사례:

① 구성원들 간에 목표를 공유하라.

구성원 자율성 부여가 성공하기 위해서는 구성원들 스스로가 회사의 경영 철학이나 가치를 깊이 이해하고 공유해야 한다. 구성원들은 무엇을 위한 자율인지 이해하고, 어떻게 행동하는 것이 옳은 지 스스로 판단해야 한다.

〈교세라 기업의 사례〉

교세라의 아메바 조직은 소집단 독립채산제로 각각 활동하기 때문에 자유도가 높은 조직체이다. 아메바는 관리/통제 하에 일하는 것이 아니라 스스로 주체성을 발휘해 일을 함으로써 자기 능력을 높여갈 수 있는 구조이다. 그러나 자율성이 높은 조직체이기 때문에 항상 리더와 구성원들의 경영에 대한 의식, 높은 도덕성 등이 시험대에 오르게 된다고 한다. 이를 방지하기 위해 교세라는 이타주의와 전체의 조화라는 철학을 깊이 전파시키고 있다. 그 결과 아메바들은 자신들의 생산성만을 생각하기보다 아메바의 채산이 어려워지더라도 사업 전체를 위해 매가(賣價)를 낮추는 등의 의사결정을 스스로 내린다고 한다.

② 철저한 책임의식을 강조하라.

구성원들에게 자율을 부여하게 될 때 나타나는 문제 중 하나는 적당히 일하고 자유롭게 놀면서 진정한 '자율'의 문화를 흐리게 만드는 '무임승차자'들이 존재한다는 것이다. 이런 구성원들은 자신에게 주어지는 책임은 무시한 채 권한만을 쉽게 받아들이는 경향이 있다. 그러나 구성원들의 강한 책임의식이 바탕이 되어야만 비로소 진정한 자율성이 구현될 수 있다.

〈홀푸드 마켓의 사례〉

홀푸드 마켓은 점포 내 각 팀 단위별로 권한을 위임하고 있다. 각 매장은 약 8개의 팀으로 구성되어 있고, 각 팀은 운영상 중요한 모든 결정을 스스로 내리고 있다. 본사에서 내려오는 규칙도 최소화하여 운영되고 있다. 대신 각 팀은 수익으로 평가를 받으며 그에 대한 책임을 스스로 지고 있다. 홀푸드 마켓은 4주마다 한 번씩 모든 상점의 팀들을 대상으로 노동 시간당 이윤을 계산한다. 그리고 일정 수준을 넘는 성과를 낸 팀은 다음 급여일에 보너스를 받고 있다. 이로 인해 각 팀원들은 자신들의 권한에 막중한 책임감을 느끼고 신중한 의사결정을 내린다고 한다. 자율권과 함께 책임의식을 강조하는 홀푸드 마켓의 이러한 시스템은 오히려 구성원들의 동기부여를 높이고 관료적인 통제는 더욱 줄어들게 하며, 구성원들의 로열티를 제고하는 효과를 보이고 있다고 한다.

③ 작고 유연하게 움직여라

기업이 성장하면 규모가 확대되는데, 규모 확대는 기업 내 위계질서와 관료주의를 강화시키고, 실패에 대한 두려움을 키워 조직을 점점 보수적으로 변하게 만들 수 있다. 이 경우 구성원들은 리더에게 의지한 채 주인의식을 상실하고, 기업은 의사결정 단계 수가 증가하면서 그 속도가 저하게 된다. 따라서 구성원 자율성이 지속되기 위해서는 관료주의를 타파하기 위한 조직 차원의 노력이 병행되어야 한다. 특히 소규모 조직으로 운영할수록 수평적인 문화를 형성하게 되고 더 자유로운 커뮤니케이션이 가능하며 각 구성원의 권한이 커진다는 점에서 구성원 자율성 확대에 더 효과적이라고 볼 수 있다.

〈고어 기업의 사례〉

고어는 몇몇 예외를 제외하고는 어떤 건물이나 공장도 200명 이상 근무하지 못하도록 제한하고 있다. 부서가 커지면 계층이 생기고 구성원들의 자율성이 하락하며 동기를 저하시킬 수 있다고 판단했기 때문이다.

〈구글의 사례〉

구글 역시 소규모 팀 조직을 활용하는 대표적 기업이다. 구글 직원 중 제품 개발과 관련이 있는 사람들은 팀 단위로 일을 하는데, 이때 한 팀의 평균 인원은 3명이라고 한다. 지메일과 같이 커다란 프로젝트조차 30명의 사람들이 서너개의 팀으로 나누어 작업했다고 한다. 이러한 소규모 팀을 운영함으로써 구성원들의 자율성을 높이고 구성원들의 창의성 발현이 더 쉬운 환경을 구축한 것이다.

〈교세라 기업의 사례〉

회사를 20~30명 단위의 소집단으로 쪼개어 운영하는 교세라도 마찬가지다. 교세라는 아메바라고 불리는 소집단을 활용하여 운영함으로써 소규모 기업 경영자와 같은 의식을 지닌 리더와 구성원이 증가하게 되었다고 한다.

④ 구성원들간 협력을 유도하는 시스템을 구축하라

자율은 구성원들의 주도성/능동성을 강조한 것이지, '혼자 알아서 해보는 것'을 의미하지는 않는다. 따라서 올바른 자율이 시도되기 위해서는 구성원 스스로 고민하고 행동하고 결정하되, 구성원들간의 원활한 협력 체계를 구축함으로써 집합적 창의성을 발현하도록 해야 한다.

〈구글의 사례〉

구글은 사내 통신망인 'MOMA(Message Oriented Middleware Application)'를 통해 회사 내부에서 진행되는 프로젝트를 검색하고, 구성원들과 상호 의사소통하고 자유롭게 피드백을 얻거나 도움을 부탁하는 시스템을 갖추고 있다. 또한 구글의 모든 연구원들은 1주일마다 개인 활동과 성과를 요약하여 사내 웹사이트에 올리게 되어 있다. 어떤 구글 직원이든 목록을 검색하여 비슷한 프로젝트를 연구하는 동료가 있는지 확인하거나 어떤 일이 진행되고 있는지 추세를 따라갈 수 있다. 그리고 비슷한 프로젝트를 연구한 동료들에게 자문이나 도움을 자유롭게 구할 수 있다. 구글은 개방성과 자유로운 의사소통 시스템이 구성원들의 자율성에 큰 도움이 된다고 한다.

〈픽사의 사례〉

픽사는 창의적인 인재들에게 전폭적인 지지를 보내며 자유롭게 일을 진행할 수 있는 권한을 주고 있다. 대신 구성원들이 도움을 필요로 할 때 언제든 다양한 아이디어를 제공하고 현 어려움을 극복할 수 있는 방안을 함께 모색하는 '두뇌위원회(Brain Trust)'를 운영하고 있다. 픽사의 두뇌위원회는 CEO인 존 라세터와 경험이 풍부하고 뛰어난 감독 여덟 명으로 구성되어 있다. 픽사에서 영화를 만드는 감독 및 제작자들은 도움이 필요하다고 생각할 때 스스로 두뇌위원회를 소집할 수 있다.

두뇌위원회와의 회의에서 현재 진척 사항을 보여주고, 현 어려움 등을 공유하고 나면, 회의 참석자들은 조금 더 괜찮은 작품으로 만들기 위한 방법을 토론한다. 이때 두뇌위원회는 조언만 해주고, 그들의 조언에 대한 의사결정은 제작 담당 감독이나 휘하 팀원들이 한다. 두뇌위원회의 조언이라고 하여 무조건 수용할 필요는 없고, 두뇌위원회가 결정권을 갖고 있는 것도 아니다. 두뇌위원회의 의견은 아무런 강제성이 없고, 다만 영화 제작 감독과 팀원들이 두뇌위원회의 뛰어난 리더들로부터 아이디어를 얻고 언제든 조언을 구할 수 있는 시스템을 마련해둔 것이다.

⑤ 인내심을 길러라

구성원에게 자율성을 부여하기 위해서는 회사나 리더가 구성원들이 성과를 창출해낼 때까지 인내심을 가지고 기다려줄 수 있어야 한다. 이를 참지 못하고 구성원들의 업무에 개입하기 시작하는 순간, 구성원의 자율성 부여는 불가능해진다. 물론 조직 차원에서도 인내심을 견딜 수 있는 장치들을 마련해 둘 필요가 있다. 처음부터 완벽하게 잘할 필요가 없다는 공감대를 형성하거나, 결과가 아닌 과정을 평가하는 시스템을 구축하고, 조직 전체적으로 협력하는 분위기를 마련하는 것 등이 그 예이다.

〈픽사의 사례〉

픽사는 경영진이 위험을 회피하거나 최소화하고자 하는 본능을 이겨내야만 비로소 구성원들이 자율적이고 창의적으로 일할 수 있다고 강조하고 있다.

〈구글의 사례〉

구글의 에릭 슈미츠 회장도 실패를 격려하는 편이다. "빨리 실패하라. 그래야 다시 시도할 수 있다."는 생각으로, 구성원들이 실패를 두려워하지 않고 다양한 아이디어를 강구하고 이를 시도해보도록, 통제하기보다는 오히려 많은 권한을 부여하고 있다.

⑥ 신뢰가 기반이 되어야 한다.

구성원 자율성이 제대로 운영되기 위해서는 경영층과 구성원간 신뢰가 기반이 되어야 한다. 상호간의 신뢰가 없다면 진정한 자율권 부여가 시도되기도 어려울 뿐만 아니라 구성원들도 자발적으로 헌신하기보다 자율성을 악용할 우려가 있다. 기업이 구성원들의 역량을 믿고, 자율성을 부여하여 구성원들의 신뢰를 얻고 자발적 헌신을 유도해내는 과정이 반복된다면 상호간에 더 높은 신뢰를 쌓게 되는 선순환의 고리를 강화하게 되어 결국 신뢰 경영을 확립할 수 있을 것이다.

참고문헌

나기현(2013), 성과예술: 인간존중경영, 부산외국어대학교 출판부.

박지원(2009), 자율적인 기업문화 만들기, LGERI리포트, LG Business Insight.

신유근(1997), 인간존중의 경영, 다산출판사.

신소연·탁진국(2017), 내적 일의 의미, 자기주도적 경력태도, 주관적 경력성공의 관계, 한국심리학회지: 산업 및 조직, 30(1), pp.1-24

임명기(2013), 'Job Crafting, 일이 즐거워지는 변화', SERI경영노트, 제 179호, 삼성경제연구소.

임해성 역(2012), 내가 하는 일 가슴 설레는 일: 디즈니랜드 야간 청소부의 감동실화, 엘도라도 웅진씽크빅.

최나은(2012). 자기주도성: 조직의 혁신과 변화의 동력, LG경제연구원.

Baker, J. R.(1993), Tightening the Iron Cage: Convertive Control in Self-managed Organization, *Administrative Science Quarterly*, Vol, 38, pp.408-437.

Carson, K. P. & Stewart, G. L.(1996), Job Analysis and the Socio-technical Approach to Quality: A Critical Examination, *Journal of Quality Management*, 1. pp.49-65.

Emery, C. R. & Fredenhall, L. D.(2002), The Effect of Teams on Firm Profitability and Customer Satisfaction, *Journal of Service Research*, 4, pp. 217-229.

Friedlander, F.(1976), "OD Research Adolescence: An Exploration of Its Underlying values," *Journal of Applied Behavioral Science,* Vol. 12, No. 1, pp.7-21.

Hess, K.(1987), Creating in High Performance Team(NY: Wiley)

Katzenbach, J. R. & Smith, D. K.(1993), The Wisdom of Teams(Boston, MA: Harvard Business School Press).

McGregor, D.(1960), The Human Side of Enterprise(NY; McGraw-Hill).

Michaels, E. H. Handfield-Jones & Axelrod, B.(2001), The War for Talent, Harvard Business School Press.

Roberts, K. H. & Hunt, P. M.(1991), Organizational Behavior(Boston, MA: PWS/KENT Publishing Co.)

Schein, E .H.(1980), Organizational Psychology, 3rd. ed.(Englewood Cliffs, NJ: Prentice-Hall).

Tannenbaum, R. S. & Davis, S. A.(1969), "Values, Man and Organization," *Industrial Management Review,* Vol. 10, No2, pp.67-83

Wenger, E.(1998). Communities of practices: Learning, meaning, and identity. NY: Cambridge University Press.

Wrzesniewski, A. & Dutton, J. E.(2001), Crafting a Job: Revisioning employees as active crafters of their work, *Academy of management Review*, 26.

제2장 참여촉진 조직설계자 역할

급변하는 환경에서 기업이 경쟁력을 갖추려면 경영에서 구성원들의 참여를 배제하고서는 합리적이고 효율적인 경영을 지속할 수 없고 기업의 경쟁력도 기대할 수 없다. 초일류 기업에서는 조직이라는 공동운명체에 참여하는 사람들 모두가 평등한 인격체로서 기업경영의 과정에 주체적으로 참여할 수 있으며, 또 그렇게 함으로써 조직의 성장과 발전이 가능하다고 보고 있다. 그러므로 경영자와 조직관리자는 조직을 구성하고 있는 주체들의 참여와 공존의 원칙에 바탕을 두어, 모두에게 공평한 기회가 주어지도록 하고 누구나 노력과 성과에 정당한 평가 및 대가를 받도록 유연한 참여적 조직을 설계하여야 한다.

따라서 제1절에서는 구성원들의 적극적 참여를 촉진하기 위한 조직설계자 역할의 의미와 중요성을 알아보도록 한다. 제2절에서는 참여경영과 조직구조 및 설계에 대한 이론적 논의를 살펴본다. 그리고 제3절에서는 참여조직 설계자 역할의 실행방안을 제시하도록 한다.

제1절. 참여촉진을 위한 조직설계자 역할의 의미 및 중요성

기업은 누구를 위해 존재하는가? 기업은 고객(내부 및 외부)을 위해 존재한다. 외부고객에게는 지속적으로 가치를 제공해 만족시켜야 한다. 그리고 내부고객에게는 기업내부조직이 구성원 중심으로 운영되어야 한다. 특히 조직의 관심은 많은 제도 중에서도 조직 및 직무에 대한 구성원의 긍정적인 태도와 행동을 유발할 수 있는 제도 및 시스템 즉 참여경영을 실현할 수 있는 조직시스템에 있다.

최근 들어 기업에서 참여경영이 능동적으로 도입되는 배경은 무엇인가? 그 이유를 살펴보면, 1) 직무자체가 복잡해짐에 따라 직무 중 많은 부분이 관리자의 통제에서 벗어나 자율에 놓임으로써, 부하의 특정직무와 관련해 의사결정이나 결정내용실행 시에 담당자의 의견반영뿐만 아니라 그들의 적극적인 참여 없이는 성과를 기대하기 어렵게 되었기 때문이다. 2) 이전의 독립적 직무수행에서 이제는 담당직무의 범위가 넓어지고, 그 직무들 간의 상호의존성이 증가됨으로 인해, 소기의 성과달성을 하기 위해서는 관련된 직무담당자들이 함께 공동목표를 설정하거나, 문제해결을 위한 의사결정 및 그 실행에 함께 참여해야 하는 필요성이 증대되었기 때문이다. 그리고 3) 내부적으로는 조직구성원의 고학력화로 의식수준이 높아짐에 따라 직무, 보상, 상여금 등의 결정에 대한 구성원들의 참여요구가 거세지고 있고, 외부적으로는 구성원의 권리보장을 위한 법률제정 등의 사회적 환경변화가 증대됨으로 인해, 이러한 환경변화를 수용하지 않을 경우, 조직목표에 대한 구성원의 공헌을 기대할 수 없고 기업의 사회적인 이미지 추락 등의 곤경에 처할 수 있기 때문이다.

따라서 경영자와 조직관리자는 구성원들이 상호협력적인 참여 속에서 조직목표를 원활하게 달성하도록 조직의 구조적인 측면에 관심을 두어야 한다. 또한 참여경영을 실현하기 위해서는 현재의 조직을 단순히 개선에 그치는 것이 아니라, 발상을 전환하여 새로운 형태의 조직구조로 설계 및 재설계해야 한다.

조직설계(organizational design)는 조직목표달성을 위해 여러 조직형태들 중에서 가장 적합한 조직구조를 선택·결정하거나 기존의 조직구조를 변화시키는 활동을 의미한다. 그러므로 참여촉진 조직설계자란 조직관리자가 조직목표달성을 위해 가장 적합한 조직구조를 구축하는데 있어 목표달성과정에서 구성원들의 책임공유와 협동 및 협력부분에 초점을 두고, 그들에게 동등한 참여기회를 부여함은 물론 그들의 참여를 적극적으로 촉진할 수 있도록 조직구조를 설계하는 역할을 수행하는 것을 의미한다.

이러한 역할수행이 참여경영을 실현하는데 있어서 중요성은 다음과 같이 정리할 수 있다(신유근, 1997). 1) 조직유효성을 결정하는 중요요인이다. 그 이유는 구성원 및 부문들이 일정관계 속에서 전사적 경영목표달성을 위해 상호 유기적으로 협력하게끔 기본적인 틀 또는 바탕을 제공해 주기 때문이다. 2) 어떤 부문이 조직 내 갖는 규모, 위상, 타부문과 관계 및 역할 등을 규정한다. 그 이유는 이 과정을 통해 권력균형유지, 자원배분순위결정, 업무수행절차와 갈등관리·조정방법을 명백히 해, 구성원간, 부문간 이익 및 책임을 공유하도록 하기 때문이다. 3) 조직 내 각 부문 간의 상호작용과 구성원의 행동 및 사고를 규정한다. 그 이유는 분권적/수평적 조직구조는 부문 간의 상호작용을 촉진, 구성원들이 개방적 참여와 수용하는 사고와 행동을 갖도록 영향을 미치기 때문이다. 4) 조직학습을 촉진하는 요인이다. 그 이유는 조직 속에서 자기역할수행을 할 때, 역할을 둘러싼 상황변화에 의해 새 역할에 따르는 가치, 규범, 지식, 행동방식을 학습하도록 하기 때문이다. 그리고 5) 참여적인 기업문화 창달에 중요역할을 한다. 그 이유는 조직구조 재설계나 다 세기로 변화할 경우에 구성원의 행동체계 변화요구로 구성원들이 새로운 가치, 태도, 신념을 공유하도록 유도하기 때문이다.

제2절. 참여경영 및 조직구조에 대한 이론적 논의

일반적으로 조직은 구성원들로 하여금 공동목적과 협력의사를 갖도록 해주며, 구성원들 간의 인간관계의 형성 및 개선에 커다란 영향을 미친다는 점에서 중요성을 갖고 있다. 따라서 본 절에서는 참여경영과 조직구조 및 설계에 대한 이론적인 논의를 살펴본다.

2.1. 참여경영의 개념

참여경영(participative management)이란 "조직구성원이 자신의 상사, 부하, 혹은 동료들과 함께 공동의 목표설정, 문제해결을 위한 의사결정 및 그 실행에 참여함으로써 조직의 전반적 운영에 관여하는 것"을 말한다(Robbins, 1996; Hinckley, 1985; Galbraith et al., 1993b). 이러한 참여경영은 조직과 조직구성원의 상호발전 뿐만 아니라 조직 내에서 상사, 부하, 혹은 동료 상호간의 발전을 추구한다. 특히 참여적 경영은 역할에 대한 갈등 및 모호성을 감소시켜 직무와 관련된 의사소통을 가능하게 하며 또한 직무에 대한 이해를 증진시킴으로써 직무만족 수준을 높인다(Jackson,1983).

인간존중경영을 실현하는데 있어서 참여경영이 갖는 중요성을 살펴보면(신유근, 1997), 1) 참여를 통해 자기직무를 자신이 직접 통제하게 함으로서 이전에 통제권 부재로 생겨났던 불만족, 스트레스, 소외감 등을 극복할 수 있는 토대를 마련할 수 있다. 2) 참여를 통해 조직유효성을 향상시킬 수 있다. 그 이유는 구성원이 참여해 결정한 바를 더 잘 수용하고, 실행에서도 더 잘 몰입하게 되어 결과적으로 성과가 향상(Hinckley, 1985; Robbins, 1996)되고, 또 참여욕구충족으로 자신에 대한 자긍심이 생기고, 이 자긍심이 만족에 긍정적 영향(Miller & Monge, 1986; Scully et al., 1995)을 미치기 때문이다. 그리고 3) 참여경영을 통해 조직구성원의 개별적인 목표와 조직목표가 합치될 수 있는 가능성이 증대된다. 그 이유는 구성원이 조직경영에 참여함으로서 커뮤니케이션의 기회를 비롯한 상호이해의 기회가 증대되어 구성원은 조직목표와 자기목표를 비교·검토할 기회가 증가하고, 조직은 구성원의 목표를 알 수 있는 기회가 많아짐에 따라 상호간에 합치되는 점을 찾기가 훨씬 수월해지기 때문이다.

2.2. 조직구조의 개념과 구성요소

조직구조(organizational structure)란 '어떻게 업무가 공식적으로 나누어지는가, 묶어지는가, 그리고 조정되는가를 결정하는 것'을 의미한다. 즉 기업의 성공적인 경영활동을 위해 일과 부서, 직위 등을 배열해 놓은 틀 또는 뼈대를 말한다. 깁슨 등(Gibson et al., 1991)은 조직구조를 "조직 내 직무들 사이에 존재하는 비교적 고정되어진 관계들"로 보고, 그 구성요소로서 다음의 <표 2-1>과 같이 4가지를 제시한다.

반면에 다프트((Daft, 2010)는 관리자들이 조직구조를 설계할 때 6가지의 주요요소(업무전문화, 부서(문)화, 명령체계, 통제범위, 의사결정의 집권화와 분권화, 그리고 공식화 등)를 고려하여야 한다고 주장한다.

〈표 2-1〉 조직구조의 구성요소

구성 요소	내 용
노동의 분화 (Divison of labor)	· 전체과업은 단위내 사람들 사이에 더 작은 직무들로 분할/분화된다.
부문화 (Departmen talization)	· 개인들의 직무들은 공통적인 근거를 토대로 재결합/집단화된다.
통제의 범위 (Span of control)	· 한 상사에게 보고하는 집단의 적절한 규모는 결정되어져야 한다.
위임(Delegation)	· 권한은 직무들의 집단들 사이에서 분산되어진다.

전문화(Specialization)			
노동(과업)의 분화	High ------------	---------------	Low
기초, 근거(Basis)			
부문화	Homogeneous-------	---------------	Heterogeneous
수(Number)			
통제의 범위	Few---------------	---------------	Many
위임(Delegation)			
권한	Centralized --------	---------------	Decentralized

자료: 나기혁(2013), 성과예술: 인간존중경영, 부산외국어대학교 출판부, p.441.

기업에서의 조직구조는 형태에 따라 다양하게 분류할 수 있는데, 이를 조직의 형태 또는 구조적 형태라고 한다. 이러한 형태들 중 조직목표달성에 가장 적합한 형태를 선택하거나 기존의 조직구조를 변화시키는 활동을 조직설계(organizational design)라고 한다. 환경의 불확실성에 적응하기 위한 조직설계의 형태로서 기계적 조직과 유기적 조직으로 구분할 수 있다. 기계적 조직(mechanistic organization)이란 "마치 기계가 어떤 정형화된 절차에 따라서 작동하는 것처럼, 안정적인 환경에서 표준화되고 규정된 절차 및 방식에 의해 경영조직을 운영하는 개념적 조직형태" 이다(Kreitner & Kinicki, 1995). 반면에 유기적 조직(organic organization)이란 "환경 또는 상황변화에 매우 탄력적으로 반응하면서 필요하다면 수시로 조직의 형태를 변형시킬 수 있는 유연성을 가진 조직형태"를 말한다.

기계적 조직과 유기적 조직의 차이점을 살펴보면, 기계적 조직은 효율의 극대화와 생산성 향상에 조직목표를 두고 기계적 방식에 주로 의존하여 과업을 수행하며, 공식화의 정도가 높고 합리성을 중시하면서 고정적인 업무분담이 이루어지는 특성을 보인다. 반면에, 유기적 조직은 유연성이나 적응력의 향상을 주요목표로 하고, 주로 구성원들의 창의적인 능력에 의존하여 과업을 수행하며, 문서화된 규칙이나 절차가 적어 공식화의 정도가 낮고 인간의 잠재성을 중시하는 특성을 보인다.

이러한 기계적 조직과 유기적 조직 중 어느 것이 더 효과적인가는 일률적으로 말할 수 없다. 그 이유는 조직이 처해있는 상황(규모, 기술, 전략 등)에 따라 달라지기 때문이다. 가장 효과적인 조직구조란 '직면한 환경의 특성에 적합한 구조'라는 것이다. 즉 안정적이고 확실성이 높은 환경에서는 기계적인 조직이 적절한 조직설계 방법이며, 동태적이고 불확실성이 높은 환경에서는 유기적인 구조가 효과적인 조직설계방법이라는 것이다. 그러나 최근의 급변하는 경영환경 속에서 조직이 경쟁하고, 살아남고, 참여경영을 실천해 나가기 위해서는 유기적인 조직의 중요성이 점점 강조되고 있다.

2.3. 참여적 조직시스템의 모습

참여적 조직시스템의 모습을 엿볼 수 있게 해주는 대표적인 조직으로 '시스템Ⅳ' 조직과 '고관여 조직'에 대해서 알아보도록 한다.

'시스템Ⅳ' 조직(Likert, 1967)은 조직구성원 모두가 참여해 조직의 목표를 높게 설정하고, 이 목표를 달성하기 위해 상·하위 조직구성원 모두가 능동적으로 아이디어를 개진하며, 그 실행을 거듭하는 과정 속에서 다져진 신뢰를 바탕으로 협조

한다. 시스템 I 조직과 시스템 IV 조직의 차이를 다음의 <표 2-2>와 같이 정리할 수 있다.

〈표 2-2〉 시스템 I 조직과 시스템IV 조직의 차이

구분	시스템 I 조직	시스템IV 조직
동기부여 과정	· 공포와 제재를 통해 신체적 안전 및 경제적 동기자극 · 구성원들의 조직에 대한 비호의적 태도	· 참여적 방법을 통해 경제적으로 보상하고, 전범위의 동기자극 · 구성원들이 조직목표에 대해 호의적이고 책임을 느낌
소통 과정	· 정보는 하향적으로만 흐르고 왜곡·정확·의심되는 경향	· 조직 내 정보가 상하좌우로 자유롭게 이동되고 수용됨 · 정보는 정확하고 왜곡되지 않음
의사결정 과정	· 조직의 상층부에서만 이루어짐	· 집단참여를 통해 높고 현실적 목표가 수립되고, 그 추진방안이 분권적으로 이루어짐
리더십	· 상·하급자 쌍방 간 신뢰의 결핍 · 하급자: 자유롭게 의견발표 제한인식, 상급자: 하급자의 아이디어나 견해를 받아들이려 하지 않음	· 리더와 하급자간 신뢰감 유지 · 하급자는 자유롭게 의견개진하고, 상급자는 하급자의 아이디어나 견해를 유도함.

자료: 나기현(2013), 성과예술: 인간존중경영, 부산외국어대학교 출판부, p.448.

고관여 조직(high-involvement organization)은 최근에 논의되고 있는 조직형태로, '구성원의 관여(의사결정권한, 기업정보, 성과보상, 지식 및 기술 등을 하부로 확대)가 높은 수준에서 이루어지는 조직'을 말한다(Lawler III, 1986). 이는 조직경영 전반에 대한 조직구성원의 관여를 강화하고 촉진하기 위해서 구성원들과 혁신적으로 권력과 정보를 공유하고, 기술의 축적과 이에 대한 보상, 그리고 새로운 인적자원관리방안 등을 포함하는 조직이다.

고관여 조직이 내부적으로 갖는 특징을 구성원의 참여측면, 경영자의 역할측면, 그리고 조직측면으로 나누어 살펴보면 다음의 <표 2-3>과 같다(Lawler III, 1988, 1993).

〈표 2-3〉 고관여 조직이 세 측면에서 내부적으로 갖는 특징

구 분	고관여 조직이 내부적으로 갖는 특징
구성원 참여측면	· 구성원이 팀 참여와 직무충실화를 통해 자신의 직무수행방법을 스스로 결정하고, 구성원간 지식·정보의 자유로운 공유를 통해 상호역량을 확대시킴. · 개인 및 조직의 임파워먼트를 지향한다. · 통제·지시를 주 기능으로 하는 중간계층을 없애고 조직을 간편하게 만듦. · 일상적 의사결정뿐만 아니라 기업전략과 정책개발 등 중요이슈에 대해 태스크 포스와 정책집단일원으로 적극 참여한다.
경영자 역할측면	· 경영자가 기업문화를 모니터링하고 조직 내 심벌관리하며, 기업 가치와 경영철학을 개발하고 이를 구성원들과 공유한다. · 기업의 바람직한 분위는 어떠해야 하고, 어떤 비전을 추구해야 하며, 구성원 행동양식은 어떠해야 하는가에 대한 지침을 제공한다. · 권력과 독점하던 기업정보를 구성원과 공유함으로서 민주적이고 평등하고 대등한 상하관계를 촉진한다.
조직측면	· 조직구성원간의 상호신뢰를 위해서 고용안정을 꾀하고, 이를 위해 지속적인 교육·훈련을 실시한다. · 성과보상 시 일률적 보상 및 개별적 공헌에 따른 보상제공과 구성원의 적극참여로 자신에 맞는 보상을 선택하게 한다. · 기업의 사회적 활동촉진을 위해 근무시간의 탄력적 운영, 구성원 가족에 대한 금전적 지원 및 그들을 기업 활동에 적극적으로 참여·유도한다.

제3절. 참여촉진 조직설계자 역할의 실행방안

조직관리자가 참여경영을 성공적으로 실현하기 위한 참여촉진 조직설계자 역할의 실행방안을 제시하도록 한다.

3.1. 참여적 조직시스템의 촉진조건을 이해하라

조직관리자가 참여적 조직시스템으로의 지향을 촉진하기 위해서는 다음과 같은 조건이 필요하다는 것을 이해하고 설계에 적용하여야 한다.

1) 조직구성원들의 참여를 보장해 주는 조직의 관습이라든가 분위기가 존재해야

한다. 그 이유는 가부장적이거나 권위적인 문화 혹은 그런 분위기에서는 구성원들이 참여엄두를 낼 수 없기 때문이다. 그러므로 조직관리자는 구성원들이 자유롭게 신선한 아이디어를 제시할 수 있는 참여적 분위기조성이 필요하다. 특정 의사결정에 실제적인 참여보다는 참여분위기가 구성원들에게 더 큰 만족을 불러일으킬 수도 있다(Miller & Monge, 1986).

2) 조직구성원들의 참여내용과 그 정도가 사전에 구체화되고, 이것이 참여하는 당사자들에게 정확하게 인식되어야 한다. 사전에 어떤 과업에 어느 정도 참여할 수 있는지 구체적으로 명시되어야 하고, 지속적으로 커뮤니케이션을 통해 인식여부를 확인하고 잘못되었으면 수정해 나가야 한다. 이때 주의할 점은 참여의 대상이 조직구성원들의 일과 직접 관련이 있어야 한다는 점이다. 자신과 관련이 없는 일에 참여를 강요하면 처음에는 마지못해 참여하지만 차후에는 관련이 있는 일일지라도 조직에 대한 불신이 팽배하여 원하는 실효를 거두기 어렵다(Marchington et al., 1994).

3) 다양한 계층에 있는 조직구성원들의 이해와 지지를 받도록 노력해야 한다. 참여경영이 정착되는 과정에서 처음에는 없다가 시간이 지남에 따라 저항세력이 생겨날 가능성이 있다. 그 이유는 이전에 행하던 방식을 그대로 답습하려는 경향인 조직의 구조적 관성(structural inertia) 때문에 생기게 된다. 이를 극복하기 위해서는 변화를 선봉에서 이끌고 지속적으로 홍보하는 변화담당자를 활용할 필요가 있다.

이러한 조직의 노력뿐만 아니라 조직구성원도 자신이 하는 일에 대한 열의와 상사 혹은 동료와의 커뮤니케이션 능력과 수행할 일에 대한 지식 등의 포함하는 수행능력 그리고 그 결과에 대한 지속적인 책임감을 가져야 한다.

3.2. 참여경영을 위한 조직설계지침에 대해 이해하라

조직관리자가 참여경영을 위한 새로운 조직을 설계하기 위해서는 먼저 조직설계의 지침이 필요함을 이해하고 반영하여야 한다. 이를 위해 다음의 <표 3-1>과 같은 지침을 제시한다(신유근, 1997).

〈표 3-1〉 참여경영을 위한 조직설계지침

지 침	내 용
유기적 조직으로	· 인간존중경영을 실현하기 위해서는 창의성과 자발성제고가 필요함으로 기계적 구조는 인간의 잠재력을 최대한 활용할 수 있는 유기적 구조에 비해 그 적합성이 떨어진다고 볼 수 있다.
분권적 조직으로	· 참여경영을 실현할 수 있는 조직은 전통적인 집권적 조직으로부터 벗어나 분권적 조직으로 설계되어야 한다. 이를 위해서는 의사결정권한 및 실행권한의 일부 혹은 전부를 해당 직무담당자에게 위양해야 한다.
정보처리형 조직으로	· 정보처리형 조직화는 "정보과중이나 복잡화현상에 대처하기 위해 정보처리기술과 통신기술을 활용하여, 폭주하는 데이터를 유용한 정보로 산출할 수 있는 정보처리능력 및 그것을 조직 내에 원활하게 전달·공유할 수 있는 시스템"을 갖추는 것이다 · 대표적인 방법: 조직 단위간, 즉 개인간, 부서간, 부문간, 현장과 본사간의 커뮤니케이션과 정보를 네트워크화 하는 것
슬림 조직으로	· 참여경영을 실현하기 위해서는 비대조직으로부터 슬림조직으로 이행해야. · 필요 이유: '규모의 경제' 이점이 사라졌기 때문이다. · 슬림(slim)화란 '불필요한 수평적·수직적 분하로 늘어난 불필요한 계층과 부문 등을 줄임으로서 날씬하고 작은 조직구조로 이행'하도록 하는 것이다.
고객지향 조직으로	· 고객지향적 조직화란 '회사의 내부조직, 인적자원관리, 기술개발과 제품의 판매, 디자인 개발에 이르기까지 기업의 모든 활동에 고객욕구와 가치를 중시하도록 조직을 설계하는 것'을 말한다. 즉 고객생활의 질 향상을 지향하는 조직을 설계하고 운영하는 것이다. · 중요이유: 사회구성원들이 다양성과 개성을 추구하고 있다는데서 기인.

3.3. 자율적 팀제 조직을 구축하라.

경쟁심화와 환경변화의 가속화 그리고 성과중심의 조직경영문화 도입 등은 복종을 강조하는 기능중심의 조직구조를 탈피하여 구성원의 참여와 협동을 적극 이끌어 낼 수 있는 조직의 필요성을 야기하였다. 이로 인한 가장 큰 변화중 하나는 기업은 물론 행정기관의 사업 본부제, 자율적 팀제 도입이다. 사업본부제 또는 자율적 팀제 도입은 말 그대로 '책임경영'과 '고객중심 조직운영'을 하겠다는 의지이다. 그러나 90년대부터 기업들이 조직운영형태로 자율적 팀제를 도입해왔지만, 여전히

'무늬만 팀제'로 하드웨어는 바꿨는데 소프트웨어가 아직 제대로 정착되지 않았다. 그 이유는 경영자와 조직관리자들이 아직도 수직적인 피라미드조직의 긍정적인 측면을 잊지 못해, 이를 내부적으로 유지하려고 하기 때문이다.

우리는 팀제 조직의 대표적인 기업으로 구글을 생각할 수 있다. 구글이 창업 20년만에 세계 최고의 글로벌 기업으로 발전하게 된 계기는 조직 내 구성원들의 창의성을 촉진하기 위해 4~5명으로 구성된 소규모 팀들로 조직의 단위를 구성하고, 팀들이 서로 경쟁과 협력을 통해 유기적으로 움직인 결과 때문이다. 소규모 팀으로 구성하게 된 이유는 한 팀에 많은 구성원들이 참여할 경우 창의성 없이 모두 똑같은 생각만 할 뿐이기 때문이다.

그러므로 조직관리자는 글로벌 기업들이 자율적 팀제 조직으로 전환하는 이유를 구체적으로 이해하고, 이를 바탕으로 팀제가 도입·운영될 수 있도록 하여야 한다. 글로벌 기업들이 팀제로의 전환이유는 다음과 같이 설명할 수 있다(신유근, 1997). 1) 구성원들의 창의성과 자율성이 조직성과의 중요변수가 되기 때문이다. 그 이유는 지식·정보화시대의 경쟁력원천은 창의적·자율적 구성원을 적극적으로 육성·관리하는 것인데, 이를 효과적으로 촉진시켜주는 단위가 바로 팀이기 때문이다. 2) 구성원들 간의 커뮤니케이션 활성화와 이를 통한 의사결정의 질을 향상시키기 때문이다. 그 이유는 조직 내 다양한 팀들이 네트워크를 통해 서로 연결됨으로서 팀원 간 또는 팀 간의 커뮤니케이션 활성화로 정보 및 지식을 즉각 입수하고 교환해 의사결정의 신속성과 정확성을 꾀할 수 있기 때문이다. 그리고 3) 환경대응능력이 탁월하기 때문이다. 그 이유는 빠른 시간 안에 구성하여 과업수행 후 쉽게 해체가 가능해 환경대응능력을 제고시킴은 물론 복잡한 환경에 유연한 대처로 고품질 제품과 다양한 서비스를 제공할 수 있어 경쟁력제고도 가능하기 때문이다.

참여경영을 위한 자율적 팀제 조직은 "조직 내 거의 모든 하위단위들을 팀으로 재편성하고, 이들 팀을 중심으로 하는 조직"(Scott, 1992)이다. 즉 팀의 형성은 업무중심, 과제중심, 주제중심으로 하고, 이들 팀 간에 유기적 연결 관계를 갖도록 조직을 편성하는 것을 의미한다.

자율적 팀제 조직은 업무중심의 조직이므로 과잉 관리업무를 과감하게 폐지하거나 축소시키며, 결재단계를 파격적으로 축소시켜 슬림화함으로써 의사결정의 신속성과 기동성을 제고할 수 있으며, 이질성과 다양성의 결합과 활용을 통한 시너지효과를 촉진할 수 있다. 또한 팀제 조직은 근거리통신망(LAN)을 활용하여 수평적 연결 관계를 창출함으로써 전사적·특수한 정보를 구성원들이 서로 공유하고, 서로의 사고를 교류·공유하기가 다른 조직보다 훨씬 수월하다.

자율적 팀제 조직이 원활하게 운영되기 위해서는 많은 조건이 충족되어야 하지만 여기서는 팀 조직의 위상문제에 관련된 운영방안과 관리시스템에 관련된 운영방안 등에 대하여 알아보고자 한다. 먼저 팀 위상문제와 관련된 운영방안으로는 ① 팀의 자율권을 최대한 보장해 주어야한다. 이는 권한과 책임부여를 의미하므로 이와 관련해 자기의 영역을 정확히 인식할 필요가 있다. ② 팀 리더의 역할강화가 필요하다. 그 이유는 업무분장 및 조정, 인사권부여, 팀 단위 예산편성과 내부운영은 팀 리더의 재량에 의하도록 하기 위함이다. 다음으로 팀 관리시스템에 관련된 운영방안으로는 ① 개인공헌과 조직목표간 연계를 명확히 하고, ② 일괄보상이 아닌 공헌도에 따른 차별보상으로 생산적 경쟁을 유도하는 보상시스템과 인사제도개선이 요구된다. 그리고 ③ 구성원들의 자발적인 개인 업무능력향상을 위한 교육·훈련프로그램 강화할 필요가 있다.

3.4. 사내벤처 · 분사조직을 구축하라

사내벤처·분사조직은 기업가적(entrepreneurial) 조직이라고도 하는데, '조직구성원의 기업가정신을 고취함으로써 조직의 내부 또는 외부에 자율적인 사내기업을 설치·운영하여 지속적인 혁신과 조직변화를 촉진하려는 조직'이다. 특히 사내벤처·분사조직은 기존 사업부문의 일부 혹은 신규 사업부문을 본사로부터 독립시켜 독립법인화 시키거나, 신규 사업 팀 조직을 완전 자율경영체제로 운영하는 조직이다.

최근 기업들이 사내벤처·분사조직을 도입하는 이유는 다음과 같이 정리하여 설명할 수 있다.

첫째, 조직구성원의 창의성과 기업가정신을 제고할 수 있다. 그 이유는 비대해지고 타성화된 계층형 피라미드 조직은 업무세분화와 표준화로 현실안주와 현상유지에 만족하므로 대기업 병이 만연하고 창의성이 저하되기 때문이다. 그러므로 기업가적 정신을 가진 중·소조직의 운영처럼 대규모 조직에서 운영함으로써 구성원들의 혁신적/창의적 태도를 촉진할 필요가 있다.

둘째, 신규 사업으로의 진출시 위험을 줄일 수 있다. 그 이유는 기업전체차원에서 신규사업진출은 위험을 상당정도 내포하기 때문이다. 그러므로 기업이 전적으로 나서기 보다는 사내벤처·분사형태를 통해 맡기고 운영함으로써 실패로부터의 피해를 예방할 수 있고, 분사의 효율성도 제고시킬 필요가 있다.

사내벤처·분사조직이 효과적으로 운영되기 위해서는 1) 본사는 소사장의 육성에 대한 구체적 프로그램을 제시하고 운영해야 한다. 그 이유는 구성원들이 이를 명확하게 인식함으로써 동기부여는 물론 그들 나름대로 준비할 수 있기 때문이다. 또한 교육프로그램의 운영으로 실제 운영능력의 신장과 구성원을 믿고 지원한다는 신뢰분위기를 정착시킬 수 있기 때문이다. 2) 본사와 사내벤처·분사간의 갈등을 관리해야 한다. 그 이유는 일반적 갈등원인이 경영방식의 차이, 사업영역의 차이 등에서 비롯되기 때문이다. 그러므로 효과적인 조정을 위해서는 전반적 조직목표달성에 있어 특정 사내벤처·분사가 차지하는 위상을 명확히 하고, 이에 준해 운영되도록 해야 할 필요가 있다.

이상과 같이 사내벤처·분사조직이 성공적으로 도입 및 운영이 될 경우 긍정적인 효과를 다음의 <표 3-2>와 같이 기대할 수 있다.

〈표 3-3〉 사내벤처 · 분사조직의 긍정적인 효과

· 대기업에서 인사적체문제의 해결을 통한 중간관리자들의 사기진작이 가능하다는 점 · 자기 책임하에 불량률을 낮추고 품질향상 효과와 원가절감 효과를 기대할 수 있다는 점 · 납기단축과 적기조달이 향상된다는 점 · 구성원의 창의력과 도전의욕을 높여 조직의 지속적인 혁신성향을 높인다는 점 · 노사관계관리에 대한 부담을 줄일 수 있다는 점 등

조직설계자 역할 사례: 애플의 위계 조직 문화와 구글의 자율적 직무설계를 비교

〈애플 – 위계 조직의 좋은 예〉

100% 위계 조직, 100% 역할 조직은 찾아보기 힘들다. 현실적으로는 위계 조직적 요소가 많은 기업, 역할 조직적 요소가 많은 기업 정도로 나누어 볼 수 있을 듯하다. 실리콘밸리의 대표적인 기업 중 하나인 애플은 위계 조직적인 요소가 강하다. 각 엔지니어 간에 협업이 제한적이고 내가 만드는 제품이 전체적으로 어디에 들어가는지 모르고 일을 하는 경우도 많다. 만드는 물건이 명확한 제조업을 하는 경우 일사불란한 위계 조직이 더 효율적이다. 그런데 애플은 혁신의 상징이기도 하다. 어떻게 이런 일이 가능했을까?

위계 조직에서는 맨 위의 사람이 모든 것을 결정한다. 애플은 운이 좋게도 스티브 잡스라는 인류 역사에 손꼽히는 혁신가(visionary)가 강력한 리더십으로 조직을 이끌었다. 모든 결정권을 가진 지도자가 혁신적인 사람이라면 그 혁신으로 가는 길도 훨씬 수월하게 갈 수 있다. 실제로 아이패드를 출시하기 전 조직 내외에서 실패할 것이라는 많은 의견이 있었다. 역할 조직이었으면 어쩌면 아이패드는 시장조사 끝에 빛을 보지 못했을 것이다. 그러나 스티브 잡스는 사람들은 자신이 원하는 것이 무엇인지 모른다고 선언하면서 강력한 리더십을 통해 아이패드를 시장에 내놓았고, 혁신적 성공으로 이어졌다. 반면 위계 조직은 리더가 혁신적이지 못하면 혁신을 이루기 힘들다.

〈구글 – 역할 조직의 좋은 예〉

구글은 거의 처음으로 역할조직을 시작한 회사이다. CEO Eric Schmidt는 그의 책 “How Google Works, 구글은 어떻게 일하는가”를 통해 구글이 어떻게 작동하는가를 설명하였다. 그는 구글의 직원들을 Smart Creatives(똑똑하고 창의적인 인재)라고 정의하고 그들에게 최대한의 자유를 주면 그들은 스스로 강한 동기를 가지고 최고의 혁신적 제품을 만들어 낸다고 하였다.

무제한에 가까운 자유가 주어진 구글의 Smart Creatives들은 각자 자신만의 방법으로 세상의 정보를 조직해서 모든 사람들이 쉽게 쓰도록 하자는 구글의 미션에 기여하기 위해 노력하였다. 그 결과 수많은 혁신 제품들이 쏟아져 나왔다. Gmail, Google Docs, Google Calendar, Google Maps, 자율 주행 자동차 Waymo 등등 끝도 없이 많은 창의적인 프로덕트들을 만들었다. 동시에 수많은 프로젝트들이 소리 소문 없이 사장되었다. 중앙의 강력한 조직적 리더십이 없이 각 개인에게 “기업의 미션을 달성하기 위해서 당신은 어떻게 창의적인 방법으로 전문성을 살려서 기여하시겠습니까?”라는 질문이 기업을 이끌어 가는 조직. 그러다 보니 내 전문성을 살려서 미션에 기여하는 혁신은 모든 직원들이 늘 생각할 수밖에 없는 일이 되었다.

이러한 각 사람의 전문성을 최대한 살리는 역할 조직의 특징은 페이스북, 트위터, 에어비앤비 등이 채용하여 실리콘밸리 혁신의 표준이 되었다.

---

https://www.huffingtonpost.kr/svillustrated/story_b_18925876.html

참고문헌

나기현(2013), 성과예술: 인간존중경영, 부산외국어대학교 출판부.

신유근(1997), 인간존중의 경영, 다산출판사.

Daft, R. L.(2010), Organizational Theory and Design, !0th ed.(Cininnati, OH: South-Western Publishing).

Galbraith, J. R. & Lawler III, E. E.(1993b), Effective Organizations: Using the New Logic of Organizing, in J. R. Galbraith, E. E. Lawler III & Associates(eds.), Organizing for the Future(San Francisco, CA: Jossey-Bass Publishers).

Gibson, J. L., Ivancevich, J. M. & Donnelly, J. H.(1982), Organization 4th: Behavior, Structure, Processes, Business Publications, Inc.: Plano, Texas.

Hinckley, Jr., S. R.(1985), A Closer Look at Participation, *Organizational Dynamics*, Winter, pp.57-67.

Jackson, J. H. & Musselmman, M. E.(1992), Business: Contemporary Concepts and Practice(Englewood Cliffs, NJ: Prentice-Hall).

Kreitner, R. & Kinicki, A.(1995), Organizational Behavior, 3rd ed.(Chicago, IL: University of Chicago Press).

Likert, R.(1967), The Human Organization(NY: McGraw-Hill).

Lawler III, E. E.(1986), High-Involvement Management(San Francisco, CA: Jossey-Bass).

_____________(1993), Creating the High-Involvement Organization, in J. R. Galbraith, E. E. Lawler III & Associates(eds.), Organizing for the Future: The New Logic for Managing Complex Organizations(San Francisco, CA: Jossey-Bass Publishers), pp. 172-193.

_____________(1988), Choosing an Involvement Strategy, *Academy of Management Executive*, Vol. 2, No. 3, pp. 197-204.

Marchington, M. et al.(1994), Understanding the Meaning of Participation: View from the Workplace, *Human Relations*, Vol. 47, No. 8, pp. 867-894.

Miller, K. I. & Monge, P. R.(1986), Participation, Satisfaction, and Productivity: A Meta-Analytic Review, *Academy of Management Journal*, Vol. 29, No. 4, pp. 727-753.

Robbins, S. P.(1996), Organizational Behavior: Concepts, Controversies, Applications, 7th ed.(Englewood Cliff, NJ: Prentice-Hall).

Scott, W. R. "Organizations : Rational, Natural, and open system,3th. Prentice Hall, 1992.

Scully, J. A., Kirkpatrick, S. A. & Locke, E. A.(1995), Locus of Knowledge as a Determinant of the Effects of Participation on Performance, Affect, and Perceptions, *Organizational Behavior and Human Decision Processes*, Vol. 61, No. 3, pp. 276-288.

제3장 공평한 인사시스템 설계자 역할

기업의 가치창출에 있어서 인적자원의 역할은 대단히 중요하다. 특히 타 경쟁사가 모방하기 어려운, 지속적 경쟁우위를 유지하고, 시장의 일반적인 기대수익을 상회하는 초과수익의 창출에 있어서 효과적인 인적자원관리가 결정적인 역할을 한다고 믿고 있다. 이러한 관점에서 최근 글로벌 기업들은 조직목표달성을 적극적으로 지원한다는 차원에서 전략적 인적자원관리 실행, 고성과 인적자원관리 실행, 그리고 직무 및 역량중심의 인적자원관리 실행에 지향점을 두고 있기 때문에, 이에 적합한 인사시스템을 구축하여 운영하고 있다. 그러나 아무리 새롭고 어렵게 구축된 인사시스템이라 할지라도 조직 내 구성원들이 공정/공평하다고 인식하지 않을 경우에는 어떤 인사시스템도 효과성을 발휘할 수 없다.

따라서 제1절에서는 공평한 인사시스템 설계자 역할의 의미와 중요성에 대해 알아보도록 한다. 제2절에서는 공평한 인사시스템에 대한 이론적 논의에 대해 살펴본다. 그리고 제3절에서는 공평한 인사시스템 설계자 역할의 실행방안을 제시하도록 한다.

제1절. 공평한 인사시스템 설계자 역할의 의미와 중요성

많은 기업들이 팀을 기본 작업그룹으로 조직을 구축하는 경향이 두드러지고 있다(Tjosvold, Tang, & West, 2004). 팀제가 내포하는 의미는 두 측면으로 파악할 수 있다. 1) 팀 프로세스(process)가 팀의 효과성(effectiveness)에 미치는 영향에 대해 관심을 갖는다는 것이다. 그 이유는 팀의 성과는 팀원 개개인의 기술 및 역량 그리고 공유된 목표달성을 위해 팀 구성원들이 서로 상호작용하는 과정에 달려있기 때문이다(Marks, Mathieu, & Zaccaro, 2001). 2) 팀이 인사제도 실행의 기본단위로서 역할을 수행한다는 것이다. 즉 도입된 인사제도의 실제 실행패턴(pattern) 혹은 강도가 팀 수준에서 분화(differentiation)될 가능성을 암시한다(Chiang, Shih, & Hsu, 2013).

이처럼 새로운 제도가 도입될 경우 그에 따른 인사시스템의 변화가 동반되어야 함에도 불구하고 적시에 변화가 반영되지 않아 많은 구성원들은 공정성에 대한 불평·불만을 경험하게 된다.

조직에서 공정성은 주로 인사시스템과 관련되어 있다. 그 이유는 인적자원관리의 하위시스템의 핵심인 승진시스템, 보상시스템, 평가시스템 등은 어느 것 하나도 독립적으로 가능하지 않기 때문이다. 이들은 상호밀접하게 연결되는 복잡한 네트워크 관계를 갖는다. 각각의 시스템을 과정과 결과로 구분해 볼 때, 평가시스템의 결과는 승진시스템에 투입되어 승진 및 승격의 결정에 반영된다. 또한 평가시스템의 결과는 보상시스템에 투입되어 호봉승급, 보너스, 수당결정에 반영된다. 그리고 승진시스템의 결과는 보상시스템에 투입되어 직급, 직위 등에 따른 급여의 상승으로 연결된다. 여기서 주목할 만한 것은 평가시스템의 과정이나 결과 모두가 인사시스템에서의 절차로 작용하는 특성을 갖는다. 이와 같이 시스템간의 연결이 얼마나 합리적이며, 공정하게 이루어지는가가 곧 인사시스템의 효율성과 효과성을 결정한다고 할 수 있다.

조직관리자의 공평한 인사시스템 설계자 역할이란 조직 내 구성원들이 인사시스템에 대해 공평 및 공정하다고 인식할 수 있노록 일관성, 합리성, 그리고 공정성의 원칙을 적용하여 효과성과 효율성을 극대화시킨 인사시스템을 설계하는 것을 의미한다.

여기서 일관성은 '제도의 원리나 취지가 일관되게 적용되어야함'을 의미하며 미비한 제도의 계속적인 보완이 필요하다. 공정성은 '절대적 기준에 근거하는 것이 아니라 상대적 정의개념에 기초'한 것이다. 그리고 합리성은 '주관이나 우연이 아닌 논리적인 필연이나 근거에 따라 실행되는 것'을 의미한다. 이러한 원칙들을 유지하면서 철저한 내부승진과 특채기준의 명확화, 채용·승진·보상기준의 합리화, 평가제도(평가요소, 평가방식, 평가단위의 설정, 평가결과의 조정)의 합리화, 경력관리제도의 확립, 전직·전환·이동의 경로와 기준의 명확화 등과 같은 구체적인 인적자원관리활동이 이루어져야 한다.

이와 같이 조직관리자가 공평한 인사시스템 설계자 역할을 성공적으로 수행할 경우, 긍정적 효과는 다음과 같이 정리할 수 있다.

첫째, 구성원들이 조직에 대한 신뢰가 높아진다. 그 이유는 조직과 구성원간에 존재하는 심리적 계약의 준수로 이해할 수 있기 때문이다. 즉 조직에서 공평한 인사시스템의 구축과 운영은 구성원들의 입장에서 조직에 대해 기대하는 구성요소들 중 하나로, 시스템이 제대로 운영된다면 기대충족으로 인식할 수 있기 때문이다.

둘째, 조직성과도 높아진다. 즉 인사시스템의 효과성이 높다는 것은 기업의 인사부문이 전략적 수준에 통합되어 전략이 제대로 실행되도록 인사제도와 인사시스템의 형성 및 관리하는 역할을 올바르게 수행하고 있다는 것을 나타낸다. 이런 상황에서 기업의 전략은 효과적으로 달성되고, 구성원들은 기술과 역량이 개발되며, 조직에 몰입되고 동기부여 되어서 조직의 성과에 공헌하게 된다.

셋째, 구성원들의 만족감을 증진시킨다. 그 이유는 인사시스템의 효과성이 높을 경우 인적자원관리활동(확보, 개발, 평가, 보상)들이 통합적으로 연계되어 평가를 통한 피드백, 피드백에 따른 개별적 역량개발, 내부노동시장의 활성화 등으로 인해 구성원들의 성장욕구를 충족시킴과 더불어 인적자원의 질을 향상시킬 수 있기 때문이다.

제2절. 공정성과 인사시스템 유형에 대한 이론적 논의

조직관리자가 공평한 인사시스템 설계자 역할수행을 위한 기초 토대가 되는 공정성과 인사시스템 유형에 대한 이론적 논의를 살펴본다.

2.1. 공정성 이론

분배의 공정성과 관련하여 대표적 연구는 Adams(1963)의 공정성이론이다. 그는 사회적 교환관계를 개인이 평가하는데 있어 분배적 정의의 개념이 중요한 역할을 한다고 하였다. 분배적 정의(distributive justice)는 "사회적 교환을 평가할 경우 사람들이 투입과 결과를 어떻게 고려하는지를 설명하기 위한 개념"이다(Homans, 1961). 투입(Input)은 교환당사자가 적절하다고 인식되는 모든 요소를 의미하며, 결과(Outcomes)는 교환당사자에게 제공되는 모든 보상을 의미한다. 또한 그는 자신의 분배적 정의에 대한 지각(투입과 결과에 대한 비례로 표시된)을 타인에 대한 분배적 정의에 대한 지각(타인과 비교)과 비교한다고 하였다. 이러한 비교과정에서 사람들은 타인과 비교할 때 자신이 공정하게 처우를 받고 있는지 여부를 판단하게 된다. 그리고 사람은 자신이 설정한 중요성에 의해서 투입과 결과들에 대한 비중을 결정한다고 주장하였다. 비율을 상대와 비교결과, 동일하다고 지각할 때는 적극적이고 최선을 다하려하지만, 그 비율이 불공평을 지각하면 긴장, 불만족, 분노나 죄책감을 느끼게 하기 때문에 불공정상태를 수정하려 든다는 것이다. 이것이 바로 동기부여의 기초가 되는 것이다.

이와 같이 공정성 이론이 분배적 정의인 결과에 초점을 맞추고 있으나 절차적 정의인 과정과 절차에도 관심을 두어야 한다. 절차적 정의는 "의사결정에 사용된 규칙과 절차에 대한 지각된 공정"을 의미한다(Lind & Tyler, 1988). 즉 어떤 결정이었는가 보다는 어떻게 결정되었는가를 다루게 되었다. 그러한 문제를 설명하기 위하여 연구자들은 절차공정성에 관심을 집중했다. 이외에도 일부 연구자들은 공정성 관련하여 인간관계에서 나타나는 처우에 주 초점을 둔 상호작용 공정성을 더불어 살펴볼 필요가 있다고 한다(Greenberg & Lind, 2000; Cropanzano 외, 2002; 박재춘, 2013)

상호작용 공정성(Interactional Justice)이란 '조직의 의사결정과정, 절차의 실행과정에서 의사결정자(상급자 등)로부터 받는 대인적 처우에 대해 구성원이 지각하는 공정성'으로, 이는 조직의 절차가 진행되는 과정에서 상사와 부하간의 상호작용

(정직함과 예의, 적시의 피드백, 권리 존중 등)에 중점을 두고 있다. 그 이유는 대인적 요인이 조직구성원이 공정성을 인지하는데 주요한 요소이기 때문이다.

따라서 이러한 연구결과들을 토대로 공정성 이론이 조직관리자에게 주는 제안은 다음과 같이 정리할 수 있다. 첫째, 조직구성원을 대하는 데는 공평의 원칙을 지키라는 것이다. 둘째, 조직구성원들을 공평의 원칙에 맞게 대하는 것뿐만 아니라 그들이 지각하는바가 중요하다는 것이다. 그 이유는 공평에 대한 판단은 구성원 자신의 지각을 통해서 이루어지기 때문이다. 실제로 조직내부의 입장에서 과다한 보상을 주고 있지만 구성원이 조직외부의 비교대상을 고려하여 과소보상을 받고 있다고 지각하면 자신의 노력을 감소시킬 수도 있다는 것이다. 셋째, 분배 및 절차공정성이 낮게 인식되더라도 상호작용공정성에 따라서 조직공정성에 대한 인식수준이 달라질 수 있다는 것이다. 그 이유는 대인간의 형태에 따라 상호작용공정성이 결정되므로, 당사자들의 인지적, 정서적, 형태적 대응태도에 영향을 미치기 때문이다.

2.2. 인사시스템의 유형

조직에서 과연 사람관리를 잘하면 경영성과가 높아지는가? 이는 전략적 인적자원관리의 핵심주제로, 1980년대 중반이후 인사시스템의 유형분류와 어떤 인사시스템이 기업의 성과에 어떤 영향을 미치는가에 대해 활발하게 연구가 진행되고 있다(DeVanna et al, 1984, Arthur, 1992, 1994; Boselie, 2003; Delery & Doty, 1996; Ichniowski & Shaw, 1999; MacDuffie, 1995). 또한 전략적 인적자원관리에서는 기업의 여러 인사제도들이 상호보완적인 관계가 있으며, 개별 인사제도들 간의 적합성이 있을 때 하나의 시스템(system)을 이루어 조직유효성에 기여할 수 있다는 관점을 갖고 있기 때문에, 많은 기업들은 기존 인사관리시스템의 개선에 이러한 관점을 적극 반영하려는 노력들을 하고 있다.

2.2.1. 비용과 효율성을 중시하는 인사시스템

이 시스템은 테일러리즘(tailorism) 이후 오랫동안 인력관리의 방법으로 사용되었던 형태로서 통제형(control system) 또는 전통형 시스템(traditional system)이라고 불린다. 이는 기업의 성공방정식의 핵심으로 파악하고 구성원들을 스페셜리스트로 키우는데 목적이 있으며, 직무 및 역량중심의 내용과 자격요건을 밝혀낸 후, 이를 기반으로 인적자원관리의 기능들(채용, 개발, 평가 및 보상 등)을 전략적 관점에서 통합적으로 설계·운영하는 것을 의미한다.

직무 및 역량중심의 인사시스템이 정착하기 위해서는 직무명확화하기, 직무평가, 직급체계, 직무중심의 채용 등 많은 기능과제를 풀어야 한다. 특히 핵심과제로는 평가제도와 보상제도가 연계됨은 물론 명확하고 구체화 되어야 한다. 즉 공정하고 객관적인 평가, 그 결과에 승복하는 자세, 그에 상응하는 보상이 모든 제도에 스며들어야 한다.

2.2.2. 몰입과 참여를 유도하는 인사시스템

이 인사시스템은 고몰입・고성과・고관여 시스템과 같은 다양한 이름으로 불리고 있으나, 대체로 구성원의 동기부여를 추구하고, 구성원 개개인의 능력발휘를 최대화하거나 팀워크를 지향한다는 공통점을 갖고 있다. 이러한 고몰입 시스템 혹은 고성과 시스템은 증가하는 환경의 불확실성에 노출된 기업에게 환경에 유연하게 대처하는 능력을 향상시켜준다(Datta, Guthrie, & Wright, 2005).

구성원의 몰입을 유도하는 몰입형(고성과) 인사시스템의 실행은 장기적인 관점으로 지속적인 교육/훈련을 통해 구성원의 인적자본을 증가시켜 업무수행능력을 배양(Takeuchi et al., 2007)할 뿐만 아니라 성과에 상응하는 보상을 제공하여 사기(morale)를 진작시키고 업무 간 의사결정에의 참여와 권한(empowerment)을 대폭 확대하여 궁극적으로 직무에 대한 몰입과 헌신을 증가시키는 역할을 한다(Boxall et al., 2011; Ehrnrooth & Bjorkman, 2012). 또한 인적자원의 유연성을 확대하게 되므로 기업이 불확실한 환경에 효과적으로 대응할 수 있도록 함으로써 기업성과에 긍정적인 영향을 미칠 수 있다(김재원 등, 2004; Wright & Snell, 1998; Datta et al., 2005).

따라서 몰입형(고성과) 인적자원실행이 조직성과에 긍정적 영향을 미칠 수 있도록 하기 위해서는 구성원들의 역량개발, 동기부여 수준 향상, 그리고 적절한 참여 기회 제공 등을 위한 각종 제도들이 시스템적으로 접근이 뒷받침 되어야 한다. 즉 구성원들 역량개발방안으로 우수인력 선별적 채용제도와 적극적 훈련제도가 연계되어야 하고, 구성원들의 정서적 몰입을 유도할 수 있는 동기부여증진 방안으로는 성과에 대한 공정한 평가제도와 그에 따른 보상제도가 연계되어야 한다. 또한 구성원들이 내재화된 역량을 발휘하기 위한 방안으로는 다양한 참여제도와 정보공유제도가 연계될 수 있도록 시스템적 접근이 뒷받침 되어야 한다(Chuang, Jackson, & Jiang, 2013; Collins & Smith, 2006; Teo, Le Clerc, & Galang, 2011).

2.2.3. 혁신유인형 인사시스템

시시각각 변화하는 경영환경과 날로 심화되는 기업 간 경쟁은 혁신 그 자체가 조직관리의 큰 부분을 차지하도록 하는 주요 자극제가 되었다. 혁신의 성공 여부는 개별 팀에게 주어진 목표를 달성하기 위해 구성원들이 발휘하는 효과적인 팀워크, 그리고 실행을 위해 마련된 교육/훈련, 보상 등의 제도들(Marks et al., 2001)에 달려 있다고 한다. 또한 혁신실행이 제도나 관련 프로그램에 의해 장려되고, 지원되며, 보상되는 것을 구성원들이 관찰하고 공유해야 가능하다는 것이다(Klein & Sorra, 1996).

이처럼 혁신유인형 인사시스템은 특히 팀 내 창의적 과정을 촉진하도록 설계된 인사제도들로 구성되어 있어, 팀 내 창의적 과정을 활성화시킨다(Gilson & Shalley, 2004). 이와 같은 활성화 과정은 창의적 역량개발, 혁신에 대한 평가 및 보상, 그리고 참여를 독려하는 다양한 프로그램에 의해 강화되며 궁극적으로는 팀 풍토로서 자리 잡게 된다고 볼 수 있다.

따라서 혁신유인형 인사시스템이 적절히 실행되면 창의력과정에 대한 구성원들의 내·외재적 동기수준을 향상시킨다. 또한 혁신유인형 인사시스템과 같은 제도적 자극은 팀 내 구성원들 사이에 창의적 과정을 발현(emergence)시킴으로써 혁신성과에 영향 미치게 된다. 즉 변화와 혁신에 초점이 맞춰진 인사시스템의 개발과 도입이 궁극적으로는 개별 팀의 혁신성과에 긍정적인 영향을 미칠 수 있는 주요 동력원으로서 역할을 수행 할 수 있다고 보았다.

제3절. 공평한 인사시스템 설계자 역할의 실행방안

조직공정성의 관점에서 공평한 인사시스템 설계자 역할의 실행방안을 인적자원 기능을 중심으로 제시하도록 한다.

3.1. 공평한 평가시스템의 구축하라

인사고과는 조직공정성 특히 절차공정성과 밀접히 관련되어 있는 영역이다. 그 이유는 평가에 대한 반응이 평가결과보다는 평가절차에 근거하기 때문이다. 그러면 평가절차의 측면에서 공정성 제고방안(김주엽 외, 2010)으로, 1) 평가과정에 피평가자의 참여를 적극 유도해 피평가자가 평가자에게 자신의 성과를 설명할 수 있는 기회를 갖도록 한다. 그 이유는 피평가자가 평가과정에 참여하여 자기성과에 대해 의견을 개진함으로써 평가자가 보다 완전한 정보를 갖고 평가할 것이라는 확신을 줄 것이기 때문이다. 2) 하향식평가의 문제점을 보완한다는 차원에서 자기평가를 강화하라. 그 이유는 직접 의견을 제시하는 자기평가는 편견이 문제될 수도 있지만 보다 완전한 직무관련정보를 평가자에게 제공할 수 있고, 이를 통한 과정통제는 평가자의 평가에 대한 공식적인 문제제기의 성격을 가질 수도 있기 때문이다. 그리고 3) 평가절차가 공정해지려면 정확한 정보에 의존하여야 하므로 기록보존절차를 구체화 하라. 그 이유는 정확하게 기록된 관찰에 근거하여 평가가 이루어질 때 그렇지 않은 경우보다 평가를 보다 공정하게 인식하기 때문이다. 그러므로 평가의 정확성을 높이고 평가시스템의 절차공정성을 제공하는 유용한 방법은 그때그때 성과를 기록하고 보존하는 것이다. 즉 피평가자의 중요행동들을 관찰 혹은 모니터링한 것을 수시로 기록함으로서 보다 정확하고 편견 없는 평가를 할 수 있다.

3.2. 공평한 보상시스템의 구축하라

조직에서의 보상시스템은 형평성 및 공정성이 담보되어 구성원들과의 합의를 통해 목표달성에 기여한 만큼 대가를 제공해주는 임금시스템으로 구축되어야 하며, 성과와 보상의 결속관계를 강화하는 방향으로 나아가야 한다.

이를 위한 방안으로는 1) 임금구조 개발과정에서 공정성과 형평성을 제고하라. 즉 임금구조를 구성원들이 얼마나 공정하게 받아드리는가? 구성원들이 납득할 수 있는 일관성을 이루고 있는가? 또한 임금설계과정이 얼마나 정당하게 이루어졌는가? 하는 것이 중요하다. 이처럼 구성원들의 합의에 기반을 두고 기본급의 보장, 신뢰성 있는 역량급제도의 운영, 차별화된 성과급제의 도입이 필요하다. 이를 정리하면 다음과 같다.

성과급제 도입	· 성과(개인/팀)평가에 따라 임금지급 하는 제도. · 임금수령액은 각자 성과에 따라 증감: 객관적인 공정한 평가가 전제되어야. · 방안: - 성과에 대한 평가기준 및 평가요소가 명확해야 - 팀 성과의 개인기여도 측정위해 신뢰도/타당도 높은 평가도구개발 선행되야
역량급제 도입	· 보유역량에 따라 임금수준을 결정하는 방식으로 임금제도를 탄력적으로 운영가능. · 구성원들로 하여금 더욱 다양/광범위한 기량(skill)을 습득하도록 자극, · 구성원들의 성장과 성취 욕구를 충족, 형평성제고: 동기부여 촉진할 임금제도 · 구성원간의 상호교류를 증진, 부문 간 배타영역 감소시켜 조직 활성화에 기여

2) 분배의 공정성과 절차공정성을 제고하라. 보상시스템은 분배공정성과 절차공정성을 가져야 한다. 분배공정성은 조직에 투입한 대가로서 얻은 임금, 승진과 같은 조직의 보상결과에 대한 상대적으로 인지하는 공정성을 의미한다. 반면에 절차공정성(Procedural Justice)은 보상이 분배되는 과정에서의 사용된 수단과 규칙, 절차 등의 조직의 공식적 절차에 대해 조직구성원이 지각하는 공정성을 의미한다.

공정성 제고를 위해 분배공정성과 관련해서는 분배규칙, 절차공정성과 관련해서는 임금공개와 카페테리아식 복리후생에 대해 살펴보기로 한다.

유형		내 용
분배 공정성	분배 규칙	· 보상시스템에서 어떠한 분배규칙이 적용되고 있는가를 구성원들이 인식하는 바에 따라 분배공정성에 영향을 미치게 된다. · 기업에서 사용되는 분배규칙은 형평(equity)과 균등(equality)으로, 보상내용에 따라 그리고 조직의 목표(결속 또는 생산성 강조 등)나 상황에 따라 상이하게 적용될 수 있다(김명헌과 이현정,1992). · 예: 경제적 보상은 형평규칙에 그리고 비경제적 보상은 균형규칙에 의함. · 예: 투입요소의 변화가능성 여부에 따라 가능(기여도, 노력 등)하면 차등 분배를 형평규칙으로, 불가능(성, 직종 등)하면 차별 없는 균등규칙으로
절차 공정성	임금 공개	· 구성원들이 다른 사람들의 임금수준을 알 수 있도록 하는 것. · 공개방향으로의 보상시스템 변경은 임금에 대한 만족을 높여준다. 그 이유는 일관성과 편파배제에 기초한 절차공정성을 높여주기 때문이다. · 직접적 과정통제는 아니지만 절차가 잘못되지 않으리라는 믿음을 주기 때문
	복리 후생	· 카페테리아식은 탄력적인 복리후생제도로 스스로 복지패키지를 선택한다는 것은 구성원이 결과와 관련된 의사결정 즉 결정통제를 하는 것이다. · 사람들은 같은 결과라도 자신이 선택한 것에 대해 더 만족하는 경향이 있다.

3.3. 공평한 승진시스템을 구축하라

승진은 수직적 이동의 한 형태로서, 조직에서 구성원들이 직무 및 자격 등의 서열상승을 의미한다. 이러한 승진에는 지위상승과 함께 보수, 권한, 책임의 상승이 함께 수반된다.

그러므로 조직에서 구성원들이 인사관리에 대한 불만을 토로할 때 가장 자주 거론되는 것이 승진관리의 불공정성이다. 이러한 불공정성을 제거하기 위해서는 승진기준을 어떻게 설정할 것이냐 하는 문제이다. 이를 달리 표현하면 연공주의와 능력주의의 조화문제이다. 따라서 승진기준의 명확한 설정과 운용이 중요하므로 조직이 처한 환경과 조직의 특성, 그리고 구성원들의 의견이 반영된 승진제도를 마련하고, 그 운영을 공정하게 실시하는 것이 필요하다.

3.4. 공평한 채용시스템을 구축하라.

과거 노동시장의 과잉 노동공급에 익숙해 있던 시절 기업들은 장기인력계획에 의한 인력의 수급보다는 단기적 인력수요를 중심으로, 선발기법이 유효성이나 타당성의 검증 없이 그때그때 사회적 분위기에 따라 취사선택 되었다. 즉 필요한 직무에 필요한 인물을 선발하는 방식보다는 사람중심으로 조직에 충성하고, 성실성 등의 인성을 갖춘 사람들을 속인적인(학력, 성별 등) 기준에 의해 그룹단위에서 일시에 일괄적으로 채용하여 배분하는 방식으로 이루어지고 있었다.

그러나 최근에는 기업마다 획일적이었던 채용관리방법이 기업이 추구 하는 인재상과 기업의 정책에 따라 달라지기 시작하였고, 선발방법에도 많은 투자와 노력이 이루어져 기업의 특성에 맞는 직무중심 그리고 역량중심의 채용인사제도로의 변화를 추구하고 있다. 또한 자격요건을 구직자들이 얼마나 갖추고 있는가를 확인할 수 있도록 다양하게 타당한 도구(직무적성검사나 면접기법 등)들을 도입하는 등 새로운 변화를 보이고 있다. 그 이유는 과거 사람중심의 채용인사제도가 평가기준 및 요소 등의 불명확성으로 평가자의 주관이 개입될 가능성이 높았고, 이로 인해 채용된 인력들이 배치된 직무상에서 성과창출에 한계를 보이고 있기 때문이다.

따라서 기업에서는 구직자들이 공평하다고 인식할 수 있는 채용시스템을 구축하기 위해서는 직무 및 역량중심의 채용시스템의 도입 및 운영이 요구된다. 이를 위해서는 무엇보다는 직무명확화하기가 전제되어 각각의 직무에 대해 자격요건을 명확하게 밝혀 놓아야 한다. 이를 위한 도구로는 직무분석과 역량모형분석을 들 수 있다. 이러한 분석을 통해 선발기준 및 선발요소들을 구체화할 수 있기 때문이다. 또한 선발을 위해 사용되어지는 다양한 도구(다차원 면접, 무자료 면접, 블라인드 면접 등)들이 이러한 선발의 목적을 대변할 수 있도록 신뢰도 및 타당도가 높여야 한다. 이를 위해서는 종합평가제도와 인턴사원제도를 적극 활용하여야 할 것이다. 그리고 채용방식도 정기공개채용과 같은 채용방식에서 탈피하여 결원이 발생할 경우 인력을 충원하는 수시채용행태로의 전환이 요구된다.

3.5. 공평한 개발시스템을 구축하라

조직 내 고성과자들은 자신들의 성장 및 발전에 대해 많은 관심을 갖고 노력하는 경향이 있다. 이들의 욕구가 다양하고 중요성이나 우선순위가 다르기 때문에 조직에서 제공되는 획일적인 교육 및 훈련시스템으로는 욕구를 충족시켜줄 수가 없다. 그러므로 이들의 욕구를 주도적으로 충족시켜주기 위해서라도 개별화된 개발시스템을 구축하여야 한다. 즉 조직에서 구성원들의 개발유효성을 높이기 위해서는 평가과정에서 얻어진 정보를 훈련결정에 사용하여야 하며, 훈련필요성 결정, 성과향상을 위한 구성원의 개발, 평가과정에서 얻어진 정보를 인적자원개발 스텝들이 공유하여 사용하도록 적극적으로 격려하여야 한다.

구성원들이 공평하다고 인식할 수 있는 개별화된 개발시스템을 구축하기 위해서는 1) 개발의 필요성분석이 요구된다. 그 이유는 개발필요성이 구성원들마다 다르기 때문이다. 즉 구성원들마다 평가결과 성과저조원인, 적격심사 후 편차 제거요인, 그리고 경력욕구 및 경력목표 등이 다르기 때문이다. 2) 필요성분석에 따른 개발목표와 개발내용이 구체화되어야 한다. 이는 개발유효성을 높이기 위해 개별 맞춤식 개발방법이다. 3) 계획된 개발을 실시해야 한다. 실시할 경우 타당성이 높은 다양한 방법을 선택하여야 한다. 4) 실시하고 난 후 개발결과를 철저하게 평가하여야 한다. 즉 개인과 조직에 얼마나 효과가 있는지를 검증하기 위해서다. 이러한 결과를 개발시스템의 각 과정에 반영하여 개발시스템의 지속적인 개선을 하여야 한다. 또한 조직 내 다양한 계층에서 실시되고 있는 개발프로그램에 모든 구성원들이 자신에 맞는 프로그램을 찾아 적극적으로 참여할 수 있는 동등한 기회를 제공함으로써 구성원들이 공평(정)하다고 인식할 수 있도록 하여야 한다.

공평한 인사시스템 구축자 역할사례: 어도비

2012년 새로운 성과관리제도… 어도비의 체크인 도입

새로운 성과관리 제도를 도입하고 있는 기업들 중 제도적인 측면에서 가장 큰 변화의 모습을 보여주고 있으며, 새로운 제도의 특징들도 잘 나타내고 있는 어도비의 사례를 살펴보자. 어도비는 임직원 11,000여명의 글로벌 소프트웨어 기업으로 우리에게는 '포토샵', 'PDF' 등으로 잘 알려져 있다. 2012년에 '체크인'이라는 이름을 가진 새로운 성과관리 제도를 도입하여 변화 관리 및 시행착오를 거쳐 가며 2015년 현재 시행 3년 차에 접어들고 있다.

〈왜 제도를 바꾸게 되었나?〉

어도비도 기존에는 상대평가, 연례평가 등의 특징을 갖는 성과관리 제도를 운영하고 있었다. 제도를 변경하게 된 배경도 기존의 성과관리 제도에서 나타난 문제점들과 유사하다. 첫째, 상대평가로 인한 구성원들 사이의 협력 저하와 평가 공정성에 대한 불만에 따른 이직이 문제였다. 더 많은 보상을 받기 위해 구성원들 사이의 경쟁과 갈등이 발생했다.

피드백을 주고받는 관리자와 구성원들 사이에 서도 적대적인 긴장감이 증가하였다. 무엇보다 소프트웨어 기업에서 가장 중요한 자산인 인재들의 이탈이 많았다. 1월에 성과 리뷰가 끝나면 2월과 3월은 연례적으로 많은 구성원들 이 평가 결과에 불만을 갖고 다른 기업으로 이 직하는 기간이 되고 있었다.

둘째, 연례 성과 리뷰가 실질적인 목표 달성과 구성원들의 성장에 큰 도움을 주지 못한 다는 인식이다. 기존의 연례 성과 리뷰는 전년도의 성과를 되돌아보고 평가한다는 취지를 갖고 있다. 하지만 '최신 효과(Recency Effect)'에 의해 실제로는 최근의 사건을 중심으로 평가되어 구성원들은 성과 리뷰 시점에 성과 창출에 집중하는 현상이 발생했다.

또한 과거의 성과 창출 과정에 대해서는 이야기하지 만, 구성원들이 향후 어떻게 해야 할 지에 대 해서는 충분히 논의되지 않고 있었다. 무엇보다 구성원들에게 평가 등급을 매기는 절차, 보상 배분, 저성과자 배제 등 제도운영 자체에 지나치게 초점이 맞춰져 있어서 구성원들을 육성시키고 목표달성을 촉진하는 데에는 충분 한 관심이 기울여지지 않았다. 셋째, 평가 절차 및 양식 작성 등 제도가 복잡하고 투입되는 시간과 노력이 과다하다는 인식이다. 성과 창출에 집중해야 할 구성원들 이 지나치게 많은 시간과 노력을 성과 리뷰에 빼앗기고 있었다.

HR 부서에서 계산한 바에 따르면 한 해에 2천여명의 관리자들의 약 8만 시간을 평가 및 성과 리뷰에 투입하고 있었다. 이는 40명의 정규직원이 일하는 것과 마찬가지라고 한다. 마지막으로, 2011년 회사의 전략적 방향성이 크게 변경되어 민첩성, 구성원들의 협력 과 창의성을 한층 더 필요로 하는 상황이었으나, HR 제도는 이러한 변화를 반영하지 못하고 여전히 과거의 관행에 머물러 있었다는 점이다.

새로운 사업 모델에 부합하지도 못하고 기업에 가치를 주지 못하는 프로세스는 폐기 되어야 한다는 판단 하에 HR을 비롯한 경영진들은 새로운 제도를 도입하기로 결단을 내리게 된 것이다.

〈체크인 제도의 운영 방식〉

① 목표 설정… 개인별 명확하고 도전적인 목표
첫 번째 단계는 관리자와 구성원이 공동으로 도전적인 목표를 설정하는 것이다. 목표 설정 방식은 기존의 방식과 대체로 유사하다. 가장 중요한 점은 명확한 목표와 어떠한 지표에 의해 평가 받을 것인지 정하는 것이다. 이러한 지표에는 구성원이 창출한 성과가 사업성과에 어떠한 영향을 주었는지, 목표를 달성하기 위해 다른 구성원들과 어떠한 협력을 했는지가 반영된다.

연초에 경영진들은 전사적으로 실행해야 할 전략적 우선순위와 그에 대한 개략적인 내용을 구상한다. 이는 세부 조직별 목표와 연계 되고, 각 조직의 관리자들은 이를 다시 구성원들의 목표와 연계시킨다. 이후 각 사업이나 각 조직의 특성에 맞게 분기 단위, 월 단위 등으로 일정한 기간 동안 수행해야 할 일들의 우선순위를 정한다. 목표는 관리자와 구성원들이 합의해서 최종 결정되지만, 결코 낮은 수준으로 설정되지 않는다. 일부 구성원들은 체크인 제도가 도입 된 이후 목표가 항상 높게 설정되어 기존의 제 도에 비해 목표 달성에 대한 스트레스가 늘어 났다고 호소하기도 한다.

② 성과 피드백… 수시 피드백을 통한 점검 및 지원
구성원들은 연중 수시로 관리자와 피드백을 주고받는다. 최소 분기에 한 번 실시하며, 관리자들에 따라 한 달이나 한 주에 한 번 등 보 다 빈번하게 시행하기도 한다. 사업 상황을 반영하여 목표를 수정하거나 현재 시점에서 어느 정도의 성과를 달성했는지, 관리자가 지원해야 할 부분은 무엇이 있는지, 구성원들이 보완해야 할 부분은 무엇인지에 대한 대화를 나눈다.

관리자 입장에서는 일괄적으로 정해진 평 가 시기로 인해 적절한 개입의 시점을 놓치기보다 사업 사이클이나 업무 프로세스에 맞는 적절한 시점에서 필요한 조언을 제공할 수 있다. 구성원 입장에서는 자신이 현재 어느 정도 목표를 달성했는지, 부족한 부분은 무엇인지 신속하게 확인하고 보완할 수 있다. 부정적인 피드백을 해야 하는 상황이 생겨도 수시로 작 게 주고받기 때문에 연례 평가에 비해 서로 부담이 줄어든다는 장점도 있다.

관리자와 구성원 각자 스타일에 맞게 솔직한 피드백을 주고받을 수 있도록 엄격한 절차나 형식 등 피드백을 저해하는 장애물은 최소화 하고 있다. 양식도 미리 정해놓지 않고 관리자의 필요에 따라 적절하게 판단하여 사 용하면 된다. 문제는 대부분의 경영진들이 체크인 프로세스 상에서 어떻게 피드백을 제공해야 하는 지 잘 모르고 있다는 점이다. 구성원들도 피드백 과정에 어떻게 참여해야 하는지 방법을 전 혀 모르고 있었다. 이를 위해 관리자들은 강 의, 롤플레잉 등을 통해서 피드백이나 구성원들과의 피드백을 위해 필요한 훈련을 받게 된 다. 구성원들도 피드백에 효과적으로 참여하기 위한 교육을 받는다.

③ 평가 및 보상… 상대평가 및 평가 등급 폐지

새로운 제도의 도입에서 가장 중요한 변화는 3 등급, 5등급과 같은 평가 등급과 성과에 따라 일정 비율로 구성원들을 구분하는 상대평가 제도를 폐지했다는 점이다. 구성원들은 동료들과의 상대적인 비교가 아니라 연초에 설정된 자신들의 목표 달성 정도에 따라 평가 받는다.

구성원들이 동료들과 경쟁하기보다 개인의 목표달성에 몰입하고 조직의 목표 달성을 위해서 협력할 수 있는 분위기를 형성하는데 영향 을 미치게 된다.

보상이 결정되는 방식도 크게 달라졌다. 이전에는 HR부서에서 조직별로 구성원들의 평가 등급에 따라 재원을 나눠주고 배분되도록 하는 형태였다. 반면 체크인 제도 하에서는 역할, 지위, 지역 등에 따라 재원이 결정된다. 또한 관리자들의 재량권이 크게 증가했다. 보상을 위한 예산은 관리자들에게 배분되며, 급여 인상 등은 관리자들이 저마다 설정한 기준 에 따라 이루어진다. 관리자들이 자기 사업을 수행한다는 인식을 높이기 위한 목적이다. 관리자들은 보상에 대한 완전한 통제권을 가지 기 때문에 책임감이 높아지게 되고 사업 환경 에 따라 유기적으로 운영할 수 있게 되는 자율을 갖게 된다.

HR에서는 보상 지급을 위한 어떠한 형태의 가이드라인도 제공하지 않는다. 다만 막연하게 예산만 던져주는 것이 아니라 관리자들 이 주어진 예산 한도 내에서 지급 기준이나 지 급 규모를 어떻게 정해야 하는지에 대한 도움 을 줄 수 있는 정도의 교육을 실시한다. 회사 차원에서 관심을 갖고 관리할 필요가 있는 핵심 인재에 대해서는 차별적인 보상 을 제공하지만, 평가 등급이 아니라 각 조직의 리더들이 참여하는 회의를 통해 선발된다. 관리자들은 지속적인 피드백을 통해 구성원들의 역량, 태도 등에 대한 이해가 보다 높아졌기 때문에 핵심 인재 선발을 위한 논의는 보다 풍 부해진다. 선발된 이들에게는 시스템에 핵심 인재라는 꼬리표가 붙고, 일정한 기준에 따라 차별적인 보상을 받게 된다.

④ 관리자 역할 강화… 사후 평가자가 아닌 목표 달성을 위한 지원자

체크인 제도에서는 HR 부서의 역할은 축소되는 반면 관리자들의 역할이 강화된다. 관리자들이 제도의 운영을 주도한다고 해도 과언이 아니다. UCLA 앤더슨 경영대학원의 사무엘 컬버트 교수가 지적했듯이 "상사가 할 일은 직원평가가 아니라 모든 직원들이 최고의 성과를 내도록 만드는 것이다"라는 취지에 부합하는 형태로 변화한 것이다.

문제는 관리자들이 제도 운영에 필요한 역량을 가지고 있는지, 평가나 보상에 대한 권한을 부여함에 있어 관리자들을 신뢰할 수 있는지에 대한 점이다. 기존의 성과관리 제도에 서도 평가 과정에서 관리자들이 공정하지 못 하다거나 지나치게 형평성만을 강조하는 데에 서 구성원들이 불만을 갖게 된다는 점이 주요 한 문제점 중의 하나로 지적된 바 있다.

어도비도 이러한 부작용을 예방하기 위한 노력을 기울이고 있다. 정교한 제도적 장치를 도입하기 보다는 관리자들에 대한 교육 및 훈련과 지속적인 모니터링을 통해 보완해가고 있는 것으로 보인다. 관리자들은 주도적으로 구성원들의 목표 와 피드백 시점을 설정하고, 목표 달성을 위한 조언과 지원을 제공해야 한다. 특별히 HR 에 제출해야 할 양식도 존재하지 않는다. 때문에 관리자들이 효과적인 피드백을 지속적으로 수행해갈 수 있도록 회사 차원의 지원이 중요했다.

관리자들이 기존의 방식에서 벗어나 엄격한 규율을 가지고 제도를 이행할 수 있도록 지속적인 교육과 훈련을 비롯한 변화관리 노력을 시행한 것이다. 특히, ERC (Employee Resource Center)라는 조직을 설치하여 관리자와 구성원들이 새로운 제도 를 운영하면서 목표 달성을 촉진하기 위한 피 드백, 육성 등에 필요한 지원을 '원스탑' 으로 받을 수 있도록 했다. 또한 관리자들의 책임을 보다 강화하기 위하여 정기적으로 무작위로 선택된 구성원들 을 대상으로 설문조사를 실시하고 있다. 이 설문 조사에서는 관리자들이 목표 설정, 피드 백 제공, 구성원 성장에 대한 조력을 얼마나 잘 하고 있는지를 측정한다.

〈제도 변경에 따른 성과〉… 이직률 크게 감소

새로운 제도가 완전히 정착하기 위해서는 도입에서 그치는 것이 아니라 지속적인 보완 노력이 필요하다. 제도의 성과를 직접적으로 측정하기는 어렵지만 각종 지표들에 따르면 현재까지는 비교적 긍정적인 성과를 보이고 있다. 내부 설문 조사 결과에 따르면 구성원들 은 새로운 제도에 대해 긍정적으로 인식하는 것으로 나타났다. 많은 관리자들과 구성원들 이 새로운 제도가 기존 제도에 비해 더 효과 적이고 덜 복잡하다고 인식하고 있다. 관리자 들이 피드백을 제공하는 일에 개방적인 모습 을 보인다는 인식도 크게 증가했다.

반면 높은 수준의 목표와 수시로 발생하는 피드백으로 인하여 성과 창출을 위한 스트레스는 증가하였다. 이는 목표 달성을 위한 구성원들의 동기부여가 한층 강화되었다는 의미로 해석할 수도 있다. 의무적으로 구성원들과 빈번한 피드백을 주고받게 되면서 관리자들에게도 변화의 모 습이 나타나고 있다. 독단적인 스타일로 조직 을 이끌던 관리자들은 구성원들과 많은 소통의 기회를 갖게 되어 구성원들에 대한 이해와 공감의 폭이 커졌고, 목표 달성에 대한 챌린지를 부담스러워하던 리더들은 반드시 수행해야 하는 빈번한 피드백을 통해 구성원들과 목표 달성에 대해 진지한 이야기를 나눌 수 있게 되었다.

평가를 위한 절차와 시간도 단축되어 인지적인 부담을 줄이고 성과 창출을 위한 노력에 보다 집중할 수 있게 된 것도 긍정적인 결과이다. 대표적으로 연례 평가에 소모되던 관리자들의 약 8만 시간이 절약되었다. 무엇보다 이직률에 변화가 두드러지게 나타나고 있다. 평가 결과에 대한 불만으로 인해 2~3월에 치솟았던 이직률은 약 30% 감소했다고 한다. 상대평가가 폐지되어 자신이 창출 한 성과에 비해 제대로 인정받고 있지 못하다 고 생각하는 구성원들이 감소한 결과라고 할 수 있다. 반면 저성과자 퇴직률은 2012년에서 2014년 사이에 약 50% 증가했다고 한다.

성과에 대한 피드백이 빈번해지면서 구성원들은 자신의 역량 수준에 대해 정확하게 알게 되고, 성과 창출에 지속적으로 문제가 있는 구성원들이 스스로 회사를 떠나는 비율이 증가 했다는 의미이다. 이러한 맥락에서 어도비의 HR 책임자 도나 모리스는 "사람들은 항상 자 신의 위치를 알아야 한다. 이것이 체크인이다. 자신이 성과를 내고 있지 않다면 이를 어떻게 개선할 지에 대한 피드백을 받아야 한다는 의미이다. 만약 아무리 해도 개선하지 못한다면 이직에 대한 결정을 해야 할 수도 있다."고 설명하고 있다.

적합한 제도 도입과 효과적인 운영 노력이 중요 기존의 성과관리 제도에서 나타난 문제를 해 결하기 위한 고민 끝에 일부 기업들이 새로운 제도를 도입하고 있다. 하지만 새로운 제도라고 해서 평가와 관련된 모든 문제를 해결해주 지는 못할 것이다. 기존 제도에서 나타난 문제점을 일부 해결할 수 있을지 몰라도 새로운 제 도 역시 그 나름의 문제점과 한계점을 갖고 있기 때문이다.

성과관리 제도를 도입하고 운영함에 있어 서 유념해야 할 점은 보다 차별적이고 탁월한 성과를 창출하기 위해 구성원들에게 명확한 목표를 부여하고 이를 달성할 수 있도록 지원 해주며 방해가 되는 요소는 최대한 제거하여 성과 창출에 몰입할 수 있도록 해주어야 한다 는 점이다. 어떠한 제도를 도입하더라도 이러 한 취지에 부합할 수 있도록 지속적으로 제도를 보완해가는 동시에 관리자 및 구성원들의 운영 역량을 길러나가는 것이 무엇보다 중요할 것이다.

참고문헌

강여진·장지원(2005). 인사공정성 인식이 조직시민행동에 미친 영향: 서울시 공무원의 인식을 중심으로. 한국사회와 행정연구, 16(2): 25-53.

김재원 · 류성민 · 김성수. 2004. 인사부서의 전략적 의사결정 참여가 인사관리의 효과성에 미치는 영향.「인사조직연구」(한국인사조직학회), 12(3): 127-161.

김주엽, 송계충, 정범구, 박상언(2010), 조직해위론 2판, 경문사.

박재춘(2013), 절차 및 상호공정성이 조직몰입에 미치는 영향: 긍정심리자본의 매개효과와 분배공정성의 조절효과, 교육행정연구, 31(3), 97-130.

Adams, J. S.(1963), Toward an understanding of inequity, *Journal of Abnormal and Social Psychology*, 67, pp.422-426

Arthur, J. B. (1992). The link between business strategy and industrial relations systems in American steel minimills, *Industrial and Labor Relations Review*, 45(3): 488-506.

Arthur, J. B. (1994). Effects of human resource systems on manufacturing performance and turnover. *Academy of management Journal*. 37: 670-687.

Boxall, P., Ang, S. H., & Bartram, T. (2011), Analysing the “"black box”" of HRM: Uncovering HR goals, mediators, and outcomes in a standardized service environment. *Journal of Management Studies*, 48: 1504-1532.

Chiang, Y. H., Shih, H. A., & Hsu, C. C.(2014), High commitment work system, transactive memory system, and new product performance. *Journal of Business Research*, 67(4): 631-640.

Chuang, C.-H., Jackson, S. E., & Jiang, Y.(2013), Can knowledge-intensive teamwork be managed? Examining the roles of HRM systems, leadership, and tacit knowledge. *Journal of Management*, published online.

Collins, C. J. & Smith, K. G. 2006. Knowledge exchange and combination: The role of human resource practices in the performance of high-technology firms. *Academy of Management Journal*, 49: 544-560.

Cropanzano, R., Prehar, C. A. and Chen, P. Y.(2002). Using social exchange theory to distinguish procedural from interactional justice. *Group & Organization Management*, 27(3): 324-351

Datta, Guthrie, & Wright.(2005), Human resource management and labor productivity: Does industry matter?, *Academy of Management Journal*, 48: 135-145.

Delery, J., & Doty, D. H. 1996. Modes of Theorizing in Strategic human resource management: Tests of Universalistic, Contingency, and Configurational Performance Predictions. *Academy of Management Journal*, 39: 802-835.

DeVanna, M. A.,Fomburn, C. J., & Tichy, N. M.(1984), Framework for Strategic Human Resource Management, in C. J. Fomburn, N. M. Tichy, & M. A. DeVanna (Eds.), Strategic Human Resource Management, John Wiley & Sons: New York, 33-51.

Ehrnrooth, M. & Bjorkman, I. (2012). An integrative HRM process theorization: Beyond signalling effects and mutual gains. *Journal of Management Studies*, 49: 1109-1135.

Gilson, L. L. & Shalley, C. E. (2004). A little creativity goes a long way: An examination of teams'engagement in creative processes. *Journal of Management*, 30(4): 453-470.

Greenberg, J. and Lind, E. A.(2000). The pursuit of organizational justice: From conceptualization to implication to application. In C. L. Cooper & E. A. Locke(Eds.), I/O Psychology: What we know about theory and practice, Blackwell, Oxford.

Homans, G. C.(1961), Social Behavior: Its Elementary Forms, New York: Harcourt, Brace, and World.

Ichniowski, C., Shaw, K., & Prennushi, G. 1997. The effects of human resource management practices on productivity: A study of steel finishing lines, *The American Economic Review*, 87: 291-314.

Klein, K. J. & Sorra, J. S. (1996), The challenge of innovation implementation. *Academy of Management Review*, 21: 1055-1080.

Lind, E. A. & Tyler,T. R.(1988), The Social Psychology of Procedural Justice, New York: Plenum.

MacDuffie, J. P.(1995), Human Resources Bundles and Manufacturing Performance: Organizational Logic and Flexible Production Systems in the World Auto Industry, *Industrial and labor Relations Review*, 48, 197-221.

Marks, M. A., Mathieu, J. E., & Zaccaro, S. J. (2001). A temporally based framework and taxonomy of team processes. *Academy of Management Review*, 26: 356-376.

Takeuchi, R., Lepak, D. P., Wang, H., & Takeuchi, K. (2007). An empirical examination of the mechanisms mediating between high-performance work systems and the performance of Japanese organizations. *Journal of Applied Psychology*, 92: 1069-1083.

Teo, S. T., Le Clerc, M., & Galang, M. C.(2011). Human capital enhancing HRM systems and frontline employees in Australian manufacturing SMEs. *The International Journal of*

Human Resource Management, 22: 2522-2538.

Tjosvold, D., Tang, M. M., & West, M.(2004). Reflexivity for team innovation in China: The contribution of goal interdependence. *Group & Organization Management*, 29: 540-559.

Wright, P. M., Gardner, T. M., Moynihan, L. M., & Allen, M. R.(2005). The relationship between HR practices and firm performance: Examining causal order. *Personnel Psychology*, 58: 409-446.

제4장 변화담당자 역할

우리는 지난날 초우량기업들이 오늘에 와서는 법정관리에 들어가 휘청거리거나 이 땅에서 완전히 자취를 감추는 것을 봐왔다. 왜 그랬을까? 세력이 약화된 기업의 공통적인 원인은 과거의 성공만 믿고 환경변화에 맞춰 변신하지 못하고 과거방식대로 운영을 했다는 것이다. 글로벌 경쟁 하에서의 기업 환경의 변화는 더욱 심해졌고 이제는 기업이 변하지 않으면 죽는 시대가 되었다. 그러므로 경영자와 조직관리자들은 개인, 집단, 조직이 바람직한 방향으로의 조직변화를 촉진하고, 이를 효과적으로 관리함으로써 참여경영이 실현될 수 있도록 해야 한다. 이때 조직변화의 전 과정을 통해서 조직을 구성하고 있는 모든 부분이 함께 변화할 수 있도록 적극적인 노력이 필요하다.

따라서 제1절에서는 변화담당자 역할의 의미와 중요성에 대해 알아보도록 한다. 제2절에서는 조직변화에 대한 이론적 논의를 살펴본다. 그리고 제3절에서는 조직에서 변화담당자 역할의 실행방안을 제시하도록 한다.

제1절. 변화담당자 역할의 의미와 중요성

글로벌 경쟁과 불확실한 환경 속에서도 기업들은 궁극적인 목적인 생존을 위해서 그리고 지속적으로 성장·발전하는 초일류기업을 지향하기 위해서는 뛰어난 성과창출이 일회성이 아니라 장시간 지속적으로 이루어져야 한다. 그렇다면 오늘도 내일도 지속적으로 탁월한 성과를 창출하는 위대한 조직이 되려면 어떻게 해야 할까? 이의 방안으로는 성과뿐만 아니라 조직의 건강성(내부정렬능력, 창의적으로 실행하는 능력, 스스로를 새롭게 할 변화능력을 의미)을 균형관리를 적극적으로 실행하여야 한다(Keller & Price, 서영조 역, 2014).

역사상 가장 위대한 발명품인 조직은 하나의 생명체로서 지속적인 성장을 이뤄내고, 동시에 시장의 속도 및 규모에 맞춰 필연적으로 변화를 꾀할 필요가 있기 때문에 하나의 유기체로 인식해야 한다. 이러한 유기체는 환경과 상호작용을 하면서 지속적으로 변화를 꾀하지 않을 경우에는 생존할 수 없기 때문이다. 결국 기업이 환경에 빠르게 적응하도록 역동적으로 경영하는 능력이야말로 21세기 경쟁우위의 가장 중요한 원천이라 할 수 있다. 그럼에도 불구하고 조직에서 경영진의 가장 어려운 책임중의 하나는 '변화를 감당하는 것'이라고 한다. 특히 변화를 효과적으로 다루기 위해서는 변해서는 안 될 것이 무엇인지를 제대로 알고 있어야 한다(마그레타; 권영설 & 김홍열 역, 2004). 변하지 말아야 할 것을 경영핵심과 경영실행관점에서 다음의 <표 1-1>과 같이 정리할 수 있다.

〈표 1-1〉 경영핵심과 경영실행의 관점에서 변하지 말아야 하는 것들

구분	내 용
경영 핵심	1) 가치 창조: 회사 밖으로부터 안으로.
	2) 비즈니스 모델: 통찰을 사업화하기.
	3) 전략: 탁월한 성과를 내는 논리(차별화)
	4) 조직: 어디에 선을 그릴 것인가(참여규칙 확립, 디자인).
경영 실행	1) 현실직시: 직관보다 숫자에 초점(숫자로 본 조직현실 파악)
	2) 진정한 핵심. 사명과 이익 측정도구들(구성원노력의 결집을 위해)
	3) 미래에 베팅: 혁신과 불확실성 극복(장·단기의 성과조화를 위해)
	4) 성과내기: 솔선수범 하라(자원 배분, 우선과제에 집중 위해)
	5) 인적자원관리: 인간존중경영의 실현: 어떤 가치(개인차 인정, 자율성 등)들이 중요?

자료: Magretta, J.(권영설 & 김홍열 역, 2004), 경영이란 무엇인가?, 김영사

이와 같이 빠른 환경변화에 선제적으로 대응할 수 있도록 기업이 조직변화를 끊임없이 추구하기 위해서는 조직관리자가 변화담당자 역할을 하여야 한다.

변화담당자(change agent)란 일반적으로 기업문화를 포함한 조직 내 모든 변화(사업영역이나 조직구조의 개편, 직무특성, 업무프로세스, 인적요소 등)에 초점을 두고 개선을 주도하거나 촉진시켜주는 전문가나 상담자 또는 실무관리자를 의미한다. 이들의 역할은 성과뿐만 아니라 조직건강까지 아우르는 포부를 달성할 수 있도록 1) 변화할 준비가 얼마나 되어 있는지를 평가하고, 2) 이에 따라 체계적으로 변화계획을 세우고, 3) 구성원들의 변화저항을 최소화하면서 변화계획 프로그램에 따라 성공적으로 실행하고, 4) 변화결과에 대해 평가 후 변화계획에 반영함으로써 지속적으로 유지·발전시키는 것을 의미한다.

이러한 변화담당자 역할을 성공적으로 수행하기 위해서는 다음과 같은 몇 가지의 기본적인 자격과 행동조건을 구비하는 것이 바람직하다. 1) 변화담당자는 조직 내 모든 변화와 관련하여 다양한 기능 및 역할을 발휘하게 되므로, 이를 성공적으로 수행할 수 있는 지식과 경험 그리고 성격 및 행동조건을 갖추고 있어야 한다. 2) 변화담당자는 적시에 기업체 각층에서 개입활동을 전개해야 하므로 문제집단 및 기업체 전체에 대한 정보자료를 항상 갖고 있어야 하고, 기업내부의 권력구조와 영향관계 등 비공식적인 상호작용과 조직행동에 대해서도 충분히 이해하고 있어야 한다. 3) 변화담당자는 변화해야하는 상황을 정확히 진단하고, 이에 적절한 접근방법과 개입기법을 적용할 수 있는 능력을 갖추고 있어야 한다.

따라서 변화담당자인 조직관리자가 성공적으로 조직변화를 꾀할 경우 참여경영의 실천이라는 입장에서 볼 때 중요성은 다음과 같이 정리할 수 있다(신유근, 1997).

첫째, 조직입장과 구성원의 입장을 고려할 수 있다. 그 이유는 계획적인 조직변화의 목적은 두 가지로, 하나는 조직의 환경대응능력을 향상시키는 것이고, 다른 하나는 조직구성원의 행위를 개선시키는 것이기 때문이다(Robbins, 1994).

둘째, 구성원의 마인드도 바람직한 방향으로 바꿀 수 있다. 그 이유는 조직변화가 사람이 조직을 이해하는 방식, 조직 내에서 바람직한 것에 대한 판단, 또는 기술과 행동에 대해 갖고 있던 가정에 대한 변화를 동반하기 때문이다.

셋째, 유연하고 활력이 있는 조직을 지향한다. 유연하고 활력이 있다는 의미는 '조직구성을 하는 각 하위단위들이 서로 경쟁·협력·조정을 통해서 공동목적달성을 하기 위해 조직을 둘러싼 환경에 적극적으로 대응'한다는 것이다.

넷째, 구성원들의 내적동기를 유발시켜 참여를 이끌어낼 수 있다. 그 이유는 중앙집권적인 경영스타일을 극복하고 권한 및 책임위양을 필요로 하는 분권적인 방향으로의 변화를 지향하기 때문이다.

제2절. 조직변화에 대한 이론적 논의

조직변화에 대한 이해를 돕기 위해 먼저 조직변화가 왜 필요한지, 기존 연구된 조직변화의 모델과 변화의 종류, 그리고 과제로는 어떤 것들이 있는지를 살펴보도록 한다.

2.1. 조직변화의 개념과 성격 그리고 개입과 개입활동

모든 조직은 개방시스템으로써 항상 환경과 상호작용을 하면서 존재할 수밖에 없기 때문에 환경변화에 따른 조직의 변화가 요청된다. 또한 환경변화가 없더라도 조직의 자생력과 성과를 높이기 위해서 스스로 개선하려는 변화의 움직임도 필요하다. 그 이유는 변화에 적응 또는 지속적인 변화를 추구하는 조직들은 번성하고, 그렇지 못한 조직들은 엔트로피 현상에 의해 쇠퇴하며 결국 사라지기 때문이다. 그러므로 조직관리자들은 변화를 계획하고 실천하기 위한 만반의 준비를 해야 한다.

변화(change)는 '어떤 실체가 어떤 특정한 상태로부터 다른 상태로 이동하는 것'을 의미하기 때문에 조직변화(OC: Organizational Change)란 "조직이 어떤 특정한 상태로부터 사람, 구조, 과정, 기술 등의 변화를 통해 다른 상태로 이동하는 것"을 말한다. 즉 조직의 적응수준을 변화시기고, 구성원의 내부적 행동형태를 변화시켜서 조직의 능률성과 효과성을 제고시켜 조직을 존속·성장·발전시키려 하는 과정이라고 할 수 있다. 다시 말해 조직변화의 주요내용은 사업영역이나 조직구조의 개편 등 거시적인 변화가 주요내용이 될 수도 있지만, 새로운 기술의 도입 등 미시적인 변화로 인한 기존의 업무수행방식이나 업무흐름, 직무내용이 변화되는 것도 중요한 조직변화의 내용으로 볼 수도 있다. 또한 새로운 과업환경에 적합하도록 조직구성원의 능력과 태도, 가치관 등을 바꾸는 것도 조직변화의 핵심내용이 될 수 있다.

이러한 조직변화는 성격에 따라 비계획적 변화와 계획적 변화로 나뉜다. 계획적 변화는 '환경변화에 능동적 대처 또는 어떤 목적을 달성하기 위해 의도적/철저한 계획에 의거해서 조직을 변화시키는 것'으로, 변화의 주체는 조직자신이 된다. 반면에 비계획적 변화는 '예기치 않은 조직외부의 변화로 인해 생존·성장을 위해 어쩔 수 없이 수동적으로 적응해 나가는 것'을 의미한다. 즉 변화의 원인이 조직내부에 있는 것이 아니라 조직 외부로 부터에 있다.

조직관리자가 관심을 갖는 조직변화는 계획된 변화이므로, 이를 위해서는 변화담당자의 개입이 요구된다. 개입(intervention)이란 '조직개발의 변화기법으로 구성원들의 행동변화를 목적으로 그 변화과정을 돕기 위하여 이에 의도적으로 간섭하는 것'을 의미한다. 따라서 기업문화 개발과 조직 내 모든 변화에 있어서 개입은 변화담당자가 구체적인 변화계획을 수립하고 변화대상 구성원들과 함께 계획된 변화활동이나 프로그램에 참여하는 것을 의미한다. 변화개입의 주요활동은 다음의 과 <표 2-1>과 같이 정리할 수 있다.

〈표 2-1〉 변화개입의 주요활동

주요활동	내 용
문화 및 변화 진단활동	· 문화 및 현 상황의 진단과 관련된 개입활동으로 문화 및 현 상황의 문제점을 정확하게 분석·파악하는 것이 이 활동의 근본 목적이다.
기술·구조적 개입활동	· 조직구조와 시스템 그리고 기술 분야에서의 개선을 의미하며, 주로 가시적 그리고 물리적 수준에서의 변화를 통하여 새로운 문화의 개발환경을 조성하는 것이 목적이다.
교육훈련활동	· 구성원들의 지식, 기술, 그리고 의식과 태도의 변화를 목적으로 한다.
강화적 개입활동	· 기업체가 추구하는 변화가 정착하도록 이를 중점적으로 관리하는 것이다.

2.2. 조직변화의 단계

변화관리를 위해 여러 학자들이 주장하는 조직변화의 단계 즉 레윈의 조직변화 3단계, 코터의 조직변화 8 단계, 킬만의 조직변화 5 단계, 그리고 켈러 & 프라이스의 조직변화 5단계 등을 살펴본다(나기현, 2013).

2.2.1. 레윈(K. Lewin)의 조직변화 단계

그는 일찍이 장이론(field theory)을 통하여 개입적 조직변화의 3단계를 제시하였다. 조직변화는 해빙(Unfreezing), 변화(Change), 그리고 재결빙(Refreezing)의 3단계를 거쳐 이루어지며, 각 단계별 구체적 내용을 다음의 <표 2-2>와 같이 정리할 수 있다(Lewin, K.: 박재호 역, 1987).

〈표 2-2〉 레윈의 조직변화단계

단 계	내 용
해빙	· 변화추진세력과 변화저항세력들 간 힘겨루기의 균형이 깨지도록 개인이나 집단에게 변화필요성을 강조하여 그들의 태도나 감정을 완화시키는 동기를 유발시켜야 한다. · 추진세력의 힘을 키우고 저항세력을 약화시키는 방법으로는 교육, 참여, 공개논의, 협상, 결속, 조작, 강요 등이 있을 수 있다(Kotter, et. al., 1979).
변화	· 여러 가지 기법들을 사용하여 계획된 변화를 실천에 옮기는 과정이다. 이때 변화대상과 변화목적이 무엇인지에 따라 방법 및 기법이 달라져야 한다.
재동결	· 변화된 상태는 본래상태로 회귀하려는 성향을 가지므로 보다 강력한 재결빙 노력이 요청된다. · 재결빙을 성공시키기 위해서는 최고경영자의 지원, 적절한 보상 및 강화, 그리고 체계적인 계획 등이 필요하다(Randolph, et. al., 1989).

2.3.2. 코터(J. Kotter)의 조직변화 8 단계

그는 성공적 조직변화의 대부분은 최고경영층의 리더십에 의해서 결정된다고 주장하였다. 조직변화의 실패사례를 살펴보면 대부분 최고경영층이 실행과정에서 많은 실수를 저지르고 있기 때문에, 이를 방지하기 위해 성공적 조직변화의 8단계를

<표 2-3>과 같이 제시하였다.

〈표 2-3〉 코터(J. Kotter)의 조직변화 8 단계

단계	개 념	내 용	레윈 비교
1	위기의식고취	변화하지 않으면 '망한다'는 위기의식 고취시켜 조직 해빙하라.	해빙
2	주도세력결집	조직 각 분야/계층의 힘 있는 사람들을 모아 변화주도 세력화.	
3	비전과 전략구축	변화를 이끌어갈 비전을 확실히 하고 달성전략을 세운다.	
4	비전 전파	새 비전을 지속전파하기 위한 소통전략의 수립·실천	
5	임파워먼트	변화저항제거: 현실화되도록 위험감수/창의적 문제해결 독려.	변화
6	단기성과 축적	단기변화성과 인정/보상: 변화가 가시화될 수 있다는 자신감제공	
7	변화 확대	단기성과기반해 더 큰 변화당위성확보: 사람 끌어들여 변화확산	
8	문화로 재결빙	변화된 상태를 조직문화로 고착화시키고 지속시킴	재결빙

출처: Kotter, J. P. & schlesinger, L. H(1979), Choosing strategies for Change, Harvard Business Review, March-April.

2.3.3. 킬만(Kilman)의 조직변화 5 단계

그는 변화관리 과정을 5단계로 제시하고 세부내용은 다음의 <표 2-4>와 같다.

〈표 2-4〉 칼만의 5 단계 조직변화의 세부내용

단계	주요 내용	레윈 비교
조직 문화	· 변화필요성 인식/공감대 조성(변혁에 대한 비전 및 신념부여) · chaos-making을 통한 새로움 추구 (cognitive learning)	해빙
능력 개발	· 변혁에 필요한 구성원의 능력배양 · 종합적 능력(전문적+사회적+도구적 능력)의 체계적 육성 (individual learning)	변화
능력 확산	· 개인능력의 조직화로 조직능력 증진 · 임파워먼트를 통한 구성원 능력의 시너지 효과추구(group & org'al learning)	
제도· 구조	· 제도적 뒷받침을 통한 변혁의 공식화 = 조직변화 정착 · 변화 및 가속화 · 업무 및 조직구조의 재설계(조직차원의 변화 굳히기)	
보상 (강화)	· 긍정적/부정적 강화통한 내재화 추구(개인차원의 변화 굳히기)	재결빙

위에서 살펴본 조직변화의 모형들이 공통적으로 시사하고 있는 바는 다음과 같다. 1) 성공적인 변화는 사람을 통해서 일어나는 것이므로 체계적인 변화관리과정에서 일어날 수 있는 다양한 인간적인 문제들을 조직구성원들과 함께 극복할 수 있도록 해야 한다는 점이다. 2) 급한 마음에 전체변화과정을 소홀히 하여 단계를 건너뛰면 그것이 결국 치명적인 영향을 미쳐서 추진력을 저하시키고, 그전에 어렵사리 성취한 것까지 백지화시켜 버릴 수 있다는 것이다. 3) 변화가 착수되기 위해서는 현상태에 대한 부정이라는 해빙의 과정이 필요하며, 변화의 정착을 위해서는 재결빙을 위한 내재화의 과정이 반드시 필요하다는 점이다. 그리고 4) 성공적인 변화를 위해서 갖추어야 할 전제조건은 ① 변화필요성의 인식과 공감, ② 변화에 대한 명확한 비전, ③ 변화에 대한 신념과 역량, ④ 체계적 실현(제도-구조적 변화) 등의 4 가지로 구성되어 있다

2.3.4. 켈러와 프라이스의 변화프로세스

기업이 생존을 하기 위해서는 현재의 성공에만 머무르지 않고 지속적으로 발전하며 성과를 창출하는 조직이 되어야 한다. 이의 방안으로는 성과뿐만 아니라 조직건강성에 대한 균형관리를 적극적으로 실행하여야 한다(Keller & Price, 서영조 역, 2014). 이와 관련하여 맥킨지에서 변혁을 추진 중인 기업 들을 조사한 결과를 살펴보면, 성과와 건강에 동시 집중한 기업들은 건강에만 집중한 기업들보다 2배 가까이 좋은 결과를 얻었고, 성과에만 집중한 기업들보다는 3배 가깝게 더 좋은 결과를 얻었다고 한다(McKinsey, 2010).

그렇다면 위대한 조직이 되기 위한 변화프로세스는 무엇인가? 지속성장하는 위대한 조직으로의 변화에 성공하기 위해서 어떤 프로세스를 거쳐야 하는 것인가? 이와 관련하여 켈러와 프라이스(서영조 역, 2014)는 기본적으로 답해야 하는 다섯 단계 질문(5A)으로 성과와 건강의 측면에서 각각의 프로세스를 다음의 <표 2-5>과 같이 제시한다.

〈표 2-5〉 성공적 변화를 위한 다섯 단계 질문(5A)

<table>
<tr><th colspan="2">단 계</th><th colspan="3">질 문</th></tr>
<tr><td colspan="2">포부(Aspire)</td><td colspan="3">· 우리는 어디로 가고 싶은가?</td></tr>
<tr><td colspan="2">평가(Assess)</td><td colspan="3">· 우리는 그곳에 갈 준비가 얼마나 되어 있는가?</td></tr>
<tr><td colspan="2">설계(Architect)</td><td colspan="3">· 그곳에 가려면 무엇을 해야 하는가?</td></tr>
<tr><td colspan="2">실행(Act)</td><td colspan="3">· 구체적으로 어떻게 실행해야 하는가?</td></tr>
<tr><td colspan="2">전진(Advance)</td><td colspan="3">· 지속적으로 유지·발전시키려면 어떻게 해야 하는가?</td></tr>
<tr><th rowspan="2">단계</th><th colspan="4">추진해야 할 도전과 접근법</th></tr>
<tr><th colspan="2">성과 측면</th><th colspan="2">건강 측면</th></tr>
<tr><td>포부</td><td>전략적 목표</td><td>변화의 비전과 목표를 어떻게 만들 것인가?</td><td>건강 핵심요소</td><td>목표인 건강한 조직이란 어떤 것을 말하는지, 어떻게 파악할 것인가?</td></tr>
<tr><td>평가</td><td>역량 플랫폼</td><td>비전과 목표 달성할 능력을 어떻게 확인/진단할 것인가?</td><td>발견 프로세스</td><td>조직건강의 핵심인 의식구조의 현 상태를 어떻게 진단할 것인가?</td></tr>
<tr><td>설계</td><td>과제 포트 폴리오</td><td>구체적/균형 잡힌 성과향상 과제를 어떻게 설정할 것인가?</td><td>영향력 모델</td><td>건강한 의식구조에 도움이 되는 근무환경을 어떻게 만들어낼 것인가?</td></tr>
<tr><td>실행</td><td>실행 모델</td><td>포트폴리오상의 각 과제에 대해 어떻게 올바른 접근법을 결정하고 실행할 것인가?</td><td>변화의 엔진</td><td>어떻게 변화를 추동할 에너지가 끊임없이 만들어지고 발휘되도록 할 것인가?</td></tr>
<tr><td>전진</td><td>지속개선 위한 인프라</td><td>한 번의 큰 변화에 집중하는 것에서 지속적 향상 노력하는 것으로 어떻게 이동할 것인가?</td><td>중심 잡힌 리더십</td><td>지속적 변화를 이끌 수 있도록 어떻게 자기관리를 해 나갈 것인가?</td></tr>
</table>

자료: Keller, S. & Price, C.(서영조 역, 2014), 차이를 만드는 조직, 전략시티.

이러한 변화프로세스는 현재 변화를 겪고 있는 조직뿐만 아니라 변화관리역량을 키워 앞으로도 계속 변화하며 지속 성장하려는 조직에도 도움을 주기 위한 것이다.

제3절. 변화담당자 역할의 실행방안

'환경에 가장 적합한 개체가 가장 잘 적응하기 때문에 경쟁자들을 물리치고 살아남는다.'는 찰스 다윈의 적자생존이론은 현재의 비즈니스 환경에 딱 맞는 말이다. 결국 기업을 역동적으로 경영하여 환경에 빠르게 적응하는 능력이야말로 21세기 경쟁우위의 가장 중요한 원천이라 할 수 있다.

따라서 조직관리자가 변화담당자 역할을 성공적으로 실행하기 위한 방안으로 켈러와 프라이스(서영교 역, 2014)가 제시한 변화프로세스를 요약·정리하는 것으로 대체하도록 한다.

3.1. 포부를 제시하라

변화담당자는 현 상황을 파악한 후, 구성원들에게 우리조직이 왜 변화를 해야 하는지에 대해 구체적으로 이해를 시켜야 한다. 그리고 우리가 어디로 가고 싶은가? 변화의 방향과 관련된 포부를 명확하게 밝혀야 한다(Keller & Price, 서영조 역, 2014). 먼저 조직의 현재상황과 구성원들의 행동패턴이나 신념 등이 바람직하지 않기 때문에 무언가 변화가 필요하다는 점을 구성원에게 인식시키는 것이다. 또한 구성원에게 가치관과 행동패턴을 포함하여 어떻게 변화를 추진해갈 것인지에 대한 로드맵을 제시하여야 한다. 그 이유는 로드맵을 통하여 구성원을 한 방향으로 정렬시키고 동기부여 하는 것뿐만 아니라 조직구성원과 이해관계자에 대해 변화의 역할과 책임을 명확히 하고 그것을 부여하기 위한 것이다.

결과적으로 이러한 과정을 거쳐 조직의 관성을 흔들어 구성원들의 변화에 대한 저항을 감소시킴과 동시에 새로운 행동패턴과 가치관이 고정화 되도록 한다. 여기서 중요한 것은 소통의 활성화로 변화의 필요성과 목적지에 대한 이해 및 공유를 하는 것이다. 그 이유는 이해 및 공유의 정도가 클수록 구성원들의 변화에 대한 저항을 최소화할 수 있기 때문이다.

변화담당자는 로드맵 제시를 위해 변화목표를 구체화하여야 한다. 조직이 변화목표를 세울 때는 다음과 같은 원칙이 적용되어야 한다고 한다(Keller & Price, 서영조 역, 2014).

원칙	이유
1. 너무 멀지않은 중기 미래에 집중하여야 한다.	· 장기적 비전을 갖고 있다 하더라고, 실행할 수 있으면서 동시에 변화하고자 하는 야심을 유지시켜주는 중기 미래 없인 실현하기가 어렵기 때문이다.
2. 사실과 직관사이에 균형을 맞추어야 한다.	· 목표가 전략적으로 바람직하지 않다면 이후에 진행되는 변화과정도 아무 의미가 없기 때문이다.
3. 어렵긴 하지만 달성할 수 있는 목표를 세워야 한다.	· 어렵지만 달성가능 한 목표를 세울 경우 동기를 유발하여 도전감을 유발할 수 있다.

3.2. 갈 준비가 얼마나 되어 있는가를 평가하라.

어디로 가고 싶은지 변화목표를 정했으니 당장 출발하면 목적지에 무사히 도착할 수 있을까? 이 질문에 대한 답은 'NO' 이다. 변화여정은 조직자체의 현재역량과 건강수준을 객관적으로 평가하는 것에서 시작해야 한다. 그 이유는 그래야만 목적지에 가기 위해 무엇을 해야 하는지를 정확하고 구체적으로 파악할 수 있기 때문이다. 체계적인 평가와 관련하여 조직이 변화목표를 달성하기 위해 조직의 '기술'에 해당하는 필요한 역량을 지니고 있는지 그리고 조직의 '의지'에 해당하는 조직의 의식구조가 포부를 얼마나 뒷받침할 수 있는지를 분석해야 한다고 한다.(Keller & Price, 서영조 역, 2014).

첫째, 조직의 필요역량을 평가하라. 이와 관련하여, 역량플랫폼을 평가하는 작업은 두 단계로 1) 변화목표관련 이를 달성하기 위해 가장 중요하고 필요한 역량들이 무엇인지 그리고 역량의 수준은 어느 정도여야 하는지를 명확하게 결정하는 것이다. 또한 2) 현재 그 역량들이 어떤 상태인지를 평가하는 것이다.

확실하게 뿌리박힌 역량은 조직 내 3가지 시스템(기술, 관리, 행동)에 의해 만들어지고 뒷받침 된다. 조직역량을 구성하는 요소들을 [그림 3-1]과 같이 정리할 수 있다(Keller & Price, 서영조 역, 2014).

[그림 3-1] 조직의 역량을 구성하는 요소들

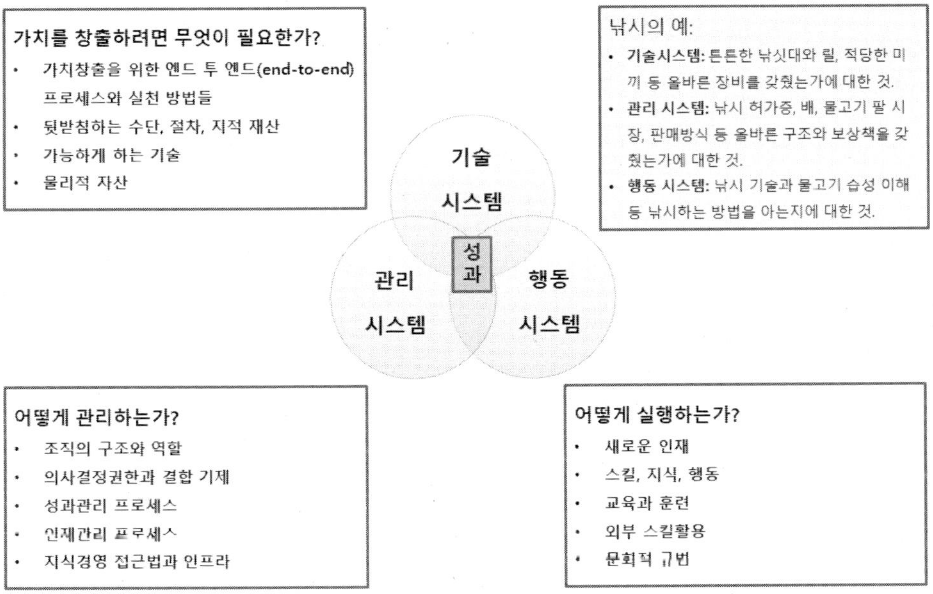

조직역량을 평가하는데 유용한 수단으로는 성과지표에 의한 평가와 벤치마킹, 프로세스 맵핑과 동통점(pain point)분석, 관찰을 통한 평가 등의 카테고리로 묶을 수 있다. 이처럼 올바른 평가도구를 이용하면 필요한 역량을 키우기 위해 보강하고 변화시켜야 할 것들이 명확하게 알 수 있다. 따라서 변화목표를 달성하는데 중요한 역량을 알아내고, 그 역량의 현재상태를 파악하고 나면, 그 역량을 알맞은 수준까지 끌어올리기 위한 행동을 계획할 준비가 된 것이다.

둘째, 조직의 의식구조를 평가하라. 이와 관련하여, 변화목표를 설정했다고 구성원들의 행동을 바꾸는 작업을 시작할 준비가 된 것은 아니다. 곧바로 변화시키려 달려들면 시간과 에너지만 낭비하면서 사람들을 멀어지게 만들고, 의도치 않은 결과를 낳을 가능성이 높다. 그러므로 행동변화를 시키기 위해서는 먼저 의식구조를 변화시켜야 한다. 의식구조는 '사람들이 상황을 해석하고 거기에 반응하는 방식을 결정짓는 고정된 정신적 태도나 관점'으로 정의할 수 있다. 조직에서는 구성원, 리더, 외부환경의 상호작용을 통해 '그 조직에서 일이 이루어지는 방식'을 뒷받침하는 의식구조가 만들어진다. 그리고 의식구조는 예측 가능한 행동들을 낳는다.

이러한 의식구조를 이해하기 위한 방법은 래더링 기법, 포커스 그룹 조사기법, 그리고 질적 자료 분석법 등으로 다음의 <표 3-1>과 같이 요약·정리할 수 있다(Keller & Price, 서영조 역, 2014).

〈표 3-1〉 의식구조 분석방법

방법	내용
래더링 기법	· 특정 의견을 갖고 있는 이유를 반복해서 질문해 기저에 숨은 생각을 탐구하는 기법.
포커스 그룹 조사 기법	· 집단순응사고를 피하고 개인의 진짜 생각을 알기 위한 방법. · 그림을 두 개(현 상태와 바람직한 상태) 선택하게 하는 방법 · '카드소팅': 내용이 적힌 카드 50개를 '필수적인, 흥미로운, 중요치 않은'으로 나눈 다음 선택이유에 대해 이야기 하도록 한다.
질적 자료 분석법	· 문서로 된 다양한 정보를 조사하는데 도움이 되는 방법으로, 개인이나 조직이 작성한 텍스트에 드러나는 테마들을 찾아낸다. · 단어 클라우드 기법: 문서에 특정단어가 얼마나 반복 등장하는지를 분석 · 예: 조직가치 정의 후 전달. 이런 노력이 어떤 효과를 가져 왔는지 내부 웹사이트나 게시판, 이메일, 블로그 등에서 단어를 축출해 단어 클라우드를 만듦.

이와 같은 방법들을 활용해 얻어진 결과를 중심으로 많은 고민과 토론을 통해 변화를 시도할 의식구조를 선택하여야 한다. 여기서 가장 중요시하게 고려해야 하는 것은 변화목표이다. 그 이유는 목표변화를 적극적으로 지원해 줄 수 있는 의식구조가 선택되어야 하기 때문이다. 의식구조의 변화 중 가장 흔한 것은 업무중심의 변화에서 관계중심의 작업방식으로의 변화, 사업부별로 따로 일하는 것에서 중요한 일은 협업하는 것으로의 변화, 그리고 남을 비난하는 태도에서 스스로 책임지는 태도로의 변화 등이다.

이와 같이 변화의 전체과정에서 가장 힘들 수 있는 평가단계를 통과하는 여정이 끝나면, 이제 다음의 질문과 씨름해야 한다. '그곳으로 가기 위해서는 우리는 무엇을 해야 하는가?'

3.3. 어떻게 갈 것인지를 설계하라.

목적지에 도달하기 위한 여정을 구체적으로 계획할 때가 되었다. 지금의 자리에서 원하는 곳으로 가기위해 정확히 무엇을 해야 하는지 고민해야 한다. 즉 변화를 관리하려면 변화를 수행해야 할 과제 포트폴리오를 세분화할 필요가 있다고 한다. 맥킨지의 조사연구(2010)에 따르면, 포트폴리오 접근법에 따라 과제별로 명확한 목표와 효익, 주요 관리항목, 자원, 리더십을 설정하는 회사들이 변화에 성공할 가능성은 그렇게 하지 않는 회사들보다 3.5배가 더 높았다.

과제포트폴리오 진행방법은 먼저 잠재적 과제를 개발한 후 그 과제를 시간과 익숙함을 두 축으로 하는 표에 표시한다. 그러면 과제들이 균형을 이루는지, 아니면 균형을 이루지 못하는지가 드러난다. 가로인 시간 축은 포트폴리오가 현재의 기대를 충족시키려는 노력, 중기적 효과를 거두려는 노력, 장기적 가치를 창출하려는 노력에서 균형을 맞추는데 도움을 준다. 또한 세로인 익숙함 축은 포트폴리오가 미래를 거는 큰 도박에 치중하거나, 핵심역량과 기초사업 등에 지나치게 집중한 점진적인 개선에 치중하지 않도록 해준다.

포트폴리오 접근법을 이용할 경우의 이점은 1) 시간과 위험성 사이에서 균형을 잡는 데만 도움을 준다. 2) 너무 많은 과제 때문에 변화프로그램이 분열되는 것을 방지해주고, 예상되는 위험과 보상대비 자금이나 자원의 지출을 분석하는데도 도움을 준다.

의식구조 변화와 관련하여 어떤 의식구조를 바꿔야 할지 정했다면, 그 의식구조들을 바꿀 방법을 고안해야 한다. 의식구조를 변화시키는 비결은 사람들이 일하는 환경이나 상황을 변화시키는데 있다. 그 이유는 상황에 따라 사람의 반응은 달라지기 때문이다. 성공적인 의식구조변화를 위한 도구로는 영향력 모델을 들 수 있다. 이 모델은 구성원들의 의식구조를 바꾸는데 4가지 방식을 보여준다. 이를 정리하면 다음의 <표 3-2>와 같다(Keller & Price, 서영조 역, 2014).

〈표 3-2〉 의식구조의 변화방식

방식	내용
설득력 있는 이야기	· 핵심요소: 이야기 내용, 전달 방식, 마음속 깊이 스며들게 하는 의식
강화 메카니즘	· 조직의 공식 메커니즘이 의식구조변화를 강화하기 위해 변화와 보상 및 징계, 비금전적인 인센티브, 경영프로세스와 구조, 시스템을 조정해야
변화를 위해 필요한 스킬	· 새로운 방식으로 생각 및 행동에 필요한 스킬을 갖고 있는가? 없다면 필드 앤 포럼(field & forum)기법 이용, 직무 및 관계기술 개발, 인재풀을 새롭게 구성
롤 모델 보여주기	· 롤 모델방법은 경영진이 가시적 변화를 추진하기, 리더가 상징적 행동하기, 영향력 있는 리더를 골라 육성하기 등

영향력 모델을 활용할 때 주의할 점은 상식에 따라 영향력 모델을 적용하기만 하면 될 거라고 생각하기 쉽지만, 그래서는 좋은 결과를 얻을 수가 없다. 그 이유는 사람들이 항상 합리적으로 행동하지 않기 때문이다.

3.4. 어떻게 추진/실행할 것인가?

변화목적에 따른 실행과제들이 설정되었다면 변화의 여정을 본격적으로 시작할 때가 되었다. 하지만 여정은 장애물들로 인해 계획대로 잘 진행되지 않는다. 그 이유는 조직에서 마음만 급해 빨리 추진하거나 충분히 주의를 기울이지 않으면 실패할 가능성이 높기 때문이다. 그럼에도 앞으로 계속 나아가기 위해서는 상황에 유연하게 대처할 필요가 있다. 이에 대한 방안으로 시간적 여유를 갖고 유연하게 점진적으로 실행하자를 제시하고 있다(Keller & Price, 서영조 역, 2014).

이의 방안은 변화를 추진할 때 과제를 이행하는 최선의 방법으로 3단계('시험하고', '배우고', '확대하는 것') 를 거치자는 것이다. 즉 변화프로그램을 시범적으로 반복시험을 함으로써 문제파악 및 실행가능성을 확인한 후, 최선의 상태에서 프로그램을 확대실행 하자는 것이다.

프로그램 확대실시를 위한 세 가지 모델은 성과와 건강의 변화 모두에 사용할 수 있고, 건강관련 실행과정에서는 이 외에도 중추적 역할을 하는 개인들을 활용하거나 비평적인 상호작용을 활용할 수도 있다. 세 가지 모델은 다음의 <표 3-3>과 같이 정리할 수 있다(Keller & Price, 서영조 역, 2014).

〈표 3-3〉 프로그램 확대실시 모델

모 델	내 용
직선 확대모델	· 확대작업은 한 영역씩 순차적으로 실시, 자원은 고정된 양이 필요함. · 적절상황: 조직일부만 적용할 때, 위험성이 높거나 기대이익이 클 때, 변화저항이 심할 때, 기존 경영수단/솔루션을 대폭 바꿔야 할 때,
기하급수 확대모델	· 점점 더 많은 곳(파도의 형태)으로 확대실시하고, 자원은 점점 더 많이 필요함. · 적절상황: 조직 내 영역들이 일부 공통된 특징을 갖는 경우, 조직이 변화를 수용할 역량이 되는 경우, 유능직원들이 변화시행 준비가 될 경우, 많은 영역서 변화는 필요한데 직선 확대 모델로는 시간이 많이 걸릴 경우
빅뱅 모델	· 모든 관련영역에서 단기간에 집중적으로 동시에 실시하고, 자원도 그 기간에 집중적 필요함. · 적절상황: 여러 영역에서 상당한 많은 공통점이 발견될 경우, 변화가 시급할 경우, 변화저항이 적을 경우, 표준적 수단/접근법을 활용할 수 있는 경우.

성공적 변화를 이끄는 강력한 실행도구인 변화엔진으로 다음의 [그림 3-2]와 같이 구조, 평가, 주인의식을 들 수 있다(Keller & Price, 서영조 역, 2014).

[그림 3-2] 변화실행도구인 변화의 엔진

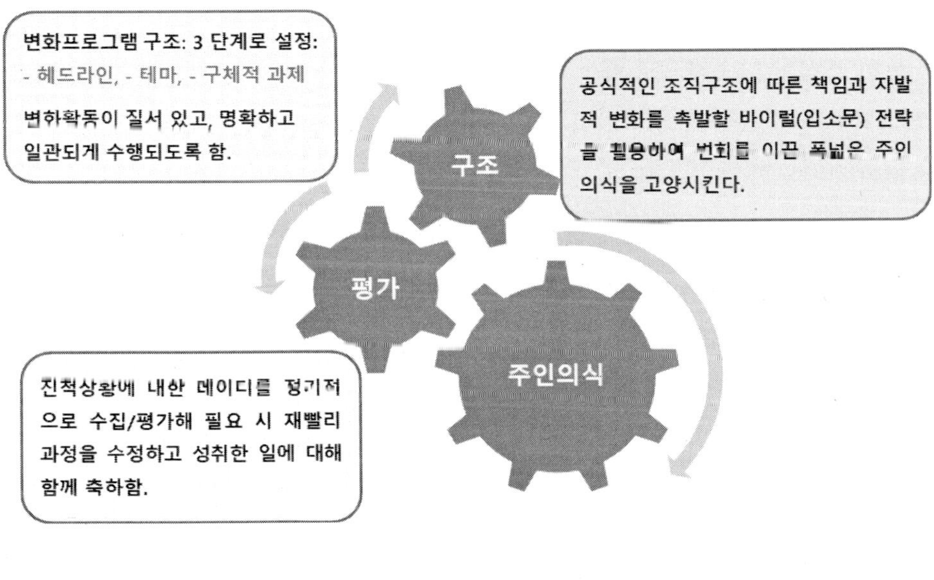

이상과 같이 변화프로그램에서 '포부', '평가', '설계' 단계들은 보통 몇 달씩 걸리지만 '실행'단계는 몇 년이 걸리는 과정임을 변화담당자인 조직관리자는 충분히 인식하여야 할 것이다. 또한 실행하였다고 해서 다 끝난 것이 아니라 변화는 끝없는 여정이므로 계속 진행되어야 한다. 그러면 어떻게 지속적으로 변화를 추진하여야 할까?

3.5. 계속 전진하라.

변화여정에 최종 정착지는 없다. 중간 기착지만 있을 뿐이다. 변화프로그램을 성공적으로 끝마쳤어도 지속적으로 향상하기 위한 여정은 계속되어야 한다고 한다. 그렇다면 이를 위해 무엇을 어떻게 하여야 할까?

전진단계에 들어서면 조직은 성과와 건강을 개선하기 위해 계획적 접근법보다는 '업무상 많은 자유를 부여함으로써 재능 있는 인재들이 잠재력을 발휘할 수 있는 방식'으로 전환하여야 한다. 또한 지속적인 향상을 할 수 있는 능력을 갖추어야 한다. 이 일은 변화의 다른 단계들처럼 많은 에너지와 집중력을 필요로 한다. 조직이 지속적인 향상으로 나아가려면 두 가지에 초점을 맞추어야 한다. 1) 지속적인 발전이 조직의 DNA가 되도록 하는 것이고, 2) 계속해서 배우는 태도로 구성원들을 이끄는 것이다.

특히 조직이 지속적으로 향상할 수 있는 능력을 갖추기 위한 열쇠는 조직인프라 즉 기본체제에 그 능력이 뿌리박히도록 하는 것이다. 맥킨지 연구결과에 의하면 지속적인 향상능력을 갖추게 된 기업들은 장기적으로 자사의 변화프로그램이 성공할 거라고 생각할 가능성이 2.6배 더 높다고 한다. 지속적인 향상을 위한 인프라는 4가지 요소들로 이루어져있으며, 다음의 <표 3-4>와 같이 정리할 수 있다(Keller & Price, 서영조 역, 2014).

〈표 3–4〉 지속적 향상을 위한 인프라 4요소

1. 지식 및 우수 경영관행을 공유하는 시스템
2. 향상기회를 파악해 포착하는 프로세스
3. 지속적 학습을 가능케 하는 제도.
4. 전문지식, 기술을 갖고 있는 사람들

이 네 가지 요소는 조직상황에 맞게 조정하여야 한다. 조직에 따라 특정요소를 다른 요소들보다 강조해야할 필요가 있을지 모른다. 그래도 지속향상을 위해서는 모든 요소들을 신중하게 계획하고, 요소들이 서로를 강화시킬 수 있게 해야 한다.

조직이 인프라를 구축하였다면 구성원들이 매일 새로운 의식구조로 일터에 나오도록 하여야 한다. 즉 지속적인 향상에 적합한 변화역량과 의식구조를 중심 잡는 리더십을 발휘하여야 한다고 한다. 이러한 중심 잡는 리더십 모델은 다음의 <표 3-4>와 같이 5 가지 요소로 이루어져 있고, 서로 강화를 시켜준다고 한다(Keller & Price, 서영조 역, 2014).

〈표 3–4〉 중심 잡힌 리더십 모델의 5 가지 요소

요 소	내 용
의미 찾기 (Meaning)	· 일에서 개인적인 의미를 찾고, 그 의미를 남들과 나누며, 다른 사람들이 스스로 동기를 부여하고 목적의식을 갖게 한다. =동기를 부여하는 능력
긍정적 사고의 틀 갖기(Framing)	· 어려운 문제도 건설적/창의적인 해결책을 찾을 수 있다는 시각으로 바라보며, 역경 속에서도 기회를 발견한다.
사람들과 관계 맺기(Connecting)	· 회사 내외에 인적 네트워크를 만늘기 위해 적극적으로 노력한다.
적극적 참여하기 (Engaging)	· 나서서 행동할 수 있는 자신감을 고취하며 불확실성과 위험을 무릅쓰고 스스로 참여하고 다른 사람들도 참여하게 이끈다.
활력 불어넣기 (Energizing)	· 자신의 육체적/정신적/정서적 에너지에 체계적으로 투자하고, 다른 사람들에게 활력을 돋워주기 위해 필요한 관행과 규범을 만들어 낸다.

변화담당자 역할사례: 마이크로소프트(Microsoft)

1. 근무제도-자율과 협업

2013년 기업 조직의 대대적인 변화를 마주했던 마이크로소프트사는 기존의 자기중심적이고 개인화된 부정적인 이미지를 '모든 걸 배운다'는 겸허한 문화로 변모시켰다. 클라우드 서비스를 활용해 자율과 협업, 두마리 토끼를 잡았다는 평가를 받고 있다. 마이크로소프트사는 공간, 제도, 기업 인식까지 탈바꿈했다. 자유좌석제, 자율출퇴근 등으로 어디서든 자유롭게 일한다.

"지구상 모든 이가 더 많은 것을 이룰 수 있도록 돕겠다(Empower every person and every organization to achieve more)." 마이크로소프트사의 비전이다. 중요한 건 또 있다. 바로 '모든 이'에 직원들도 포함됐다는 점이다. 더 많은 것을 이룰 수 있도록 유한한 자원인 시간을 직원들에게 되돌려주려는 게 이 회사의 원칙이다.

2000년대 모바일 시대의 패권을 놓치고 침체기를 보낸 마이크로소프트사는 2013년 대대적인 변화를 단행했다. 차세대 성장 동력 가속화를 위해 클라우드와 AI 서비스를 중심으로 조직의 뼈를 깎는 변화를 시도했다. 사티아 나델라 CEO로의 교체도 그 일환이었다. 효율성과 능력의 혁신이 가능할 수 있게 광범위한 조직 개편이 이뤄지며 변화의 서막이 올랐다.

나델라 회장은 자신의 업무가 마이크로소프트 문화를 새롭게 하는 것이라고 천명했다. 조직, 인사평가 시스템, 임원단 등 주요 회사 동력을 개편해 소프트웨어(SW) 기업에서 클라우드 서비스 기반의 플랫폼 회사로 탈바꿈했다. 지난해 7월 변화는 미국 본사뿐만 아니라 글로벌 조직 개편으로 확대됐다. 한국 지사도 IT 패러다임에 발맞춰 역량을 강화했다. 요즘 한국 마이크로소프트는 국내 7월에 도입한 주 52시간 근무제 시행 이후 벤치마킹을 위해 문의를 가장 많이 받는 기업 중 하나다. 광화문에 있는 마이크로소프트 한국 사무실을 찾아 달라진 근무환경을 확인했다.

일하는 방식의 변화는 마이크로소프트사의 공간, 제도, 기업 인식 전반을 뒤흔들었다. 직원들은 클라우드 서비스 기반의 스마트 오피스가 주효했다고 입을 모았다. 마이크로소프트사 직원 A씨는 "클라우드 서비스를 적용한 자율근무는 세대 구분 없이 누구나 어렵지 않게 접근할 수 있게 만들어졌고, 그만큼 업무 성과로 이어졌다"고 말했다. 유선으로 연결돼 있던 사무실 전화는 모두 휴대폰이나 컴퓨터로 자동 착신전환 된다. 회의 장소와 시간은 모바일 클라우드 스케줄러에 간단하게 등록하고 대표나 임원들의 스케줄 유무도 파악할 수 있다. 프린터도 자신의 이름으로 연결돼 어느 층에서나 편리하게 이용할 수 있다.

특히 데이터베이스화된 직원별 업무 시스템은 주목할 만하다. 업무를 위한 메일 접속 체류 시간, 회의, 공동작업 시간 등이 매주 업데이트된다(표 참고). 지난주 대비 업무소요 시간도 알려준다. 미팅을 자주 하는 팀원의 얼굴과 횟수는 물론, 자주 만나지 못하는 외부 고객의 경우 리마인드 형태로 알람까지 해준다. 이 결과는 오로지 개인만 확인할 수 있어 끊임없이 동기부여 역할을 하는 셈이다.

직원 업무 스타일에 맞춘 유연근무제는 완전히 정착했다. 자율출퇴근, 재택근무, 자유좌석 등은 회사의 자연스러운 문화로 자리 잡았다. 근무하기 편한 시간이나 공간은 언제나 옵션이다. 일반 좌석은 컴퓨터 모니터만 있고 서랍도 없어 매일 편한 곳에서 근무할 수 있다. 자신의 노트북이나 개인용품은 사물함에 놓고 열람실처럼 사용한다. 개인 지정 좌석은 일부 IT 관련 개발자들에게 국한된다. 1인석은 독서실처럼 답답하지 않게 널찍한 공간을 활용했고, 카페 조명을 설치해 아늑한 분위기를 연출했다. 소파가 있는 휴게 공간과 업무 공간의 경계를 낮춰 각자 편안하게 작업할 수 있는 공간이 늘어났다.

자율출퇴근이나 재택근무를 위한 별도의 결제 과정은 없다. 개인 재량에 따른다. 재택근무도 외부 미팅이 없거나 집안에 사정이 있을 때 매니저(팀장)에게 구두로 알려주기만 하면 된다. 보고 체계 때문이 아니라 팀 간 원활한 소통이 이유다. 고객 미팅이 없으면 사무실로 출근하지 않는 직원이 많다. 실제 직원들로 북적이던 과거와 달리 사무실은 한산해 쾌적하기까지 했다.

가족과 함께하는 시간을 중요시하는 복지제도는 유연근무에 박차를 가했다. 매달 패밀리 데이(Family Day)를 도입하는가 하면, 가족 간병이나 출산 때도 직원 전부에게 유급휴가가 주어진다. 휴일에 사무실에서 업무를 할 경우 가족들을 데리고 올 수도 있다. 사물함에는 '아빠 힘내세요' 등 자녀들의 귀여운 응원 메시지도 적혀 있었다.

유연근무제가 체계화되며 업무 효율은 가시화됐다. 사무실을 이전하고 1년 후에 사내 직원을 대상으로 설문 조사를 한 결과, 불필요한 회의, 자료 준비나 이동시간이 기존 6.5시간에서 2시간으로 대폭 줄었다. 외부 미팅 때 사무실에 들르지 않고, 집이나 편안한 공간에서 업무가 가능해 이동시간을 줄인 덕분이다. B(여)씨는 "경기도 지역에서 출근하는 왕복 시간과 화장 등 다른 준비 시간까지 줄여 하루 약 3시간가량 업무를 더 할 수 있게 됐다"고 말했다. 사내에서도 직원들 동선이 최대한 겹치도록 사무실 공간을 디자인해 회의실을 잡고 미팅을 진행하는 번거로움을 줄여 간단하게 업무 처리를 할 수 있도록 조성했다.

개인의 자율성만 존중하는 건 아니다. 마이크로소프트사는 조직 개편을 하면서 협업 구조에 가장 중점을 두었다. 유연근무제가 활성화되면서도 팀제가 잘 운영되는 이유는 바로 인사평가제도 덕분이다. 직원 평가를 기존 성과등급제인 상대평가에서 절대평가로, 실적 중심에서 팀원이나 주변에 주는 영향력을 중심으로 평가 기준을 변경했다.

2. 얼마나 협업하는지 평가하는 제도

2013년, 마이크로소프트사는 전 세계 12만 명 직원의 인사평가 시스템을 창립 이래 처음으로 개편했다. 기존 방식은 전 직원을 1~5등급으로 나누는 평가였다. 팀 전체가 잘해도 어떤 사람은 1등급, 어떤 사람은 5등급을 받을 수밖에 없었다. 리사 브루먼 인사담당 부사장은 '더는 등급은 없다'고 전 세계 직원에게 이메일로 선언하며 커넥트(Connect meeting) 시스템을 새롭게 도입하기로 했다. 커넥트는 부서에 따라 1년에 2~3회 매니저와 직접 미팅으로 업무와 성과를 논의하고 직원들을 평가하도록 하는 제도다. 평가 목표는 얼마나 협업을 잘했는지 여부이다.

'실적 00% 판매 달성', '00% 성과 초과 달성' 등과 같은 수치 위주 평가는 서술형으로 바뀌었다. A씨는 "업무 성과의 배경 즉, 내가 다른 사람을 어떻게 도왔는지, 또 다른 사람의 성과를 내가 어떻게 활용해서 더 큰 영향력을 만들었는지를 자세하게 기술해 주변 동료와의 불필요한 경쟁을 줄였다"고 설명했다. 평가에서 자신의 성과뿐만 아니라 동료의 성공에 얼마나 기여했는지가 척도가 되기 때문이다. 오히려 평가 방식이 팀제 근무에 기폭제 역할을 한 셈이다.

출처 http://jmagazine.joins.com/forbes/view/322281

참고문헌

신유근(1997), 인간존중의 경영, 다산출판사.

Keller & Price, (서영조 역, 2014), 차이를 만드는 조직, 전략시티.

Lewin, K.(박재호 역, 1987), 사회과학에서의 장이론, 서울: 민음사.

Magretta, J.(권영설 & 김홍열 역, 2004), 경영이란 무엇인가?, 김영사.

Kotter, J. P. & schlesinger, L. H.(1979), Choosing strategies for Change, *Harvard Business Review*, Mar-April.

McKinsey(2010), What Successful Transformations Share, McKinsey Quarterly survey, 01.

Randolph, W. A. & Blackburn, R, S.(1989), Managing Organizational Behavior; Homewood, III.: Irwin.

Robbins, S. P.(1994), Management 4th ed.(Englewood Cliff, NJ: Prentice-Hall).

제5장 학습조직 구축자 역할

21세기 지식·정보 및 창조경제시대로 접어들면서, 기업경쟁력의 원천이 과거 생산설비와 같은 유형자산에서 지식·정보력, 창의성 등과 같은 무형자산으로 바뀜에 따라, 기업의 학습능력이 중요한 경쟁우위의 원천이 되고 있다. 이와 같이 변화하는 환경 속에서 기업이 생존하며 학습을 통한 지속적인 경쟁우위를 확보, 유지하기 위해 학습조직의 개념이 각광받고 있다.

학습조직이 현장에서 활발하게 적용된 것은 1980년대 후반부터이며, 최근 들어 학습조직에 대한 관심은 전 세계적으로 확산되었고, 많은 기업들이 학습조직구축에 참여하기 시작하였다. 그 이유는 조직은 공통의 비전을 향해 지속적으로 새로운 것을 배우고, 지식화 하는 학습조직이 되어야 하기 때문이다.

따라서 제1절에서는 학습조직 구축자 역할의 의미와 중요성에 대하여 알아보도록 한다. 제2절에서는 학습조직에 대한 이론적 논의를 살펴본다. 그리고 제3절에서는 학습조직 구축자 역할의 실행방안을 제시하도록 한다.

제1절. 학습조직 구축자 역할의 의미와 중요성

무한경쟁시대라고 일컬어지는 지식정보화 사회에 있어 경쟁력의 원천은 지적창조성이다. 조직 내 창조적인 개인이나 소수에 의한 혁신이 지니는 한계가 부각되면서 조직창조성에 대한 관심이 증대되고 있어 경영자 및 조직관리자들에게 핫이슈로 '집단지성(collective intelligence)'이 부각되고 있다. 이는 자신의 지식을 사람들과 공유하고 그 안에서 지식을 창조해내는 과정이 매우 자유롭게 일어난다. 즉 과거에는 전문가들이 지식의 생산자 이었다면 이제는 개방, 공유, 참여의 문화 속에서 사용자들이 자신의 견해를 밝히고, 타인과의 상호작용을 통해서 더 새로운 가치를 창출하고 지성을 모아 개인의 힘보다 커지는 현상이 나타난다. 이처럼 집단지성은 구성원들의 자발적이고 적극적인 학습참여로서 상호간에 지식을 공유하고, 이를 통해 더 큰 가치를 창출해내는 것을 지향한다는 점에서 기업이 학습조직을 지향하고자 하는 바와 일맥상통한다. 학습조직은 이러한 노력의 일환으로 등장한 개념이다.

개인이 매일 세상을 사는 방법을 배우듯이 조직도 살아가는 방식을 배우는데 학습조직이 의미가 있다. 특히 조직에 있어서 전체시스템적인 학습은 조직에게 최상의 성장 및 생존기회를 제공한다. 조직의 성공과 실패가 조직의 학습능력에 의해 결정적으로 좌우되기 때문에 의도적이고 지속적인 학습조직의 구축작업이 최고경영자는 물론 모든 구성원들의 가장 큰 책임중의 하나가 된다.

학습조직 구축자 역할이란 구성원들이 자발적으로 보유하고 있는 다양한 지식, 정보, 경험 등을 공유하고, 그 안에서 자유롭게 의견을 개진해 새로운 지식을 창조할 수 있도록 학습 분위기 조성 및 시스템을 구축하여 개인 창의성은 물론 집단지성을 촉진함으로써 경쟁력 있는 조직이 되도록 의도적이고 지속적인 노력을 하는 것을 의미한다. 이러한 역할을 성공적으로 수행할 경우, 구성원들의 지식, 신념, 행동변화를 유도하면서 조직의 혁신능력과 성장능력을 강화할 수 있다.

학습조직은 개인지성을 뛰어 넘어 집단지성으로서의 시너지 효과가 나타나야 한다. 하지만 기업현장에서의 학습조직은 다음과 같은 한계와 문제점으로 인해 집단지성을 기반으로 하지 못하고 있다. 1) 학습조직은 구성원들의 주체적이고 자발적인 참여가 핵심이지만, 개개인이 희망하기보다는 조직의 강요에 의해 어쩔 수 없이 하고 있다는 부정적 인식을 갖는 경우가 많다(유영만, 2002). 또한 조직의 비전을 구성원들과 공유하지 못해 학습조직의 방향성을 잃게 만들고, 이는 학습자의 자율적 의지를 꺾는 요인으로 작용한다. 2) 학습조직은 수평적 의사소통을 중요시 여기지만, 실제적으로는 수직적 구조에서의 상하관계로 인해 학습조직에서도 학습자들의 의사소통을 가로막아 다양성을 저해하는 요소로 작용할 뿐만 아니라 수동적인 구성원으로 만든다. 3) 지식은 집단적으로 공유되어야 더 의미 있고 가치가 있겠지만, 부문 내에서 보다는 부문 간에는 협력이 부족하고 의사소통이 원활하지 못하다. 이는 개개인들이 학습한 내용이나 지식 등의 상호작용이 활발하게 일어나지 못하게 한다. 그리고 4) 학습조직은 조직의 경쟁우위 확보를 위한 중장기적 전략으로 근본적이고 총체적인 방법을 지속적으로 추진해야 하는 것이지만, 기업들은 단기간에 단편적이고 일회성의 전술로 가시적인 효과를 내려고 하는 기업문화와 회사의 미흡한 지원이 문제점으로 드러났다(유영만, 2006)

따라서 조직관리자가 학습조직 구축자 역할을 성공적으로 수행하기 위해서는 학습조직에 대한 이해가 전제되어야 한다. 학습조직관련 연구들의 공통된 사항을 살펴보면, ① 학습조직은 단순히 학습하는 개인들이 모인 조직이 아니라, 여러 레벨의 조직단위에서 실시되며 기업성장에 크게 기여한다. ② 학습조직은 구성원들의 변화능력을 갖도록 하는 조직이다. ③ 학습조직은 개인의 학습능력을 향상시킬 뿐만 아니라 조직구조, 조직문화, 직무설계에 이르기까지 그 개념을 재정의 할 수 있는 조직이다. ④ 학습조직은 의사결정과정에 구성원들은 물론 경우에 따라서는 고객도 참여시키면서 정보를 공유할 수 있게 한다. ⑤ 학습조직은 구성원들의 체계적인 사고방법과 조직적인 지식을 축적할 수 있도록 추진한다.

이러한 특징을 가진 학습조직이 조직에 성공적으로 구축될 경우 긍정적 효과를 살펴보면, 다음과 같이 정리할 수 있다. 첫째, 환경변화에 대한 대응과 관련하여, 조직구성원들의 지식과 정보를 새롭게 하여 지식수준과 정보수준을 높이는 역할을 하여 환경변화에 대응할 수 있도록 유용하게 활용할 수 있음으로써 조직의 유연성을 제고시키면서 조직의 혁신과 변화를 용이하게 한다. 그 이유는 학습은 조직임파워먼트와 연계되어 조직변화를 가능하게 하기 때문이다. 즉 한 개인이 개인학습을 하지 않고 자신을 임파워먼트 시킬 수 없듯이 마찬가지로 조직도 조직학습을 하지 않고서는 조직임파워먼트와 그로 인한 조직변화도 기대할 수 없게 된다. 둘째, 창의성과 생존 관련하여, 구성원들의 학습능력제고 및 다양한 지식 및 경험의 공유 등으로 인해 지적창조성을 촉진함으로써 창의경제기반 사회에서 경쟁우위의 원천을 확보할 수 있어 생존가능성을 높일 수 있다. 그리고 셋째, 참여경영의 실현과 관련하여, 학습을 촉진하는 과정에서 참여경영의 기초를 다질 수 있다. 그 이유는 개인의 학습과 집단의 학습이 확장되어 조직학습이 이루어지게 되는데, 이 과정에서 조직은 구성원의 개인역량을 강화시켜 개발시키고 또한 집단수준에서 집단의 자율기반을 구축함으로써 참여경영을 실현하기 위한 기초를 튼튼히 할 수 있기 때문이다.

제2절. 학습조직에 대한 이론적 논의

학습조직(learning organization)은 조직학습을 하는데 능숙한 조직을 의미한다. 조직학습의 의미를 살펴보면, "새로운 지식·정보 및 통찰을 얻음으로써 소식의 행위 즉 관습정책, 일의 운영방식 등과 같은 조직의 일상적인 행위규칙을 변화시키는 과정"이다(Marquadt, 1996, 2000; Stata, 1989). 여기서 조직학습의 근거가 되는 기본가정은 변화하는 상황 속에서 조직이 생존 및 성장하기 위해서는 조직구성원이든 아니면 조직자체이든지 끊임없이 학습해야만 한다는 것이다. 이러한 측면에서 지식경영, 학습조직, 집단지성 등에 대한 이론적 논의를 살펴본다.

2.1. 지식경영과 학습조직

지식경영은 '시식의 칭출, 저장, 공유, 활용 등의 모든 과정이 유기적으로 연결하여 기업에게 고부가가치를 창출하는 경영'이라 할 수 있다. 이러한 지식경영의 주된 목적은 기업이 보유한 지식을 더 효과적으로 이용하여 기업의 성취도를 높이고 지식의 최고 가치를 실현시키는 것에 있다(김인수, 1999). 구체적으로 지식경영은 ① 업무를 수행하는데 필요한 지식의 축적, ② 업무를 더 효과적으로 수행하기 위한 지식의 응용, ③ 업무방식을 더 효과적으로 만들기 위한 지식의 응용, ④ 제품과 서비스에 지식을 내제 등과 같은 세부적인 목표를 만족시킬 수 있어야 한다.

지식경영의 구성요소와 관련하여 사람이 가장 중요한 요소라고 할 수 있다. 그 이유는 지식 프로세스에서 지식의 매개체는 바로 사람이기 때문이다. 그러므로 조직 내 모든 구성원은 지식근로자가 되어야 한다. 지식근로자가 양산되고 제 기능을 최대한 발휘할 수 있으려면, 지식 공유와 지식 창조가 우선시되는 문화가 정착되어야 한다. 또한 지식경영을 위해서는 그에 맞는 제도와 조직을 갖추어야 한다. 지식에 대한 평가가 이루어지고 적절한 보상체계가 마련되어야 하며, 조직체계는 권한 이양의 폭이 넓은 분권화된 구조로 재편되어야 한다. 조직은 경직되지 않고, 문제가 있을 때 문제중심으로 관련지식을 가진 사람들이 모여 집중적으로 해결해 가는 유연한 구조여야 한다. 이처럼 지식경영의 구성요소는 다음의 <표 2-1>과 같이 정리할 수 있다.

〈표 2-1〉 지식경영의 구성요소

사람	· 지식근로자
문화	· 자발적 지식공유와 지식창조를 중시하는 문화
제도 및 조직	· 지식에 대한 보상, 지식중심의 조직, 지식 관리체계
시스템	· 지식경영 인프라로서의 정보기술

학습조직과 지식경영의 관계를 파악하는 문제는 학습을 통해서 지식이 어떻게 창출되는가를 규명하는 일과 관계가 있다. 주로 조직의 환경대응력을 제고시키는 학습이 개인차원은 물론 조직차원에서 어떻게 일어나며 일반적으로 이러한 학습활동이 자연스럽게 일어날 수 있는 조직적 여건과 문화를 어떻게 조성할 것인가가 매우 중요하다. 학습조직에서 학습활동의 주체가 개인이라면 조직이 할 수 있는 역할은 개인의 학습활동을 촉진시킴으로써 창조적 지식이 창출될 수 있는 맥락을 제공해 주는 일이다. 여기서 개개인의 학습결과는 단순한 개인학습의 총합수준을 넘어서는 새로운 조직학습이 창출되는 것이다. 즉 조직학습은 개인의 학습활동이 습관적으로 반복되다 보면 조직 내에 체화되고 개인의 학습결과가 공유되는 과정에서 개인학습으로는 달성하기 어려운 새로운 학습결과가 창출되는 것이다(유영만,

1999). 조직은 바로 개인학습활동이 활발하게 일어나고 그 결과가 자연스럽게 공유될 수 있는 조직적 여건창출과 맥락을 마련해 주는 것이다.

이러한 활동에는 조직의 구조를 바꾸고 조직운영방식을 개인의 창의가 최대한 발현되도록 재설계하며 학습활동이 자연스럽게 일어나도록 학습문화를 조성하는 작업, 또는 이를 촉진시키는 각종 제도수립과 정책적 대안을 마련하여 지원하는 활동 등이 필요하다. 즉 개인의 학습활동결과 창출된 지식을 보다 신속한 시간에 조직전체차원에서 어떻게 공유하고 활용하며 급변하는 환경변화에 대응할 것인가? 그래서 조직이 지속적으로 성장발전을 거듭하고 고객에게 차별적인 가치를 제공해 줄 것인가? 한마디로 학습조직은 이러한 문제제기에 가능한 답을 찾는 노력의 일환으로 등장한 경영혁신전략이라고 볼 수 있으며, 조직구성원이 경쟁사보다 빠르게 학습할 수 있는 능력이야말로 조직경쟁력의 원천이라는 점을 강조하는 21세기형 조직이 나아가야 될 방향과 철학이라고 말 할 수 있다.

2.2. 조직학습의 주체와 순환과정

학습조직은 조직 내 모든 수준에서 학습이 이루어져야 함을 강조하고 있다. 즉 학습조직은 [그림 2-1]과 같이 개인학습, 팀이나 집단학습, 조직학습으로 구성된다. 이들의 차별적 의미를 정리하면 다음과 같다.

[그림 2-1] 학습조직화의 기본체계와 차별적 의미

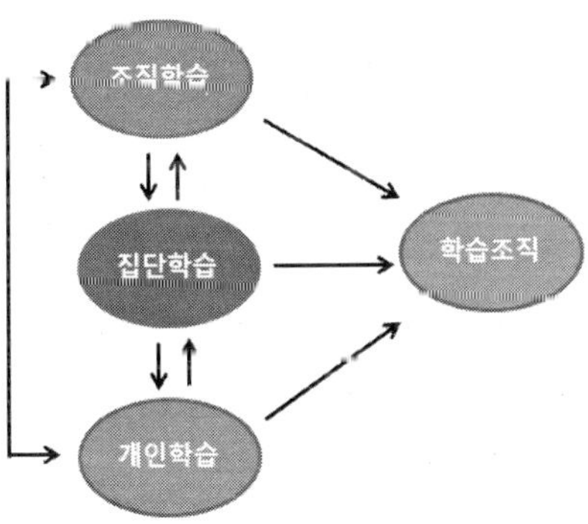

개인 학습	조직 내부에 있는 구성원들이 개인차원에서 전개하는 모든 배움의 활동을 의미한다.
팀/집단 학습	조직구성원들이 팀 혹은 집단에 의해서 수행하는 학습을 의미한다.
조직 학습	개별적 학습결과가 조직차원으로 승화발전된 학습형태를 의미한다. - 조직의 체계, 구조, 절차들이 학습저장소 역할하며, 그것들이 조직의 기억장치 형성.

조직학습의 주체는 개인, 집단, 조직 모두로, 필요할 경우 조직에서 팀을 만들어 집중적으로 학습시킬 수도 있고, 어느 한 개인이 학습한 바를 조직전체로 확산시킬 수도 있으며, 조직차원에서 전략이라든가 정책이 조직구성원이나 집단으로 하여금 학습하게끔 할 수 있다. 조직학습에서의 두드러진 특징은 공유이다. 이러한 공유를 통해서, 조직 내의 개인은 계속 바뀔지라도 조직의 지식, 사고체계, 규범, 가치 등은 지속적으로 보존되게 된다. 즉 조직에서의 학습이란 경험에 대한 검증을 통해 이 경험들을 지식으로 전환하여 전체 조직이 공유하고, 이를 조직의 핵심적 목표에 활용할 수 있도록 함을 의미한다. 또한 조직학습은 아래의 <표 2-2>와 같이 일정한 순환단계를 거쳐서 일어난다.

〈표 2-2〉 조직학습의 순환단계

순환 단계	내 용
지식 창출	· 개인이나 조직 내 특정집단이 새로운 지식을 습득하는 단계. · 방법: 다른 조직으로부터 학습, 과거의 실패나 성공경험 학습, 실험 및 문제해결 통한 학습. · 핵심: 외부조직 및 내부 타 부문으로부터 새로운 지식이 만들어지는 것. · 개인의 지적 호기심, 외부조직과의 네트워크, 서로 다른 지식가진 구성원간의 의사소통, 이질적 집단 간의 상호작용이 중요.
지식 공유	· 이렇게 습득한 지식을 다양한 네트워크를 통해 조직 내 다른 개인과 집단에게 전파해 공유시키는 단계. · 방법: 대면을 통한 전수, 사내 네트워크와 정보시스템을 통해 공유. · 핵심: 조직 내 정보와 지식공유를 위한 신뢰성을 확보하는 것.
지식 저장	· 공유된 지식을 매뉴얼이나 업무관행 등으로 공식화시켜 반영구적으로 사용할 수 있도록 하는 단계. · 핵심: 일반화된 틀에 따라 개인이 작업 활동에 쉽게 사용할 수 있도록 문서화 하는 것.
지식 폐기	· 기존에 조직이 갖고 있었던 지식을 폐기하는 단계. · 개인의 변화두려움, 기존 지식상실에 따른 위기감 등 폐기에 따른 저항이 수반됨으로 가장 어려운 단계.

자료: 나기현(2013), 성과예술: 인간존중경영, 부산외국어대학교 출판부.

조직이 학습하기 위하여 가장 먼저 할 일은 관료주의를 파괴하는 것이라고 주장하고 다음과 같은 방안을 제시하였다(Peters, Thomas & Waterman, Robe, 1988).

- 기능적인 부과보다는 프로젝트 구조를 구축하라.
- 분산화 : 수평적으로 일하라.
- 경직된 조직구조를 제거하라.
- 수직적이고 수평적인 장벽을 제거하라.
- 조직이 유동성을 갖도록 하라.
- 모든 기능적인 활동들을 전체로 통합하라.

조직학습과 학습조직의 관계를 살펴보면 다음과 같다. 조직학습은 학습조직구축을 위한 조직차원에서의 지속적인 학습활동을 의미한다. 즉 조직학습은 과정(process) 개념이며, 학습조직은 결과(outcome) 개념이라 할 수 있다. 여기서 학습조직의 결과개념은 구축된 최종결과물의 개념이 아니라 지속적인 학습과정중의 중간결과물이다. 따라서 조직학습은 조직수준에서 학습이 이루어지는 현상을 의미하는 가치중립적인 개념이라면, 학습조직은 조직학습이 잘 이루어지는 조직을 의미하는 가치판단적인 개념이라 할 수 있다(권석균, 1996).

2.3. 학습조직에 대한 분석내용과 학습조직 유형

학습조직은 '구성원들이 원하는 성과를 달성할 수 있도록 지속적으로 능력을 확대시키고, 새롭고 포괄적인 사고력을 함양하며, 집단적인 열망을 자유롭게 표출하고 공유하는 학습방법을 끊임없이 창출하는 조직'을 말한다(Senge, 1990; Garvin, 1993). 이러한 학습조직은 90년대 중반이후부터 미국과 일본에서 크게 각광을 받고 있는 조직이다. 그 이유로는 1) 기업이 급격한 환경변화에 적응이 가장 큰 문제로 대두되어 기업의 적응(지속적 변화)능력이 중요해질 수밖에 없기 때문이다. 2) 지식의 부가가치 생산성이 토지·자본·노동의 생산성을 능가하게 되었기 때문이다. 3) 기업이 지속적으로 성장하기 위해서는 현재의 시장지위, 여태까지 이룩한 성공, 그리고 스스로의 능력에 만족하고 자민해서는 안 되고 배우는 문화의 체질화가 필요하기 때문이다. 4) 급격한 기술변화가 기업에 절대적인 영향을 미치므로 지속적인 학습의 필요성이 대두되었기 때문이다.

이와 같이 학습조직은 기업의 환경이 급변함에 따라 이에 대응하기 위하여 구성원들이 함께 배우면서 일하고, 일하면서 배워나가는 조직으로 개발된 것이다. 이러한 학습조직에 대한 전반적인 분석내용을 정리하면 다음의 <표 2-3>과 같다.

〈표 2–3〉 학습조직에 대한 분석내용

구분		내용
등장배경		· 지식경쟁과 환경의 불확실성
전제조건		· 신뢰감 형성, 지적 네트워크, 지식관리
조직특성	전체구조	· 자기 조직화, 네트워크
	구조적 특징	· 분권화: 고 · 계층: 저 · 통합수단: 정보기술과 네트워크 · 필요기구: 지식관리 전담 팀
리더십		· 멘토(mentor), 정보 수집 및 정보공유, 창조적 긴장부여
과업특성		· 지식축적 중시, 다기능, 전문성, 자율성
개인자질		· 지적 호기심, 개방성, 신뢰성, 창의성
인사제도		· 수평적 경력관리, 지식중심의 직무관리, 직책과 직급의 분리, 순환보직, 사내공모제
평가보상관리		· 지식축적 정도, 지식이전 정도
정보기술		· 높은 수준요구
가치관(문화)		· 위험선호, 개방성, 정보공유
기대효과		· 위기대응능력향상, 조직변화용이, 개인성취감(자기발전), 개방적인 조직풍토

자료: 김인수(2007), 거시조직이론, 개정4판, 무역경영사, P. 575.

21세기 지식정보화사회가 도래함에 따라 기업교육에도 커다란 영향을 미쳤다. 기존 산업사회에서 강조했던 교육·훈련(Training & Education)이 학습(learning)으로 전환되는 교육패러다임의 변화에 따라 자기주도형 학습이 강조되었고, 디지털을 통한 온라인학습이 가능해졌다. 특히 웹 2.0의 기술과 각종 개념들은 학습에서의 큰 변화를 불러왔다. 이로 인해 기존의 학습을 학습 1.0으로, 웹 2.0에 기반한 학습을 학습 2.0으로 명하며 학습플랫폼, 지식, 설명기제, 목적, 배경철학 측면에서 <표 2-4>와 같이 제시했다(김도헌, 2008a, 2008b).

웹 2.0:

'열린 공간에서의 사용자 참여'라는 핵심을 가지는 인터넷 세계에서 시작된 새로운 패러다임. 열려 있는 플랫폼에서 사용자들이 직접 상호작용할 수 있는 기반을 제공하고, 이러한 기반을 바탕으로 한 이용자들 간의 직접적인 연결에 의해 다양한 지식공유와 확산을 일으킨다.

- 제품 및 정보를 소비하는 소비자에서 참여자로,
- 수익모델이 개별 제품에서 웹 플랫폼으로,
- 선호하는 제품 및 서비스를 제공하는데 무리에서 끼리로(선호, 취미 등),
- 고객과 웹사이트 관계가 거래에서 관계로,
- 지식 및 정보 등제를 통제에서 자치로

〈표 2-4〉 학습 1.0과 학습 2.0의 차이

구 분	학습 1.0	학습 2.0
학습플랫폼	개인의 머릿속 공간	개인/세상/행위간이 상호작용 공간(생태계)
지식	개인차원의 소유 대상	집단차원의 공유대상
설명기제	인지구조/쉐마	상호작용(Affodance & Attunement)
목적	지각, 기억, 이해	정체성 형성, 공동체의 소속
배경철학	인지주의(기능주의적 심리학)	사회적 구성주의/생태학적 심리학

학습 1.0은 학습플랫폼을 개인의 머릿속에 두고 있어서 매우 개인적 차원의 문제이지만 학습 2.0은 학습플랫폼을 개인, 세상, 행위와의 상호작용 공간속에 두고 있어, 학습을 더 이상 개인차원의 문제로 보지 않는다. 학습은 더 이상 지식에 대한 소유가 아니다. 학습 2.0에서는 본인이 알고 있는 지식을 사람들과 함께 나눌 수 있는 공간에 개방하여 공유하고, 새로운 지식구성의 과정에 참여하는 것이 학습이다. 즉 학습은 개인적 차원의 영역이 아니라 세상과의 상호작용차원에서 바라볼 필요가 있으며, 소유의 문제가 아니라 참여와 공유의 문제로 바라보아야 한다. 지식경제의 시대는 인터넷의 발달로 국제적 소통이 가능함으로써 이제 학습은 개인지성의 문제가 아닌 집단지성의 문제인 것이다.

학습조직 2.0은 집단지성이 발현되는 원리인 다양성, 독립성, 분산화 및 통합을 기존의 학습조직원리에 적용시켜 학습조직이 추구하고자 했던 지식창조 및 공유를 보다 촉진시킬 수 있도록 한 대안적 학습조직이다. 즉 집단지성기반의 대안적 학습조직으로 구성원들의 자율적이고 자발적인 참여를 통해 지속적으로 지식창조 및 공유를 함으로써 집단창조성, 집단혁신성을 발휘하는 조직이다.

학습조직 1.0과 학습조직 2.0은 조직학습을 기업의 지속적 성장과 경쟁력 확보를 위한 핵심요소로 간주한다는 측면에서 개념상 큰 차이가 있는 것은 아니다. 두 가지 모두 지식이 창출, 저장, 확산 및 공유되는 과정에 있어 구성원이 핵심적인 역할을 하며, 이 과정에서 지식은 보다 역동적인 특성을 갖게 된다. 그러나 학습조직 2.0은 조직학습의 과정에서 집단지성이 보다 잘 나타날 수 있도록 하는 것을 목적으로 하는 러닝아키텍쳐로 볼 수 있다. 개방, 참여, 공유를 원칙으로 하고 있는 웹 2.0 기반하에서 개인들이 자율성을 바탕으로 다양하고 역동적인 상호작용을 전개하여 지속적인 학습을 하고, 이를 통해 창출된 지식의 자가발전적 선순환이 이루어지는 집단지성의 원리가 학습조직의 기반이 됨으로써, 조직의 성장과 발전에 기여할 수 있다. 집단지성의 원리와 학습조직 2.0의 원리를 정리하면 다음 <표 2-5>와 같다(문수진, 2009).

〈표 2-5〉 집단지성의 원리와 학습조직 2.0의 원리

집단지성의 원리	학습조직 2.0의 원리		
	주요 원리	하위 요소	내 용
다양성	개방·공유 통한 다양성촉진	사고의 다양성	고정관념에 도전하고,다름과 차이를 존중하는 사고
		지식공유 통한 조직학습 촉진	내부 구성원들 간의 상호작용을 통해 개인의 지식을 집단의 지식으로 발전시키고, 외부의 지식을 수용
독립성	자율적 참여를 통한 숙련	자율적 학습문화	학습자들이 자유롭게 학습에 참여할 수 있도록 지원하는 조직문화
		자율적 참여의지	능동적이고 적극적으로 참여하고자하는 학습 의지
분산화 및 통합	분산된 리더십	수평적 협업	수평적 조직문화 기반의 협업을 통해 이루어지는 지식 창출 및 공유
		통합 메커니즘	분산화 된 지식을 통합하여 시너지 효과를 창출하는 메커니즘

2.4. 학습조직 구축의 장애요인

학습조직 구축에는 정형화된 방법론이 없다. 전체조직에 걸쳐 학습력을 높이려는 기본방향아래 여러 가지 학습조직구축의 접근이 가능하다. 성공적인 학습조직 구축을 위해서는 무엇보다도 학습조직구축의 장애요인이 무엇인지를 파악해야 하기 때문에, 장애요인들을 인적차원과 조직적 차원으로 구분하여 살펴보도록 한다.

(1) 인적차원의 장애요인:

학습조직구축의 장애요인으로 ① 학습효과에 대한 성급한 기대로 인한 피상적 학습현상 ② 기존 변화노력이 조직의 경직성으로 인해 저항/제제를 받음에 따라 새로운 변화에 대해 수동적, 의존적, 절망적 상태를 갖는 학습된 무력감 현상 등을 들 수 있다. 특히 특정조직에서 학습이 일어나지 않는 문제를 다음과 같이 7가지 학습무능력요인을 들 수 있다(Senge, 1990).

1. 나는 내 역할만 하면 된다는 사고방식 ─ 타인 업무와 관련해 무관심을 표명하는 사고방식으로 기능적 편협성, 부문 이기주의가 여기에 속함.
2. 적은 외부에 있다는 사고방식 ─ 문제나 잘못의 원인을 자신/내부조직이 아닌 다른 사람/조직 외부 탓으로 책임을 전가하는 것.
3. 공격이 최선의 대응이라는 사고방식 ─ 문제/위기에 대한 해결시 전체상황을 체계적 분석/능동적 대처보다 무조건 공격적/성급하게 행동취하는 것.
4. 사건에 집착하는 사고방식 ─ 사건에 나타난 원인만보고 사건이면에 숨겨진 근본원인이나 전체 구조상의 문제를 간과하는 것.
5. 점진적 환경변화를 감지하지 못하는 것 ─ 비이커 속의 개구리처럼 조직은 점진적 환경변화에 둔감하여 심각한 위기에 빠질 수 있다.
6. 경험을 통해서만 배울 수 있다는 착각 ─ 경험도 중요하나 결과가 먼 미래에 나타나거나 조직 전체의 영향으로 직접 경험할 수 없을 때도 많다.
7. 경영 팀이 알아서 할 것이라는 환상을 갖는 것 ─ 조직 내 문제해결위해 다양한 경험을 가진 관리자들이 팀 전략에 따르는 척하지만 자신영향력을 지키기 위해 타부서와 빈번한 갈등을 일으켜 팀 스스로의 학습을 저지하는 경우도 많다.

(2) 조직차원의 장애요인

조직차원에서의 학습조직구축의 장애요인으로 다음의 8가지 요인을 들 수 있다 (Marquardt & Reynolds, 1994; 유영만, 1995).

1. 조직구성원의 개성과 창의성을 말살하는 경직된 관료주의
2. 경쟁적 조직 분위기
3. 권한위임을 어렵게 하는 통제
4. 경직된 수직적 의사소통 체계 등으로 인한 원활하지 못한 커뮤니케이션
5. 자신이 학습모델이 되며 조직구성원의 학습을 강화하고 촉진하는 리더십의 부족
6. 비효율적인 정보공유 등 자원의 부적절한 활용
7. 수직적 위계조직
8. 거대한 조직구모

다른 장애요인으로 현대조직에서의 임시적 또는 신축적 시간제 근로자 수의 증가를 들 수 있다. 이들을 위한 학습에의 투자가 줄고 이직으로 인해 학습이 조직에 남기 어렵다. 이들은 조직에 대한 충성심이 낮아 조직을 위한 학습을 하려고 하지 않는다는 문제가 있다. 이외에도 조직관성(organizational inertia)을 들 수 있다. 조직의 과거 경험과 조직구조, 문화 등에 의해 크게 영향 받으며, 권력구조 및 보상 및 평가 등의 조직적 요인에 의해서도 영향을 받는다. 조직의 관성은 구조적 복잡성과 상호연관성이 큰 대기업과, 조직이 안정적인 균형기를 오래 가졌던 성공적인 기업의 경우에 더 강하게 나타날 수 있다. 또한 각 조직의 상황과 무관하게 진행되는 획일적인 학습양식도 그리고 무조건 해보는 식의 새롭고 실험적인 학습도 반드시 좋은건 아니므로 조직이 처한 상황과 학습스타일에 따라 그에 적합한 학습양식을 추구해야 한다.

2.5. 학습조직의 촉진 및 실행

학습조직은 조직성패의 핵심이 학습이라는 개념이다. 학습은 조직구성원의 역량과 조직의 변화능력, 그리고 조직의 경쟁력을 제고시키는 기능을 담당하는 매우 중요한 활동이며, 학습의 양과 질은 잘 관리하면 증대될 수 있기 때문에 조직성과를 향상시키는데 필수적이다. 그러므로 학습조직 구축자는 전체그림을 이해할 줄 알고, 시스템 각 부분들 간의 관계를 간파해야 한다. 학습조직은 이처럼 조직학습이 아주 능숙하게 이루어지는 조직으로, 이를 촉진·실행시키기 위한 방안으로는 아래의 <표 2-6>과 같이 정리할 수 있다.

〈표 2-6〉 학습조직을 촉진 · 실행시키기 위한 방안

1. 조직 내 개방적인 분위기를 유지시켜야.	· 토론·비판 장려
2. 학습하기 위한 제도적 장치가 마련되어야.	· 학습할 시간, 교육프로그램 충분제공 - 학습의욕 제고
3. 학습단위로서 팀의 역할을 강화해야.	· 학습결과 실험할 단위로 운영
4. 환경탐색을 강화해야.	· 경계역할부서 활용
5. 조직비전을 관리하고, 이를 구성원들과 공유해야.	· 조직비전이 학습능력제고·촉진
6. 학습결과의 성과들이 보상과 적절히 연계되어야.	· 학습효과 측정기준 마련

제3절. 학습조직 구축자 역할의 실행방안

조직이 어떤 조건을 구비할 때 학습이 높아지는가? 학습조직 구축자 역할을 성공적으로 수행하기 위한 실행방안을 몇 단계로 제시하도록 한다.

3.1. 단계별로 실행방안을 강구하라

첫째, 도입단계에서는 학습조직구축의 목적을 분명히 하라. 기존 교육체계의 문제점 해결위해? 기존 조직문화단점을 극복하고자 전체조직차원에서의 혁신전략으로?, 경쟁기업과 차별화된 경쟁우위확보를 위해? 개인의 창의성 차원을 넘어 집단지성을 유도하기 위해? 목적이 무엇인지를 분명히 하여야 하는 이유는 목표를 달성하기 위한 타당한 준비를 할 수 있기 때문이다. 또한 목표를 분명히 하여야 구성

원들과 함께 공유할 수 있고, 도입하고자 하는 목표를 효과적으로 성취할 수 있으며, 구성원들의 참여를 적극적으로 유도할 수 있다.

둘째, 준비 및 기획단계에서는 학습조직추진을 준비하기 위해서 전담팀을 구성하라. 전담팀을 구성해 학습조직에 대해 내부적으로 인식을 공유하기 위한 작업을 하여야 한다. 이는 전체조직혁신의 차원에서 학습조직을 공식적으로 추진하기 위함이다. 학습조직을 추진하는 초기 단계에서의 촉진요인으로는 경영상층부의 학습조직에 대한 이해와 이를 적극적으로 지원하는 리더십이 요구된다. 그 이유는 이 단계에서의 가장 큰 문제가 경영상층부의 이해와 지원부족이기 때문이다. 이의 해결방안으로는 학습조직 관련활동에 경영상층부를 참여시키는 등의 학습조직을 이해시키기 위한 적극적인 노력이 필요하다.

초기단계에서 결정해야 하는 사항의 하나가 학습조직의 추진을 공식화하는가의 여부이다. 여기서는 공식적으로 구축을 추진한다는 선언전략을 선택하든 드러내지 않고 배후에서 구축을 지원하는 막후전략을 선택하든 결정해야 한다. 학습조직 구축자는 각 전략의 장단점을 이해하고 조직의 상황에 맞도록 전략을 활용해야 할 것이다. 또한 기획단계에서는 학습조직의 개념을 자사에 맞게 구체화하여 기획의 방향과 강조점(지식창출 및 관리, 기존 교육변화 등)을 설정하는 한편, 학습조직의 구현을 위한 방법들을 기록해 나가야 한다. 예로 조직상부에서 시작하는 경우는 전체조직변화에 맞추는 것이 적절할 것이고, 부서중심으로 하는 것은 전체조직변화보다는 그 부서가 직면하는 문제나 요구에 대한 변화에 초점을 맞추는 것이 더 효과적이라 할 수 있다.

셋째, 실행단계에서는 학습조직을 구축하기 위해 실시될 방법은 조직의 여건이나 특성에 맞게 선정되어야 한다. 일반적으로 4가지의 접근(경험적, 구조적, 정보적, 문화적)의 통합적 사용이 필요하다. 그 이유는 학습조직 구현방법들이 지니는 다양한 문제점이 나타나기 때문이다. 특히 바쁜 현업으로 인한 학습시간의 부족, 조직의 관성으로 인한 학습으로의 패러다임전환에 대한 부적응과 저항, 자발적 의지부족 등이 실행단계에서 나타나는 공통된 문제점들이다.

넷째, 실행에 대한 성과단계에서는 구성원 개개인들이 학습의 중요성을 인식하여야 하며, 단순히 교육을 넘어 학습의 패러다임전환에 대한 공감대를 형성하여야 한다.

3.2. 구조적 측면과 운영적 측면에서 실행방안

3.2.1. 구조적 측면에서의 실행방안(송상호 · 김명호, 1996)

첫째, 팀 조직을 활용하라. 팀 조직이 학습조직에서 중요한 것은 수평적 구조특성과 개인과 개인 간의 친밀성이 학습을 촉진할 수 있기 때문이다. 그러므로 조직이 보다 효율적/효과적으로 팀 학습과 협력을 조장하기 위해서는 기탄없이 대화를 나눌 수 있는 회의풍토를 조성하는 것이 중요하다. 이를 위해서는 다음과 같은 조건들이 구비되어야 한다(박원우, 1992).

- 모든 참가자들은 가정을 하지 말아야 한다.
- 모든 참가자들은 서로 상대방을 인정해야 한다.
- 회의에 대한 전체분위기를 책임지는 촉진자(facilitator)가 있어야 한다.

둘째, 경계 없는 조직을 구축하라. 기존의 조직구조는 통제를 위한 수단으로 설계되었기 때문에 단위조직의 경계를 분명히 하고 책임소재를 명확히 규정하였다. 이러한 결과로 인해 단위조직들 간의 벽이 높아지고, 의사소통은 매우 제한적이어서 특정지식을 갖고 있는 개인은 단위부서의 울타리에 안주하게 되었다. 그러므로 지식을 창출하고 이를 일반화시키기 위해서는 조직 간의 벽을 자유롭게 넘나들 수 있는 제도적인 장치가 필요하다.

셋째, 외부조직과의 긴밀한 네트워크를 구축하라. 학습의 원천은 내부뿐만 아니라 외부로부터 생기는 경우가 더 많다. 특히 환경이 급변하고 소비자의 태도와 기호가 수시로 변하고 기술발전의 속도가 가속화되는 경우는 더욱 그러하다. 그러므로 외부조직이나 개인과 긴밀한 네트워크를 구축하는 것은 조직학습에서 매우 중요하다. 외부와의 네트워크 구조에는 공식적인 네트워크와 비공식적 네트워크로 구분이 가능하다. 일본회사들이 실시하는 각종 연구모임회가 개인들의 학습을 촉진하고 나아가 기업의 업무처리능력과 문제해결에 도움이 되고 있다.

공식적 네트워크	· 공동연구개발, 전략적 제휴 등 회사가 의도적으로 만든 네트워크이다
비공식적 네트워크	· 학습의 최초 발현자는 개인이라는 관점에서 동문, 연구모임, 일과 후 정보교환 회합 등 비공식적으로 행해지는 네트워크이다.

넷째, 내부학습을 위한 네트워크를 구축하라. 내부네트워크는 하드 및 소프트네트워크로 구분이 가능하다. 하드네트워크는 정보기술에 의한 물적 내용물(정보, 자금 등)의 흐름에 관련된 내용인데 비해 소프트네트워크는 개인 간의 무형의 관계에 의한 네트워크를 의미한다. 네트워크를 통해 학습을 촉진하는 사례로는 ABB사의 전력변압기사업 분야에서 운영되는 '의견교환을 위한 포럼제도'이다. 사업 분야 내에 연구개발과 구매 분야 등을 책임지는 5명의 전문스텝들이 지속적으로 여행을 통해 지역단위의 관리자들과 상의하고 전체적인 학습 및 조정에 대한 안건을 발전시켜 나가고 있다.

다섯째, 지식관리팀을 구축하라. 기업이 가진 지식은 흔히 통합되지 못하고 전문가의 퇴직과 함께 사멸되는 경우가 많다. 이는 전문가 개인의 지식을 집단이나 조직의 지식으로 관리하는데 실패하여서 발생하는 문제이다. 이를 극복하기 위해서는 전사적인 관점에서 지식을 관리하는 전담부서가 반드시 필요하다. 영국의 정보통신회사인 FI그룹은 수백 개의 다른 장소에서 연구개발, 생산 등이 이루어지고 있어, 분산되어 있는 조직 내에서 지식을 신속하게 획득하고 전파하기 위해서 '특별기동대'라는 팀을 운영하고 있다. 12명의 핵심인력으로 구성된 기동대는 폭넓은 용도를 가지는 제품으로 전환시킬 수 있는 유용한 지식을 축출하기 위하여 프로젝트마다 순회하면서 지식을 수집, 체계화하고, 이를 보급하는 역할을 수행하고 있다.

3.2.2. 운영적 측면에서의 실행방안(송상호 · 김명호, 1996)

첫째, 창조적 긴장을 고조시켜라. 새로운 지식의 창출은 창조적 긴장(creative tension)을 통하여 시작된다. 창조적 긴장이란 기업이 가고자하는 방향인 비전과 기업의 현재위치인 현실사이를 명확히 인식하는데서 오는 긴장을 말한다. 즉 학습조직은 비전을 명확히 하고, 비전을 개념적 우산으로 사용하여 지식창출을 시도하는 것을 의미한다. 비전은 구체적이기 보다는 광범위한 속성을 갖고 있기 때문에 구성원들로 하여금 목표를 달성하는데 있어서 창의성과 자율성을 보장해준다.

둘째, 학습에 대한 몰입을 고조시켜라. 조직학습을 좌우하는 것은 학습에 대한 동기부여이다. 학습에 대한 몰입은 쉽지 않지만 학습지향 조직들은 여러 방법을 동원해 몰입을 유도하고 있다.

이들이 사용하는 방법을 살펴보면, ① 학습을 가시화하여 전략적 의도의 중심이 되도록 한다. ② 경영자나 관리자가 회의나 회합, 워크숍 등에서 공개적으로 학습에 대한 언급을 일상화 한다. ③ 학습에 대한 상징을 만들어 사용한다.

셋째, 직무관리기준을 직무관리에서 지식관리로 전환하라. 전통적 조직관리의 기준은 직무분석에 따른 과업중심의 관리여서 무슨 일을 하는가에 따라 보상, 승진 등이 결정되었다. 그러나 학습조직은 지식을 관리의 기본으로 삼기 때문에 지식의 양과 기업의 전체적인 지식구조에 얼마나 기여했는가에 따라 보상, 승진 등이 결정되어야 한다. 직능자격제도가 도입된 맥락도 이런 이유에서다.

넷째, 사전지식을 갖춘 사람을 선발하라. 기업 활동에 필요지식을 충분히 갖춘 구성원이 있는 조직은 새로운 지식을 창출하는데 능숙하다. 그 이유는 개인의 경우 사전지식을 얼마나 갖고 있느냐가 새로운 지식습득의 양을 결정하듯이 기업도 사전지식을 얼마나 갖고 있느냐에 따라 새로운 학습량이 결정되기 때문이다.

다섯째, 지식창출을 위한 보상 제도를 확립하라. 지식창출은 구성원 사전지식과 새로운 것을 학습하려는 동기에 의해 결정된다. 특히 학습동기는 학습결과로 얻어지는 새로운 지식에 대한 올바른 평가와 보상에 의해 많은 영향을 받기 때문에, 학습조직에서는 구성원의 조직학습 공헌정도를 인사고과항목으로 설정하여 그 평가결과를 보상과 승신에 반영하여야 한다.

여섯째, 학습을 촉진하는 기업문화를 구축하라. 기업문화는 개인의 행동과 태도에 영향을 미치므로, 이는 학습의 주체인 개인이 그가 속한 집단이나 기업의 문화가 무엇인가에 따라서 학습의 정도가 달라짐을 의미한다. 학습을 지원하는 문화는 실수가 허용되고, 심지어는 실수 그 자체가 권장되어야 한다. 그 이유는 실수는 새로운 아이디어의 원천이 될 수 있고, 새로운 작업방식을 발견하는데 도움을 줄 수 있기 때문이다. 또한 학습문화는 모든 맥락에서 협력적인 창의성과 관계성, 경험들이 존중되는 문화이다. 특히 학습이 왕성하게 일어나기 위해서는 개인과 개인 간의 신뢰성이 매우 중요하다. 그 이유는 신뢰성은 정보의 공유를 가져오고, 이는 새로운 지식을 창출하는 토대가 되기 때문이다.

학습조직구축 사례: (주)큐릭스

〈학습활동상황〉

(주)큐릭스는 2008년 3월부터 부서단위의 문제해결 팀 8개를 구성하여 학습활동을 전개해 나갔다. (주)큐릭스가 문제해결 팀을 구성하고 운영함에 있어 중점을 둔 사항은 크게 두 가지였다.

첫째, 해결해야 할 문제를 정의함에 있어, 어떤 것이 시급히 해결해야 할 중요한 문제인지에 대한 판단은 부서원들 간의 충분한 의견개진을 통해 이루어 질 수 있도록 해야 한다는 것이다. 그 문제가 왜 중요한 것인지에 대해 부서의 모든 구성원들이 공감대를 형성하는 것이 중요하다는 판단에서였다. 특히 부서장과 부서원들 간의 부단한 대화 속에서 문제해결의 우선순위와 중요성에 대한 인식을 통합하고자 하였다. 때문에 부서장 또는 교육담당부서에 의해 문제 또는 학습주제가 사전에 일방적으로 정해지는 것은 배제 하였다.

둘째, 문제해결 팀은 해당 문제를 해결하기 위해 학습이 필요하다고 여겨지는 자료, 문헌, 교재 등을 탐독하거나 관련 전문가의 강의를 듣는 형식의 학습활동은 배제하였다. 그 대신에 우선적으로 문제해결을 위한 체계적인 사고역량을 키우는 것에 중점을 두었다. 문제해결 팀이 체계적인 사고역량을 키우기 위해 중점을 둔 부분은 두 가지였다. 심도 있는 대화를 이끌어 갈 수 있는 촉진자(facilitator)를 육성하는 것과 육성된 촉진자와 함께 구성원들이 체계적인 사고를 할 수 있는 과정을 학습을 하는 것이었다. 이를 위해 1박 2일의 과정으로 문제해결 팀 구축을 위한 자체 워크샵을 진행하였다. 그리고 현업에서의 실질적인 학습활동은 이 워크샵에서 배우고 공유한 내용들을 바탕으로 진행되었다. 특히 워크샵에서 각 문제해결팀별로 어떤 과제가 어떤 프로세스로 해결되어 나가야 하는 지를 충분히 논의했기 때문에 현업에서의 학습활동은 매우 순조롭게 진행될 수 있었다. 학습활동은 6개월을 주기로 1년에 두 차례에 걸쳐 진행해 나갔다. (주)큐릭스의 학습활동 운영 과정은 <그림 1>과 같다.

〈그림 1〉 (주)큐릭스의 학습활동 운영 과정

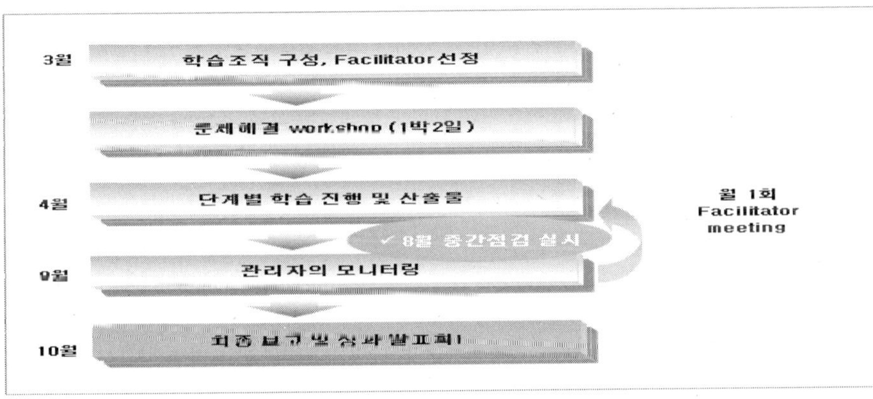

* 출처 : (주)큐릭스 내부자료(2008).

(주)큐릭스의 학습활동 운영과정에서 드러나는 주요 특징은 다음과 같다.

첫째, 의도적인 문제제기 과정이 있었지만, 이 과정이 강압적이거나 사전에 통제되지 않았다는 점이다. 팀 내부적으로는 총 4회 이상에 걸쳐 <표 1>과 같은 절차를 통해 해결과제를 도출하였다.

〈표 1〉 문제 도출 절차

절차	내용
1.과제선정 원칙수립	제안된 과제는 문제의 반복성, 긴급성, 문제해결 난이도, 기대성과의 크기 등에 따라 채택 순위를 결정함
2.해결과제 Pool구성	직급에 상관없이 해결과제를 제안할 수 있으며, 수시로 브레인스토밍을 통해 해결해야 할 과제의 Pool을 구성함
3.과제별 개요 설명	과제별로 제안자가 과제 제안의 배경과 과제 해결시 기대되는 효과에 대해 설명함
4.과제선정	과제선정 원칙에 따라 해결과제를 최종 선정함

둘째, 문제를 해결해 나가야 하는 과정을 명확히 하고 충분히 공유했다는 점이다. (주)큐릭스는 워크샵을 통해 문제해결의 과정을 ① 조직 내·외부적으로 발생하고 있는 상황들 속에서 어떤 현상들이 문제가 되고 있는 지를 논의하는 단계, ② 시급히 해결해야 할 문제를 정의하고 해당 문제가 발생하고 있는 현상을 명확하게 정의하는 단계, ③ 그와 같은 문제가 발생하고 있는 원인을 탐색하는 단계, ④ 문제의 원인을 해결하기 위한 자료조사, 분석, 개선안 마련 등을 위한 학습을 실시하는 단계, ⑤ 개선안을 체계적으로 실행하고 관리하기 위한 방안을 마련하는 단계 등 5단계로 구분하였다.

셋째, 각 문제해결 팀을 이끌어 가고 있는 촉진자들이 문제해결 과정에서 발생했던 어려움 또는 우수활동 사례 등을 상호 공유할 수 있는 체제를 구축하였다는 점이다. (주)큐릭스는 매월 촉진자 미팅을 진행하였는데, 실제 각 문제해결 팀에서 일어나고 있는 다양한 현상을 상호 교류함으로써 필요한 정보 및 문제해결에 도움을 받을 수 있는 단초를 제공 받을 수 있었다.

넷째, 문제해결 팀들이 수행한 결과를 전사적으로 공유하여 이와 같은 부서단위의 학습형태가 전체로 확산될 수 있도록 하였다는 점이다. (주)큐릭스는 문제해결 팀의 학습활동이 마무리되는 시점마다 '학습조직 성과발표회'를 개최하였다. 학습조직 성과발표회에서는 그간의 학습 활동에서 발생한 어려움, 문제해결을 위한 학습 과정에서의 노력, 학습활동의 결과 등을 발표하였는데, 문제해결 팀을 운영하지 못한 부서 및 구성원들에게 성과향상 및 자기계발 측면의 동기부여 효과를 이끌어 낼 수 있었다.

전체적으로 요약하면, 첫째, (주)큐릭스는 안정된 평형상태에 있다가 IPTV의 등장 등 조직이 직면한 도전 또는 위기의 상황이 발생하면서 문제해결 중심의 8개 학습 팀을 구성하였고, 팀원들은 토론과정을 통해 문제해결을 위한 정보를 주고받았다. 둘째, 학습팀들이 학습활동을 전개해 나가는 동안 성과창출이라는 조직차원에서의 이익과 업무부담 및 불편이라는 부서원 개인의 이익이 대립되는 양상을 보였는데, 이는 시스템을 혼돈의 가장자리로 몰고 갔다. 세 번째, 촉진자 미팅 및 성과발표회 등을 통해 긍정 피드백이 고조 되면서 시스템은 임계점을 넘을 수 있었다. 네 번째, 성공한 학습팀의 결과는 표준으로 정착시켜 나갔고, 학습활동의 과정은 자기계발을 위한 벤치마킹 사례가 되면서 타 부서에서도 쉽게 전파될 수 있었다. 이는 새로운 형태의 업무수행 방식으로 자리를 잡을 수 있었다.

실제 학습활동의 결과로 개선된 과제는 총 8개팀 8개 과제 중 3개의 과제였다. 그리고 개선된 3개의 과제는 동일한 문제가 재발되는 것을 방지하기 위해, 또는 새로운 업무 표준으로 정착시키기 위해 <그림 2>와 같은 '관리계획서'를 작성하고 해당원칙을 반드시 준수하도록 하는 것을 제도화 하였다.

〈그림 2〉 문제해결 결과의 정착을 위한 '관리계획서'

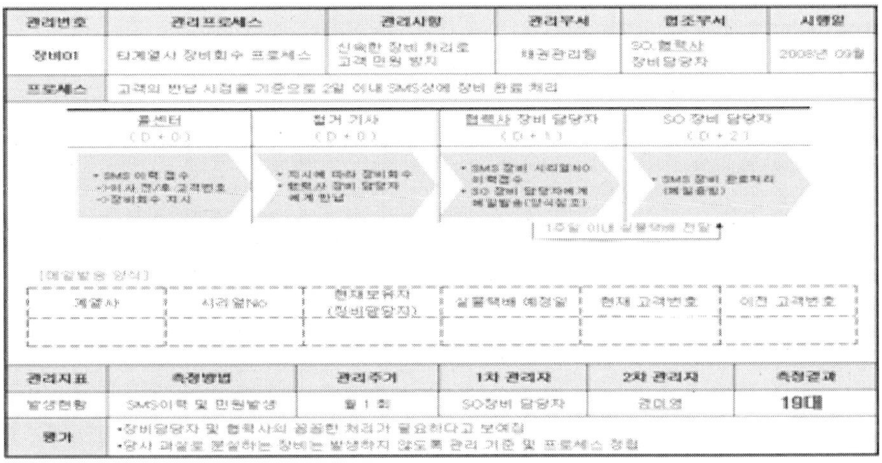

* 출처 : (주)큐릭스 내부자료(2008).

지금까지 소개한 (주)큐릭스의 사례는 복잡계 관점에서 <그림 3>과 같은 변화와발전의 과정이 있었음을 알 수 있다.

〈그림 3〉 (주)큐릭스의 복잡계 현상

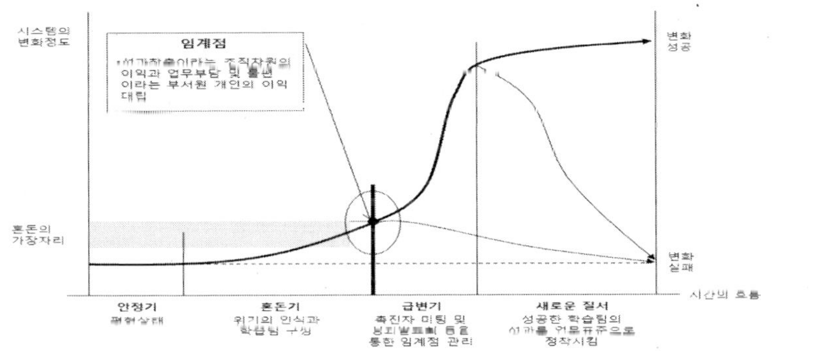

자료: 윤필현·한주희(2009), 복잡계 관점에서 본 기업 학습조직화 사례연구: (주)큐릭스 사례를 중심으로, 경영사학 제24집 제4호, 한국경영사학회.

참고문헌

권석균(1996), 조직학습의 이론과 논쟁, 학습조직의 이론과 실제, 서울: 삼성경제연구소, pp.27-70.

김도헌(2008a), Web 2.0과 Learning 2.0의 비교분석, 월간 HRD, 8월호.

김도헌(2008b), Innovative Teaching: 웹 2.0으로부터 배우는 티칭 2.0, 한양대학교 교수학습개발센터 심포지움 자료집, 53-66.

김인수(2007), 거시조직이론, 개정4판, 무역경영사, P. 575.

김인수(1999). 지식경영: 학문적 연계성과 연구방향. 경영학연구 , 28(3): 567-587.

문수진(2009), 집단지성기반의 대안적 학습조직모델 개발에 관한 연구, 한양대학교 대학원.

박원우(1992), Empowerment: 파워다툼에서 파워증대로의 사고·행동전환, 서울대학교 경영대학, 노사관계연구소, 노사관계연구, 제3권.

송상호·김명호(1996), 조직재구축의 새로운 패러다임: 프로세스조직, 네트워크조직, 학습조직 등의 통합론적 고찰, 인사관리연구, 20(1), 한국인사관리학회, pp.295-347.

유영만(1995), 지식경제 시대의 학습조직, 서울: 고도컨설팅.

유영만(1999), 지식경영과 지식관리시스템, 한언.

유영만(2002), 추락하는 e러닝에도 날개가 있다, 문음사.

유영만(2006), 지식생태학: 지식기반사회를 위한 포스트 지식경영, 삼성경제연구소.

Garvin, D. A.(1993). Building a learning organization. *Harvard Business Review*, July-August, 78-91.

Marquardt. M. (2000). Action Learning in Action. California CA: Davies-Black Publishing,봉현철 역, 김종근 옮김.(2000),액션러닝 서울: 21세기북스

_________, M.(1996), Building The learning Organization, Singapore: McGraw-Hill.

Marquadt, M. & Reynolds, A.(1994), The global learning organization, Singapore: McGraw-Hill. 송경근 역 (1994), 글로벌 학습조직. 한언경영연구; 2.

Peters,Thomas & Waterman, Robe(1988). In Search of Excellence. Warner. 이동현 (옮김)(2005). 초우량 기업의 조건, 더난출판사.

Senge, P. M.(1990), The Fifth Discipline: The Art and Practice of the Learning Organization, New York, NY: Currency Doubleday.

Stata(1989), Organizational Learning: The Key to Management Innovation, *Sloan Management Review*, Spring, pp.63-74.

제6장 성과지향적 조직문화 구축자 역할

최근 기업과 경영자들의 고민은 어떻게 성과지향적인 조직문화를 구축할 것인가에 초점을 두고 있다. 그 이유는 폭발적인 기술진보와 역동적인 세상의 변화 속에서 오히려 저성장 경제라는 역설적인 경영환경을 경험할 수밖에 없기 때문이다.

우리시대의 기업과 경영자들은 두 가지의 상반된 딜레마를 겪게 된다. 하나는 이들은 급변하는 경영환경에서 조직이 경쟁력을 유지하기 위해서는 조직적인 민첩성과 유연함, 동시에 더 높은 수준의 구성원들의 주도성과 창조성이 요구되고, 이를 위해 보다 수평적인 소통과 자율성이 보장되는 조직문화를 제공해야 한다는 것이다. 다른 하나는 동시에 이들은 당장 눈앞에서 일어나는 사업실적의 어려움을 개선하기 위해서는 위기감을 조성하고 당장의 성과에 구성원들의 모든 노력과 역량을 몰아세울 수밖에 없다는 압박을 받게 된다. 그렇기 때문에 조직에서 성과지향이라고 하면 일반적으로 내부경쟁을 떠올리게 된다. 그러므로 조직에서는 경쟁지향 문화와 차별화할 수 있는 조직과 구성원간의 합의와 협의를 촉진하는 성과를 지향하는 조직문화를 구축하여야 한다.

따라서 제 1절에서는 성과지향적 조직문화 구축자 역할의 의미 및 중요성을 알아보도록 한다. 제2절에서는 조직문화에 대한 이론적 논의를 살펴본다. 그리고 제3절에서는 성과지향적 조직문화 구축자 역할의 실행방안을 제시하도록 한다.

제1절. 성과지향적 조직문화 구축자 역할의 의미 및 중요성

경영의 궁극적인 목적은 생존이다. 기업의 생존관련 키워드 중 하나는 바로 성과이다. 성과란 고객에게 가치를 줄 수 있는 구체적인 산출물을 의미한다. 회사가 비전을 달성하고 성과를 지속적으로 이끌어 가는 방법은 크게 2가지 방법이 있다. 하나는 비전과 전략을 수립하고, 그 전략에 따른 목표를 구체화하여 MBO(목표에 의한 관리) 방식으로 본부-부문-팀-팀원으로 연결시켜 달성해 가는 방법이다. 즉 성과경영을 실행하는 것이다. 다른 하나는 구성원에게 도전, 창의, 열정, 실행 등과 같은 의식을 전환시켜 행동을 하게끔 하는 문화적 접근방법이다.

조직에서는 이 두 가지 접근방법이 균형적으로 관리되어야 한다. 그 이유는 어느 한 가지 방법이라도 소홀히 할 수 없기 때문이다. 특히 급변하는 경영환경에 대응하기 위하여 90년대 말부터 국내 많은 조직들은 경영혁신의 일환으로 성과주의시스템을 적용하기 시작하였다. 그러나 그들이 도입한 성과관리시스템이 모두 성공하는 것은 아니며 실패한 사례도 많이 보고되고 있다(Ittner, larcher, & Randall, 2003a, b).

조직에서 실패원인은 여러 가지로 볼 수 있겠지만, 경영자와 조직관리자가 주목해야 할 부분은 조직에서 아무리 좋은 제도를 도입해 운영한다할지라도, 조직의 문화가 뒷받침이 되지 못할 경우에는 이 제도가 성공적으로 정착하고 운영될 수 가 없다는 것이다. 다시 말해 새롭게 도입한 제도나 시스템이 성공적으로 조직에서 운영되기 위해서는 조직문화에 의해 강화되어야 한다는 것이다. 이는 사람이나 과정에 초점을 둔 관리시스템 어느 것도 조직문화와 함께 향하지 않는한 성공할 수 없다는 것이다. 이처럼 새 시스템의 실행 전에 조직문화가 변하지 않는다면, 그 문화는 아무리 우수한 새 시스템이라도 훼손하기 마련이다.

그러므로 기업 내 경영자와 조직관리자는 성과창출을 적극 지원 및 강화하는 조직문화를 어떻게 만들어갈 것인가에 대한 많은 고민을 하여야 한다. 이를 바탕으로 성과경영을 적극적으로 지원할 수 있도록 그 기업의 특성에 적합한 성과중심의 조직문화를 구축하는 역할을 수행하여야 한다.

성과지향적인 조직문화는 조직의 목표중의 하나로서 보다 나은 성과를 달성하기 위한 조직체계라 말 할 수 있다. 조직문화와 관련하여 성과향상을 위한 가정은 조직 내 경쟁적 우위(competitive advantage)를 확보하는 것이다(Barney, 1986). 조직 내에서 높은 성과를 달성한 구성원에게 더 많은 보상이 주어지고, 이로 인해 구성원이 더 높은 동기부여를 가져 더욱 높은 조직성과를 달성한다는 의식과 믿음이 조직구성원들에게 체화되어 있을 때 성과지향적인 문화가 달성되었다고 할 수 있다. 따라서 성과주의 문화는 조직구성원들의 위험선호적인 행동과 믿음 그리고 적극적인 행동을 바탕으로 형성되는 경향이 있으며(Kilmann, 1985), 성과주의문화는 효과적으로 조직성과를 달성하기 위하여 선호되는 조직가치와 규범(norm)을 바탕으로 이루어진다(송윤헌, 2009).

성과지향적인 조직문화 구축자 역할이란 구성원들로부터 성과에 대한 적극적인 욕구를 이끌어내고, 조직가치와 성과규범 등을 통해 그들이 업무결과에 더 집중하여 높은 성과를 창출하겠다는 의식과 믿음이 행동으로 체화될 수 있도록 성과중심의 조직운영분위기를 장기적인 관점에서 형성하고 만들어가는 것을 의미한다. 그 이유는 성과주의가 구성원들의 역량을 최대한 동원하여 경영의 초점을 최종 활동결과에 두고 기업을 운영한다는 경영철학이라서, 이를 효과적으로 실행될 수 있도록 전략, 구조, 문화 등이 일관되게 뒷받침되어야 하기 때문이다.

그러므로 여기서 성과지향 조직문화 구축자가 조심해야 할 부분은 구성원들이 성과에 직접적인 관련이 있는 외부환경의 변화나 고객, 그리고 당면의 업무상의 문제해결 등에 에너지를 집중하고 서로 협력하기 보다는 오히려 이러한 에너지들이 조직내부의 경쟁과 자기보호로 분산되는 경우가 많기 때문에 그렇게 되지 않도록 유의하여야 한다.

이러한 부정성에 대한 이해를 바탕으로, 구성원들이 성과달성의 중요성을 인식하고, 그것을 하나의 가치로 받아들여서 행동으로 표출될 수 있어야만 비로소 성과주의문화라 할 수 있는 것이다. 또한 성과지향적 목표수립과 동기는 조직과 구성원들 간에 충분한 신뢰를 바탕으로 형성되어야 할 것이다. 그 이유는 성과를 내기 위해서는 목표설정이 실행의 주요한 결정요인이 되기 때문이다. 이처럼 성과주의문화가 올바르게 정착되기 위해서는 성과에 대한 보상에 공정한 인사원칙을 적용하려는 회사 측의 노력이 있어야 하며, 조직과 개인의 성과달성이 실제의 성과공유로 이어질 때, 이러한 성공체험을 통해 성과주의에 대한 공유된 신념과 가치가 강화됨으로써 구성원들이 내적으로 동기부여가 되어 주인의식을 갖고 신바람 나게 일하게 하는 메커니즘으로 작용할 수 있다.

바람직한 성과지향문화를 경쟁지향 문화와 차별화할 수 있는 조건은 기업조직과 구성원들 간의 합의와 협력이라 할 수 있다. 합의와 협력을 위해서는 회사가 원하는 성과에 대한 구성원들의 이해를 높여야 한다. 특히 경영목표와 전략에 부합하는 성과가 무엇인지를 구성원들과 공유하고 합의를 이끌어내는 노력이 요구된다. 또한 성과에 대해 공정한 평가와 합리적인 보상을 제공하는 것이 중요하다. 그 이유는 구성원들이 회사의 목표달성과 전략실천을 위해 무엇을 어떻게 해야 하는지에 대해 보다 더 분명하게 파악하고 바람직한 성과창출에 충실하도록 독려할 수 있기 때문이다. 이와 같이 성과지향적인 조직문화 구축은 구성원들이 고성과를 창출할 수 있도록 편안하고 즐거운 업무분위기 조성하고, 보다 본질적인 것은 구성원들이 업무수행과 성과창출을 통해 만족감을 느낄 수 있도록 하는 것이다.

제2절. 조직문화에 대한 이론적 논의

사람들이 저마다 가치관이라든가 행동방식을 갖고 있듯이 기업도 나름대로 독특한 색채, 즉 문화를 가지고 있다. 이러한 문화는 참여경영을 실현하는데 있어서 조직과 구성원을 결합시키는 접착제와 같은 역할을 한다. 그러므로 조직에서 구성원들의 참여를 존중하는 문화를 창달하는 것은 참여경영을 통해 인간존중경영을 실현하는데 있어서 반드시 필요하다.

2.1. 조직문화(organizational Culture)의 개념과 중요성

조직문화(organizational culture)란 “다른 조직과는 구별되는 특정조직의 모든 구성원들 사이에 공유된 가치의식 및 행동방식, 그리고 조직차원에서 표출된 관리관행 및 상징특성”이라 정의할 수 있다(Becker, 1982; Schein, 1985; 신유근, 1992).

이와 같이 조직문화는 기업구성원들의 정신적, 행동적 방향을 가늠하는 지주로서, 조직을 움직이는 인적주체에 반영되어 조직구성원에게 안정을 부여하면서 동시에 기업경영시스템의 지속적 변화를 추구하게 하는 동인으로 작용한다.

조직문화는 단편의 층으로 구성되고 설명되는 것이 아니라(Pettigrew, 1979) 다양한 층의 하부문화로 구성되어 있다(Schein 1985; Hatch, 1993). 특히 조직문화를 세 가지 계층으로 나누었다(Schein, 1985). 이를 정리하면 다음의 <표 2-1>과 같다.

〈표 2-1〉조직문화의 세 계층

계 층	내용
인공물과 창조물 (artifacts and creations)	· 기술 및 예술 그리고 가시적인 행동패턴과 같이 현상적/객관적으로 인식될 수 있는 물질적 결과이며 사회적인 환경들이다.
가치(values)	· 조직구성원들이 '반드시 실천을 해야 하는' 의무적인 신념체제를 말한다(Schein, 1985). 이러한 공유된 가치를 조직연구자들은 조직문화 형성에 있어서 핵심적인 요소라 가정한다(Weiner, 1988).
근본가정들 (basic assumptions)	· 구성원들의 인식저변에 존재하며 당연하게 고려하는 것을 일컫는다. · 가정들 중 가장 중요한 것은 세 계층이 서로 분리된 것이 아니라, 이들은 상호간으로 밀접한 관계를 맺으면서 연결되어 있다는 것이다.

조직문화의 중요성을 요약하면, ① 장기적으로 조직의 경쟁력을 구축하거나 손상하는 작용을 한다. ② 이념의 형태로 전략과정에 영향을 미친다. 그리고 ③ 조직의 공식·비공식적 운영과정에 광범위하게 영향을 미친다. 즉 기업문화는 일체감을 전달하며, 몰입을 촉진시키고, 사회적 시스템의 안전성을 높이고, 행위를 유도하고 형성하는 센스를 갖게 하는 수단으로서의 기능을 한다. 다시 말해 기업문화는 조직구조나 관리시스템과 같은 공식적 영향요인에 대비하여 내면적 영향요인으로 작용한다(신유근, 1997). 이처럼 바람직한 기업문화는 구성원들이 함께 만들어 나가는 참여과정을 통해 조직유효성의 승내나 경영혁신의 촉진과 같은 기능과 역할을 수행한다.

2.2. 조직문화의 유형

기업의 비전과 전략을 달성하는데 가장 적합한 조직문화의 유형은 무엇일까? 이에 대해 경쟁가치모형(CVF, Competing Values Framework)은 조직문화의 유형을 4가지로 분류해 제시했다(Quinn & Rohrbaugh, 1981). 분류기준은 기업이 중요시하는 가치를 2가지 축으로 하였다. 한 축은 유연성/자율성 대 통제/안정성이다. 즉 기업을 운영하는데 있어 자율적이고 유연한 것을 더 중요하게 생각하는지, 통제에 따른 안정성을 더 중요하게 생각하는지를 묻는 것이다. 다른 한 축은 내부지향성 대 외부지향성이다. 조직의 내부적 통합과 외부적 평가, 둘 중 어떤 것을 더 중요하게 생각하고 있는지를 평가하는 것이다. 이 2가지 축의 끝에 있는 가치들은 동시에 추구하기 어려운 것들이기 때문에 이것을 경쟁가치모형이라 부른다. 이에 따르면 조직문화의 유형은 위의 [그림 2-1]과 같이 크게 4가지로 분류된다.

[그림 2–1] 경쟁가치 모형에 따른 조직문화 4가지 유형

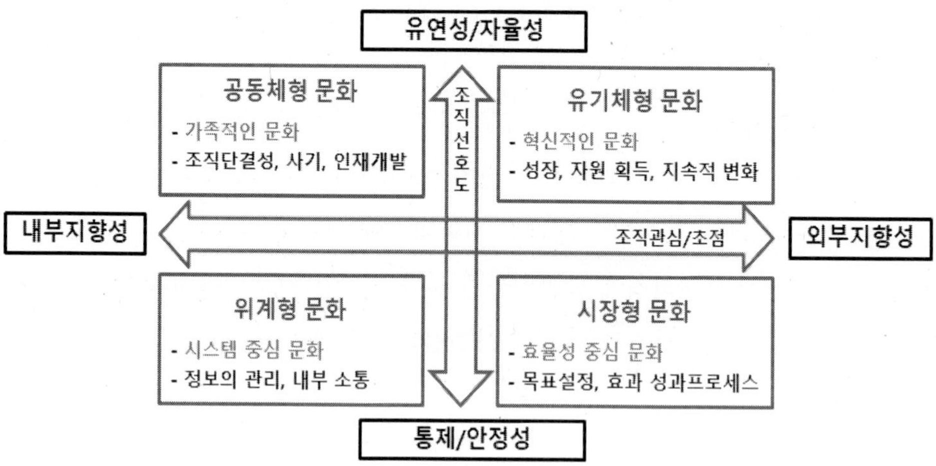

1) 유연성, 인간에 대한 배려, 고객중시를 통한 내부안정에 초점을 맞추는 '공동체형 문화(Human Relations Model)'는 조직의 단합을 위해 가장 효과적인 문화다. 조직구성원들을 조직과 공통된 이해관계를 가진 협조적 동반자로 보기 때문에 정

보 공유 및 참여적 의사결정이 활발하게 일어난다. 사우스웨스트 항공사나 균일가 판매상인 다이소 등이 이런 조직문화를 가지고 있으며, 조직 구성원의 참여와 성장이 기업 전략 수행에 큰 역할을 하는 기업에게 이런 문화가 적합하다.

2) 유연성과 개성의 강화를 통한 외부 환경에서의 성장을 추구하는 '유기체형 문화(Open Systems Model)'는 애플, 보안업체인 아이디스, 디지털 셋톱박스 제조업체인 휴맥스와 같이 역동적인 분위기와 기업가정신 및 창의성이 충만한 조직에서 자주 나타난다. 실험과 혁신이 일상적으로 일어나며 이를 위해서라면 위험도 기꺼이 감수하는 특성을 가지고 있다. 기업이 설립된지 얼마 되지 않아 장기적 목표가 명확하지 않거나 시급하게 수행해야 하는 일들이 많은 벤처기업의 경우 이런 조직문화가 잘 맞는다.

3) 안정과 통제를 강조하면서 외부환경에서의 적응과 목표달성을 중요시하는 '시장형 문화(Rational Goal Model)'는 도전적인 목표를 정해놓고 이를 효율적으로 추구하는데 적합한 문화다. 경영자와 조직구성원들은 경쟁적이며 목표지향적으로, 맡은 일을 추진력 있고 강하게 진행해 결과를 완수해 내는데 성취감을 느낀다. 삼성, 락앤락 등이 이런 기업문화를 가지고 있으며, 이런 기업들은 짧은 시간 안에 목표를 달성해 빠르게 성장하는 공통점을 보인다.

4) 안정성과 통제를 통한 내부통합에 초점을 맞추는 '위계형 문화(Internal Process Model)'를 들 수 있다. 시스템이 중심이 되어 돌아가는 이 문화에서는 공식적 규칙과 프로세스 아래서 업무를 수행하는 것이 중요한 가치로 여겨진다. 효율성을 매우 중요하게 생각하며, 그를 통한 조직의 안정적 유지가 큰 목표가 된다. GE, 도요타, 메가스터디 등과 같이 시스템 및 프로세스가 매우 정교하게 짜인 기업들이 이에 속하며, 이런 기업들은 장기적인 관점에서 기업을 운영하는 특징을 가진다.

경쟁가치모형에서는 각기 다른 가치를 추구하고 있는 4가지 조직문화유형을 균형 있게 보유하는 것이 중요하다고 이야기 한다. 그 이유는 어느 한 편에 치우칠 경우 단기적으로는 목표달성에 유리할지 모르지만, 장기적으로는 다른 한 편의 가치를 경시하게 되어 조직의 성장과 변화에 악영향을 끼치기 때문이다. 이 이야기는 결국 조직문화란 불변하는 것이 아닌 유기체적인 관점에서 계속해서 변한다는 것을 뜻한다.

조직문화의 개발과 구축은 단순히 한 번의 회의와 몇 번의 워크샵으로 이루어낼 수 있는 것이 아니다. 모든 조직구성원들의 사고방식과 행동양식, 가치를 변화시키는 것이 단시간 안에 해낼 수 있는 일이 아니기 때문이다. 우리 기업의 핵심가치를 가장 잘 반영하고, 지속적 성장을 도울 수 있는 조직문화를 만들고자 한다면, 장기적 관점에서 구성원들과 함께 이야기하고 고민하는 시간을 가져야 할 것이다.

2.3. 성과주의 문화와 발달시키는 요인

Schein의 세 가지 계층의 조직문화 이론을 바탕으로 하여 성과주의문화가 어떻게 형성되고, 성과주의문화형성을 위한 필수적인 요소가 무엇인가를 다음의 [그림 2-2]와 같이 제시하고 있다(송윤헌, 2009).

[그림 2-2] Schein의 세 가지 영역을 바탕으로 한 성과주의문화

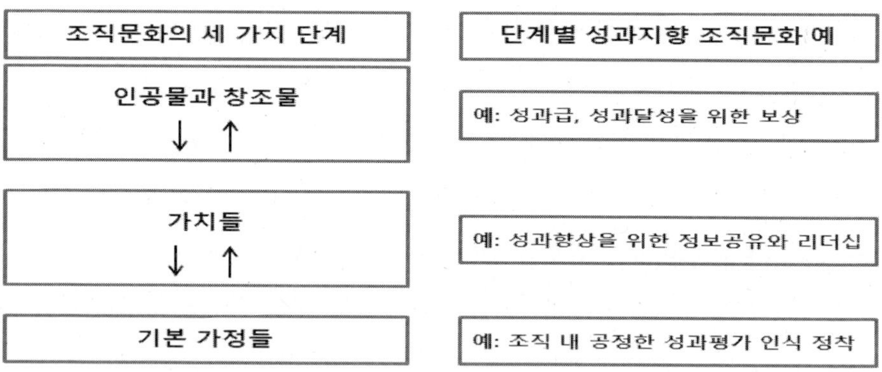

자료: 송윤헌(2009), 공공부문에서 성과지향주의 문화: 미 연방 특허청 사례 연구, 한국행정연구, 제18권 제1호, 한국행정연구원.

성과지향적 문화와 관련하여 첫 단계인 인공물과 창조물은 예로 성과급과 성과보상(performance-based salary and award)으로 간주할 수 있다. 이처럼 명확하고 가시적으로 나타나는 인공물과 창조물은 사회적 환경과 밀접한 관련이 있기에 사회적 요구에 의해 반영되어 나타나는 결과물이다(Pulakos et al., 2000). 예를 들어

기업이나 공공부문에서 성과급과 성과상여의 도입은 우연히 발생하는 단순한 제도 및 시스템의 도입이 아니라 외부환경의 요구로서 나타나는 창조물로서 간주할 수 있다. 두 번째 조직문화계층인 가치관리 측면에 있어서 가치는 조직성과지향적인 문화를 지향하는 가치를 일컫는다. 다시 말해 가치측면에서 바라본 성과지향적 조직문화는 보다 나은 성과를 위한 핵심가치 형성과 필수적인 신념형성으로서 두 번째 단계인 가치로서의 조직문화형성 요인이라고 말할 수 있다. 마지막으로 가장 기본적이며 근본적인 조직문화의 기본 가정은 뛰어난 성과에 보상이 우대받는 풍토를 일컫는 것이다. 이러한 세 가지 측면에서 성과주의문화의 성공적인 형성의 핵심적인 요인은 얼마나 새로운 문화를 기존의 관습가치 운영체제들과 접목시키는가에 달려있다(Pulakos et al., 2000).

조직문화는 무엇에 의해 변화되는가? 먼저 조직문화는 외부이해당사자의 가치와 믿음에 의해 영향을 받을 뿐만 아니라 조직내부의 믿음과 가치에 의해서도 변화된다(Davis, 1985). 외부적 관점에서 조직문화의 변화는 외부환경의 변화, 소비자들 요구의 변화, 사회적 기대의 변화에 영향을 받는다(Gordon, 1991). 그 이유는 외부이해관계자들은 조직에게 높은 서비스 및 생산수준을 요구하며(Gordon, 1991), 동시에 조직내부에서 운영규칙과 가정을 포함하는 문화의 변화는 사회적 기대에 영향을 받기 때문이다(Gordon, 1991). 또 다른 요인은 조직 내에서 조직구성원들과 조직가치와의 상호작용(interaction)이다. 조직심리학자들은 조직문화가 조직구성원들이 조직과 밀접한 상호작용에 의해서 형성되기 때문에, 조직문화형성을 개인가치와 조직 및 조직구성원들의 상호작용을 고려하지 않고는 설명할 수 없다는 것이다(Ashforth & Mael, 1989; O'Reilly et al., 1991).

이러한 조직가치 형성 및 관리와 관련하여 조직문화형성에 있어서 중요한 요인은 리더의 역할이다. 리더십은 조직문화를 형성하고 창조하고 변화하는데 있어서 매우 중요한 역할을 한다(Trice & Beyer, 1991). 그 이유는 리더가 어떠한 믿음과 가치 그리고 문화에 있어서 근본적인 가정들을 지니고 있느냐에 따라서 조직문화의 내용 및 변화속도가 달라질 수 있기 때문이다(Schein, 1985). 이처럼 리더는 조직문화를 발달시킬 수 있으며 더욱더 나아가 조직문화형성과 관련 있는 조직구성원들의 규범과 행동에 영향을 주어 그들의 가치와 신념을 창조하는 역할을 할 수 있다.

조직문화형성에 있어서 리더역할이 중요하듯이 같은 맥락에서 성과주의문화 형성에 있어서도 리더는 매우 중요한 역할을 한다. 구체적으로 성과주의 조직문화를 형성함에 있어서 리더는 공정한 평가와 보상체제를 마련함으로써 성과주의문화를 형성할 수 있다(Kerr & Slocum, 2005). 예로 조직에서 성과를 공정하게 평가하고, 이에 대한 보상이 주어진다면 구성원들은 그들의 성과가 공정하게 평가된다고 인식하기 때문에 그들의 외재적 동기부여를 증진시켜 기존의 조직문화를 성과지향적으로 변화시킬 수 있다. 또한 리더는 성과향상에 초점을 맞추어 구성원들의 행동규범을 조직성과에 도움이 되는 방향으로 유도함으로써 구성원간 통합되고 공유된 가치와 신념을 창조하여 성과주의문화를 형성할 수 있도록 도와준다(Truskie, 1999). 이처럼 리더는 조직 내에서 구성원들의 성과를 배양하고 평가할 수 있기에 조직 내 성과주의문화를 양성하는데 기여한다(Kerr & Slocum, 2005).

성과지향적인 조직문화를 형성에는 리더의 역할과 더불어 조직 내 사회적 상호작용(social interaction)과 조직학습과정도 매우 중요한 역할을 한다(Jones, 1983). 그 이유는 조직문화형성은 조직학습과정을 통해 형성되기 때문이다(Gordon, 1991). 즉 조직구성원들 사이에 있어서 지식이전과 정보공유는 개인적 또는 집단적인 과정에서 체화되는 과정이기 때문이다(DeLong & Fahey, 2000). 이러한 지식전달과 구성원들 간에 정보공유는 조직구성원들의 성과에 대한 인식을 증진시키고 공정한 경쟁적 가치를 높일 수 있기에 조직문화에 경쟁적 가치를 부여할 수 있다. 즉 성과에 관한 조직구성원들 사이에 정보공유의 능력은 가시적이고 명시적인 성과주의 제도가 조직 내에서 잘 정착되고 구성원들 사이에 체화될 수 있는데 있어 매우 중요한 역할을 한다.

따라서 조직계층이론(Schein, 1985)을 따르면, 환경적 압력, 가치관리, 리더의 역할과 정보공유의 정도에 따라서 성과주의문화가 성공적으로 발생할 가능성이 높다. 다음의 [그림 2-3]은 성과주의문화가 어떤 경로를 통해 형성되는가를 보여준다(송윤헌, 2009).

[그림 2-3] 성과주의 문화의 형성경로

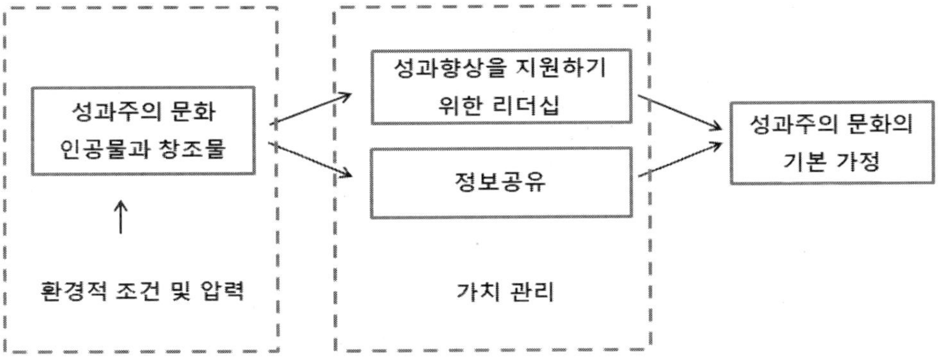

자료: 송윤헌(2009), 공공부문에서 성과지향주의 문화: 미 연방 특허청 사례 연구, 한국행정연구, 제18권 제1호, 한국행정연구원.

2.4. 새로운 조직문화의 방향

많은 기업들이 개인별 성과에 따른 차별적 보상을 실시하는 등 성과관리시스템 도입에 한동안 열을 올렸다. 이는 연공서열중심의 안이한 조직문화타파와 성과중심의 문화를 정착시키는데 일조했다. 하지만 불필요할 정도로 심화된 구성원들 간의 경쟁은 결국 그들의 개인주의를 부추겼고 메마른 조직문화가 만연해졌다. 직장은 그저 일하는 곳이고, 동료는 그저 내 옆자리에 앉아 일하는 사람일 뿐이라는 생각들이 팽배해졌다. 게다가 평생직장개념이 사라지고 이직률이 높아지면서 구성원들 사이에 협력과 화합을 이끌 수 있는 도구가 절실하다. 즉 구성원들이 업무에 열정과 자부심을 가지고 몰입하게 하고, 서로 협력하고 배려하는 풍토가 조성되는 가운데 성과향상을 노모하는 방안들이 요구된다. 이러한 것들을 충족할 수 있는 방안의 일환으로 기존에 연구되어진 새로운 조직문화의 방향을 몇 가지 요약·정리하기로 한다.

첫째, 인간존중과 자율성의 문화를 들 수 있다. 전통적으로 우리나라 기업은 집권적 통제와 권위주의적 관료체계하에서 구성원들의 창의력 발휘와 자아실현이 제한되어 왔다. 다양하고 급변하는 고객욕구를 만족시키는 데에는 집권적 조직과 획일적 통제는 적합하지 않고, 고도의 전문성과 기술개발이 필요하고, 구성원들의 창의력이 최대로 발휘되어야 한다. 또한 급변하는 기업환경에 신속히 적응하려면 사업단위 중심의 자율적인 경영이 이루어져야 하고, 따라서 구성원들의 능력개발과 자발적인 성과달성에 대한 몰입 그리고 자율경영에 대한 경영이념의 전환이 요구된다. 이를 위해서는 연공과 연고보다는 업적과 능력을, 그리고 권위와 안전보다는 합리적 사고방식과 적극적인 행동을 우선적으로 중요시하는 인적자원관리가 필요하다. 또한 구성원들로부터는 능력개발과 창의력의 발휘, 그리고 성과달성을 자아실현의 기준으로 강조하는 가치의식의 변화를 요구한다.

둘째, 신바람문화 만들기이다. 많은 직장인들이 아침이 되면 피곤한 몸을 이끌고 마지못해 일터로 간다. 하지만 뼈 빠지게 일한들 그런 마음가짐으로는 창의적인 생각도, 능동적인 태도도 이끌어낼 수 없다. 그러므로 남보다 뛰어난 성과도 낼 수 없다. 또한 당장 반짝 성과를 내고 있다 해도, 일하는 것이 고달파 시름시름 앓아가는 구성원들에겐 조직의 지속적인 성장을 기대할 수 없다.

신바람나는 직장을 만들기 위해 로버드 레버링은 '훌륭한 일터(GWP: great work place)'를 제시하였다(Levering. R. 조미옥 역, 2010). GWP의 키워드는 신뢰, 자부심, 재미로 이는 일하고 싶은 일터, 일할 맛 나는 일터, 일하기 좋은 일터로, GWP 핵심 실행파일을 살펴보면 다음과 같이 요약할 수 있다. ① 리더가 자기성찰을 통한 자신의 경영철학을 확고히 하고 리더가 먼저 변화하려고 시작해야 조직이 변한다. ② 구성원들의 성장과 발전을 지원하고 돕는 서번트 리더십을 실현하라. ③ 신뢰가 가장 어렵고도 중요하므로 믿음/존중/공정성 통해 형성되도록 하라. ④ 일의 의미부여 및 도전적인 일의 부여로 자부심과 긍지를 고양하라. ⑤ 일터의 재미는 결국 동료애이므로 서로 결점을 보완해줘라. ⑥ 관계의 질, 대화기술로 업그레이드 하자 . ⑦ 쌍방향 소통을 통해 열린 조직을 만들어라.

셋째, 자율적 공동체문화 확립을 들 수 있다. 최근 선진기업들은 임파워드 팀(empowered team)을 통하여 자율적 공동체성을 확산시키고 있다. 임파워드 팀이란 '품질, 생산성, 그리고 종업원의 참여를 개선할 수 있도록 스스로 방향을 정해 일하는 자율 팀(self-directed work team)'이다. 조직이 임파워드 팀을 채택하는 이유는 전통적 조직보다 생산성 향상을 기할 수 있고, 구성원들의 융통성을 높일 수 있으며, 기술변화에 대한 빠른 대응을 할 수 있기 때문이다.

특히 자율적으로 운영되기 위해서는 그 기업의 설립이념, 경영철학, 기업문화, 경영자의 리더십이 임파워드 팀을 지원해 주어야 하고, 인사관리, 조직구조, 직무 분장이 이 팀에 맞게 개편되어야 한다. 또한 이 팀의 계속적인 개선활동을 도모하기 위해서는 계속적인 임파워드 팀의 교육이 필요하다. 교육내용으로는 문제해결 능력, 의사소통기술, 회의기술, 갈등관리, 팀 구성원의 역할과 책무, 팀 업무 수행평가, 업무흐름 및 업무과정분석, 팀 구성원 선발, 업무보고 기술, 영향력 행사방법 등이 있다.

제3절. 성과지향적인 조직문화 구축자 역할의 실행방안

기업성과에 크게 기여하는 성과지향적인 조직문화는 기업의 환경에 적합하고 환경변화에 잘 적응해 나가는 기업문화로서, 고객강조, 개인존중, 주주의 경제적 이익강조 등을 강조하면서 공유가치로 이념화하여 구성원들이 가치 중심적인 행동을 실천하도록 영향력을 행사하는 임직원들의 행동특성들이 핵심적인 요소가 된다. 그러므로 승리라는 목적을 위한 수단인 성과지향적인 조직문화를 어떻게 구축할 것인가? 이에 대한 실행방안을 제시하도록 한다.

3.1. 모든 구성원이 최선을 다하도록 격려하라.

조직 내 리더들의 행동은 기업문화를 결정하는 중요한 재료이며, 그것은 다시 구성원들이 자신이 맡은 일에 임하는 태도를 결정한다. 예로 글로벌 기업인 FedEx의 설립사 스미스 회장은 성공의 중심에는 각국에 근무하는 직원들이라 이야기하며 그들에게 비전을 공유해야 한다는 경영철학을 가지고 있다. 이는 구성원들을 최우선으로 생각하는 경영마인드로 공정대우 보장(GFTP)정책과 오픈도어 제도 등을 통해 구성원들이 겪는 문제들을 공정하고 객관적이며 실질적인 변화를 촉구하도록 만들고, 이를 통해 구성원들이 더 나은 조직 환경 속에서 근무할 수 있도록 만든다고 볼 수 있다.

- 오픈도어제도: 구성원들이 경영진에게 직접 생각/의견/고충을 수렴 및 반영되도록 하는 제도.
- 공정대우 보장책(GFTP): 구성원의 고충이 반드시 공정/객관적으로 처리될 수 있게 하는 제도.

이처럼 고성과 기업들은 개인과 팀이 훌륭한 성과를 이룰 수 있는 분위기를 조성하고, 그것을 유지하려고 애쓴다. 또한 그런 책임과 함께 구성원과 관리자들에게 더 많은 의사결정을 독립적으로 할 수 있는 권한을 부여하고, 자신의 업무를 포함한 회사의 운영방식들을 개선할 수 있는 방법들을 찾아내도록 독려한다. 이러한 이상적인 문화는 구성원들이 속한 팀과 회사전체에 대한 충성심을 길러주는 역할을 하기도 한다.

3.2. 성과에 대해 칭찬과 함께 경제적인 보상을 하라.

조직 내 구성원들은 일의 완수를 통해 정신적인 성취감 외에도 또 다른 더 구체적이고 명확한 보상을 원하게 된다. 그 이유는 구성원들은 생계를 해결해야 하기 때문이다. 이러한 측면에서 많은 구성원들은 맡은 일을 잘한 것에 대한 심리적인 만족감도 중요하지만 일의 완수로 인한 임금인상에 대한 기대가 높기 때문에, 이를 충족여부는 그들의 성과창출행동에 영향을 미칠 것이다.

글로벌 기업인 FedEx는 성과에 관해서 성과-보상 프로그램을 통해 금전적인 급여 인상 혹은 성과급 등을 통해 보상을 실시하고 있다. 또한 조직 내 각종 Award를 실시하여 구성원들의 노력과 성취에 인정하고 격려하는 행사를 진행하고 있다.

- **Five Star Award:** 개선된 서비스와 이윤성, 협력정신과 전문성을 고취시킨 팀원에 트로피를 수여하는 페덱스 최고의 영예로운 상.
- **Excellence Award:** 직원의 리더십, 창의성, 고객서비스에 차별화된 노력을 인정하는 권위 있는 상.

· **Purple Promise Quality Award:** 품질중심경영(QDM) 방식을 적용하여 뛰어난 업무결과를 성취함으로써 질적인 기업문화를 향상한 팀에게 수여하는 상.
· **Purple Promise Award:** 내·외부 고객에게 지속적으로 우수한 고객서비스를 제공하고 뛰어난 고객감동서비스를 제공한 구성원에게 수여하는 상.
· **Bravo Zulu Award:** "Well done"이라는 미 해군 신호에서 영감을 얻은 Bravo Zulu상은 평균수준의 업무기대치를 넘어 뛰어난 업무성과를 이뤄낸 구성원에게 수여하는 상.
· **Humanitarian Award 인도주의 상:** 일반적인 지역사회의 책임을 넘어서 교통사고, 자연재해로 인한 재난민들을 지원하기 등 급박하게 도움을 필요한 타인에게 도움을 준 구성원을 인정해 수여하는 상.

이처럼 고성과 기업들도 이러한 견해에 따라 금전적 보상을 통해 구성원들이 한 단계 높은 성과를 거둘 수 있도록 독려하고 있다. 또한 그들은 구성원들의 심리적인 측면에 신경을 쓰는 일도 게을리 하지 않는다. 그래서 높은 성과를 올린 구성원들에게 공개적인 표창이나 승진의 기회를 제공하는 등의 다양한 프로그램을 개발하고 있다.

3.3. 도전 장려와 만족할 업무환경을 만들어주라.

경영자와 조직관리자는 구성원들의 도전의식을 불러일으킬 새롭고 재미난 방법을 끊임없이 고민해야 한다. 목표를 높여 잡고, 경쟁을 장려하고, 그리고는 점수를 매겨라. 터무니없는 보너스를 내걸어라. 뭔가 정체되는 분위기가 느껴지면 서로 섞이보는 것도 좋다. 리더의 다음 한 수가 또 어떤 흥미진진한 것이 될지 다들 궁금하게끔 만들어야 한다. 너무 뻔해져서는 안 된다. 이처럼 구성원들을 도전하게 북돋을 수 있는 다양한 방법을 도출하여야 한다.

성공한 기업들은 보통 밖에서 새로운 아이디어를 얻는다. 작은 회사들과 함께 협업을 하기도 한다. 물론 기업 내부에도 새로운 아이디어를 생각해낼 수는 있다. 문제는 기업 내 시스템적인 상벽이 아이디어를 계속 발전시킬 수 있는 환경을 만들어주지 못한다는 데 있다. 이 경우 사내벤처가 대안이다. 이를 통해 이제껏 회사 시스템안에서 허용되지 못했던 여러 가지를 실험할 수 있다. 구성원들이 새로운 시도를 하려고 해도 현재 기업시스템이 이를 허용하지 않는 경우가 많다. 이때 새로운 탈출구가 필요하다. 도전을 허용하는 안전한 장소가 필요하다. 결론적으로 기업은 사람들이 새로운 시도를 할 수 있도록 도와줘야 한다.

이윤추구를 중시하는 기업의 입장에서는 실패를 용인하기는 쉽지 않다. 물론 실패를 달가워하지 않는 회사가 대부분이다. 그러나 실리콘밸리에서 사람들은 실패를 축복한다. 실패를 경험하지 않았다는 것은 위험을 감수하지 않았다는 것을 의미하기 때문이다. 만일 누군가 자신이 실패한 적이 없다고 말하는 것은 사실 그가 너무 보수화됐다는 것을 의미한다. 요컨대 실패를 하고, 실패를 통해 교훈을 배운 뒤 변화하고, 다시 시도하면 된다. 모든 시도 중 3분의 2는 실패로 끝난다. 여러 가지를 시도하고 실패를 하는 것은 자연스러운 일이다. 실패를 용인하는 경영자와 조직관리자는 회사에서 적어도 사람들이 새로운 도전을 할 수 있는 문화를 조성한다는 측면에서 긍정적 효과를 창출한다. 그래서 문화가 중요하다. 성공만 하는 문화는 위험을 감수하지 못하게 한다.

우리가 원하는 것은 고성과 문화지만, 거기에 도달하기 위한 과정이 지나치게 혹독해서는 안 된다. 지나친 혹독함 때문에 회사분위기가 침울해지고, 그 때문에 구성원들이 일에 대한 흥미를 잃게 되면 곤란하기 때문이다. 고성과를 창출하기 위해서는 유쾌하고 만족스런 업무환경을 강조하는데 성과지향적인 문화를 추구하는 승자기업들은 이러한 지침을 잘 따르고 있다.

3.4. 가치체계인 조직운영원칙을 확립하고, 항상 이를 따라라.

글로벌 승자기업들은 강력한 가치체계를 구축하고 그에 따라 움직인다. 기업이 조직운영의 중심을 원칙(Principles)에 둔다면 기업의 정체성은 경쟁사나 그 밖의 다른 외적 조건에 의해 위협받지 않으며, 그 기업은 주어진 역할들을 균형감 있게 수행해 갈 수 있다. 그 이유는 아무리 외부환경이 급변하더라도 기업의 내부에 원칙이라는 나침반이 있어 스스로 기업을 운영하는 관점과 판단력을 갖게 되기 때문이다. 그러므로 원칙중심으로 운영되는 조직은 경쟁사를 배움의 원천으로 삼으며,

균형감을 갖고 고객이나 종업원 중시, 단기 이익 및 장기 이익의 조화 등을 적절히 이루어 나갈 수 있게 된다.

조직운영의 원칙이란 기업의 존재 목적, 추구하는 가치 및 활동방식 등을 나타내는 것으로서 기업에게 헌법과 같은 역할을 한다. 또한 기업의 비전과 가치관을 담고 있으며 기업 활동에 있어서 모든 것을 판단하는 기준이 된다. 이러한 조직의 운영원칙은 구체적으로 사명선언서나 비전선언서 등의 형태로 문서화될 수 있다. 그러나 문제는 대부분의 기업에 어떠한 형태로든지 조직운영의 원칙이 만들어져는 있지만 이것이 제대로 실행되지 않는 경우가 많다는 점이다. 그 이유 중 하나는 조직구성원의 적극적인 참여를 통한 사명의 공유 및 컨센서스가 이루어지지 않았기 때문이다. 그 결과 기업이 내·외부적으로 공표한 조직운영의 원칙과는 일치하지 않는 전략의 추진이나 조직구조, 인사제도의 운영으로 낮은 성과에 허덕이고 있는 모습을 보여주는 예가 많다.

따라서 조직운영의 원칙은 다른 회사들이 세워 놓은 것이나 외부에서 이래야 한다는 것이 아닌 조직 내의 모든 구성원의 마음속으로 부터 도출된 것이어야 한다. 즉 원칙은 외부환경과는 무관한 조직 내부적인 요소로 존재해야 한다는 사실을 명심해야 한다.

만약 기업이 명확한 원칙을 설정해 놓았다고 하더라도 급속도로 변화하는 내·외환경에 신속하게 대응하지 못한다면 결국 일등기업으로 성장할 수는 없을 것이다. 따라서 일등기업이 되기 위해서는 원칙을 끝까지 고수하고 유지하는 반면에 원칙이 아닌 것들, 즉 원칙의 구체적인 표현방식들인 조직운영제도들은 끝없이 변화시켜 나가야 한다.

그렇다면 조직운영의 원칙과 원칙의 구체적인 표현방식인 조직운영제도들은 어떠한 관계를 가져야 할까? 답을 한마디로 말한다면 조직운영의 기본원칙을 강화시키는 방향으로 조직운영제도가 구축, 유지되어 나가야 한다. 만약 조직이 팀워크를 원칙으로 정했는데 현재 수로 개인의 성과에 기초한 급여제도를 가지고 있다면 당연히 현재의 급여제도를 바꾸어야 한다. 만약 조직이 기술혁신을 원칙으로 정했지만 주요 전략적 목표가 시장점유율을 늘리는 것이라면 전략을 바꾸어야 한다. 만약 조직이 조직구성원들을 격려하여 많은 것을 시도하되 잘되는 것에 집중하는 것을 원칙을 설정했다면 정직한 실수에 대해서는 책임을 묻지 말아야 하는 것이다.

이처럼 글로벌 일등기업들은 원칙을 끝까지 고수하되 조직운영제도들은 원칙과 일관성을 유지하면서 환경변화에 따라 끝없이 변화시켜 나가고 있다.

- 일등 기업들은 조직운영의 원칙을 설정해 놓는데 그치지 않고 원칙들이 조직 내에 체화될 수 있도록 조직운영제도로 구축되어 있다는 것을 더욱 명확히 알 수 있다.
- **휴렛패커드사:** 그들만의 방식에 대해 원칙만 정한 것이 아니라 철저한 내부승진을 제도화하였고 회사의 철학을 구성원의 평가와 승진에 활용하도록 범주별로 분류하였다.
- **노드스트롬사:** '최고의 고객 서비스 제공'을 원칙으로만 만들지 않고 눈에 보이는 보상제도로 구체화하여 구성원들을 최상의 고객 서비스 제공자들로 만들어 냈다. 즉, 고객에게 최상의 서비스를 제공하는 종업원은 높은 임금을 받는 영웅이 되었고 고객에게 서비스 제공을 게을리 하는 종업원은 당장 회사에서 쫓겨났다.
- **모토롤라사:** '최상의 품질을 지닌 제품 및 서비스의 제공'을 원칙으로 하여 6시그마 품질운동을 적극적으로 추진하였다.
- **포드사:** '이익보다 사람 또는 제품중시와 품질개선을 추구한다'는 원칙하에 전사적인 통계적 품질관리제도를 실시하였다.
- 이러한 일등기업들의 다양한 조직운영제도 구축노력의 공통점은 조직운영원칙과 철저하게 부합한다는 점이다. 결국 원칙의 실현에 있어 가장 중요한 점은 매일 매일의 기업 활동과 원칙과의 일관성을 확보하는 것이라고 말할 수 있다.

이와 같이 조직문화로 성과를 창출하고 비전을 달성하기 위해서는 그 중심에 핵심가치가 있어야 한다. 핵심가치(Core Value)란 그 기업의 문화를 구성하고 대표하며 조직의 미션 비전을 효과적으로 달성하기 위해 구성원들이 공유해야 할 행동원칙이나 신조경영 원칙 등을 말한다. 이는 조직 활동에서 반드시 지켜야 할 원칙으로, 조직을 이끄는 바람직한 행동들을 제시하는 기본적인 규범이며 즉 회사 구성원들이 공유하고 있는 가치관이자 신념이다(나기현, 2013).

조직가치가 중요하다는 사실을 깨닫는 것만으로는 충분하지 않다. 한 회사가 추구하는 가치는 충분히 숙고한 후에 명확하고 설득력 있는 언어로 씌어져야 하며, 기업문화관리의 핵심적인 부분이 되어야 한다. 이런 가치들은 회사가 구성원들과 나누는 모든 커뮤니케이션 및 회사와 구성원들이 상호작용하는 과정의 일부가 되어야 한다.

LG의 사례:

- LG는 2005년 3월 그룹 고유의 기업문화인 LG웨이를 선포했다. LG웨이는 경영이념인 '고객을 위한 가치창조'와 '인간 존중의 경영'을 LG의 행동 방식인 '정도경영'으로 실천해 궁극적 지향점인 '일등LG'를 달성하자는 것이다. 즉, LG웨이는 LG임직원의 사고와 행동의 기반이자 문화가 되는 셈이다.
- LG웨이의 출발점인 경영이념은 1990년 제정, 선포한 기업 활동의 목적이자 회사운영 원칙이다. 고객을 위한 가치창조는 사업의 근간이 되는 고객을 최우선으로 생각하고 고객 만족을 극대화한다는 의미다. 인간 존중의 경영은 구성원들의 창의성과 자율을 존중하고 성과주의 경영을 통해 개개인의 능력을 최대한 개발하고 발휘하는 것이다. LG는 그들의 LG웨이가 모든 경영활동의 기본이 되고 LG를 상징하는 강한 기업문화로 정착하기 위해 교육 및 전파하고 있다.

3.5. 계속적인 의식개혁을 하라.

성과지향적 조직문화를 구축하는 과정에서 경영자와 조직관리자의 역할은 다시 말할 필요가 없을 정도로 중요하지만 그들이 조직변화과정에서 필요한 모든 일들을 혼자서는 할 수는 없다. 그렇기 위해서는 변화를 주도할 전담팀 구축이 필요하다. 변화전담 팀은 업무, 제도, 규정, 예산 등이 기존 관료적 통제로부터 자유로워야 하며, 창의적 분위기에서 일할 수 있도록 해야 한다.

변화전담팀의 역할은 다음과 같다. 첫째, 성과지향에 대한 상황을 설정하고 지침을 제시해야한다. 둘째, 부서 간, 계층 간 의사소통을 활성화할 수 있도록 자극해주는 역할이다. 셋째, 필요한 자원을 적절히 지원하는 역할이다. 넷째, 문제해결 대안을 같이 창조하는 기회를 제공해야 한다. 이와 같이 기업은 항상 개혁되고 변화되어야 한다. 마찬가지로 조직문화도 일회적인 것이 아니라 계속적인 변화가 필요하다.

조직문화혁신 사례

- 전사를 220개의 단위조직으로 구분하고 단위조직을 10명 내외로 구성하여 3개월 단위로 스스로 정한 과제를 해결하는 것인데, 과제 해결을 위한 action plan을 수립하여 실천하게 한 후 달성여부를 평가하는 방법으로 진행함.
- 과제의 주제는 "아침에 10분 먼저 출근해서 팀원들 간에 그날 할 일을 공유하고 도움이 될 만한 방안을 서로 알려주는 활동"이나, "혁신활동 과제수행을 위해 각자의 역할을 정하고 구성원들 스스로 매주 금요일 1시간씩 모여서 현황을 점검하는 활동" 등 일상적으로 해오던 특이하지 않은 것들이었는데 이러한 활동을 통하여 조직문화의 변화가 만들어지는 모습을 보았다.

조직 내 성과창출의 주체는 구성원들이다. 구성원들이 성과에 대한 사고 및 태도가 변화하지 않고는 조직이 변화할 수 없기 때문에 변화전담팀을 통해 지속적으로 구성원들의 의식개혁이 필요하다. 그러면 어떻게 구성원들을 상대로 의식개혁을 진행시킬 것인가? 먼저 구성원들과의 끊임없는 대화를 통해 성과의 중요성을 인식시킬 필요가 있다. 거기에다 구성원들을 벤치마킹이 될 만한 곳에 직접 투입하여 눈으로 확인하게 하는 작업도 병행해야 한다. 또한 조직 내 각종 제도 및 시스템이 협력을 통한 성과창출을 적극적으로 지원할 수 있도록 재구축되어야 한다.

성과지향적 조직문화 사례: 미국 특허청

〈도입 배경〉

미 연방 특허청의 성과주의 문화 정착과정을 보면 특허 및 상표신청이 지난 10년 동안 매년 20-30%의 증가하면서 전 세계적으로 미 연방 특허청에서 다루어야 할 특허 신청이 약 700만건이 넘으면서 급증하는 수요를 효율적으로 관리하기위하여 새로운 제도변화 및 관리방식전환이 요구되었다(USPTO, 2003).

〈방안〉

이러한 환경변화와 수요증가를 효과적으로 대응하기 위하여

1) 미연방 특허청은 예산이 주요한 목표와 비전에 바탕을 둔 성과달성에 비례하여 매년 조정되는 '통합적 예산 성과계획(integrated budget/performance plan)'을 운영하였다(USPTO, 2003).

2) 미 연방 특허청의 중요한 미션과 전략목표인 성과지향적 조직을 달성하기 위해 내부 관리경영 운영을 개선하였다.
   - 구체적으로 미 연방 특허청의 리더들은 인적자원의 능력관리와 리더십 개발과 지식관리 등의 내부운영에 초점을 맞추어 전략적 인적자원계획(Strategic Human Capital Plan)을 실행시켜왔다(USPTO, 2008). 미 연방 특허청에서 요구되는 리더십은 우수한 성과달성을 위한 인적자원관리 및 계획, 조직구성들 간의 전자장치를 통한 의사소통 및 정보교환 활성화, 리더와 부하직원 간의 정규적인 의사소통, 조직구성원들이 기관의 미션, 목표, 계획을 숙지 및 달성할 수 있도록 리더십 양성에 초점을 두었다(USPTO, 2008).
   - 이러한 미 연방 특허청의 성과주의 문화형성은 수많은 리더십 연구에서 보여주듯이 리더의 역할중요성과 일치한다. 즉 리더는 인적자원배분과 관련하여 의사결정에 중요한 역할을 하며 조직구성원들의 능력을 배양함으로서 성과지향적인 문화를 형성하는데 공헌한다(Floyd & Wooldridge, 2000). 특히 계획된 조직변화의 초기단계에 있어서 리더는 조직문화의 변화에 중요한 역할을 한다(Cameron & Quinn, 2006).

3) 성과주의 문화정착을 위한 리더의 역할과 더불어 미 연방 특허청에서는 정보공유와 명확한 의사전달을 증진시키기 위해서 내부적으로 통신환경빌딩을 통해 성과주의 문화를 박달시켰다.
   - 구체적으로 미 연방특허청내의 '정보담당사무국(Office of Chief Information Officer)'은 페이퍼 문서를 최소화시키고 웹 베이스를 바탕으로 한 전자결제 및 전자의사소통을 장려하였다(USPTO, 2008). 그리고 외부적으로 지적재산권을 보호하기 위하여 상호간 또는 다자간 파트너들과 전 세계적으로 지적재산에 대한 정보공유를 통해 협조하면서 특허 및 상표업무에 있어서 민첩성(agility)을 증가시켰다(USPTO, 2003).
   - 내부적으로도 미 연방 특허청은 전통적인 특히와 상표권부여와 관련된 업무운영과정에 있어서 전자정부환경을 향상시켰고, 전 세계적으로 지적재산권 발달에 참여함으로써 조직내부 운영절차를 더욱 유연화 시켰다.

참고문헌

나기현(2013), 성과예술: 인간존중경영, 부산외국어대학교 출판부.

송윤헌(2009), 공공부문에서 성과지향주의 문화: 미 연방 특허청 사례 연구, 한국행정연구, 제18권 제1호, 한국행정연구원.

신유근(1992), 한국의 경영: 그 현상과 전망, 박영사.

______(1997), 인간존중의 경영, 다산출판사.

Levering. R.(조미옥 역, 2010), "훌륭한 일터(GREAT WORK PLACE)", 넥서스BIZ, pp.14-117

Ashforth, B., & Mael, F. (1989). Social identity theory and the organization. *Academy of Management Review*, 14: 20-39.

Becker, H. S.(1982), "Culture: A Sociological view" Yale Review, Summer.

Cameron, K.S., & Quinn, R. (2006). Diagnosing and changing organizational culture: Based on the competing values frameworks. 2nd San Francisco, CA: Jossey-Bass.

De Long, D. W., & Fahey, L. (2000). Diagnosing cultural barriers to knowledge management. *Academy of Management Executive*, 14(4): 113-127.

Floyd, S. W., & Wooldridge, B. (2000). Building strategy from the middle: Reconceptualizing strategy process. Thousand Oaks, CA: Sage.

Gordon, G. G. (1991). Industry determinants of organizational culture. *Academy of Management Review*, 16(2):396-415.

Hatch, M. J. (1993). The dynamics of organizational culture. *Academy of Management Review*, 18(4): 657-693.

Ittner, C. D., Larcker, D. F., & Meyer, M. W.(2003a).Subjectivity and the weighting of performance measures: evidence from a balanced scorecard. *The Accounting Review*, 78(3),725-758.

Ittner, C. D., Larcker, D. F., & Randall, T. (2003b). Performance implications of strategic performance measurement in financial services firms. *Accounting Organizations and Society*, 28(7-8), 715-741.

Jones, G. R. (1983). Psychological orientation and the process of organizational socialization: An interactionist perspective. *Academy of Management Review*, 8(3): 464-474.

Kerr, J., & Slocum, J. W. Jr. (2005). Managing corporate culture through reward systems. *Academy of Management Executive,* 19(4):130-138.

O'Reilly, C. A. III, Chatman, J. & Caldwell, D. F. (1991). People and organizational culture: A profile comparison approach to assessing person-organization fit. *Academy of Management Journal*, 34(3): 487-516.

Pettigrew, A. M. (1979). On studying organizational cultures. *Administrative Science Quarterly*, 24: 570-581.

Pulakos, E. D., Arad,S., Donovan, M. A., & Plamondon, K. E. (2000) Adaptability in the workplace: Development of ataxonomy of adaptive performance. *Journal of Applied Psychology*, 85: 612-624.

Quinn, R. & Rohbaugh, J. (1981), Competing Values Approach to Organizational Effectiveness, *Public Productivity Review*, June.

Schein, E. H.(1985), Organizational culture and Leadership: A Dynamic View (San Francisco, CA: Jossey-Bass Publishers).

Trice & Beyer, 1991; Trice, H. M., & Beyer, J. M. (1991). Cultural leadership in organizations. *Organization Science*, 2(2): 149-169.

Truskie, S. D. (1999). Leadership in high-performance organizational cultures. Westport, CN: QuarumBooks.

United States Patent and Trademark Office (2003). The 21st Century Strategic Plan

United States Patent and Trademark Office (2008). Performance and accountability report Fiscal Year 2007. Available at http://www.uspto.gov/web/offices/com/annual/index.html

Weiner, Y. (1988). Forms of value system: A focus on organizational effectiveness and cultural change and maintenance. *Academy of Management Review*, 13(4): 534-545.

제Ⅲ부

Do 관련 조직관리자의 역할

제Ⅲ부는 6개의 장으로 구성되었다.

- 조직이 목표를 달성하려면 구성원들을 효과적으로 지휘하여야 한다. 그 이유는 조직의 성공은 구성원들의 지식, 기술, 동기유발 등에 좌우되기 때문이다. 지휘란 경영자가 준비된 구성원들로 하여금 일할 맛이 나게 분위기를 조성하는 것을 말한다. 오케스트라 지휘자가 각종 악기의 소리를 모아 화음을 이루어 내는 것처럼 경영자는 조직을 지휘하여야 한다.

- 조직관리자가 구성원들을 효과적으로 지휘하기 위해서는 자신에게 충분한 동기부여가 이루어져서 리더십 역량을 갖추어야 한다. '왜 내가 이 일을 하여야 하는가? 이 일을 어떻게 진행하여야 하는가?' 등에 관한 질문을 자신에게 계속 던지고 그 해답을 구해야 한다. 또한 자신의 뜻과 조직목표를 전달하는 의사소통능력이 필요하다.

- 제Ⅲ부는 성과경영의 실행(do)인 지휘화(leading)와 관련된 역할들을 제시하였다.
  1. 적재적소배치자의 역할
  2. 팀워크 증진자 역할
  3. 성과몰입 유도자의 역할
  4. 임파워먼트 촉진자의 역할
  5. 갈등조정자의 역할
  6. 소통활성자의 역할

제1장 적재적소배치자 역할

조직에서 구성원들 간의 성과차이가 유발되는 원인은 무엇인가? 다양한 유발원인이 있겠지만 가장 핵심적인 것으로 행동상의 차이를 꼽을 수 있다. 행동상의 차이를 유발하는 근본적인 배경에는 사람들의 특성의 차이를 꼽을 수 있다. 여기서 조직관리자가 관심을 가져야 할 부분은 구성원들을 존중하는 차원에서 구성원 개개인들의 행동상의 차이를 유발하는 특성들을 이해하고, 구성원들이 최고의 성과를 창출할 수 있도록 이를 직무와 연계시키는 노력이 요구된다. 따라서 조직유효성 제고차원에서 제1절에서는 적재적소배치자 역할의 의미와 중요성을 알아보도록 한다. 제2절에서는 적재적소 배치에 대한 이론적 논의를 살펴본다. 그리고 제3절에서는 적재적소배치자 역할의 실행방안을 제시하도록 한다.

제1절. 적재적소배치자의 역할에 대한 의미와 중요성

조직심리학자들은 조직구성원의 행동이나 성과를 이해하기 위해서는 개인차에 주목하여야 한다고 주장하고 있다. 그 이유는 개인행동의 차이는 조직관리에 있어서 많은 문제의 원천이 되고 있을 뿐만 아니라, 조직체는 상황에 따라 구성원이 요구하는 특성이 모두 다르므로 구성원의 개인적 특성과 그들의 행동을 잘 이해하고 주어진 상황에 구성원을 잘 활용함으로써 성과를 높일 수 있는 동시에 그들의 만족감도 높여줄 수 있기 때문이다. 이를테면 특정직무가 요구하는 특질과 담당구성원의 특질을 비교하여 직무를 배치하면 조직유효성향상에 크게 기여할 수 있다.

이러한 관점에서 글로벌 조직에서는 성공적인 성과경영을 위해서 구성원의 특성과 적성 그리고 능력 및 역량을 고려한 직무연계 등의 직무 및 역량중심의 인력관리를 오래전부터 하고 있다. 우리 기업들도 이러한 인력관리의 필요성을 인지하고 시스템을 갖추기 위한 노력들을 하고 있지만 비용이나 환경 등의 제약으로 인해 아직도 많은 기업들은 구성원이 일방적으로 조직의 환경특성에 맞추어 나가도록 시스템이 갖추어져 있다. 이는 구성원들의 근로의욕을 감소시키고 나아가 직무불만족으로 나타남은 물론 낮은 성과의 원인이 된다. 또한 이는 구성원들의 결근 및 이직의 원인이 되기도 함으로써 인력관리 방식의 개선을 필요로 하는 것이다.

따라서 조직에서 탁월한 성과를 창출하기 위해 조직관리자가 해야 할 가장 핵심적인 미션은 구성원들을 적재적소에 배치하는 것이다(류랑도, 2006). 그 이유는 아무리 우수한 구성원이라도 적합한 자리가 아닌 곳에서는 성과를 제대로 창출하지 못할뿐더러 직무를 수행하는 과정에서 많은 갈등과 불만족을 경험하기 때문이다.

조직관리자의 역할 중 적재적소배치자 역할이란 개인과 직무간의 적합화(fit or match)를 꾀하는 것으로, 이는 개인의 특성(성격 및 적성, 지식, 능력과 역량 등)과 직무에서 요구하는 특성을 고려하여 배치하는 것을 의미한다(Edward, 1991; Krist of-Brown et al, 2005). 적합화를 성공적으로 꾀하기 위한 역할에는 다음과 같은 내용이 포함된다. 1) 직무에서 요하는 자격요건을 밝혀내야 한다. 2) 구성원 개개인의 질적 내용에 대한 재고파악을 해야 한다. 3) 개인과 직무관련 파악된 정보들을 객관적으로 비교하여야 한다. 그리고 4) 비교결과를 평가하여 배치하여야 한다. 또한 이러한 과정에서 직무 및 개인에 대한 객관적 정보를 수집할 수 있는 그리고 비교할 수 있는 타당한 도구들을 개발하여야 하고, 수집된 정보자료들을 의사결정에 활용할 수 있도록 체계적으로 인사정보시스템을 구축하여 한다.

적재적소배치자 역할이 성공적으로 실행될 경우 조직에서는 직무와 인재의 유기적 결합관리를 통한 조직성과와 개인만족의 통합적 실현을 꾀할 수 있다. 이외에도 효과적인 조직관리를 위해 적재적소배치의 긍정적 효과를 더 정리하면 다음과 같다(김종재 외 2인, 2004).

첫째, 성과창출을 위한 바람직한 행동을 유도할 수 있고, 이는 조직유효성을 향상시키는데 기여한다. 즉 개인적 특질과 직무특질간의 적합관계는 직무스트레스, 직무수행, 이직의도, 그리고 직무만족 및 조직몰입과 같은 작업관련 태도와 상관이 있다.

둘째, 적성과 능력 및 역량을 고려한 배치로 구성원 개개인의 적성을 살려 잠재능력을 발휘시킬 수 있고, 이로 인해 직무를 통한 즐거움과 만족에 영향을 미쳐 조직구성원들의 생활의 질 및 근로생활의 질(QWL)의 향상을 유도할 수 있다.

셋째, 개인차를 인정하고 존중함으로써 동기유발은 물론 참여와 자발적 노력을 촉진하고, 더 나아가 인간존중경영을 실현할 수 있다.

제2절. 적재적소배치에 대한 이론적 논의

조직 내 구성원 각자가 저마다 성격과 능력이 다른 것처럼 직무도 각기 차이가 난다. 이와 같은 사실을 바탕으로 개인적 특질과 적합한 직무를 연결시키려는 노력이 간헐적으로 있어 왔다. 우리는 개인차 존중의 일환으로 또한 효과적인 조직관리 차원에서 개인특질과 직무특질간의 적합화(매치)를 보다 구체화할 필요가 있다.

2.1. 개인특질과 직무특질간의 적합화의 개념 및 연구영역

적합성(fit)에 대한 개념은 심리학과 경영학 분야에서 오랜 기간 중요시 되어 왔다. 적합성은 특정 상황에서 개인과 환경이 동시에 공존할 수 있는 양립가능성의 개념으로 설명되고 있다. 이러한 개념을 개인과 직무 간에 적용한 개념이 개인-직무적합성(person-job fit)이다.

개인-직무적합성(person-job fit)은 일반적으로 개인이 직무에 필요한 사항을 제공하는 것과 직무가 개인에게 줄 수 있는 가치 간의 일치정도로 정의할 수 있다(O'Reilly & Caldwell, 1991). 즉 개인의 가치관, 능력 및 역량 등과 직무특성 및 요건이 일치하는 정도라고 할 수 있다.

또한 "개인의 능력과 직무요구 특성간의 부합(fit) 또는 개인의 요구와 직무특성간의 부합"이라고 정의된다(Edward, 1991). 그에 따르면, 개인-직무간의 부합은 두 가지 유형으로 구분하여야 한다고 한다. 하나는 개인의 욕구(desire)와 직무가 제공하는 요소(supplies)의 적합성인 욕구-공급 적합성, 그리고 다른 하나는 개인의 능력(ability)과 직무에서 요구되는 사항(demand)의 적합성인 요구-능력 적합성이다. 이를 정리하면 다음의 <표 2-1>과 같다.

〈표 2-1〉 개인-직무간의 부합유형

구 분	내 용
욕구-공급 적합성	· 직무를 통해 제공할 수 있는 것들이 구성원의 욕구와 적합한 정도를 의미한다. · 직무가 개인의 욕구, 욕망, 또는 선호를 충족시킬 때, 개인과 직무가 부합한다고 간주. · 개인의 욕구: 심리적인 욕구, 목표, 가치, 관심 등 여러 형태로 표현된다. 다양한 직무 특성들이 구성원에게 느껴지는 매력도를 의미한다. · 공급: 직무 특성, 역할 명료성, 책임정도, 직무 다양성과 독립성, 직무충실화 특성들과 같은 구체적인 조직이나 직무의 특성들을 포함한다.
요구-능력 적합성	· 직무에서 요구하는 사항과 이를 충족시켜줄 수 있는 개인의 능력에 대한 적합성이다. · 개인이 직무에서 요구하는 능력을 지니고 있을 때 개인과 직무가 부합한다고 간주. · 개인의 능력: 구성원의 재능과 경험, 교육정도 같은 자질을 나타내는 것을 의미. · 직무요구사항: 양적·질적 업무의 양, 업무완수를 위해 필요한 사항, 그리고 가치있는 결과를 얻기 위한 도구적인 활동을 의미.

개인-직무적합성의 연구영역은 개인과 조직의 성과적합성을 강조하는 산업 및 조직심리학과 조직행동분야의 연구에서 시작되었으며 자세한 사항은 [그림 2-1]과 같다(Edwards, 1991).

개인-직무적합성 연구들은 개인과 직무 각각의 연구가 아니라 두 개체의 혼합된 영향에 초점을 둔다. 기본 형태는 개인과 직무가 직접적으로 결과에 영향을 주는 화살표 a 와 b의 형태를 볼 수 있다.

[그림 2-1] 개인-직무적합성의 연구영역

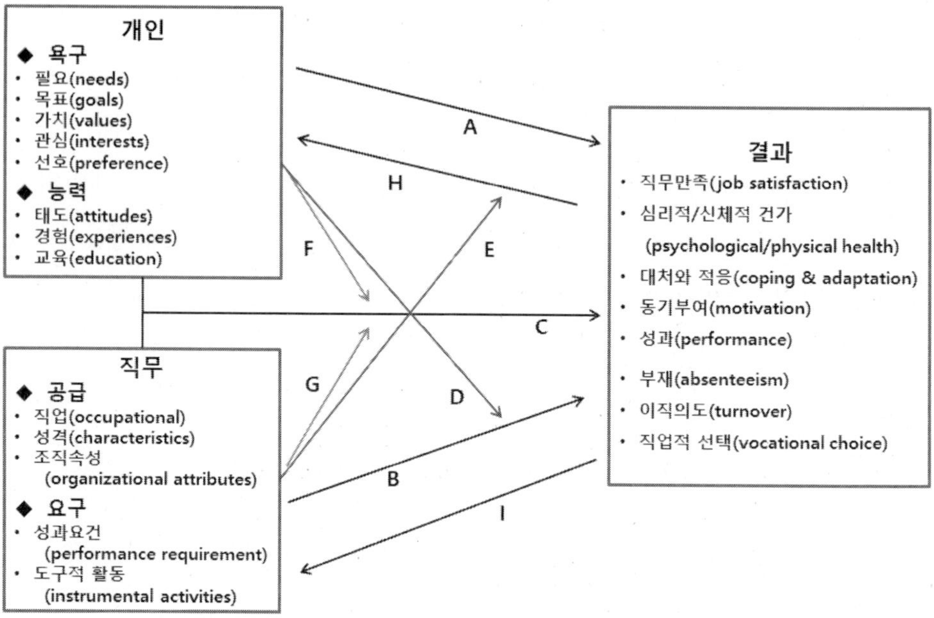

출처: Edwards(1991), Person-job fit: A conceptual integration, literature review, and methodological critique, International Review of Industrial and Organizational Psychology, Vol, 6, p. 285.

또한 연구에서 가장 많이 사용되고 있는 개인과 직무를 하나의 공통된 지표로 결합하여 종속변수에 영향을 주는 화살표 c의 형태도 있다. 이 외에도 직무와 성과의 관계에 개인이 조절역할을 하는 화살표 d의 형태, 개인과 성과간의 관계에 직무가 조절역할을 하는 화살표 e의 형태, 개인과 직무가 결합된 지표에 개인과 직무가 각각 조절역할을 하는 화살표 f 와 g의 형태, 그리고 성과가 개인과 직무에 미치는 영향으로 화살표 h와 I를 통해 볼 수 있다.

2.2. 개인특질과 직무특질간의 적합화를 위한 전제조건

적재적소배치 즉 개인특질과 직무특질 간의 적합화를 실현하기 위해서는 조직 내에서 적격심사가 이루어져야 한다. 적격심사하기란 '기업이 보유한 인적자원들 각각이 수행하고 있는 현재직무에 얼마나 적합한지를 분석·평가하는 과정'이다(나기현, 2014).

즉 기업이 보유한 인력들에 대한 재고파악을 통해 인력의 질적 내용(개인의 지식, 능력들, 스킬 및 역량 들)을 분석하고, 분석결과를 직무명확화하기를 통해 작성된 개별직무의 자격요건과의 비교하는 과정을 의미한다. 효과적으로 적격심사를 하기 위해서는 먼저 직무명확화하기인 조직 내의 직무분석과 역량모형분석을 통한 직무의 특성, 내용, 자격요건 등에 관한 직무정보자료를 정확하게 정비하여야 한다. 다음으로 조직이 보유한 인적자원에 대한 평가 즉 구성원 개개인의 적성 및 태도와 직무수행능력의 수준에 대한 인사고과를 실시하는 등 인적자원정보자료의 확보가 이루어져야 할 것이다(김종재 외 2인, 2004). 이들의 직무정보자료와 인적정보자료에 기초한 종업원의 적정배치 및 인적자원이동의 실현은 배치·이동관리의 기본과제라 할 수 있다.

따라서 조직관리자들은 이러한 긍정적 효과를 충분히 이해하고, 이를 연계시기려고 노력하여야 한다. 이를 다음의 [그림 2-2]로 정리할 수 있다(김종재 외 2인, 2004).

[그림 2-2] 개인적 특질과 직무특질간의 적합관계

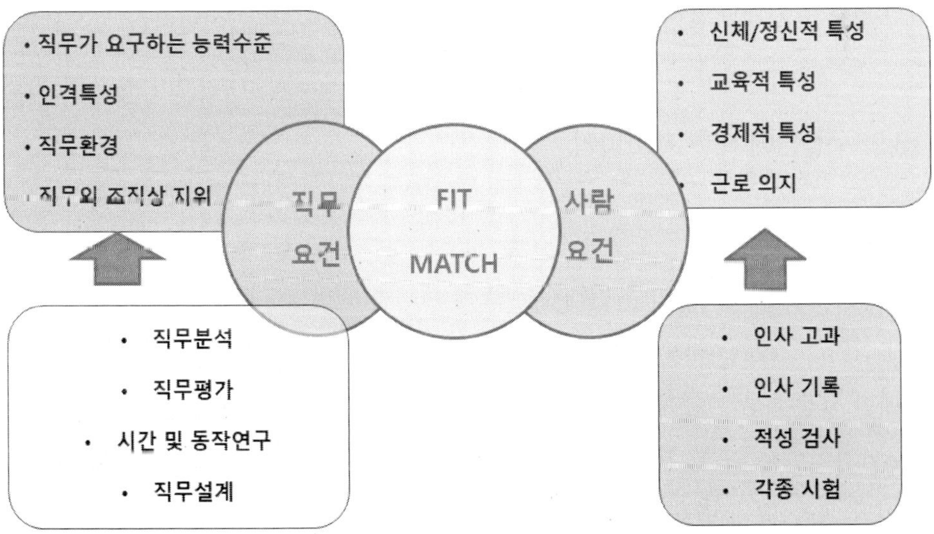

제3절. 적재적소배치자의 역할의 실행방안

조직에서 성과경영을 성공적으로 운영할 수 있도록 조직관리자가 개인특질과 직무특질을 적합화(매치)시키는 적재적소배치자 역할의 실행방안은 다음과 같이 제시할 수 있다(나기현, 2014).

3.1. 직무명화화하기로 자격요건의 체계화

성과경영을 성공적으로 운영하기 위해서는 조직에서 직무 및 역량중심의 인적자원관리를 행하여야 한다. 이를 위해서 조직관리자는 직무분석과 역량모형분석을 토대로 직무명확화하기를 통해 직무의 성격 및 직무수행에 필요한 자격요건을 명확히 밝혀 놓아야 한다. 이를 밝히는 것은 효과적으로 조직을 운영하고 과학적으로 성과관리를 하기 위한 조직과 조직관리자의 의무이다. 먼저 직무분석을 통해 직무특질(정형화된 업무인지, 비정화된 업무인지, 독립적인 과업인지, 팀플레이를 요구하는 과업인지 등)을 정확히 파악하여야 하며, 파악된 직무를 성공적으로 수행하기 위해서 어떤 자격요건이 필요한지를 정확히 분석해두어야 한다. 또한 직무별로 분석된 정보들을 체계적으로 관리하는 직무정보시스템이 구축되어야한다.

3.2. 구성원에 대한 재고파악

조직에서 성과경영을 통해 고성과를 창출하기 위해서는 직무 및 역량중심의 인력관리를 하여야 한다. 이를 위해서는 조직 내 구성원들에 대한 재고파악이 전제되어야 한다. 즉 조직 내에서 직무를 담당하는 개인의 특질(성격, 적성 , 흥미검사 등)에 대한 사전분석과 함께 개인이 보유한 능력과 지식, 기능, 기술, 역량 등의 분석이 이루어져야한다. 또한 분석된 개개인들의 정보와 함께 개개인들이 조직에 들어와서 어떤 교육 및 훈련을 받아왔고, 맡은 직무들에서 어떤 성과를 만들어 냈는지에 대한 평가결과 등의 정보들을 체계적으로 관리할 수 있는 인력재고시스템이 구축되어 있어야 한다. 조직 내 구성원들의 정확한 재고파악(능력 및 역량, 의욕, 적성, 업적 등)을 위해서는 조직의 특성에 적합한 재고파악 측정도구들을 다양하게 개발하여야 한다. 만약 자체적으로 측정도구의 개발이 어렵다면, 이미 개발되어 사용되는 기존도구들의 활용은 물론 조직 내 구성원들에 대한 정보들을 각 부서나 팀 수준에서 수집해 놓은 다양한 정보파일들(관리자 목록, 기능목록의 활용, 업적평가 및 인사고과, 능력테스트, 면접 및 상담 등)을 적극적으로 활용할 필요가 있다.

이와 같이 재고파악을 통해 획득한 정보자료들은 데이터베이스화하여야 한다. 그 이유는 인적자원관리와 관련된 의사결정을 내릴 때 유용한 정보로 활용할 수 있도록 하기 위해서이다.

3.3. 재고파악을 통해 획득된 개인정보와 직무별 자격요건과의 비교

적재적소배치를 위해서는 직무정보시스템과 인력재고시스템을 크로스로 비교·체크하여 합리적으로 적합화를 꾀할 수 있도록 제도가 운영되어야 하며, 이를 제대로 실시할 수 있는 조직의 분위기가 만들어져야 한다. 비교를 통해 편차정도를 파악하기 위한 접근방법에는 프로파일방법, 다중회귀분석방법, 복수의 컷오프 방식 등이 있다. 이들 방법을 구체적으로 살펴보면 다음의 <표 3-1>과 같이 설명할 수 있다(김영재외 2인, 2005; 나기현 2014).

〈표 3-1〉 비교 접근방법

접근 방법	내용
프로파일 방법	· 직무명확화 하기를 통해 작성된 개별직무의 자격요건과 재고파악을 통해 개별 직무담당자의 각 자질과 지식, 기술, 능력(KSA), 역량 등을 각 요소별로 비교·분석하는 방법.
다중회귀 분석 방법	· 직무성과의 추정치(준거치)를 종속변수로, 다양한 도구를 통해 수집·측정된 현재 직무담당자에 대한 자격요건들인 각 요소들의 점수(예측치)들을 독립변수로 하여 회귀분석을 실시하여 준거치가 높은 대안을 적격자로 결정하는 방법이다.
복수 컷오프 방법	· 다양한 도구를 동원하여 구성원 재고파악을 통해 데이터베이스화된 현재 직무담당자의 자격요건인 각 요소별의 정보자료들을 활용하여 탈락시키는 점수 즉 컷오프를 정하고 복수의 컷오프를 통과하는 적격자를 걸러내는 방법

3.4. 비교결과 후 편차제거방안

다양한 방법을 통하여 적격심사를 한 결과, 편차가 심하게 발생하여 부적격자로 판정될 경우, 편차를 제거할 수 있는 방안으로는 재배치, 교육·훈련기회 부여, 그리고 구조조정대상에 포함을 들 수 있다. 이들 방안을 정리하면 다음의 <표 3-2>와 같다.

〈표 3-2〉 편차 제거방안

방 안	내 용
재배치	· 부적격자로 판정될 경우, 조직관리자가 제일먼저 해야 할 일은 개인의 질적 내용에 가장 적합한 직무로 재배치를 시켜야 · 방법: 수평적인 이동, 수직적인 이동, 다른 부문으로의 전환배치 등.
교육 및 훈련기회 부여	· 새로 배정받는 직무에 대해서는 직무성과 기대내용 및 직무와 관련된 정보 등을 잘 모르기 때문에 이에 대한 전반적인 내용들을 교육/훈련시켜야 한다. · 이유는?: 재배치는 인재육성시스템의 일환으로 실시되어야 하기 때문. · 방법: 1) 관리자가 재배치된 구성원과 면담통해 직무성과 기대를 이해시키는 것. 2) 편차부분 제거차원과 경력개발차원서 능력/역량요소별 개발기회부여.
구조조정 대상포함	· 기회를 제공했음에도 불구하고 직무성과가 낮거나 재배치할 직무에 적합화가 이루어지지 않을 경우에는 명예퇴직과 고용조정 등 구조조정대상에 포함시켜야. · 방법: - 고용조정(근로시간 단축, 신규채용의 중지 및 감소, 배치전환 및 파견근로, 일시귀휴제도 등) - 해고(징계해고를 비롯한 일시해고와 정리해고 등)

적격심사하기 과정에서 얻은 정보들은 피드백에서 중요한 역할을 수행하게 된다. 그 이유는 분석과정에서 직무를 수행을 하고 있는 구성원이 왜 직무성과 기대에 부응하지 못하는지, 재고파악을 통해 부족한 지식과 능력 그리고 역량을 어떻게 개발하고 변화시킬 것인지와 관련한 유효한 정보를 얻을 수 있기 때문이다. 특히 이 과정을 통해 얻은 정보는 배치전환 등의 내부공급과 관련하여 예측과 선택 또는 훈련문제에 영향을 미칠 수 있기 때문에 조직과 적재적소배치자인 조직관리자는 구성원들을 객관적인 분석하고 평가할 수 있는 유효하고 타당성 있는 시스템의 개발할 수 있도록 협력하여야 한다.

적재적소배치사례:

1. GE(General Electronic)

1950년대 이후 제품이 늘어나고 회사의 규모가 커지면서 기존의 중앙 집중적인 경영구조가 가동되기 어려워졌다. 이에 한 사람이 관리할 수 있을 만한 크기로 조직을 쪼개서 권한을 대폭 이양했다. 경영위원회에서 모든 의사결정을 하던 것을 각 사업부의 장이 자율적으로 결정하게 만들었다. 또한 목표관리 제도를 도입하는 동시에 분권화된 경영방식을 GE 전 조직원이 쉽게 이해할 수 있도록 교육을 진행했다. 하지만 분권화의 부작용이 나타나기 시작했다. 구성원들이 GE를 하나의 기업으로 보지 않고, 각자의 부서에 더욱 애착을 가지게 되었다. 하지만 다행이도 이러한 실수를 계기로 사업을 평가하는 시스템을 구축하기 시작했다. 성공 가능성이 높은 사업을 고르기 위해 컨설팅 회사를 고용하여 사업 평가 시스템을 구축했다. 이 때 인재 개발 시스템들도 도입하게 되었다.

GE는 내부뿐만 외부인재 확보도 적극적으로 검토한다. 내부육성, 승진만을 고수하는 폐쇄적인 인사 관행 보다는, 중간관리자 및 경영자 등을 과감히 영입하는 개방적 채용정책이 보다 효과적일 것이라는 판단 하에 고위 관리자급을 충원할 때 25%에 달하는 인재들을 외부채용으로 맞이하고 있다. 또한 회사의 핵심인재를 파악, 관리 할 수 있는 활력곡선이라는 상대평가 제도를 활용해서 회사에 불필요한 사람을 파악하고 이를 통해 개발훈련을 시키거나 퇴출시킨다.

구성원들의 역량을 평가하여 핵심 사업을 수행할 핵심인재를 선발 및 육성하는 “Session C”를 운영하고 있다. 1차로 각 사업부 단위에서 역량 평가를 자체적으로 실시한 후 각 사업부는 유능한 직원들을 1차로 내정한 후, 약 2,500여명을 그 다음 과정인 Corporate Session C에 추천한다. 2차로 각 사업부에서 추천한 2,500여명의 임원들을 CEO가 직접 평가하여 500여명으로 추린 후 각 사업부마다 1일씩 약 20여 일 간을 지속하고 승진 및 퇴진 의사결정, 핵심포지션별 후보를 CEO 육성 활동에 활용한다. 전 구성원들에 대한 평가, 보상 및 육성과정을 통해 소직구조를 검증하고 각 조직을 담당할 능력 있는 인재를 육성시킨 후 새배치한다.

2. LG전자

LG전자는 인사고과 평가를 통해서 등급을 나누고 있다. A등급을 받은 고성과자들은 성과급을 주는 등 인재관리를 하고 있다. 반면에 C등급 이하를 받은 저성과자들에게는 업무에 다시 잘 적응할 수 있도록 역량 향상 교육을 실시한다.

LG전자는 R&D 조직 강화를 위한 고육지책으로써 HCCR(Human Capital Competency Reinforcement) 저성과자 관리 제도를 시행하고 있다. HCCR 이후에는 재평가를 통해 업무 재배치를 한다.

역량평가에 맞게 본래의 부서로 돌아가는 경우가 있는 반면 다른 부서로 이동하는 경우도 있고 같은 회사의 계열사로 이동하는 경우도 있다. 계열사로 이동하는 이유는 계열사에서 제조역량을 강화하기 위해 전환배치를 요청하고 역량 향상 프로그램에 참여한 사람들이 이동하기도 한다고 한다. 이 프로그램 이후 실적이 개선된 사람이 많다고 한다.

3. Amgen

암젠은 인재확보를 위해서 회사의 상위 관리자 500명을 위한 인재평가 프로세스를 실행했다. 이 프로세스는 인재를 판별해서 그들을 개발하고 더 많은 책임을 부여하기 위해 이용되었다. 연구개발, 영업, 마케팅, 기획, 그리고 HR에 있어 중요한 인재 격차 또한 확인하였다. 이러한 격차를 메우기 위해 12명 정도의 재능 있는 외부인력들이 상위 100개 직위에 채용되었다. 또 기업 내에 이미 존재하고 있는 높은 잠재력을 가진 인재들을 적극적으로 육성했다.

암젠은 가장 성과가 좋은 직원과 가장 성과가 낮은 직원을 확인하고 조직을 강화시킬 수 있는 방법을 모색하기 위해서 고과평가를 실시해 뛰어난 직원(A급 직원)과 보통수준의 직원(B급 직원) 그리고 조금 수준이 떨어지는 직원(C급 직원)으로 분류해서 A급 직원에게는 발전기회와 보상을 차등화 했다. B급 직원들에게는 그들의 생산성을 향상시키고 그들만의 역량을 발휘할 수 있도록 성장시켰다. C급 직원들에게는 B급으로 올라갈 수 있도록 교육하고 재배치를 하거나 이직을 시키거나 회사를 떠나주기를 요구한다. 성과가 좋지 않은 직원에게는 피드백을 제공해주고 코치해줌으로써, 그들이 직무에서 성과를 높일 만한 충분한 기회를 주는 것이다.

참고문헌

김영재, 김성국, 김강식(2005), 인적자원관리, 삼영사.

김종재, 박성수, 정중부(2004), 인적자원관리, 서울: 법문사, pp. 207~208.

나기현(2014),전략적 인적자원관리: 통합성과관리모델, 부산외국어대학교 출판부.

류량도(2006), 1 Mission 3 Role; 성과중심의 리더십, 웅진윙스.

Edwards(1991), Person-job fit: A conceptual integration, literature review, and methodological critique, *International Review of Industrial and Organizational Psychology*, Vol, 6, p. 285.

Kristof Brown, A. L., Zimmerman, R. D., & Johnson, E. C.(2005), A Meta analysis of person-job, person-organization, person-group and person-supervisor fit, *Personnel Psychology*, 58(2), pp.281-342.

O'Reilly, C. A. & Caldwell, D. F.(1991), People and Organizational Culture: A Profile Comparison Approach to Assessing Person-Organizational Fit, *Academy of Journal*. Sep.

제2장 팀워크 증진자 역할

경영은 혼자서 하는 게임이 아니라 구성원들이 협력을 통해 공동의 성과를 창출하는 예술이다. 그 이유는 성과창출주체가 구성원들이고, 이들이 어떻게 협력을 하고 있는가에 따라 결과는 완전히 달라지기 때문이다. 이제 '나 홀로 최고'들의 시대는 끝났다. 아무리 개인의 성과가 중요한 분야에서도 옆에 있는 동료를 밟고 올라가서는 오래 살아남을 수 없다. 조직 전체의 팀워크를 무시해서는 당장 도태되고 말 것이다.

따라서 제1절에서는 팀워크 증진자 역할의 의미와 중요성을 알아본다. 제2절에서는 팀과 팀워크에 대한 이론적 논의를 살펴본다. 그리고 제3절에서는 팀워크 증진자 역할의 실행방안을 제시하도록 한다.

제1절. 팀워크 증진자 역할의 의미와 중요성

빠르게 변화하는 환경에 적극 대처하기 위해 조직에서는 팀제를 도입·운영하고 있다. 팀(team)이란 "상호보완적인 기술을 가진 구성원들이 공동의 목적이라든가 성과목표를 달성하기 위해 공동으로 작업하며 그 결과에 대해 공동으로 책임을 지는 집단의 일종"이다. 많은 조직들이 팀제를 도입해 운영하고 있지만, 팀원들의 팀워크 없이는 팀 성과를 높게 창출할 수 없다. 그 이유는 아무리 잘난 사람도 혼자서는 팀워크를 당해낼 수 없기 때문이다. 특출한 스페셜리스트라도 팀워크 없이는 자신의 전문성을 살려낼 수 없고, 아무리 뛰어난 리더라도 팀워크를 이끌어내지 못한다면 자신의 존재 의미를 찾을 수 없다.

팀워크(Team Work)는 '기본적으로 2명 이상의 팀원들이 공동의 목표나 목적을 달성하기 위해 서로 소통, 지원, 협력, 조정 등의 상호작용을 통해 나아가는 행위 또는 과정'이다. 즉 팀워크는 팀 구성원들의 능력을 단순히 합산한 값보다 더 큰 시너지가 창출될 수 있도록 하는 업무적 팀 활성화 과정으로 본다(박원우, 2006). 이처럼 팀워크는 팀 목표를 향한 팀원들의 상호작용과정이다. 이러한 측면에서 현대조직에서 팀워크의 중요성이 더욱 부각되는 것이다.

조직관리자의 팀워크 증진자 역할이란 팀의 목표를 효과적으로 달성할 수 있도록 팀원들 간에 적극적 소통과 협력 등 역동적인 상호작용을 할 수 있도록 분위기 조성 및 시스템 정비 등의 다양한 노력을 하는 것을 의미한다. 따라서 조직관리자가 팀워크 증진자 역할을 성공적으로 수행하기 위해서는 먼저 팀워크 역량에 대한 구성요소 및 평가요소를 파악하고, 이에 대한 이해가 전제되어야 한다. 팀워크 역량의 구성 및 평가요소에는 일반적으로 의사소통, 조정, 성과기여, 상호지원, 협조성 등을 공통적으로 포함하고 있다. 최근에는 정서지능을 팀워크 역량의 중요요소로 보고 있다. 그 이유는 팀 관리자나 팀원 모두 정서지능은 업무능력에 긍정적이거나 타인과의 교감을 통한 협력에도 긍정적인 영향을 미치는 것으로 밝혀졌기 때문이다.

이와 같은 팀워크 구성 및 평가요소에 대한 이해를 바탕으로 조직관리자는 팀워크 증진자 역할을 자각하고, 이를 실행에 옮겨 조직 내 구성원들이 다함께 협력하여 집단이나 팀의 목표달성에 기여하도록 유도하여야 할 것이다. 팀워크가 원활히 이루어지면 조직 내 구성원의 만족도가 상승되며 업무에 적극 참여하는 긍정적인 결과로 인해 집단 및 팀의 수행도를 향상시킴으로써 최석의 생신성을 이끌어 낼 수 있기 때문에 팀워크는 조직운영에 있어서 필수적이라 할 수 있다.

따라서 조직관리자가 팀워크를 향상시키기 위한 증진자 역할을 성공적으로 수행할 경우의 긍정적 효과는 다음과 같이 제시될 수 있다.

1) 구성원들의 동기를 유발할 수 있다. 그 이유는 팀 목표 달성과정에서 팀원들 간의 협력을 바탕으로한 상호작용이 역동적으로 일어날 경우, 자신의 수행과업을

좀 더 호의적으로 인지하며 긍정인 태도와 정서를 갖게 되며, 이로 인해 자신이 속한 팀 및 직무에 대한 긍정적 태도와 자부심 발현에 영향을 미치기 때문이다.

2) 팀 효과성을 촉진할 수 있다. 팀 효과성은 팀 자체의 성과달성과 팀원의 만족도를 포함하는 개념이다. 먼저 팀의 성과촉진과 관련하여, 팀은 성과를 달성하기 위해 팀원의 공동몰입, 공동 작업을 통해서 그들이 가진 다양한 재능과 실력을 최대한으로 활용할 수 있어야 한다. 이를 위해서는 팀원들 간에 서로를 신뢰하고 협력하는 분위기가 조성될수록, 팀에서 필요로 하는 다양한 지식, 판단력, 경험을 서로가 제공할 수 있기 때문이다. 또한 팀원들의 만족을 유도하기 위해서는 팀원이 팀 목표달성과정에 단순한 참여가 아니라 적극적 참여를 요구한다. 적극적 참여는 팀원들에게 자율권을 보다 많이 부여해야하기 때문에, 이는 그들의 만족도를 증진시킬 수 있다.

제2절. 팀과 팀워크에 대한 이론적 논의

2.1. 팀의 개념과 팀이 부각되는 이유는?

국내에는 팀제가 1980년대 중반 이후 한 대기업의 계열사가 기존 부서들을 팀으로 변경하기 시작하면서부터 도입되었고, 최근에는 많은 기업과 조직에서 관리 효율성과 생산성 향상을 위해 팀제를 활용하고 있다. 특히 팀제를 도입할 경우, 구성원들의 삶의 질(Quality of Work Life)을 향상시키고 스트레스를 줄여주며 조직의 혁신성과 유연성을 제고하고 보고체계를 간소화할 수 있어서 궁극적으로 기업의 성과향상에 긍정적인 영향을 미칠 수 있다고 한다(Moorhead와 Griffin, 1998; 유민봉, 2001).

팀(team)이란 "상호보완적인 기술을 가진 구성원들이 공동의 목적이라든가 성과목표를 달성하기 위해 공동으로 작업하며 그 결과에 대해 공동으로 책임을 지는 집단의 일종"이다(Katzenbach & Smith, 1993; Greenberg & Baron, 1995). 이러한 개념을 토대로 팀은 다양한 형태로 존재한다. 조직에 존재하는 다양한 팀은 팀의 목적(작업팀과 성과향상 팀), 활동기간(일시적인 팀과 영구적인 팀), 조직 내에서 차지하는 위치(복합기능 팀과 독립 팀)에 의해서 분류된다.

전통적인 작업집단으로부터 발전해온 자율적 작업 팀은 다음과 같은 특징을 갖는다(나기현, 2013). 1) 조직의 상층계층으로부터 많은 권한이 위양된다. 그 이유는 집단의 자율성은 집단에 일정한 재량권이 있을 때 가능하기 때문이다. 2) 타인이나 타 집단에 대한 지배나 권력독점(power over)이 아닌 협력과 권력공유(power with)를 지향하는 특징을 지니고 있다. 그 이유는 자신의 지식이나 권한을 타인과 공유함으로써 자신의 영향력뿐만 아니라 타인이 영향력도 강화시키기 때문이다. 3) 구성원들은 팀과 목표를 공유하고 각자 자신의 직무 및 팀에 관련된 의사결정에 열정적으로 참가하여 그 결과 자신의 직무를 보다 의미 있고 만족스러운 것으로 생각하게 된다. 그리고 4) 팀의 기술적 체계뿐만 아니라 사회적 체계로서도 파악하여 집단 내 구성원들의 통합을 효과적으로 이룩할 수 있다. 그 이유는 팀 내에서 기획에서부터 그 실행까지를 다해야 하므로 통합적인 사고를 개발할 수 있게 하기 때문이다.

최근 들어 급속하게 변화하는 환경에 적극적으로 대처하기 위해서 팀이 부각되고 있는 이유를 다음과 같이 정리할 수 있다(나기현, 2013).

첫째, 환경변화에 신속하게 대응을 할 수 있다는 점이다. 기업이 경쟁력 유지목적의 조직개편을 하기 위해서는 보다 민첩하게 환경변화에 대응할 필요가 있는데, 팀은 전통적인 집단에 비해서 빠른 시간 안에 구성되어 과업을 수행하고 해체할 수 있는 특성이 있어 이러한 요구에 부합할 수 있다. 또한 각 기능별로 분산되어 있는 업무를 팀 내부로 통합해 각 기능의 조정필요성을 줄이면서 각 담당자에게 업무수행에 필요한 권한위양을 통해 급격하게 변화하는 환경에 적극적으로 대응할 수 있도록 하는 강력한 도구이다.

둘째, 팀은 팀원들의 동기유발과 성과창출을 촉진시키는데 효과적이다. 팀은 전통적인 집단에 비해 완결적인 작업을 수행하고, 상호보완적인 능력을 가진 구성원들이 공동의 노력에 의해 작업결과가 결정되는 작업환경을 제공하기 때문에, 그 속에서 일하는 작업자는 참여를 통해 창의적 및 자율적으로 일을 수행함으로써 일에 대한 만족과 몰입이 증대되어 높은 성과를 창출할 수 있을 것이다. 또한 팀은 구성원의 적극적인 참여를 유도하는 방향으로 작업을 재설계(redesign)함으로써 구성원들의 동기를 유발하는데 매우 효과적이라 할 수 있다(Robbins, 1996).

2.2. 팀워크의 개념과 팀워크 역량

팀 제도는 구성원들이 기업을 위해 자발적이고 능동적으로 노력하고 협력하며, 구성원의 능력과 적성에 따라 업무를 부여하고 구성원간의 상호유기적인 관계를 통한 수평적 참여가 가능하다. 또한 팀원 간의 자유로운 의사소통을 통해 구성원 간의 지식의 통합 및 새로운 지식을 창출할 수 있어서 팀의 창의성이 증대되며 (Miller & Monge,1986), 팀 유효성과 팀 성과를 향상시킬 수 있다(Eaton & Voos, 1994).

팀워크란 "하나의 팀으로서 함께 활동하는 사람들의 협동적인 노력, 혹은 팀 구성원들이 팀의 공동선을 위하여 모두가 자기를 내세우지 않고 합심하여 일을 수행하는 것"이라고 정의된다. 앤드류 카네기는 "팀워크란 공통된 비전을 향해 일할 수 있는 능력이다. 또한 한 개인의 성취방향을 조직적인 목표에 맞추게 하는 능력이다. 팀워크는 평범한 사람들이 비범한 결과를 낼 수 있도록 하는 연료이다"라고 주장한다.

많은 기업들에서 구성원들이 회식을 하는 이유도, 워크숍이나 체육대회를 하는 이유도 다 팀워크 때문이다. 왜 일까? 그 이유는 팀워크를 키워야 성과가 커지고, 지속되고, 그리고 가치도 높아지기 때문이다. 이처럼 팀워크란 '개인이 절대 이룰 수 없는 위대한 성취를 이룰 수 있게 해주는 요술램프 같은 것'이다.

팀이 오케스트라라면 리더는 지휘자이다. 지휘자와 악단이 균형과 조화를 이룰 때 최고의 선율이 흘러나온다. 통일성 속에 개성이 살아나고 전체 선율 속에서 각 악기가 가진 고유한 소리가 가장 빛난다. 이것이 바로 최고의 팀워크이다. 훌륭한 지휘자는 어느 악기의 음정이 어긋났는지, 어떤 연주자가 더 열심히 연주하고 있고 어떤 연주자가 남들의 소리에 묻어가고 있는지 금방 안다. 즉 유능한 리더라면 일부러 하나하나 뜯어보지 않아도 팀원들 각각의 능력과 태도를 꿰뚫고 있는 법이다. 그러나 팀워크가 지향해야 할 가장 궁극적인 형태는 리더가 없어도 굴러갈 수 있는 팀을 만드는 것이다. 팀워크는 위기상황에서 더욱 빛을 발하게 되기 때문에 평소에 단련된 팀워크의 힘은 리더가 없을 때 바로 드러난다.

따라서 팀워크는 기본적으로 팀 목표를 향한 팀원들의 상호작용이라는 공통점을 공유하고 있다. 이를 향상시키기 위해 많은 연구자들이 팀 역량 및 팀 스킬 등에 대해 연구들을 하고 있다. 팀워크 역량은 팀워크를 개인적인 특성의 관점에서 보고 있으며, 우수한 팀과 저조한 팀을 변별해주며 팀이 높은 성과를 달성하는데 기여하는 팀원들의 내적인 특성이라고 본다(권석균·최보인, 2012). 팀워크 역량의 구성 및 평가요소에 대한 연구결과들을 정리하면, 의사소통, 조정, 성과기여, 상호지원, 노력, 결속력 등을 공통적으로 포함하고 있다(Hoegl & Gemuendeb, 2001). 이를 정리하면 다음의 <표 2-1>과 같다.

〈표 2-1〉 팀워크 역량의 구성 및 평가요소

구성요소	내 용
의사소통	· 팀원 간의 정보교환을 가능하게 하는 것으로, 그 빈도, 공식화, 구조, 개방성이 중요
조정	· 동일시간에 팀 목표달성토록 팀원에게 분담업무의 차이/중첩 없도록 조정하는 것
성과기여	· 팀원들의 지식/경험을 나누도록 동등기회 갖고 참여토록 균등기회 부여 하는 것
상호지원	· 팀원 간의 경쟁보다 팀 구성원들 간의 상호 존중, 지원하는 분위기가 더 생산적
노력	· 팀원 간 충분한 노력이 필요하다는 공감대가 중요하며 높은 수준의 노력을 요구
결속력	· 팀을 지속하고 싶어 하는 정도를 나타내며, 팀 유지에 높은 정도의 결속력 필요

이외에도 팀워크 역량의 중요요소로 정서지능을 꼽을 수 있다. 그 이유는 정서지능이 팀장 및 팀원들 간 업무능력과 협력에도 긍정적인 영향을 미치기 때문이다.

정서적 지능은 '감성지능으로도 표현하며 자신의 정서를 인식하고 조절, 관리하며, 정서를 활용함으로써 타인과 원만한 대인관계를 형성할 수 있는 능력'을 의미한다. 이러한 관점에서 조직관리자(팀장) 및 구성원(팀원)의 정서지능과 팀워크의 관계는 긍정적 상관관계를 갖는 것으로 나타났다. 이를 정리해보면 다음과 같다.

1) 지속적으로 높은 성과를 내는 성공적인 리더 및 조직관리자들의 공통점은 정서지능이 높다는 것이다(Goleman, 1995). 이와 관련하여 집단이나 조직 내에서의 정서적 분위기는 구성원 상호간에 파급되고 전염되는 성향을 가지며, 특히 관리자의 정서지능은 빠르게 구성원들에게 파급된다고 한다(Sy, Cote, & Saavedra, 2005). 따라서 팀의 전체적인 정서지능은 조직관리자(팀장)의 정서지능에 따라 달라진다고 볼 수 있으며, 정서지능의 수준이 높은 집단이나 팀의 경우에는 활기와 역동성이 넘치며 따뜻한 마음과 의욕, 열정이 넘쳐나기 때문에 실패 확률은 낮아질 수밖에 없어 결과적으로 성공할 수 있는 추동력을 가지게 된다(이면우, 1992).

2) 구성원의 정서지능과 팀워크간의 관계에서도 조직관리자(팀장)와 마찬가지로 팀 구성원들의 정서지능도 집단이나 팀 내에서 우수한 팀워크를 생성해 나가는데 매우 중요한 요소일 것으로 판단된다. 그 이유는 정서지능의 주요 요소 중 타인에 대한 공감 능력을 나타내는 감정이입(Empathy)이나, 대인관계기술(Social Skill)을 제시(Goleman, 1995)하고, 그리고 다른 사람의 감정을 이해하고 인식하는 타인감정인식(Wong & Law, 2002) 등을 감안했을 때 조직 내에서 우수한 팀워크를 생성해 나가는데 매우 중요한 요소일 것으로 판단되기 때문이다. 그러므로 이러한 특성을 가진 팀워크는 팀과 관련된 기존의 연구에서 주로 팀 성과에 영향을 주는 독립변수로 사용되었지만 일부 연구에서는 조절변수나 종속변수로 사용되기도 하였다.

제3절. 팀워크 증진자 역할의 실행방안

팀 제도 하에서 팀워크를 증진시키는 것이 팀워크 증진자의 역할이다. 팀워크란 '내가 할 수 없는 일을 할 수 있는 다른 사람과 만나 더 큰일을 이루어내는 것'이다. 이런 팀워크를 효과적으로 증진시키는 조직관리자 역할의 실행방안을 제시하도록 한다.

첫째, 구성원들의 의식전환을 꾀하라. 경쟁시대에 조직에서 살아남기 위해서는 자신만의 능력을 키워 상대를 짓밟고서라도 언제든 높은 성과만 창출하면 된다는 사고를 가진 구성원들이 이외로 많다. 그러나 조직은 화려한 개인플레이보다 팀워크를 원한다. 그 이유는 아무리 일을 잘해도 개인플레이의 성과는 작다. 그러나 팀워크를 통한 조직의 성과는 조직의 잠재력과 가능성을 몇 백배로 키워줘 개인성과에 비교할 수 없을 만큼 크기 때문이다. 그러므로 팀워크 증진자인 조직관리자는 구성원들에게 팀원이란 '내가 할 수 있는 일은 최선을 다하고 부족한 것은 다른 사람으로부터 얻는 존재'라는 인식의 전환을 꾀해야 한다. 특히 팀원들 간에 "나도 당신도 최선을 다 한다는 믿음, 내가 못하는 일은 당신이 할 수 있고 당신이 할 수 없는 일을 내가 할 수 있다는 믿음. 함께라면 우리는 위대한 일을 할 수 있다는 믿음"을 갖도록 지속적인 의식개혁을 하여야 한다. 인식의 전환으로 구성원들이 서로 그런 믿음이 있어야 최고의 팀워크를 이룬다. 함께라면 못할 것이 없다. 이처럼 최고의 팀을 이루기 위해서는 팀의 구성원 모두가 이기심을 버릴 줄 알아야 한다. 자신보다 팀을 우선시하는 조직적 사고방식을 몸에 익혀야 한다. 남에게 기대하기 전에 자신이 먼저 희생하지 않고서는 팀의 잠재력은 물론 자신의 잠재력도 온전히 발휘할 수 없다.

둘째, 팀에 팀원 선발권을 부여하여 상호보완적인 사람들을 확보하라. 팀은 상호보완적인 능력을 가진 사람들이 공동 노력하여 공동책임을 지는 형태이므로, 서로가 협력하여 성과를 창출할 수 있도록 하여야 한다. 이를 위해 직무수행에 필요한 기술적 요건은 물론 팀원이 되기 위한 대인기술을 갖추고 있는지, 팀 역할도 수행할 수 있는지 등을 확인해야 한다. 특히 동료들과 함께 일하고 조직과 함께 호흡하기 위해서 필요한 기본적인 태도를 갖춘 사람인지를 확인하여야 한다. 그 이유는 누구와 일하느냐가 직장생활의 성패를 좌우함으로 인해 팀원으로서 적합한 자격을 갖춘 열정적이고 헌신적인 사람들과 한 팀을 이룬다면 그곳이 바로 좋은 직장이기 때문이다.

또한 서로 능력과 생각 등이 다른 팀원들이지만 팀원들이 같은 생각을 하게 만들어야 한다. 세상에 완벽한 조직은 없다. 그 이유는 모든 조직을 최고의 멤버로만 꾸릴 수는 없기 때문이다. 팀이 꾸려진 뒤에 해야 할 일은 서로 같은 생각을 하도록 만드는 일이다. 그러기 위해서는 팀의 공동목표를 추진하기 위해 기본원칙을 확립하고 기대치에 대해 협의해야 한다. 기대치와 성과에 대해 공동의 확신을 갖고 팀의 업무에 단합된 태도로 임해야 한다. 또한 팀 플레이어로 만들기 위한 적절한 훈련이 주어져야 한다. 훈련전문가들은 구성원들로 하여금 팀워크가 제공하는 만족을 경험할 수 있게 해주는 훈련을 실시해야 한다. 특히 워크숍은 종업원들의 문제해결, 의사소통, 협상, 갈등조정, 코칭기술을 향상시키는데 도움을 준다. 경영자들은 팀 구축에 많은 노력을 기울여야 한다. 그러나 효과적인 팀의 개발은 하룻밤에 일어나지 않는다. 그것은 시간이 걸린다(신현만, 2009).

셋째, 주인의식을 갖도록 하여야 한다. 이를 위해서는 조직의 이익과 손실에 대해 모든 팀원이 공유하도록 해야 한다(신현만, 2009). 혼자만 살겠다는 사고방식, 특정인이나 특정부서만 이익을 얻는 구조아래서는 팀워크 발휘가 어렵다. 팀 생활에서 경쟁노력보다 협력적인 풍조를 권정하기 위해서는 조직관리자 조직의 보상체계를 재정비해야 한다(DeMatteo, et al., 1999).

보상체계의 재정비 초점은 팀 성과에 기여도 반영은 물론 팀원들과 정보를 공유하는 정도, 팀 갈등을 해결하도록 도와주는 정도, 그리고 팀이 필요로 하는 신기술을 습득하는 정도 등을 평가하여 승진, 임금 인상, 및 다른 형태의 인정 등에 반영되어야 한다.

넷째, 팀장 및 팀원의 정서(감성)지능을 향상시켜라. 팀 제도가 성공하기 위해서는 팀의 리더가 촉진자이자 코치이며 조언자로써의 역할을 수행할 필요가 있다(Manz & Sims, 1989). 또한 팀을 활성화하기 위해서는 리더가 팀 성과에 대한 높은 기대감을 표현하고 의사소통이 용이한 분위기를 조성할 필요가 있다(Conger & Kanungo, 1998). 이때 상사의 감성지능은 구성원간의 갈등을 해결하거나 의사소통을 원활하게 하는데 중요한 역할을 수행한다. 그 이유는 조정이나 중재과정에서 다양한 개인들의 선호나 기호, 가치를 파악하고 받아들여 이를 활용하는 효과적인 수단이 감성지능이고, 의사소통 과정에서 상대방의 의도를 빠르고 정확하게 파악하고, 효과적으로 자신의 의사를 전달하기 위해서는 감성지능이 중요하기 때문이다.

이처럼 정서지능은 감성지능으로도 표현하며 자신의 정서를 인식하고 조절, 관리하며, 정서를 활용함으로써 타인과 원만한 대인관계를 형성할 수 있는 능력을 의미(Salovey & Mayor, 1990)한다. 따라서 팀의 리더는 물론 팀 구성원들이 감성지능이 높을 경우에는 구성원 사이에서 이루어지는 수평적 의사소통뿐만 아니라 자신과 구성원간에 발생하는 수직적 의사소통에도 긍정적인 영향을 미칠 수 있다. 그러므로 팀 리더와 구성원들은 감성지능을 높이는 노력이 요구된다. 이의 방안으로는 1) 자신의 감정을 알고, 이를 조절하고, 2)진심에서 우러나는 신뢰와 존중을 표현하고, 3) 맞춤형 배려로 감동을 선물하고, 4) 불필요한 갈등을 줄이고 배려와 협력을 촉진해 우호적인 관계를 맺도록 조직분위기를 조성해야 한다.

다섯째, 집단역학 개념을 응용하여 팀워크를 증진하라. 집단역학 개념을 응용한 팀워크 증진방안은 직접적인 방안으로 팀 구축법이 있고, 간접적인 방안으로 감수성훈련이 있다. 1) 팀 구축법은 "팀 구성원간의 신뢰와 개방성을 증진시키기 위한 팀 구성원간의 고도의 상호작용을 증진시키는 기법"을 말한다. 이 기법의 목적은 구성원간의 조정노력을 증가시킴으로서 팀의 성과를 높이는데 있다. 그리고 2) 감수성 훈련은 "훈련을 통해 자기 자신, 타인, 그리고 자신과 타인과의 관계에 대한 이해를 집중적으로 증진시키는 인간관계훈련기법"이다(Campbell & Dunnette, 1968). 이 훈련의 목적은 타인의 행동에 민감해지도록 감정적 성장과 발전에 초점을 둔다.

이상과 같이 팀워크의 증진방안을 살펴보았다. 우리가 배워야 할 점은 아무리 잘난 사람도 혼자서는 팀워크를 당해낼 수 없다. 특출한 스페셜리스트라도 팀워크 없이는 아무리 자신의 전문성을 살려낼 수 없다. 또한 아무리 뛰어난 리더라도 팀워크를 이끌어내지 못한다면 자신의 존재 의미를 찾을 수 없다. 따라서 팀워크 증진방안은 조직 내 집단이나 팀 구성원들 간의 신뢰를 바탕으로한 상호작용 즉 관계에 초점을 두고 있다. 그러므로 팀워크는 궁극적으로 구성원들 간의 신뢰를 증진시킴으로써 촉진할 수 있을 것이다.

성공적인 팀워크의 10가지 요소: (Romig, 1996)

구분	요소	내용
핵심	팀 창의력	• 팀이 창의력을 발휘하는 것은 그 팀의 성공적인 팀워크를 보여주는 가장 본질적인 징표. • 팀 구성원들이 함께 힘을 합쳐서 모든 문제들에 대한 새로운 해결책을 창의적으로 추구하는 과정에서 성공적인 팀워크가 발생하는 것이다.
의사소통과 협동 촉진	팀 의사소통	• 효과적인 팀워크를 위해서는 팀 구성원들 간의 숙련된 커뮤니케이션 능력에 의한 원활한 의사소통이 이루어져야.
	팀 회의	• 팀 구성원들 간의 의사소통과 협동을 보장해 주는 효과적인 팀 회의가 열려야 한다.
	갈등관리	• 팀 구성원들이 작업에 대한 주인의식을 느낄 때 발생하는 상호간의 차이와 갈등 문제를 해결해 주는 효과적인 갈등관리가 이루어져야 한다.
조정노력 지원	팀 가치, 비전, 사명	• 성공적인 팀워크를 위해서 팀은 팀의 공유가치를 확인하고 팀의 비전과 사명진술서를 개발하여야 한다. • 이를 명확히 하는 것은 팀 구성원들을 동기부여하고, 팀의 방향을 제시하고, 팀의 행동을 합목적적으로 조정하고 정돈하는데 유용하다.
	팀 목표설정	• 팀의 목표가 설정되어야 실행계획과 성과 측정지표가 수립될 수 있다. 팀 구성원들은 이를 중심으로 그들의 시간, 행동, 의사결정의 우선순위를 정하여 노력을 조정한다.
	역할과 책임, 팀 조직화	• 팀의 조정을 원활하게 이루어지도록 하기 위해 팀 구성원들은 각자의 역할과 책임을 분명히 하고, 팀 목표를 성취하기 위해 팀을 조직화 하여야 한다.
계속적인 문제해결 과정	팀 문제해결	• 팀워크가 이루어질 때 팀은 자기영역 안에서 문제를 찾아내고 해결한다. 이때 문제해결을 위한 구조화 과정을 사용한다. • 6단계 과정: 문제 구체화, 원인분석, 브레인스토밍통한 해결책 모색, 해결책 선택, 문제해결 통해 달성목표 설정, 실행계획 수립해 해결책을 실행.
	팀 의사결정	• 성공적 팀워크를 위해서 팀 의사결정에 관한 팀의 숙련과 신중히 구조화된 접근방법의 사용필요. 의사결정 숙련을 위해 필요 훈련이 제공되어야.
	작업과정 개선	• 성공적 팀워크는 팀 작업결과의 개선으로 증명되어야 하고, 작업결과는 작업과정개선을 통해 이루어진다. • 작업과정 개선목적은 사이클 타임의 개선, 생산성과 원가의 개선, 그리고 품질개선을 통하여 고객만족을 개선하는 것이다.

팀워크 증진자 사례

1. 포스코 IT프로젝트지원팀

포스코에는 회사의 미래 성장 동력을 찾는 신사업 발굴부터 대내외 프로젝트 수행을 위한 파견업무, 그리고 영업지원 및 제안 작업 활동까지 다양한 업무를 맡고 있는 IT프로젝트지원팀이 있다.

IT프로젝트지원팀이 국내외 12개 지역 곳곳에 흩어져 근무하고 있어 서로 얼굴을 마주볼 기회가 많지 않지도 않고, 팀원들이 워낙 많기 때문에 함께 하기에 불협화음이 일어날 것이라는 생각들을 하겠지만, 이들은 자체적인 소통의 시간을 통해 남부럽지 않은 팀워크를 자랑하고 있다. 팀워크를 활성화시키기 위해 다양한 활동들을 마련하고 있기 때문이다.

대표적으로는 매주 월요일 진행하는 'Super VP'로, 일반적인 업무 공유에 그치지 않고, 팀원들이 직접 지난주에 있었던 의미 있는 일들에 대한 이야기를 나누며 서로를 알아가는 활동이 있다. 또한 팀원들이 돌아가면서 자신의 성장과정과 앞으로의 계획을 소개하는 시간을 마련해 동료를 더욱 이해할 수 있음은 물론 정을 더욱 돈독히 하여 팀워크를 강화해 나가고 있다.

이 활동은 매주 진행되는 활동임으로 IT프로젝트지원팀은 서로의 업무를 전반적으로 파악하고 있다. 또한 피드백이 가능하고 업무를 공유함으로써 팀의 목표를 명확하게 다시 상기시켜주는 역할을 하고 있다. 이러한 의사소통으로 통해 조직구성원 개개인은 팀의 일원으로서 소속감을 느끼며 일할 수 있는 환경이 주어졌다.

2. 홀푸드

홀푸드는 현재 미국 식품 분야에서 최고의 기업으로, 작년 말 기준 매출액 90억 달러, 직원 수 5천 8백여명에 300여 개의 매장을 운영하고 있는 유기농식품 전문유통업체로 매년 일하고 싶은 기업 TOP 100에 속하는 기업이다.

홀푸드는 기업에서 주주보다 직원에게 무게중심을 둠으로써 팀원 모두가 기업에 대한 주인의식을 가지게 했다. 직원들에게 자유재량권을 충분히 주고, 그들이 현명한 결론을 내릴 수 있도록 제공하며, 결과에 책임을 지게 함으로써 직원들이 주인의식을 갖게 한 것이다.

기본적인 조직을 이루고 있는 단위는 점포가 아니라 팀인데, 홀푸드는 소매업에서 전례를 찾을 수 없는 자치권을 부여했다. 각 매장은 해산물로부터 농산품, 계산대에 이르기까지 대략 8개의 팀으로 구성되어 새로운 모든 직원은 팀에 조건부로 할당한다.

팀 리더는 상점 관리자와 의논하여 어떤 상품인지, 현지 고객의 관심을 끌 수 있을지 결정하고 들여놓을 수 있는 자유가 있다. 이 작은 팀이 가격결정, 주문, 채용, 매장 내 제품홍보 등 운영상 중요한 모든 결정에 책임을 지고 있는 것이다.

홀푸드는 고객과 가장 가까이 있는 사람들이 고객에게 가장 좋은 서비스와 관련된 의사결정을 할 수 있기 때문에 이 기업 방식이 가장 적합하다고 생각해서 기업을 자율적으로 운영하고 있다.

또한 홀푸드는 직원들과 정보를 공유하는 범위가 세계 최고 수준인 기업으로, 전 직원이 모든 팀과 모든 매장은 물론 기업 전체의 실적을 모두 알 수 있다. 홀푸드는 실적 자료와 각 의사결정의 이유 등에 관해 가능한 많은 정보를 전 직원과 공유하는 것을 원칙으로 한다.

CEO인 존 매키는 이를 직원들에게 권한과 신뢰를 부여하기 위한 과정으로, 투명하고 진정성 있는 소통 없이는 높은 수준의 신뢰도를 유지할 수 없기 때문이라고 말했다.

참고문헌

권석균·최보인(2012), "다양성이 팀 프로세스 활성화와 효과성에 미치는 영향. 인사조직연구", 20(2), pp.1-46.

나기현(2013), 성과예술: 인간존중경영, 부산외국어대학교 출판부.

박원우(2006), 팀워크의 개념, 측정 및 증진방법, 서울대학교출판부.

신현만(2009), 회사가 붙잡는 사람들의 1% 비밀, 위즈덤하우스.

유민봉(2001), 팀제 조직관리 도입의 실효성분석과 효과성 제고방안 연구, 한국행정학보, 35(4), 한국행정학회.

이면우(1992), W이론을 만들자, 지식산업사.

Campbell, J. P. & Dunnette, M. D.(1968), Effectiveness of T-Group Experiences in Managerial Training and Development, *Psychological Bulletin*, Vol. 65, pp. 73-104.

Conger, J., & Kanungo, R. N.(1988), "The empowerment process: Integrating theory and practice," *Academy of Management Review*, 13, 475-497.

DeMatteo, J. S., Eby, L. T., & Sundstrom, E.(1999), Team based Rewards: Current Empirical Evidence and Directions for Future Research, in B. A. Staw & L. L. Commings(eds.), *Research in Organizational Behavior*, Vol. 20, pp.141-183.

Eaton, A. E., & Voos, P.(1994), "Productivity enhancing innovations in work organization, compensation, and employee participation in the union versus the nonunion sectors," *Advances in Industrial and Labor Relations*, 6, 63-109.

Goleman, D.(1995), Emotional intelligence, New York: Bantam Books.

Greenberg, J. & Baron, R. A.(1995), Behavior in Organization, 5th ed.(Englewood Cliffs, NJ: Prentice-Hall).

Hoegl, M. & Gemuenden, H.G.(2001), "Teamwork quality and the success of innovative projects: A theoretical concept and empirical evidence", *Organization Science*, 12(4), pp.435 - 449.

Katzenbach, J. R. & Smith, D. K.(1993), The Wisdom of Teams(Boston, MA: Harvard Business School Press).

Manz, C. C., & Sims, H. P. Jr.(1989), Super leadership, Englewood Cliffs, NJ: Prentice-Hall.

Miller, K. I., & Monge, P. R.(1986), "Participation ,satisfaction and productivity: A meta-analytic review," *Academy of Management Journal*, 29, 727-753.

Moorhead, G. & Griffin, R. W.(1998), Organizational behavior, New York: Houghton Mifflin

Co.

Robbins, S. P.(1996), Organizational Behavior: Concepts, Controversies, Applications, 7th ed.(Englewood Cliff, NJ: Prentice-Hall).

Salovey, P. & Mayor, J. D. (1990), "The knowledge, skill and ability requirement for teamwork: implications for human resource management," *Journal of Management*, p20.

Sy,T., Cote, S., & Saavedra, R(2005), The contagious Leader: Impact of the leader's mood on the mode of group members, group affective tone, and group processes, *Journal of Applied Psychology*, 90(2), pp.295-305.

Wong, Chi-Sum, & Law, S. L.(2002), The Effects of Leader and Follower Emotional Intelligence on Performance and Attitude: An Exploratory Study, *The Leadership Quarterly*, Vol 13, pp.243-274.

제3장 성과몰입 유도(촉진)자 역할

오늘날 대부분의 기업들은 불확실성이 커지는 환경 속에서 지속전인 생존을 위해 높은 성과창출에 대해 강한 압박을 받으며, 이를 달성하기 위해 유능한 인재확보 등의 노력을 통해 치열하게 경쟁하고 있다. 특히 조직에서 인재를 정의하는 명확한 기준은 성과이다. 그 이유는 인재는 조직에서 기대되는 결과에 결정적인 영향을 미치며 핵심적인 문제를 해결하는 사람인 동시에 자신의 성과와 직결되는 전략적인 업무행동을 실현하는 사람이기 때문이다.

이러한 측면에서 기업은 구성원들로부터 높은 성과를 끌어내기 위해 다양한 제도를 활용하지만, 이를 성공적으로 추진하기가 쉽지는 않다. 그 이유는 조직에서 성과창출을 위해 다양한 제도나 프로세스 등을 변화한다고 할지라도 성과를 창출하는 사람들의 사고 및 태도 그리고 행동 등이 변화하지 않고서는 변화목적을 달성할 수가 없다. 따라서 조직관리자는 구성원들이 높은 성과를 창출하기 위해 자신의 직무에 대한 긍정적인 태도와 열의를 가지고 몰입할 수 있도록 유도하고 촉진하는 노력을 하여야 한다. 이를 위해 제1절에서는 성과몰입유도자(촉진자) 역할의 의미 및 중요성을 알아보도록 한다. 제2절에서는 성과몰입에 대한 이론적 논의를 살펴본다. 그리고 제3절에서는 성과몰입 유도(촉진)자 역할의 실행방안을 제시하도록 한다.

제1절. 성과몰입 유도(촉진)자 역할의 의미 및 중요성

오늘날의 글로벌 무한경쟁 속에서 기업이 생존하기 위해서는 조직은 높은 성과를 지속적으로 창출하여야 함은 물론 성과창출을 위한 여건조성을 하여야 한다. 또한 성과창출 주체인 조직구성원들은 일반적으로 조직 내에서 일과 관련된 역할과 사람과 관계된 역할을 수행하는데, 이 두 역할을 모두 성공적으로 수행하기 위해서는 각각의 역할에 대한 몰입이 필요하다(Alan, 2006). 특히 조직 내 구성원들이 높은 성과를 창출하기 위해서는 스스로 도전적 목표를 설정하고, 설정목표를 도달하기 위해 새롭고 창의적인 방법의 시도 등을 통해 자기주도적 행동을 하는 것이 무엇보다도 중요하다(최나은, 2012).

이러한 자기주도적 행동 즉 자신이 책임감을 갖고 적극적으로 일한다는 것은 구성원 자신이 일에 몰입하여 행동하도록 영향을 미치게 된다. 또한 이는 자신의 내적동기를 유발하게 되어 업무수행에 더 많은 노력을 기울이게 된다(최종태, 2008). 이러한 노력은 업무완수를 위한 높은 수준의 에너지 창출과 어려움의 인내, 열정과 자부심, 그리고 일에 대한 집중과 몰두 등의 몰입의 형태로 나타나게 된다. 그러므로 조직관리자가 조직에서 만들어 내야 할 몰입은 성과몰입으로 '내가 하는 일을 즐기면서 성과를 만들어 내는 것'이다. 즉 성과몰입 유도자(촉진자) 역할을 수행하여야 한다. 그 이유는 성과몰입으로 인해 성과창출에 차이가 발생할 수 있기 때문이다(나기현, 2016).

조직관리자의 성과몰입 유도자(촉진자) 역할이란 조직에서 구성원들이 높은 성과를 창출할 수 있도록 직무와 관련하여 cascading 방식으로 함께 도전적 목표를 설정하고, 설정된 목표를 효과적으로 도달하기 위해 스스로 자율적인 방법들을 선택하여 실행 할 수 있도록 그들의 주도적인 행동을 촉진하고, 그들의 내적동기를 유발하여 직무실행과정에서 원하는 결과를 얻을 수 있도록 강한 열정과 의지를 갖고 몰입할 수 있는 업무환경을 적극 조성하는 노력을 기울이는 것을 의미한다.

이러한 성과몰입 유도자(촉진자)의 역할이 조직에서 성공적으로 수행될 경우, 성과몰입의 중요성을 다음과 같이 정리할 수 있다. 1) 조직의 경쟁력을 높이는데 기여한다. 그 이유는 성과몰입된 조직구성원은 그렇지 않은 구성원에 비해 직무스트레스가 적고, 조직 내에서 낮은 갈등수준을 보임으로써 추가적으로 성과를 낼 수 있는 창의적인 행동과 적극적 행동을 취할 확률이 높기 때문이다. 2) 상급자의 지시에 관계없이 자발적으로 직업적 소명이나 조직의 효과적인 발전에 영향을 줄 수 있는 행동을 수행한다. 그 이유는 성과몰입된 집단이 그렇지 않은 집단에 비하여 규칙준수의 정도가 높고, 직업적 소명을 갖추고 있기 때문이다. 3) 이직률을 낮추고 핵심 인재를 보유·유지할 수 있다. 그 이유는 성과몰입된 구성원은 일상의 업무수행에서 자기 직무에 고도로 몰입하며 시간에 관계없이 업무를 수행하기도 하고., 자기직무를 통해 기쁨을 느끼며 직무자체가 중요한 보상수단이 되고 있기 때문이다. 그리고 4) 조직유효성제고에 지대한 영향을 미친다. 그 이유는 성과몰입된 구성원은 본인이 속해 있는 집단에서의 업무의 질을 개선하기 위해 자발적으로 조직발전과 개인발전에 끊임없이 노력하기 때문이다(Rich et al., 2010; 타워스페린, 2007; 최종태, 2008).

이와 같이 성과몰입의 중요성은 구성원의 노력이나 행동을 유발시키는 원동력이 될 수 있다는 점에 있다. 즉 구성원의 인지 및 성서의 상태로 형성되어 있는 자발적이고 긍정적인 태도를 목표에 부응하는 특정행동으로 전이시킬 수 있는 연결점에 위치하고 있는 것이다.

제2절. 몰입 및 성과몰입에 대한 이론적 논의

글로벌 환경에서 완전경쟁의 시대로 진입하면서 기업에서는 창의성 발현의 근간이 되는 몰입(Flow)의 중요성이 증대되고 있다. 그 이유는 조직창조성이 발휘되는 출발점은 개인이 조직목표아래서 몰입에 빠져드는 순간이기 때문이다. 이러한 흐름을 반영하듯이 최근에는 조직몰입보다는 직무관여/성과몰입을 보다 중요한 개념으로 받아드리고 있다.

2.1. 몰입과 성과몰입의 개념

몰입의 개념은 관점과 초점을 어디에 두느냐에 따라 차이가 있다. 이를 정리하면 다음의 <표 2-1>과 같다(최종태, 2008).

〈표 2–1〉 몰입개념에 관한 관점과 초점의 차이

관점	학문적 (심리적)	· 몰입을 태도 및 집착 정도를 의미하는 심리적 특성으로 본다.
	실천적 (행동적)	· 몰입을 역할수행에 집중하고 몰두하는 정도를 의미한다(Rothbard, 2001). · 집중(attention): 역할생각에 사용되는 인지적인 능력과 시간의 양을 의미 · 몰두(absorption): 역할에 대한 집중의 강도를 의미한다.
초점	조직/ 직무역할	· 몰입을 태도가 아니며, 구성원들이 그들의 역할수행에 집중하고 몰두하는 정도를 의미한다(Alan, 2006).
	조직적 관심	· 몰입을 조직과 조직의 가치에 대한 인지적/ 정서적으로 긍정적 태도라고 정의한다(Schaufeli et al., 2002; 2004).

21세기 인적자원실천가들에게 있어서 몰입은 태도가 아니며, 구성원 개개인들이 그들의 역할수행에 집중하고 몰두하는 정도를 의미하는 실천적 측면에 초점을 둔 행동적 접근방법으로 본다. 즉 조직에 공헌하려는 조직행동으로 파악한다. 그러므로 인적관리차원에서는 몰입을 개인과 환경의 부합을 통하여 잠재적인 성과를 실현할 수 있는 개념으로 다루고 있다. 특히 몰입된 구성원은 그렇지 않은 구성원에 비해 추가적으로 성과를 낼 수 있는 창의적인 행동과 적극적 행동을 취할 확률이 높으며, 결과적으로 조직의 경쟁력을 높이는데 기여한다.

성과몰입(work engagement)은 '높은 성과를 창출을 위해 주의를 기울이고 집중할 때 나타나는 심리적 경험'으로, 이 개념은 인간의 정신적인 능력, 최적의 직무역할, 긍정적 경험 등에 관심을 갖는 긍정심리학을 기반으로 발전하기 시작하였다고 보는 학자들도 있다(Schaufeli, et al., 2002; Maslach, et al., 2001). 이러한 성과몰입은 조직몰입, 직무관여, 조직시민 사회행동과 같은 변인들과 차별적인 개념으로, '구성원이 그들의 조직을 위한 에너지와 열정을 가지고 있는 정도'를 의미한다고 하였다 (김동철, Hewitt Associates, 2006). 즉 '구성원이 경영성과 향상을 위해 기꺼이 지적으로나 정서적으로 관여하고 있는 상태'로 정의되고 있다.

2.2. 성과몰입의 영향요인

성과몰입은 '구성원들이 정서적/지적으로 조직에 기꺼이 헌신해 실제성과를 이끌어 내는 활동에 참가하는 상태'로 개인차가 존재한다(Buckingham & Coffman, 1999). 성과몰입에 영향을 미칠 수 있는 요인으로는 개인적 요인과 조직적 요인으로 구분해서 정리하면 다음의 <표 2-2>와 같다.

〈표 2-2〉 성과몰입의 영향요인

개인적 요인	· 성장욕구, 직업관, 내적통제정도, 성격 등 다양한 요인들이 존재. · 대표적 영향요인: 개인의 기질적인 성격특성인 주도성(Christian, et al., 2011). · 이유: 성과몰입이 '내가 하는 일을 주도적으로 즐기면서 성과를 내는 것'이기 때문. (한철환 & 최미림, 2014).
조직적 요인	· 직무특성, 직무자율성, 조직의 지원, 의사결정 참여, 리너십, 의사소통, 보상체계 등의 조직의 인사정책을 들 수 있다(최종태, 2008).

이처럼 개인적 및 조직적 요인에 의해 영향을 받는 성과몰입은 구성원의 성과, 조직적 성공, 재무적 성과를 예측할 수 있는 증거로 볼 수 있다(Bate, 2004). 그 이유는 성과몰입이 이루어진 구성원들은 고객충성도를 높이고, 탁월한 경영성과를 쌓게 되며, 회사에 보다 충실하고 유연하게 대처할 수 있기 때문이다. 그러므로 인적자원전문가와 조직관리자는 성과몰입 유도(촉진)자가 되어 구성원들이 직무상에서 높은 성과를 창출할 수 있도록 성과몰입을 유도하고, 구성원이 주도성을 발휘할 수 있는 토대를 구축하여야 한다. 그 이유는 구성원이 자신의 일과 소식을 위해 일하는가 여부는 이에 달려 있기 때문이다.

2.3. 성과몰입을 가로막는 장애물들

기업의 몰입에너지는 개별구성원 한 사람의 몰입으로부터 출발한다. 개인이 몰입하지 못하는 이유는 개인의 사적인 문제부터 일터의 문제까지 다양하다. 몰입을 가로막는 장애물들은 다음의 <표 2-3>과 같이 정리할 수 있다(김현기, 2010; 윤언철, 2006).

〈표 2-3〉 성과몰입을 가로막는 장애물들

구 분	장애물
개인적 측면	· 상사/동료와의 갈등, 가정고민 등의 심리적 불안과 과다 스트레스 · 과다 배려, 무사안일 등으로 건설적 긴장감 부족 · 충분한 재충전의 시간 부족으로 육체적/정신적 소진(burn-out) 상태
직무적 측면	· 능력에 비해 과다·과소 등의 부적절한 업무목표 · 미래의 성장비전(발전)이 없는 업무
조직적 측면 (조직운영 방식)	· 결과중심으로 인한 일의 수행과정과 학습과정 경시 · 일의 난이도와 구성원의 능력을 고려하지 않는 기회와 역량간의 불균형 · 잦은 업무변경과 폭주하는 잡무 · 일과 관련된 적절한 피드백 부재 · 시시콜콜 개입해 통제하고 가르치려고 하는 리더십 · 자율성과 창의성이 숨 쉴 수 없는 지시/통제중심의 문화 · 조직 전반에 퍼져있는 냉소적 분위기

자료: 나기현(2015), 인간존중경영이 실현되는 신나는 일터, 부산외국어대학교 출판부, p.191

조직에서는 몰입을 가로막는 장애물들을 해결하기 위해 많은 노력들을 기울이고 있지만, 일부의 조직관리자들은 아직도 동기부여방안과 몰입제고방안을 동일시하고 있다. 두 방안은 분명히 다르다. 그 이유는 구성원들이 충분한 보상을 받아 설령 동기부여는 되었어도 몰입은 일어나지 않는 경우도 허다하기 때문이다. 지금은 동기부여를 넘어 몰입이 필요한 시대이므로 조직관리자는 성과몰입 유도(촉진)자 역할을 성공적으로 수행하기 위해 다양한 방안들을 제시할 수 있도록 많은 고민을 하여야 할 것이다.

2.4. 성과몰입과 주도성, 그리고 직무성과와의 관계

최근의 경영환경에서 경영자와 인적자원 전문가(실천가)들에게 핵심 관심사로 주목받아온 자기주도성은 다양한 상황에서 주도적으로 행동하려는 기질적 특성으로, 자신에게 기대/요구되는 수준이상으로 직무관련행동에 자발적으로 참여하는 것을 의미하기 때문에, 이러한 행동은 자신의 직무에 대한 열정과 추가적인 노력을 지속하며, 과업 이외의 직무활동에 지원하는 일들을 포함한다(Crant, 1995; 2000; Podsakoff et al., 2000).

이러한 조직 내 개인의 주도성에 의해 대표적으로 영향을 받을 것으로 예측되는 성과몰입은 조직구성원의 감성, 창조, 상상력을 극대화하는 가장 유력한 수단이며, 업무에 대한 구성원의 열정을 높여 생산성 등 조직성과를 극적으로 제고시킬 수 있다(Schaufeli et al., 2002). 또한 성과몰입이 높은 사람은 직무성과 중 과업성과와 시민행동에 긍정적인 영향을 준다고 하였다(Rich et al., 2010).그 이유는 성과몰입이 된 조직구성원은 그렇지 않은 구성원에 비해 추가적으로 성과를 낼 수 있는 창의적인 행동과 적극적 행동을 취할 확률이 높으며, 결과적으로 조직의 경쟁력을 높이는데 기여한다고 보기 때문이다.

몰입과 성과와의 관계를 좀 더 구체적으로 살펴보면, 조직 내에서 개인의 수행결과로 나타나는 성과는 개인의 의욕이나 태도와 관련이 있다고 믿어져 왔다. 특히 구성원이 성공적으로 직무를 수행하고자 하는 의욕이 강하고 직무 및 직무여건에 대하여 긍정적인 태도를 가질 경우 개인적인 시간, 지적능력, 그리고 에너지를 그들의 일에 투자하기 때문에 효과적인 직무수행은 물론 조직의 성공에 영향을 준다(Towers Perrin, 2003). 그리고 자신의 직무에 자아를 투영시킴으로써 직무수준 및 조직수준의 성과에 관련성이 있을 뿐만 아니라(Bass, 1985) 개인의 성장 같은 개인수준의 결과변수에 긍정적인 영향을 미친다고 한다(권인수 & 최영근, 2011). 그러므로 직무 및 조직의 성과를 이끌 수 있는 중요한 특성으로는 근속욕망, 조직에 지속적으로 남아 있고 싶은 의지와 직무성과를 높이려는 노력 등을 들 수 있는데, 이는 성과몰입의 구성요소이다. 그렇기 때문에 성과몰입은 조직의 성과에 영향을 미칠 수 있고 조직의 효과성을 측정할 수 있는 중요한 척도가 되기도 한다(Morrow, 1993).

제3절. 성과몰입 유도(촉진)자 역할의 실행방안

조직에서 조직관리자는 구성원들의 자기주도성이 성과몰입으로 그리고 성과몰입이 직무성과로 연결되는 통합적인 틀의 범주 속에서 구성원들이 자신의 직무에서 높은 성과를 창출할 수 있도록 그들의 주도적 행동과 창조를 위한 기반인 몰입을 유도하는 성과몰입 유도(촉진)자의 역할을 수행하여야 한다. 성공적 역할수행을 위한 실행방안을 제시하도록 한다(나기현, 2016).

3.1. 선발기준으로 주도성을 고려하고, 이를 발휘할 여건을 연계하라.

조직에서의 구성원 확보와 관련하여, 많은 평가요소들이 있겠지만 자기주도성을 평가요소로 고려하여야 한다. 즉 자기주도성이 높은 사람들을 선발할 필요가 있다. 그 이유는 자기주도성이 강한 사람들은 기질적 특성으로 인해 자신의 일에서 적극적인 태도(열의, 노력, 집중, 몰입 등)를 가질 가능성이 높기 때문이다. 그렇다고 이들을 뽑는다고 끝나는 문제가 아니다. 선택된 이들이 직무상에서 주도적 행동을 할 수 있도록 자율권을 부여되어야 하고, 그들 스스로가 직무상에서 자율성이 있다고 믿게 만드는 것이 중요하다. 그러므로 조직관리자는 주도성을 가진 인력들의 확보와 확보된 인력들이 자율적으로 신나서 일을 할 수 있도록 조직여건(풍토)조성을 연계시켜야 한다.

조직 내 구성원들이 자기주도적 행동을 할 수 있도록 조직여건을 구축하기 위해서는 1) 구성원이 수행한 자기주도적 행동의 결과에 대해 충분히 인정하고 칭찬해주는 풍토를 조성하여야 한다. 2) 자기주도성을 발휘하는 구성원이 조직의 성공에 기여하는 공헌자로 대우받고 인정받는 풍토를 조성하여야 한다. 3) '할 수 있다'는 동기를 심어주는 조직풍토를 조성하여야 한다. 이를 위해서는 스스로 책임감을 갖고 주도적으로 일을 수행할 수 있는 완결형 업무를 경험할 수 있는 기회를 제공하는 것도 하나의 방법이다. 4) 조직관리자의 리더십도 주도성을 촉진하는 방향으로 변화하여야 한다. 과거의 지시와 통제중심의 리더십을 벗어나 구성원이 제안하는 아이디어와 의견을 들어주고, 주도적 행동의 결과를 기다려주는 리더십으로의 변화가 요구된다.

이와 같이 자기주도성과 조직여건 간의 연계노력들이 적극적으로 이루어질 경우 조직은 높은 열의를 가진 사람들로 구성되고, 그들이 직무상에서 역량을 최대한으로 발휘할 것이다.

3.2. 구성원에게 일을 하는 의미성/목적성을 부여하라

조직 내 구성원들의 주도적 행동과 성과몰입을 유도하기 위해서는 구성원들에게 주도적으로 일하는 의미 즉 목적성(purpose)을 부여할 수 있어야 한다. 그 이유는 인간이 삶에 있어서 가장 중요한 동기는 의미(meaning)를 찾는 것이기 때문이다. 또한 인간은 크든 작든 목적이 생기면 이를 달성하기 위한 노력은 물론 집중과 몰입을 하게 되기 때문이다(한철환 & 최미림, 2014).

조직관리자가 구성원들에게 일의 목적성을 제시하기 위해서는 직무명확화하기가 선행적으로 이루어져야 한다. 그 이유는 구성원들이 각자 일을 시작하기에 앞서 하려는 일에 대하여 조직과 관리자가 기대하는 최종 결과물(output)과 이를 위한 기대역할 등이 무엇인지에 대하여 알아야하기 때문이다. 따라서 직무상에서 담당자가 해야 할 과제 및 역할 그리고 성과목표 등이 무엇인지 막연하다면 성과몰입은 먼 일이 되므로 불분명한 생각을 선명한 목적으로 만들어줄 '명확한 끝 그림'을 그릴 수 있을 때 성과몰입은 한층 더 쉽게 실현될 수 있을 것이다.

3.3. 마음껏 역량을 발휘할 자율적 업무환경을 조성하라

조직관리자는 구성원들이 주도적으로 일할 수 있도록 자율적인 업무환경을 조성하여야 한다. 그 이유는 사람들은 직무상에서 스스로 선택, 결정한다고 느낄 때 주도적인 행동을 하고 몰입하기 때문이다. 특히 사람들은 누가 시킨 일(강요와 간섭)이라고 느끼는 순간 부정적 감정으로 인해 본능적으로 그 일을 거부하기 마련이다.

자율적인 조직구축 방안으로는 1) 권한위임(empowerment)을 통해 일의 주인으로 만들어 주어야 한다. 조직구성원들을 일과 삶의 주인으로 만들어주기 위해서는 어떤 순간에도 스스로 선택하고 통제하려는 인간의 욕망인 자율성을 확보/제고시켜 주어야하므로 어떤 권한과 책임을 부여하고 있는지를 점검해 보아야 한다. 2) 명확하게 업무가치를 확립하고 공유하여야 한다. 조직에서 반드시 지켜야 하는 원칙과 기준, 업무가치(work value)를 정하고 공유할 때 다양한 조직 내 구성원들이 한 방향을 바라보며 갈 수 있고, 그들에게 자유롭게 의사결정을 할 수 있는 권한위임도 가능한 것이다. 3) 업무시간 및 공간 선택권한이 부여되어야 한다. 구성원들에게 업무시간과 공간을 선택할 수 있는 자유를 주어야 하는 이유는 스마트워크가 중시되면서 업무결과만 제대로 나온다면 간섭과 강요를 없애고 구성원 스스로 몰입을 위한 최상의 조건을 만들어 가는 것이 중요하기 때문이다. 이처럼 구성원들이 마음껏 뛰어놀 영역을 안내해주는 환경과 스스로 최상의 업무조건을 찾도록 돕는 환경을 조성하는 것은 조직 내 구성원들의 자율성을 발휘해 업무에 몰입하도록 만드는 전제조건으로 볼 수 있다.

3.4. 구성원들이 성장할 수 있도록 전문성을 제고하라

구성원들의 주도적 행동과 성과몰입을 유도하기 위한 또 하나의 비밀은 구성원이 성장하고 발전을 경험하는 전문성(mastery)을 제고하여야 한다. 그 이유는 구성원이 직무수행과정에서 더 나은 성과창출을 위한 다양한 방법의 시도를 통하여 스스로가 전문가가 되어갈 때, 자신의 일에서의 몰입도 시작될 수 있기 때문이다. 내 업무 속에서 전문성을 높여 몰입하기 위해서는 명확한 자기 경력구상을 하도록 조직관리자가 도와주어야 한다.

자신의 경력목표를 분명하게 설정하였는지 여부는 셀프동기부여에 영향을 미쳐 개인성장 및 경력개발에 중요요인이 되기 때문에, 자기에게 적합한 경력목표를 설정할 수 있도록 본인, 상사, 조직 등 삼자가 책임을 지고 적극적으로 도와주는 협력시스템이 구축되어야 한다.

3.5. 배려와 압박의 조화를 통해 창조적 몰입을 유도하라

조직창조성의 기반이 되는 몰입을 이끌어내기 위해서는 불만족요인을 줄이는 대신 조직의 장벽과 제한을 극복하는 파격적인 배려 및 지원, 그리고 동기부여 수단들이 필요하다. 특히 창조적 몰입을 위한 조건은 배려와 압박의 조화이다(한창수, 2009). 조직구성원에 대한 배려는 '몰입할 수 있도록 쾌적한 근무환경을 조성하는 것과 필요한 자원을 적시에 제공하는 것'을 의미한다. 반면에 동기부여를 통한 압박은 '내재적 동기부여(과업에서 오는 보람, 원대한 비전제시 등)를 통해 구성원들에게 압박을 가함으로써 업무에 대한 몰입수준을 높이는 것'을 의미한다.

글로벌 기업인 구글이 최고의 복리후생을 제공하는 동시에 엄격한 평가 등 압박을 함께 부여함으로써 높은 수준의 창조적 긴장감을 유지하고 있듯이 혁신기업은 일하기 좋은 근무환경과 함께 이에 상응하는 긴장감을 조성함으로써 창조성을 자극하고 있다. 만약 배려만 하고 압박을 하지 않으면 조직구성원은 무사·안일한 자세를 갖기 쉬우며, 압박만 하고 배려를 하지 않으면 획일주의·기회주의적인 태도를 취하기 쉽다. 그러므로 기업은 배려와 압박이라는 상충되는 가치를 적절히 조화시킴으로서 조직구성원이 과업에 몰입하도록 도와주어야 한다.

네이버, 업무 몰입도 높이는 기업문화 확대...구성원 의견 최우선 반영

네이버가 본인전결 휴가제도, 가족 상해보험, 어린이집 증설 등 직원 복지혜택을 확대한다. 기업 복지핵심으로 떠오르는 일과 가정 양립을 뒷받침, 구성원 업무 몰입도를 높인다.

네이버에 따르면 이 회사는 리더 승인 없이 본인이 전결하는 휴가제도를 시행 중이다. 언제든 자유롭게 휴가를 떠날 수 있어 직원 사이에서 '킬러 복지'로 꼽힌다. 이와 별도로 3년 만근 직원이 연차수당 1.2배를 받고 최대 10일까지 휴가를 사용하는 리프레시 휴가제도를 2007년부터 운영하고 있다. 직원 본인뿐 아니라 직원 가족에게도 국내 최고 수준 상해보험 혜택을 제공한다. 가정이 있는 직원은 양가 부모, 배우자, 자녀까지 폭넓게 혜택을 누려 직원 호응도가 가장 높은 정책으로 꼽힌다.

최근에는 이매 지역에 어린이집을 추가 개원했다. 직원 연령 구조상 일과 양육을 병행하는 직원이 늘어난다는 점을 반영했다. 이미 2011년부터 '푸른 보육경영'과 연계해 분당, 서초, 수지 3개 지역에 어린이집을 운영했다. 이번 추가 개원으로 약 300명 아동을 추가 수용, 총 555명의 직원 자녀를 맡는다.

직원이 안심하고 아이를 맡기는 어린이집을 만들기 위해 전국 주요 어린이집 시설을 직접 다니며 안전·실용성·건축 노하우를 습득했다. 보육교사에게 실제 사용 환경의견을 받아 반영했다. 동선, 법적 의무 사항 3배 수준인 80개 CCTV 설치 등 안전에 만전을 기해 설계했다. 천연 고무, 자작나무 등 친환경 자재를 사용했다. 이매 어린이집에 자녀를 보낸 네이버 직원은 "이번에 수용 규모가 늘어나 처음으로 회사 어린이집에 어린 딸을 보내게 됐다"면서 "아이 심리와 움직임까지 고려한 세심한 설계를 본 뒤 회사가 양육에 동참하고 있다는 생각이 들어 든든하다"라고 설명했다.

네이버는 일과 가정생활 양립을 사내 복지 핵심으로 삼아 지속 개선해왔다. 어린이집 증설, 개인별 선호 업무기기 선택 등 기업복지 제도 다수가 사내 온라인 게시판을 통해 접수된 의견을 받아들여 탄생했다.

정해진 출퇴근 시간 없이 탄력적으로 업무 시간을 조정하는 책임근무제도 이와 같은 맥락에서 결정됐다. 이 제도는 2014년 시범운영을 거쳐 2015년 정식 도입됐다. 직원이 개인 업무 특성과 개별 업무 일정에 맞춰 근무시간을 유연하게 조정한다. 꼭 채워야 하는 의무 시간도 없다. 어린 자녀를 둔 직원 상당수가 오전 시간 아이 등교와 집안일을 챙긴 뒤 오후 출근한다. 금요일 저녁 일찍 퇴근해 가족과 주말여행을 즐기는 용도로 활용된다.

네이버 관계자는 "이용자 필요를 파악하며 글로벌 시장에서 유연하게 대처하듯 기업문화도 구성원 요구를 최우선 반영한다"면서 "직원이 안심하고 업무에 몰입하는 환경을 만들기 위해 다방면 노력을 이어갈 것"이라고 말했다.

전자신문, 2017.06.14

Facebook Twitter Kakao Talk Line

현대건설: 업무 몰입도 강화

… '주52시간 근무제' 시작 – 근무시간 관리시스템 'Smart Work 5240' 도입

현대건설이 개정된 근로기준법에 의거해 '주52시간 근무제'를 7월 1일부터 실시 중이다.

'주52시간 근무제'는 주 68시간이던 근로시간을 52시간으로 단축하는 것이 골자로, 근로자 300인 이상 기업을 대상으로 한다. 모든 직원은 소정근로시간인 주 40시간을 준수하면서 필요한 경우 12시간 이내 추가 근무를 할 수 있다. 아울러 탄력적 근로시간제 도입을 통해 본사 및 국내 현장은 2주 단위, 해외 현장은 3개월 단위로 해당 기간 평균 근무시간을 52시간 이내로 운영할 방침이다.

현대건설은 체계적인 '주52시간 근무제' 시행을 위해 PC 또는 스마트 폰으로 출퇴근 시각을 입력·조회하는 시스템인 'Smart Work 5240'을 도입했다. 임직원은 이 시스템을 통해 자율적으로 근무시간을 관리하는 것은 물론 불필요한 연장근무를 최소화할 수 있게 됐다.

근무시간 관리지침에 따르면 직원이 자유롭게 이용할 수 있는 중식시간, 휴게시간 등은 근무시간에서 제외된다. 이 밖에도 병원 진료, 은행 방문 등 개인 용무로 자리이석 시에는 '비업무시간'을 등록하거나 '시간단위 연차'를 사용할 수 있다. 본사나 국내 현장은 2주 평균 52시간 도달 시 PC의 전원이 강제로 오프 된다.

현대건설은 지난 4월 해외 현장을 시작으로 본사 및 국내 현장에서 설명회를 가진 데 이어 약 1개월간 본사 21개 팀 및 국내외 25개 현장을 대상으로 시범운영을 실시하는 등 안정적인 제도 정착을 위해 힘쓰고 있다.

회사 관계자는 "근로시간 단축에 따른 삶의 질 향상이라는 법 취지에 부합하기 위해서는 업무 몰입을 통한 생산성 향상이 기반 되어야 한다"며 "전 임직원이 자율적으로 근무지침을 숙지해 근무시간이 법정기준을 벗어나지 않도록 성실히 관리해 주길 바란다"고 말했다.

참고문헌

권인수·최영근(2011), “직무열의의 선행요인과 심리적 조건의 매개효과에 관한 연구,” 인적자원관리연구, 18(4), 113-133.

김동철(2006), 최고직장: 성과몰입과 전략연계성, 휴잇어소시엇츠(Hewitt Associates)

김현기(2010), “구성원이 몰입하지 못하는 이유,” LG경제연구원.

나기현(2016), 주도성과 직무성과의 관계: 성과몰입의 매개효과, 전문경영인연구, 제19권, 제2호, 한국전문인경영학회, pp.1-23.

나기현(2015), 인간존중경영이 실현되는 신나는 일터, 부산외국어대학교 출판부.

윤언철(2006), “업무에 몰입하지 못하는 이유,” LG경제연구원.

최나은(2012), “자기주도성: 조직의 혁신과 변화의 동력,” LG경제연구원.

최종태(2008), 기업의 인적자원정책이 종업원 성과몰입에 미치는 영향: P사의 적용실태에 관한 종단적 사례연구, 경영학 박사학위논문, 경희대학교 대학원.

타워스페린(2007), 2007 글로벌 인적자원보고서(Global Workforce Study).

한창수·(2009), 창조의 인큐베이터, SERI경영노트, 제35호, 삼성경제연구소..

한철환·최미림(2014), “성과몰입: 즐기며 성과 내는 패러다임 혁신,” 동아비즈니스리뷰, 이슈2, No, 147.

Alan, M. S.(2006), “Antecedents and consequences of employee engagement,” *Journal of Managerial Psychology*, 21(7), 600-619.

Bass, B. M.(1985), Leadership and Performance beyond Expectations, New york: Free Press.

Bates, S.(2004), “Getting engaged,” *HR Magazine*, 49(2), 44-51.

Buckingham. M. & Coffman, C.(1999), First, Break All he Rules, The Gallup Organization, NY: Simon & Schuster, Inc.

Crant, J. M.(1995), “The Proactive Personality Scale and objective job performance among real estate agents,” *Journal of Applied Psychology*, 80, 532.

__________(2000), “Proactive behavior in organizations,” *Journal of management*, 26, 435-462.

Maslach, C., Schaufeli, W. B. & Leiter, M. P.(2001), “Job burnout,” *Annual Review of Psychology*, 52, 397-422.

Morrow, P. C.(1993), The theory and measurement of work commitment, Greenwich, Connecticut: JAI Press Inc.

Rich, B. L., Lepine, J. A. & Crawford, E. R.(2010), “Job engagement: Antecedents and effects of job performance,” *Academy Management Journal*, 53, 617-635.

Schaufeli, W. B. & Bakker, A. B. (2004), "Job demands, job resources, and their relationship with burn out and engagement: a multi-sample study," *Journal of Organizational Behavior*, 25, 293-315.

Schaufeli, W. B., Salanova, M., Gonzaler-roma, V. & Bakker, A. B. (2002), "The measurement of engagement and burnout; a two sample confirmatory factor analytic approach," *Journal of Happiness studies*, 3, 71-79.

Towers Perrin(2003), Working Today: Understanding What Drives Employee Engagement, www.towersperrin.com/.../towers/United States/ publications/ reports/ Talent Report2003/ talent 2003.pdf.

제4장 임파워먼트 촉진자 역할

조직 내 구성원들의 열정과 몰입을 유도하고 싶은가? 구성원 개개인이 경영진 및 동료들을 신뢰하고 자신의 일에 자부심을 가지며 자발적인 업무자세를 취하게 하고 싶은가? 그렇다면 구성원들을 신뢰하고 임파워먼트 하라. 그 이유는 임파워먼트가 급변하는 글로벌 환경 속에서 치열한 생존경쟁을 치르는 기업의 구성원들에게 용기를 불어넣어주고 능력을 향상시키며, 그들의 저하된 사기를 진작시키고, 조직의 유효성을 증진시키는 핵심개념으로 조직구성원의 동기부여에 매우 중요한 역할을 하기 때문이다. 이러한 임파워먼트는 갈등과 경쟁이 지배적인 오늘날의 조직상황에서 구성원 간의 상호신뢰감 없이는 현실적으로 실현이 불가능하다.

따라서 제1절에서는 임파워먼트 촉진자 역할의 의미와 중요성을 알아보도록 한다. 제2절에서는 임파워먼트에 대한 이론적 논의를 살펴본다. 그리고 제3절에서는 임파워먼트 촉진자 역할의 실행방안을 제시하도록 한다.

제1절. 임파워먼트 촉진자 역할의 의미와 중요성

조직에서 관리자와 구성원 간의 관계는 수직적인 일방적 관계보다는 수평적인 파트너 관계로 발전하여야 한다. 그 이유는 교육수준향상의 영향으로 구성원들의 윤리기준과 가치관이 변함에 따라 과거의 전통적인 일방적 관계로는 구성원들의 바람직한 행동을 유도할 수 없게 되었기 때문이다. 또한 일반적으로 조직에서 활동적이고 자신감에 넘쳐 일하는 사람들이 높은 성과를 나타내는 반면 소극적이고 무기력하며 스트레스에 시달리는 사람들은 업무성과가 낮을 뿐만 아니라 자신의 업무와 직장, 나아가 자기 자신에게까지 부정적인 태도를 보이게 된다(신유근, 1997). 그러므로 상호간의 파트너적 관계로의 발전을 요구받고, 통제중심의 조직에서 자율과 몰입중심의 조직 즉 지식, 창조지향적인 조직으로 전진하고 있는 오늘날 기업의 상황에서 중요한 요소는 구성원의 성장과 연결되어지는 임파워먼트가 더욱 더 요구되는 것이다(Vogt & Murrel, 1990).

임파워먼트는 급변하는 환경에 능동적으로 대처하고 신속하게 고객만족을 추구하기 위해 구성원들에게 의사결정권을 많이 위임하는 것으로써, 조직 내 구성원들이 적극적, 자율적, 능동적 활동을 하게 하는 개념으로 많이 활용되고 있다. 이러한 임파워먼트가 부가된 조직은 구성원들이 동기가 부여되어 있기에 자신감이 넘치고 활동적으로써 그들의 성과가 높으며 업무와 조직 자체에 만족하는 반면에 그렇지 못한 조직은 무기력하고 소극적이면서 업무스트레스에 시달리며 수동적, 피동적인 행동으로 낮은 업무성과를 보일 뿐만 아니라 자신의 조직과 업무에 대해 부정적인 태도를 견지한다(Spreitzer, 1995). 그러므로 조직관리자는 조직의 생존 그리고 성공적 성과경영을 위해서 임파워먼트 촉진자 역할을 수행하여야 한다.

임파워먼트 촉진자 역할이란 능력함양과 권력분배를 통해 구성원 스스로가 자아존중감과 자기유능(효능)감을 갖도록 하고, 더 나아가 그들이 자발적이고 능동적으로 몰입해 일하도록 환경과 수단을 제공하고. 그리고 구성원들이 증대된 파워를 다른 사람들에게 확산하여 종국에는 조직전체의 파워를 키운 것을 의미한다. 결국 임파워먼트 촉진자는 임파워먼트를 통해 과정상의 목표로 조직 내 구성원의 자율/능동성의 증진을 촉진하고, 궁극적 목표로 고객만족, 성과승신, 나아가 조직발전을 추구하는 것이다.

조직에서 임파워먼트 촉진자 역할이 성공적으로 수행될 경우, 그 중요성을 살펴보면 다음과 같이 정리할 수 있다(방희봉, 2003). 1) 임파워먼트는 구성원들로 하여금 자신의 일이 조직의 성패를 좌우한다는 강한 사명의식을 갖도록 한다. 그 이유는 구성원 개인마다 자신이 담당하는 일이 매우 중요하다는 의식을 가지도록하기 때문이다. 이는 사명감부여로 구성원들을 동기부여하고 더 나아가 개인 및 조직가치의 일체화를 통한 조직몰입을 유도할 수 있다. 2) 임파워먼트는 우수한 능력을 양성하거나 확보하는 것에 초점을 두며 특히 업무를 수행하는 개인의 역량을 향상시키는데 관심을 갖고 있다. 또한 급변하는 환경에 적응할 수 있으려면 상사의 조언이나 허락 없이도 능동적이고 적극적으로 상황에 대처할 수 있도록 역량을 갖추는데 매우 유용한 수단이라고 할 수 있다. 그리고 3) 임파워먼트는 자신이 담당하고 있는 일에 대해 스스로 의사결정권을 갖는 자율성을 부여함으로써 무기력감과 스트레스를 해소하고 더 나아가 강한 업무의욕을 일으켜 구성원에게 성취감을 제고함은 물론 권한위임을 통해 자신 및 타인과의 신뢰를 구축할 수 있도록 하고 있다. 또한 부여된 권한의 올바른 행사로 구성원들의 직무만족향상과 생산성 향상 즉 조직유효성을 이끌어낼 수 있다.

여기서 우리는 임파워먼트가 동기부여와는 어떤 차이가 있는가에 의문을 갖게 된다. 임파워먼트와 동기부여간의 차이를 정리해보면 다음의 <표 1-1>과 같다.

〈표 1-1〉 동기부여와 임파워먼트의 차이

관심사	초 점	입 장
동기부여	· 조직의 구성원이 만족하여 열심히 하게하기 위해서 우리가 그들에게 해줄 수 있는 것이 무엇인가?	· 조직이 구성원의 만족을 위해 무엇인가를 베푼다는 점.
임파워먼트	· 사람들이 성장과 함께 조직에 공헌할 수 있도록 여건조성위해 해야 할 일은 무엇인가?	· 개인의 성장과 조직의 발전이라는 공동의 목적을 추구한다는 점.

이처럼 임파워먼트는 전통적인 동기부여의 의미에다가 구성원의 능력개발측면이 특히 강조되는 개념이다. 실제 지식 및 정보화 사회에서의 조직성과란 구성원의 강점을 바탕으로 지식들이 결합해서 생기는 것으로 생각한다면 임파워먼트가 강조되는 것이 당연하다 할 것이다.

제2절. 임파워먼트에 대한 이론적 논의

임파워먼트가 90년대 이후 지식과 창조기반사회에서 비즈니스의 관리전략으로 떠오르고 있다. 그 이유는 1) 환경변화에 따라 고객지향적, 탄력적 조직형태로의 전환(조직의 수평화와 팀제로의 이행)이 이루어지고, 2) 이에 따라 각 부서나 팀은 스스로 의사결정권한을 갖는 분권적으로 운영될 필요성이 커졌기 때문이다. 즉 자율경영의 실현을 위한 임파워먼트의 필요성이 커졌다는 것이다. 이런 모든 것이 구성원 스스로가 임파워먼트 되어있지 않으면 이루어지지 않을 과제인 것이다. 따라서 본 절에서는 임파워먼트와 관련된 이론적 논의를 살펴본다.

2.1. 임파워먼트의 개념 및 구조

임파워먼트(empowerment)는 '조직구성원들에게 의사결정권한을 위양·위임하여 그들의 자율적, 적극적/능동적, 그리고 창조적인 활동을 유도'하는 개념이다. 즉 우리말로 '권한위임, 권한위양'으로 대부분 해석하는데, 한정된 파워의 배분보다는 조직전체 파워크기의 증대와 확산을 추구하는 일련의 경영활동으로 보아야 한다. 그 이유는 제로섬(Zero-sum) 관점이 아닌 Positive-sum 관점에서 모든 구성원 스스로가 긍정적 사고와 타인 신뢰감을 바탕으로 자신의 역량과 책임의식을 키운 후, 서로 타인역량의 증대까지 도와주는 것으로 보고 있기 때문이다.

이러한 임파워먼트가 높은 동기부여, 직무만족, 그리고 생산성을 이끌어 낸다는 연구보고 때문에 많은 조직들은 임파워먼트 프로그램을 설치하고 있지만, 항상 긍정적인 결과만 있는 것은 아니라, 부정적인 결과도 초래할 수 있다. 즉 임파워먼트가 효과적인 전략으로서의 긍정적인 결과(구성원들의 성과, 에너지, 열정 등의 향상)를 얻기 위해서는 구성원들이 위험을 감수할 능력이 있고, 또 그런 능력을 갖고 있다고 스스로 느낄 때 등 조직이 임파워먼트를 실현할 수 있는 적절한 기초가 쌓여져 있을 때만이 가능하다(Sirkin, 1993; Umiker, 1992). 반면에 증가된 책임을 꺼리거나 준비가 되어있지 않은 구성원들(관리 및 지침을 선호)에게는 오히려 임파워먼트가 심리적 갈등을 유발함으로서 부정적인 결과를 초래할 수 있다(Caudron, 1996).

임파워먼트는 심리적 임파워먼트(동기부여적) 구조와 조직 임파워먼트(관계/상호작용적) 구조로 구성되어져 있다. 이들의 차이를 다음과 같이 정리할 수 있다.

1) 심리적 임파워먼트(psychological empowerment)는 개인이 자신의 삶이나 일에 있어서 파워를 가진 듯이 유능하게 수행할 수 있다는 긍정적 느낌과 충만감을 갖도록 자기암시 하는 활동과 그 결과 그렇게 되는 것'을 의미한다. 이는 긍정적 자기암시를 통해 개인이 삶과 일을 하는 과정에서 지속적으로 주도권을 행사하는 것을 중시하는 개념이다. 다시 말해 동기부여적인 임파워먼트는 자발적결정과 자기유효성에 대한 강한 신념인 개인자신의 내적욕구와 관련이 있는 것으로 보았다. 이러한 심리적 임파워먼트의 구성요소는 다음의 <표 2-1>과 같이 4가지 내재적 동기부여를 바탕으로 이루어진다고 설명하고 있다(Spreitzer, 1995).

〈표 2-1〉 심리적 임파워먼트의 구성요소

구성 요소	내 용
의미성	· "주어진 과업의 목적과 요구되는 역할이 개인의 신념/가치관과 적합성의 정도"를 의미. 이는 목적의식/열정을 갖고 에너지 투입에 영향.
역량성	· "특정과업에 대한 개인의 능력에 대한 믿음"을 의미(Gist & Mitchell, 1992). 이는 성과향상을 위한 내적 잠재력에 대한 믿음/신념에 영향.
자기 결정력	· "개인이 누구의 간섭도 없이 재량권이나 주도권을 가지고 행동을 통제할 수 있다는 믿음이나 행동"을 의미. 이는 과업수행 시 진취적인 활동에 영향.
영향력	· '과업수행에 대한 전략적/관리적/실무적 절차와 결과에 대하여 개인이 속한 조직적 결과에 영향력을 미칠 수 있는 정도'를 의미. 이는 차별화된 존재인식여부에 영향.

2) 조직임파워먼트(Organizational Empowerment)는 권한의 위임 또는 부하와 함께 권력의 공유와 관련이 있는 것으로 파워의 유형과 분배에 초점을 두고, 구성원들이 자신의 증대된 파워를 다른 구성원들에게 확산하여 종국에는 조직전체의 파워를 키우는 과정을 의미한다. 이를 두 입장(권한위임에 초점 또는 능력함양촉진에 초점)으로 구분하여 설명하면, 다음과 같다.

전자의 경우는 리더가 부하에게 파워를 위임하거나 나누어 주는 과정을 의미한다. 즉 임파워하기는 권력의 승인-권한의 위임을 함축한다. 반면에 후자의 경우는 조직 내 구성원이 무력감을 느끼게 되는 상황 및 요인을 제거하는 것과 구성원의 자신감을 향상시키는 것을 의미한다. 즉 힘을 실어주기는 무엇인가를 할 수 있도록 기회 또는 수단의 제공하기를 함축하고 있다.

많은 조직에서 관리 및 동기부여 전략의 일환으로 임파워먼트 프로그램을 설치하고, 이의 효과적인 실행을 위하여 훈련과 코칭을 실시하고 있다. 그러나 임파워먼트가 조직에서 긍정적 효과를 발휘하기 위해서는 무엇보다도 구성원들이 심리적으로 임파워먼트 되어있어야 한다(나기현, 2005).

구성원들이 심리적으로 임파워먼트 되어 있다는 전제아래 조직에서 임파워먼트가 성공적으로 실행이 될 경우, 기업들은 다음과 같은 효과를 얻을 수 있다. 1) 구성원의 보유능력을 최대한 발휘하게 하고 그들의 직무 및 성과에 대한 몰입을 극대화할 수 있다. 2) 업무수행상의 문제점과 그 해결방안을 가장 잘 알고 있는 실무자들이 고객에게 적절한 대응을 함으로써 품질과 서비스 수준을 제고할 수 있게 된다. 3) 고객 접점에서의 시장대응이 보다 신속하고 탄력적으로 이루어진다. 4) 지시, 점검, 감시, 감독, 조정 등에 필요한 노력과 비용이 줄어들기 때문에 비용이 절감된다.

2.2. 임파워된 사람과 조직의 모습은?

임파워된 조직은 어떤 모습일까? 한마디로 '기가 살아있는 조직'이라 할 수 있다. 구성원들은 자기분야의 전문가로서 지속적인 학습으로 역량을 키우면서 자기분야에서 성과를 내기 위해 창의와 도전의 자세로 일하며, 이런 과정을 통해 삶의 의미를 발견하고 자기실현의 선순환을 타게 된다. 이런 구성원이 일하는 조직은 내적으로는 조직의 목표를 달성하기 위해 구성원간의 긴밀한 커뮤니케이션이 이루어지는 '신나는 일터'가 될 것이며, 나아가 외적으로는 고객만족을 통해 성과를 내고 지속적으로 성장하는 조직이 될 것이다. 임파워먼트된 사람과 조직의 모습을 나타내는 키워드들이 다음의 [그림 2-1]에 표시되어 있다(문근찬, 2006).

[그림 2-1] 임파워먼트된 사람과 조직의 모습

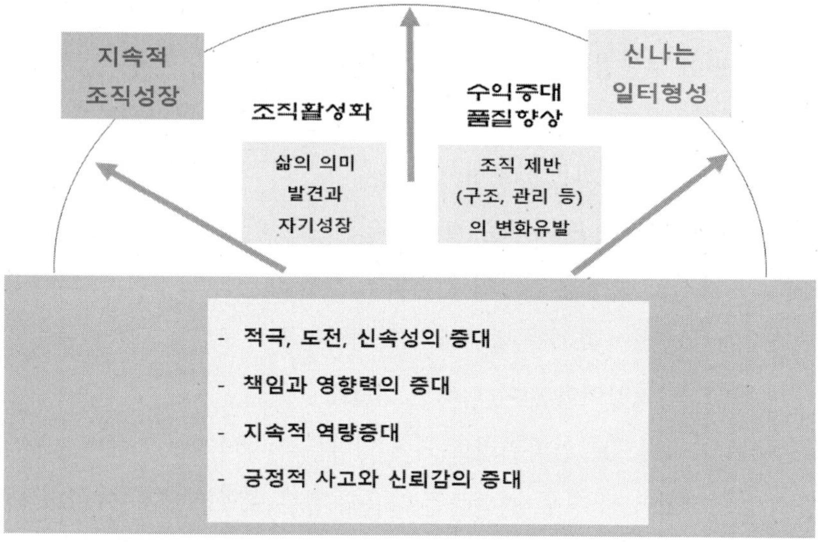

자료: 문근찬(2006), 혁신과 변화관리, 한티미디어

임파워된 사람과 조직을 이끌기 위해서는 경영자와 조직관리자가 임파워된 슈퍼리더가 되어야 한다. 그 이유는 슈퍼리더는 부하직원의 잠재능력이 최대한 발휘될 수 있도록 자극을 주고 스스로 모범을 보이며, 궁극에는 관리가 필요 없는 그러한 수준으로까지 조직의 힘을 키우는 것을 보람으로 여기기 때문이다.

2.3. 조직에서 임파워먼트가 제대로 이행되지 않는 이유들

조직에서 임파워먼트 즉 권한위임의 중요성이 날로 강조됨에도 불구하고, 제대로 권한위임이 이루어지지 않는 이유는 무엇인가? 조직에서 경영자와 조직관리자들이 권한위임의 어려움을 호소하는 이유는 무엇인가? 그리고 많은 기업에서 구성원들에게 권한을 위임하지만, 기대한 만큼의 성과를 거두지 못하는 이유는 무엇인가? 이를 다음과 같이 정리할 수 있다.

첫째, 조직에서 권한위임이 잘 되지 않는 이유는 구성원들에게 위임을 해도 되는 일과 해서는 안 될 일을 구분하지 못했기 때문이다. 이러한 문제를 해결하기 위한 방안으로는 업무의 중요성과 시급성을 업무구분기준으로 적용하여야 한다. 즉 이 두 축을 중심으로 2 x 2 매트릭스를 활용하여 업무의 위임여부를 결정할 수 있다 (IGM 세계경제연구원, 2012). 예로 회사 사장이 하는 업무 중의 일을 20~30개 선정하여 기준에 의거하여 분류해보면 다음의 [그림 2-2]와 같이 구분할 수 있다.

[그림 2-2] 사장의 업무 구분

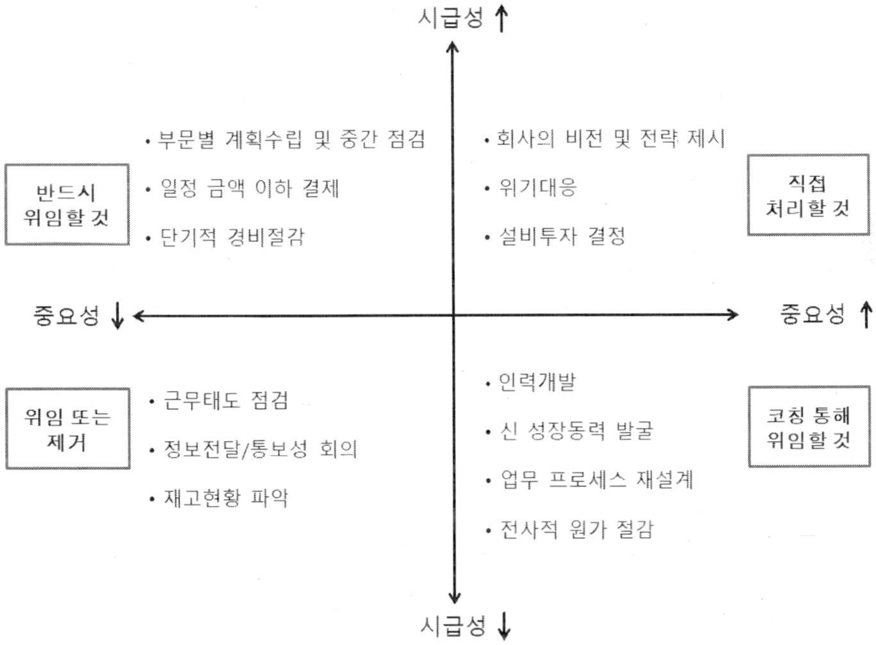

이와 같이 업무의 중요성과 시급성을 고려하여 둘 다 높은 업무의 경우는 직접 처리해야 하고, 업무는 중요하지만 시급하지 않은 업무일 경우는 코칭과 섬김을 하면서 시간을 갖고 구성원에게 위임하는 것이 좋다. 또한 중요성은 낮지만 시급한 업무는 구성원에게 위임하는 것이 좋으며, 시급하지도 중요하지도 않은 업무의 경우는 위임하거나 최대한 없애는 것이 바람직하다.

둘째, 조직의 핵심가치가 내제화되기 전에 권한을 미리 위임하기 때문이다. 조직의 핵심가치는 회사가 무엇을 중시하는지 그리고 의사결정을 할 때 우선순위를 어디에 두어야 하는지 알려주는 지침으로, 이것이 구성원에게 내제화되지 않은 상태에서의 권한위임은 오히려 역효과가 날 수 있다. 그러므로 경영자와 조직관리자는 조직의 핵심가치를 명확하게 구체화하고, 이를 구성원들과 고유할 수 있도록 소통을 강화하여야 한다, 또한 구성원들이 체험을 통해 핵심가치를 내제화할 수 있도록 도와주어야 한다. 그 이유는 조직핵심가치가 구성원들에게 내제화가 되어야 그들이 한 방향으로 의사결정을 할 수 있기 때문에, 조직관리자들이 마음 놓고 구성원에게 권한을 위임할 수 있는 것이다.

셋째, 구성원 개인의 특성(성격 등)을 고려하지 않았기 때문이다. 어떤 이는 권한과 책임을 선호하며 이를 통해 도전적인 과업을 자율적이며 창의적으로 수행하기를 원하는 반면 어떤 이는 증가된 책임과 권한을 받아드리지 않거나 받아드릴 준비가 되어있지 않아 오히려 권한위임이 심리적 갈등을 유발할 수도 있다. 그러므로 개인의 특성을 고려한 직무배치는 물론이고 구성원들이 주도적이고 도전적으로 변화할 수 있도록 강화의 제도와 연계를 시켜야 한다. 또한 구성원들이 자율적이고 주도적인 업무를 수행할 수 있도록 직무설계 및 창의적인 조직분위기 조성이 요구된다.

넷째, 권한위임을 방해하는 장벽을 무너트리지 않았기 때문이다. 조직 내에서 권한위임이 제대로 이행되지 않고, 말로만 그치는 경우가 빈번하다. 또한 경영자와 조직관리자들은 권한위임에 대해 걱정과 어려움을 호소하고 있다. 그 이유는 권한위임을 방해하는 불안, 불신, 불통의 벽이 존재하기 때문이다. 조직관리자는 자신은 물론 부하직원의 성장과 조직의 성공을 위해 이러한 장벽을 깨고, 성공적인 권한위임을 하여야 한다. 이의 방안을 다음과 같이 정리할 수 있다(예지은, 2012).

1) 불안의 벽을 극복하라. 이는 '권한을 넘겨주면 나는? 내 자리가 위태로워지지 않을까?' 등의 자신의 권한축소에 대한 우려에서 오는 불안감이다. 이 벽을 깨기 위해서는 권한위임은 '권한분배'가 아니라 '권한확장'으로 이해하는 인식전환이 요구된다. 또한 업무구분기준을 명확히 세워 위임하는 일의 범위와 내용을 구체화하여야 한다. 2) 불신의 벽을 극복해야 한다. 이는 '구성원들이 위임을 받아 과연 이 일을 잘할 수 있을까'하는 구성원들의 역량보유에 대한 의심에서 오는 불신감이다. 이 벽을 깨기 위해서는 먼저 부하구성원의 역량을 구체적으로 파악하고, 이를 바탕

으로 역량개발은 물론 작은 일부터 성공경험을 쌓게 하여 자신감을 갖도록 하여야 한다. 또한 업무수행과정에서 창의성을 발휘하고 자주적으로 의사결정을 할 수 있는 자율성을 인정하여야 한다. 그리고 3) 불통의 벽을 극복하여야 한다. 이는 '도대체 말이 안 통해……, 일 맡기기도 힘들어' 등의 커뮤니케이션 과정에서 어려움 봉착에 대한 불통의 벽이다. 이 벽을 깨기 위해서는 열린 질문을 통해 생각을 말할 수 있는 기회를 제공하고, 그들의 의견을 실제업무에 반영하는 공감적 경청을 하여야 한다. 또한 칭찬 및 격려 등의 긍정적 피드백을 적극 활용하여야 한다.

2.4. 임파워먼트의 성공조건과 성공절차

집단 및 조직차원에서의 임파워먼트는 최근 떠오르는 팀제 조직의 운영원리라 할 수 있다. 조직관리자가 집단(팀)/조직이 자율적으로 운영되도록 하기 위해서는 무엇보다도 집단 및 집단구성원들을 임파워먼트(empowerment) 시켜야 한다(Hess, 1987: Katzenbach & Smith, 1993). 이를 위해서 조직관리자는 집단(팀)/조직 그리고 구성원들의 임파워먼트가 성공할 수 있는 조건들을 이해하고 있어야 한다. 이의 성공조건들을 살펴보면 다음과 같이 정리할 수 있다. ① 임파워먼트 실현을 위한 경영층의 노력이 선행되어야 한다. ② 집단구성원들 간의 상호보완적인 상호작용이 필요하다(박원우,1992). ③ 집단구성원들이 많은 책임을 받아드릴 수 있는 능력과 관심을 가져야 한다. ④ 조직의 총체적인 문화는 위험감수를 지원하고 자주관리가 이루어질 수 있는 기반이 제공되어야 한다. ⑤ 리더와 관리자들은 권한관계의 변화필요성에 대한 인식은 물론 동시에 적극적 지원할 필요가 있다. ⑥ 자율적 작업집단을 지원할 시원메커니즘으로 교육프로그램과 보상시스템을 구비해야 한다(Johns,1996).

조직관리자는 임파워먼트 성공조건들을 이해하고, 실무에서 어떻게 임파워먼트를 잘 실현하여 성과로 연결시키느냐에 초점을 두어야 할 것이다. 여기서 조직관리자들이 주목해야 할 부분은 조직에서 구성원들을 임파워 시키기 위하여 다양한 프로그램을 설치하였다 하더라도 만약 구성원들이 심리적으로 임파워된 존재로서 자신들을 인식하지 않는다면 그들은 함축된 책임을 받아드리지 않을 뿐만 아니라 그에 걸맞게 그들의 역할들을 제대로 수행하지 않을 것이다. 따라서 조직의 임파워먼트 프로그램을 가동하기 전에 구성원들의 심리적 임파워먼트를 높이는 작업이 선행되어야 할 것이다(나기현, 2005).

제3절. 임파워먼트 촉진자 역할의 실행방안

21세기 조직에서 성과경영을 성공적으로 실현하기 위해서는 조직관리자가 구성원들의 주도적인 노력이 실제성과로 연결될 수 있도록 임파워먼트 촉진자 역할을 충실히 수행하여 하여야 한다. 임파워먼트 촉진자 역할과 관련하여 실행에 있어 객관적인 규칙이나 원칙은 없지만 기업의 현실사례를 바탕으로 성공적인 임파워먼트 실행방안을 제시하도록 한다.

3.1. 업무의 동기측면: 내재적 동기유발을 통해 임파워먼트를 촉진하라.

임파워먼트의 핵심은 내재적 동기이다(장은미, 2019). 내가 하는 일이 가치 있고 누군가에게 도움이 된다고 느끼는 의미감, 업무를 수행하기 위해 필요한 기술이나 역량을 보유하고 있다고 인지하는 역량감, 업무목표를 달성할 때 느끼는 성취감, 그리고 자신의 업무를 수행하는데 필요한 결정을 스스로 내리게 될 때 느끼는 자기결정감을 포함한다. 이 중에서도 가장 중요한 것이 자기결정감이다. 예로 글로벌 고성과 조직들(사우스웨스트 항공, 구글 등)은 구성원들의 자기결정감을 존중하는 관리방식을 활용하고 있다. 즉 회사가 세세하게 규정과 지침을 제시하고 이를 철저하게 준수하기를 기대하는 관리방식이 아니라, 우수자원을 엄선하고 교육 및 개발에 투자한 후에는 일선현장에서 스스로 의사결정을 내리게 하는 관리방식인 것이다.

따라서 조직에서 외재적 동기(돈 등)도 중요하지만, 이를 관리핵심에 놓게 되면 임파워먼트의 근간이 흔들릴 수 있다. 그러므로 조직관리자는 구성원관리의 핵심 축을 외재적인 요소(고용안정, 돈 등)가 아니라 내재적인 요소인 구성원들이 인지하는 일의 의미감이나 자기결정감이 되도록 하여야 한다.

3.2. 리더십 측면: 임파워먼트에 걸맞도록 조직관리자 역할을 변화하라.

임파워먼트에 걸 맞는 경영자와 조직관리자의 역할은 다음의 <표 3-1>과 같이 두 가지로 요약된다(장은미, 2019).

〈표 3-1〉 임파워먼트에 걸 맞는 리더 및 조직관리자의 역할

역할	내용
보여주는 리더십	· 자신이 보유한 평가/보상권을 강조하면서 통제방식으로 관리(명령/지시: 외재적 동기유발)하기보다는 어떻게 업무를 열정적/자기주도적으로 수행해야 하는지를 보여주는 것. · 스스로 생각하고 결정하는 관리를 하기 위해서는 상사가 명령에서 솔선수범으로 방식을 바꿔야 하고 상사의 행동을 보면서 구성원들이 스스로 배워나가야 한다.
전체적인 시각견지	· 구체적인 업무수행방식은 담당자에게 위임하되, 리더는 전체적인 전략을 세우고 방향을 잡아가야 하는 것 · 유능한 구성원도 자신업무를 열정적으로 수행하며 전체적 그림을 동시에 갖기는 어렵다.

따라서 조직관리자는 업무수행은 담당자에게 권한을 위임하되 조직관리자만이 할 수 있는 업무, 즉 전체구도를 인지하고 팀과 조직을 연결시키는 역할, 필요한 정보 및 자원의 획득 역할, 그리고 팀 내 신뢰구축과 방향설정의 역할 등을 수행해야 한다. 즉 임파워먼트를 실행할 때 조직관리자의 역할이 줄어드는 것이 아니고 더욱 중요하게 변화하는 것이다.

3.3. 참여제도 측면: 제도변화를 통해 임파워먼트를 촉진하라.

조직에서 조직관리자(팀장)들이 신경을 써야 하는 부분이 동기나 리더십 분야라

면, 참여제도는 인사부서의 역할이 크다. 즉 구성원들이 의견을 자유롭게 표출하고 회사가 이를 적절하게 수용하기 위한 제도적인 변화를 실행하는 것을 의미한다(장은미, 2019). 예로 자율관리팀이나 주니어보드 같은 제도를 갖춰 나가는 것인데, 구조적으로 주요 의사결정에 참여할 수 있는 경로가 구축될 때 구성원들의 의미감과 결정감과 같은 내재적 동기가 작동되는 것이다.

이를 위해서는 정보공유가 핵심적이다. 그 이유는 양질의 의사결정을 위해 양질의 정보가 필요하기도 하지만, 정보의 공유는 회사가 구성원을 존중한다는 시그널을 표출하기 때문이다. 그러므로 구성원을 믿지 못해 정보공유를 하지 않을 때 적극적인 참여도 일어나기 어렵다. 즉 정보의 공유는 회사와 구성원 간에, 그리고 구성원들 간의 신뢰를 나타내는 지표인 것이다.

3.4. 기타 방안들

첫째, 조직관리자는 명확한 비전과 핵심가치 및 원칙들을 제시하여야 한다(조영탁, 2006). 조직에서 구성원들이 핵심가치 공유를 통한 행동원칙과 임파워먼트의 내용 등에 관하여 명확히 인식하고 있어야 재량권의 범위와 한계를 알고, 상사의 허락이나 지침을 기다리지 않고 스스로 업무를 수행하여 조직성과와 개인능력을 향상시킬 수 있다. 또한 조직관리자는 임파워먼트 할 때 해당업무의 책임과 권한도 동시에 위임해야 한다. 즉 '책임, 권리, 이익' 세 가지를 확실하게 위임하여야 한다. 그리고 위임할 때 최종목표와 마감기한, 실행방법, 주의사항 등을 확실히 전달하여야 한다. 대충 던져주고 능력껏 해 보라는 식은 재량을 인정해 주는 의도보다는 책임전가 목적이 크다고 할 수 있다.

둘째, 조직관리자는 구성원이 임파워먼트를 바탕으로 실행업무와 관련하여 진행상황을 모니터링하고, 업무가 끝나면 반드시 평가를 하여야 한다(조영탁, 2006). 여기서 진행상황에 대한 모니터링이 간섭으로 비쳐지지 않도록 적당한 거리에서 모니터링하며 지원 및 격려를 해주는 요령이 필요하다. 또한 반드시 평가를 통해 피드백을 하여야 한다. 그렇지 않으면 차후에 구성원들의 동력이 현저히 떨어지게 된다. 성공에는 분명한 칭찬과 노하우 및 경험을 정리하여 팀의 자산이 될 수 있도록 그리고 실패에는 원인을 파악하여 실수를 반복하지 않도록 다 같이 배워야 한다. 또한 평가결과에 따른 공정한 보상을 하여야 한다. 임파워먼트는 평가를 통한 합리적 보상이 타당하게 이루어질 때 가능하다. 그 이유는 명확하고 투명한 근거에 의해 정해진 보상은 구성원들의 성취욕구를 고취시키고 성과를 증진시키기 때문이다. 그러므로 나이나 직급에 상관없이 성과기여도나 역량의 발휘정도에 따라, 그리고 참여정도에 따라 보상이 결정되어야 한다. 즉 보상에도 차별화가 필요하다.

셋째, 실패에 대한 격려와 역할 재정립을 꾀해야 한다(조영탁, 2006). 새로운 행동방식을 추구하는 임파워먼트는 항상 위험을 수반하기 때문에 실패할 가능성도 높다. 그러나 임파워먼트를 조직에서 능동적으로 실행하기 위해서는 구성원의 실패에 대해 처벌이나 제재보다는 격려 등의 긍정적 피드백을 해주어야 한다. 또한 위험회피적인 태도를 지니고 현실에 안주하는 구성원들도 주도권을 쥐고 업무를 수행할 수 있도록 역할을 재정립해 주어야 한다. 즉 전략방향아래 업무목표달성방법의 선택에 있어 재량권을 갖고 의사결정을 할 수 있도록, 자신이 하는 일에 대해 주인의식을 갖고 열정을 바치도록, 그리고 자신의 수행과업에 영향력을 갖고 있으며 동료 및 상급자가 자신의 의견을 존중하고 있다고 느낄 수 있어야 한다. 이런 감정을 느낄 수 있을 때 회사에 대해서는 긍지를, 다른 구성원들과는 함께 일하고 있다는 동료애를, 그리고 자신의 맡은 일에는 주인의식을 갖게 되어 성과향상을 위해 열성적으로 노력하게 된다. 그러므로 기업은 구성원들의 능력에 따라 재량권과 책임감의 정도를 조정하고, 동시에 능력개발을 도모함으로써 결과적으로 구성원들이 임파워먼트 되어 스스로 업무처리를 할 수 있도록 만들어가는 사람을 중시하는 기업문화가 구축되어야 한다.

넷째, 신뢰를 구축하여야 한다(조영탁, 2006). 임파워먼트 노력이 성공한 경우는 조직관리자와 구성원들 사이에 상호신뢰의 분위기가 뚜렷이 존재하나, 조금이라도 임파워먼트 노력의 결과가 미흡한 곳에서는 신뢰의 풍토가 확실히 낮게 형성된다. 신뢰란 그냥 주어지는 것이 아니라 노력해야만 획득되는데, 유일한 획득방법은 능동적으로 자기 스스로의 신뢰성을 향상시키는 것이다.

이상과 같이 임파워먼트 촉자자 역할의 실행방안에 대하여 알아보았다. 임파워먼트가 4차 산업혁명 시대를 맞이하며 가장 필요한 변화이지만, 실제 국내에서 임파워먼트의 실패사례를 종종 접한다. 많은 조직관리자들이 위계적이고 집단주의적인 문화, 그리고 연공서열적인 관행으로 인해 우리 기업들에게 임파워먼트가 적절하지 않다는 핑계를 대고 있다. 그러나 우리 기업들에서 임파워먼트가 실패하는 근본적인 이유는 문화적 특성 때문이 아니고 적절하지 않은 실행방식에 놓여 있다. 즉 준비되지 않은 상태에서 적절하지 못한 방식으로 급작스럽게 도입하는 "이게 필요하니 한번 해보자"식의 접근, 그리고 상사의 "내 마음 알지?"식의 접근인 것이다. 그러니 당연히 실패 할 수밖에 없다.

따라서 환경의 급속한 변화는 거스를 수 없는 추세이며, 글로벌 시장에서 많은 고성과 우수 조직들이 이미 임파워먼트를 실행하고 있기 때문에 우리가 이들과 경쟁하기 위해서는 이제 우리 기업들의 선택은 임파워먼트를 도입할지 말지의 고민이 아니고 어떻게 효과적으로 실행을 할 것인지에 초점을 두어야 한다. 즉 경영자와 조직관리자가 임파워먼트에 대한 도입여부가 아닌 '방식'을 고민해야 할 때다. 특히 이와 관련하여 조직관리자는 임파워먼트 변화를 위한 사전적인 공감대를 형성해야 하며 직무분석, 선발, 교육 및 개발, 보상과 같은 제반 인적자원관리방식들에 대한 점검이 필요하다. 이러한 분석에 기반하여 당장 위임할 업무들과 위임 전에 필요한 교육 및 지원이 필요한 내용들 등에 대한 장·단기적인 계획과 단계적인 실행을 필요로 한다.

임파워먼트 강화사례: 포드(Ford)의 LEAD 프로그램

이 회사는 구성원들을 임파워먼트 시키기 위해 전체 중간관리자를 대상으로 '리더십 교육 및 개발(Leadership Education and Development, LEAD)'이라고 불리는 프로그램을 운영하고 있는데, 교육 프로그램 담당자들은 교육 참가자들이 하나의 사이클을 통해 임파워먼트에 대한 마인드가 강화된다는 것을 발견하였다.

우선 교육 참가자들은 LEAD 프로그램에서 과거에 겪어보지 못했던 경험을 하게 되고, 이를 통해 새로운 관점을 개발하게 된다 즉, 참가자는 새로운 관점과 사고를 통해 조직에서의 자신의 역할을 재정의 하게 되고, 자기 자신을 회사의 동반자로 생각하게 된다. 이러한 새로운 사고와 행동이 바람직한 결과를 산출한다면 교육 참가자들은 자신들의 이러한 사고와 행동을 더욱 강화하려고 한다. 반면에 바람직한 결과를 산출하지 못하면 그러한 결과가 나온 원인을 분석하고 거기서 교훈을 얻기 위해 노력한다. 이러한 과정을 통해 참가자들은 지속적으로 학습하려는 마인드와 불확실한 환경에 유연하고 적절하게 대응하는 것이 매우 중요하다는 것을 인식한다. 이러한 개인적 성장을 통해 참가자들은 자기 확신을 가지게 된다. 이러한 자기 확신이 일어나면 교육 참가자들은 자신들이 조직과 하나가 되고 자신들이 조직에 몰입된다는 느낌을 가지게 된다고 한다.

교육을 통해 임파워먼트된 참가자들은 자신뿐만 아니라 자신의 동료들을 임파워먼트 시키기 위해 노력하게 된다. 그들은 자신의 성공 경험에 대해 이야기하고, 발생되는 문제에 적절히 대응하기 위해 동료들과 현재의 상황에 대한 분석과 토론을 행한다. 이러한 노력을 통해 그들은 동료들이 창의력을 발휘하고, 새로운 아이디어를 실행할 수 있도록 격려하고 분위기를 조성한다. 교육 효과가 전 구성원에게 전파되어 조직 구성원 모두가 자신의 잠재력을 발휘하도록 만드는 시너지 효과가 창출되는 것이다 새로운 아이디어를 실행하는 데에는 어느 정도 위험이 따르기 때문에 실패도 발생한다. 그런데 이러한 실패나 실수에 대해 처벌이 이루어진다면 구성원들은 새로운 사고방식을 활용하는 것을 꺼리게 되고, 다시 과거의 관습과 행동으로 되돌아가게 된다.

따라서 포드는 실패가 발생하더라도 대부분의 경우(90% 이상) 구성원들을 격려하고 임파워먼트가 더욱 강화될 수 있도록 지원을 한다. 이렇게 되면 임파워먼트 프로세스는 다시 선순환의 사이클을 구성하여 전체 구성원들이 임파워먼트 될 수 있도록 도움을 준다. 6개월이 지난 후에는 그 동안의 교육성과를 분석하고 발생하는 문제점의 해결 방안과 교육 참가자들의 애로사항 해결에 도움이 되는 보완 교육을 실시한다. 이러한 노력을 통해 포드는 조직 구성원들이 임파워먼트 능력을 제고시키고 있는 것이다.

포스코 사례

임파워먼트에 대한 노력을 '90년대부터 시작해 왔다. 1994년 '본부장 책임제'를 도입하여 회장, 사장으로부터 본부담당임원에게 승진, 보직이동을 포함한 전인사권과 예산편성, 조직운영 등을 대폭 위임했으며, 본부장 또한 기존 의결재량권을 하위직 책임보임자에게 이양하였다. 1995년에는 창사 이래 운영해오던 부·과제(임원-부-과)를 팀제(본부-팀)로 전환하여 조직계층을 단축함과 동시에 구성원의 임파워먼트를 시도하였다. 그러나 '과'를 그대로 팀으로 전환, 본부장 관리범위가 너무 크고 대내외 업무종합 및 조정의 어려움으로 인하여 팀제는 원활히 운영되지 못하였고, 1999년 임원과 팀 사이에 '실'을 두어 운영해오고 있다. 또 1995년에 '경영위원회'를 신설하고 회장, 사장의 결재권을 위원회로 이양하여 위원들 간의 합의를 통해 의사결정을 하였다.

이러한 본부장책임제, 경영위원회 운영은 경영진 차원에서의 임파워먼트 노력이라 할 수 있다. 조직구조측면 뿐만 아니라 제도측면에서도 포스코는 '90년대에 이미 직무분석을 통한 직무기술서 및 업무분장을 갖추어 놓았으나 활용수준은 낮았다. 이러한 구조적인 문제를 항상 고민하던 포스코는 2006년 들어 새로운 시도를 하게 된다.

1. 조직구조 차원

조직구조 차원에서는 '부문장 제도(일명 'Chief officer'제도)'를 도입하였다. 포스코는 2006년 2월24일을 기해 기존의 '회장-사장-관장임원' 체제를 '회장-부문장'체제로 전환했다. 기존 체제는 회장-사장이 경영전반을 통괄 운영하는 체제였지만 회장을 중심으로 생산기술부문, 마케팅부문, 스테인리스부문, 기획재무부문, 경영지원 부문 책임임원을 두고, 각 부문 책임임원에는 사장, 부사장, 전무급을 보임시키는 체제로 전환한 것이다. 이는 성과주의를 바탕으로 부문별 자율책임경영을 통한 전문성 제고, 신속한 의사결정체계 강화와 더불어 조직 운영의 효율성을 강화하기 위한 차원이다. 이로써 회장의 미래성장 전략구상, 범 포스코 차원의 경영활동이 강화됐고 대부분의 업무가 부문장보고로 종결돼 의사결정스피드가 43% 이상 향상되었다. 특히 부문장 회의를 통해 주요 경영이슈 공유와 실질적 토론이 이루어졌고, 부문 내 조직간의 시너지 효과가 증대 되었다.

포스코는 부문장제도를 통해 최고경영진에서의 임파워먼트를 우선적으로 시도하고 있다. 기존의 사장과 관장임원이라는 2개의 의사결정계층을 없애고 5개 부문의 책임임원들에게 책임과 권한을 이양함으로써 회장은 고유의 전사전략에 더욱 초점을 기울일 수 있게 되었고, 책임임원들은 자신의 분야에서 더욱 책임감 및 사명감을 가지고 업무를 수행할 수 있게 되었다.

이러한 부문장제도는 의사결정시간을 단축하는 효과뿐만이 아니라 임원 개인들에게 주어지는 책임과 권한이 증가됨으로써 조직구조의 변화를 통한 임원 개인차원의 임파워먼트 효과를 동시에 유발시키고 있다.

경영 스탭 부문에서는 '계층슬림화'가 도입되었다. 계층슬림화의 경우, 기존의 '임원-실-팀'의 획일적 구조에서 '부문장-실-그룹', '부문장-그룹', '실-팀' 등 조직특성을 살린 유연한 조직구조로 전환되었으며, 이로써 기존 팀 리더의 역할도 업무리더, 태스크 포스 리더, 단독 프로젝트 리더 등으로 다양화되었다. 이러한 조직구조 슬림화는 의사결정의 단축이라는 효과 이외에도 조직구조를 유연하게 가져감으로써 그때그때 담당업무에 대한 책임권한을 하부로 쉽게 이양할 수 있는 임파워먼트의 특성을 동시에 고려한 결정으로 볼 수 있다.

2. 제도 차원 : RAI Chart

제도차원에서는 RAI chart를 도입했다. RAI chart는 원래 RACI에서 출발한 개념으로 RACI란(Responsible, Accountable, Consulted, Informed)의 약자이다. 이 개념은 Dupont, HP 등 해외 선진기업들은 이미 도입해서 사용하고 있는 제도로 Galbraith(2002)가 말한 책임 chart (responsibility chart)와 동일한 개념이다.

회장이하 포스코 임직원들은 기존의 권한위임과 관련된 조직운영에 대해 대체로 불만족스러워 해왔다. 구성원들은 책임만 있고 권한은 없다는 불만을 토로하고 있었고, 관리자들은 권한을 줘도 효과적으로 활용하지 못한다는 말을 하면서 서로 대립되는 의견을 내놓고 있었다. 이는 제철보국, 우향우정신 등으로 대변되는 창사 초기의 기업문화에 기인하고 있기도 했다. 이러한 관료주의적 문화는 창업초기 일사불란한 업무수행에서는 매우 효과적으로 작용되었으나, 이후 성장기 및 민영화를 거치면서 조직이 유연성을 획득하는 과정에서 오히려 걸림돌로 작용되었다. 특히 임파워먼트 차원에서는 기존관리자들의 권한을 이양하지 않으려는 거부감과 이전의 경험이 없었던 종업원들에게는 이양된 권한의 활용차원에서의 미숙함이 동시에 존재하고 있었다.

RAI chart란 부서 내 업무에 대해 개인별 역할과 책임을 명확히 정의한 "책임권한 표"로 의사결정이 발생하는 모든 업무를 상세히 명시하고 있는 표이다. 여기서 R은 Responsible의 약자로 '실무담당자'를 의미하고, A는 Accountable로 '의사결정권자'를, I는 Informed로 '의사결정 이후 그 결과를 통보받는 자'로 정의된다. RAI chart는 첫째, 전임직원이 가치 있는 고유업무를 책임지고 수행할 수 있고, 둘째, 의사결정이 보다 신속해지며, 셋째, 구성원들의 성과몰입도를 제고할 수 있으며, 마지막으로 효율과 실질을 중시하는 조직문화를 형성하는 DNA 역할을 수행한다.

이러한 RAI chart는 업무(task) 단위의 구분을 말하는 것으로 업무단위의 구분이전에 프로세스단위에 대한 구분이 선행되어야 한다. 이를 위해 포스코는 프로세스 표준화(BPM : Business Process Management) 작업을 수행하여 전 사업 업무프로세스의 단계별 분류작업을 완료하였다. 단계별로 '메가(13개)'→ '체인(98개)'→ '프로세스(2,677개)'→ '태스크(18,759개)'의 순으로 분류하고, 이렇게 분류된 프로세스와 태스크를 중심으로 기존의 책임권한을 분석하고 이를 바탕으로 RAI chart를 설계하여 부서별 검토를 거쳐 RAI chart를 확정한 후 시행하였다.

이렇게 작성된 RAI chart는 선진적인 조직역량구축 및 선진조직문화 정착이라는 목표를 달성하기 위한 도구로써의 역할을 충실히 수행하고 있다. 포스코는 RAI chart를 통해 개인역량과 업무의 중요도를 고려하여 R과A를 조정함으로써 개인별 책임권한을 보다 명확히 하고, 권한위임을 통한 책임수행 업무를 확대함으로써 상급자의 중요 업무비중을 더욱 강화하고, 일상적 운영업무는 과감히 위임할 수 있게 되었으며, 직책 보임자에게 조직혁신과제 등의 책임을 부여하는 등 고유 업무를 확대할 수 있게 되었다.

이러한 정량적 성과 이외에도 포스코는 장기적 측면에서 의사결정의 신속화, 조직문화 개선 등의 정성적 성과도 기대하고 있다.

포스코 인사부서는 RAI chart 시행의 연착륙(soft landing)을 위해 부서별 'RAI chart 운영의 필요성과 운영방안'에 대한 설명회를 개최하고, RAI chart 실천에 필요한 행동강령을 해당부서와 협력하여 제작하고 발표하여 임직원의 동참을 적극권장하고 있다. 또한 RAI chart 관리시스템을 개발하여 chart 운영 및 계획의 편의성을 도모할 계획이며, 현재RAI chart 운영부서에 대해서는 기존에 운영하던 '포지션별 책임권한규정'을 폐지하여 상호중복으로 인한 혼란을 방지하였다. 개인별 행동변화를 모니터링하기 위한 노력으로 다면평가항목에 RAI 수행지수를 반영할 계획이며, RAI 준수모니터링 프로세스를 정립하여 모니터링 결과를 정기적으로 피드백하고 부서장에 대해서는 개별 코칭을 실시한다는 계획이다. 이러한 노력들이 포스코의 임파워먼트 문화구축을 위한 기반이 되고 있다.

참고문헌

나기현(2005), 임파워먼트가 조직몰입과 학습결과에 미치는 영향에 관한 연구, 인적자원관리 연구, 제12권, 제4호, 한국인적자원관리학회.

문근찬(2006), 혁신과 변화관리, 한티미디어.

박원우(1999), 임파워먼트 실천매뉴얼, 시그마그룹.

방희봉(2003). 임파워먼트가 조직유효성에 미치는 영향에 관한 실증적 연구, 배제대학교 대학원 경영학과 박사학위논문.

예지은(2012), 권한위임의 정석, SERI 경영노트, 제 157호, 삼성경제연구소

장은미(2019), 임파워먼트는 21세기 조직의 경쟁력이다, HR Insight. 5월호.

조영탁(2006), 임파워먼트의 이론과 실제, (주)휴넷.

IGM세계경제연구원(2012), 세상 모든 CEO가 묻고 싶은 질문들, 위즈덤 하우스.

Caudron, S.(1996), Integrate Workplace Paradox. *Personnel Journal,* 75(8), pp.68-70.

Hess, K.(1987), Creating in high Performance Team(NY: Wiley).

Johns, G.(1996), Organizational Behavior: Understanding and Managing Life at Work, 4th ed.(NY : Harper Collins College Publishers).

Katzenbach, J. R. & Smith, D. K.(1993), The Wisdom of Teams(Boston, MA: Harvard Business School Press).

Spreitzer, G. M., 1995, Psychological Empowerment in the Workplace: Dimensions, measurement, and validation. *Academy of Management Journal*, 38(5), 1442-1465.

Sirkin, H. L.(1993, Oct.). The Employee Empowerment Scam, *Industry Week,* 242(20), pp.58.

Umiker, W.(1992), Empowerment: The latest Motivational Strategy, *Health Care Supervisor*, 11(2), pp.11-16.

Vogt. J. F., & Murrell, K. L., 1990, Empowerment in organizations : How to spark exceptional performance. San Diego, California : University Associates

제5장 갈등관리(조정)자 역할

조직에서 갈등은 보편적으로 일어나고 있는 현상이므로 조직의 경영목표 달성에 부정적으로 영향을 미치는 심각한 갈등은 어느 정도 해소할 필요는 있다. 그러나 갈등이 없는 조직은 정체된 조직을 의미하므로 갈등이 어느 정도 존재하도록 일정 수준까지 조장하여 조직에 긴장을 다소 불어넣어 창의성을 제고할 필요가 있다. 이와 같이 조직의 다양한 부문사이에서 발생하는 갈등을 효과적으로 조정하는 것은 집단성과뿐만 아니라 집단구성원의 만족을 증진시켜 집단의 자율기반을 구축하는데 있어서 중요한 과제이다.

따라서 제1절에서는 갈등관리(조정)자의 의미 및 중요성에 대하여 알아보도록 한다, 제2절에서는 갈등 및 갈등관리(조정)에 대한 이론적 논의를 살펴본다. 그리고 제3절에서는 갈등관리(조정)자 역할의 실행방안을 제시하도록 한다.

제1절. 갈등관리(조정)자 역할의 의미 및 중요성

디지털 경제의 발전 속에서 급변하는 경영환경은 지속적 성장을 필요로 하는 기업들에게 많은 변화를 요구하고 있다. 이러한 불확실성과 경영환경에 대응하기 위해 기업들은 새로운 경영기법을 도입하고 있으나 기업 내·외의 관계자들과의 효과적인 갈등관리 없이는 경쟁우위의 창출에 한계를 가진다. 또한 세계화로 인하여 현대기업이 점점 거대화되고 복잡해지면서 갈등도 단순히 경제적 차원의 문제를 넘어 문화적 차원으로 범위가 확대되어지고 있다.

이처럼 현대조직에서는 다양한 원인으로 인해 빈번하게 발생하는 조직 내 갈등이란 '조직 내 구성원들·집단들·부문들이 협력적으로 일하기보다는 상대방의 이익에 상충되는 방향으로 상호작용하는 과정'을 가리킨다. 이러한 조직 내 갈등과 관련하여 갈등을 바라보는 관점은 두 가지로, 1) 역기능적 관점으로, 갈등을 조직유효성을 저해시키는 요인으로 본다. 그 이유는 이런 관점은 일반적으로 조직 내 부문 간의 갈등은 상대부서에 대해 적대감, 부정적 태도, 편견 등을 갖도록 하여 구성원들로 하여금 많은 스트레스를 느끼게 할 뿐만 아니라 소통감소로 부문 간의 이기주의 야기 그리고 조직목적달성에 필요한 집단의 주의력과 에너지를 다른 곳으로 쏠리게 하는 부작용을 낳고 변화에 필요한 활력을 주지 못하기 때문에 조직유효성에 심각한 해를 끼친다고 보게 된다(Fordor, 1976). 2) 순기능적 관점으로, 갈등을 조직유효성 제고요인으로 본다. 그 이유는 이전에 미처 몰랐던 문제점을 전면에 부상시켜 그 해결방안을 모색할 수 있게 하고, 갈등상황을 통해 나의 의견과는 다른 상대의 정보를 입수함으로써 집단 내 의사결정의 질을 향상시킬 수 있으며, 갈등해결과정에서 조직의 창의성이나 지속적인 개선 및 혁신을 촉진하게 되어 결국은 조직의 전반적인 변화를 가져오게 할 수 있기 때문이다(Robbins, 1994). 이런 순기능 관점은 갈등상태가 심각할 경우에는 조직유효성에 나쁜 영향을 줄 수 있지만, 일정정도의 갈등은 오히려 조직유효성을 제고할 수 있다는 것이다.

이처럼 조직관리자들이 조직 내 갈등을 어느 관점에서 보고 있느냐에 따라서, 이를 관리 또는 해결하는 방식이 달라질 수 있다. 그렇다면 조직관리자의 갈등관리(조정)자 역할은 무엇인가?

조직에서 갈등관리(조정)자 역할이란 갈등의 순기능적 관점을 토대로 갈등이 과다하면 감소시키고 갈등이 과소할 경우는 유발하는 조정활동을 통하여 적정수준으로 갈등을 유지함으로써 집단생동감을 넘치게 하고, 혁신지향적인 분위기를 조성해 조직유효성을 제고시키도록 여러 노력을 하는 것을 의미한다.

갈등관리(조정)자 역할을 성공적으로 수행하기 위해서는 갈등관리수단인 갈등관리기술과 협상기술을 체득 및 개발하여야 한다. 또한 집단활성화를 통한 자율기반구축 그리고 집단 간의 상호작용을 촉진할 수 있도록 워크스킬과 피플스킬을 포함하는 리더십 역량을 보유하고 있어야 한다. 이러한 역량들을 토대로 갈등관리(조정)가 얼마나 효과적으로 이루어지느냐에 따라 개인은 물론 집단의 운영과 성과에 영향을 받는다.

따라서 갈등관리(조정)의 중요성을 다음과 같이 정리할 수 있다(신유근, 1997). 1) 개인 및 집단의 활동들이 조직의 전체목표 달성에 부합하도록 통합할 수 있다. 그 이유는 갈등의 조정과정을 통해 여러 부문 및 집단의 활동들을 조직목표 달성방향으로의 적합관계를 높일 수 있기 때문이다. 2) 집단 및 부문 상호간의 이해의 폭을 증진시킬 수 있다. 그 이유는 갈등의 조정과정에서 상대방이 추구하는 것이 무엇인지, 자기집단 및 부문에 어떤 영향을 미치는지를 좀 더 명확하게 밝히기 때문이다. 3) 집단 및 부문의 활성화와 자율적 운영에 기여할 수 있다. 그 이유는 갈등조정을 통해 참여적이고 민주적으로 집단운영을 할 수 있는 기초를 제공할 수 있고, 개방적인 소통으로 업무수행에 필요한 정보를 공유함으로써 집단 업무성과의 질은 물론 생산성 제고에 기여할 수 있기 때문이다. 그리고 4) 집단 및 부문 간에 창의성을 촉진할 수 있다. 그 이유는 집단 및 부문 간의 갈등조정을 통해 이의 해결노력과정에서 창의성을 발휘할 수 있기 때문이다.

제2절. 갈등 및 갈등관리(조정)에 대한 이론적 논의

조직관리자가 갈등관리(조정)자 역할을 성공적으로 수행하기 위해서는 갈등과정과 갈등관리에 대한 이해의 폭을 넓혀야 한다. 이를 위해 갈등 및 갈등관리에 대한 이론적 논의를 살펴본다.

2.1. 갈등과 갈등관리(조정)의 개념

조직 내 갈등이란 '조직 내 구성원들·집단들·부문들이 협력적으로 일하기보다는 상대방의 이익에 상충되는 방향으로 상호작용하는 과정'을 가리킨다(Thomas,

1992). 이러한 조직 내 갈등은 모든 조직에서 불가피한 것으로 보고, 생산적인 갈등 해결에 더 초점을 맞춰야 한다.

갈등관리(conflict management)란 갈등이 긍정적인 효과를 발휘하도록 갈등의 수준을 감소시키거나 증가시키는 행동을 말한다(March & Simon, 1958; Robey, 1982). 개념에서 나타나듯 갈등관리는 크게 두 가지로 나누어 볼 수 있다. 하나는 갈등이 너무 심해서 이미 역기능적인 역할을 하고 있는 갈등의 문제를 해결해야 하는 관리문제이고, 다른 하나는 갈등이 너무 낮아서 갈등을 순기능적 수준까지 성공적으로 자극해야 하는 관리문제이다. 그러므로 갈등관리전략에는 갈등을 낮게 하는 전략과 갈등을 높게 하는 전략이 포함되기 때문에, 조직관리자는 갈등내용 및 상황에 따라 단일전략 혹은 혼합전략 등 더 효과적인 전략을 고려하여야 한다(Regan, 1996).

이러한 갈등관리전략은 갈등의 당사자가 변화하고 갈등문제의 이해가 변화하고, 그에 따른 갈등의 이해가 변화하기 때문에 과정적 차원으로 인식해야 한다(Lawton & McKevitt, 1995).

2.2. 갈등과 성과와의 관계

갈등당사자 간의 행동-반응 상호작용은 어떤 결과를 가져오게 되는데, 그 결과는 집단의 성과를 향상시키는 긍정적인 결과가 될 수도 있고, 아니면 집단성과에 방해가 되는 부정적인 결과가 될 수도 있다. 갈등수준과 집단유효성 간의 관계를 다음의 [그림 2-1]과 같이 정리할 수 있다.

첫째, 갈등수준이 적질할 경우에는 갈등당사자들 간의 상호작용에 긍정적인 결과를 촉진하여 집단유효성을 제고할 수 있다. 갈등당사자 간의 상호작용이 건설적인 경우는 의사결정의 질을 향상시키고, 창의력과 혁신을 자극하며, 집단구성원으로 하여금 관심과 호기심을 유발시키고, 문제가 드러나고 긴장이 완화되는 수단을 제공하며, 변화를 촉진하기 때문에 집단유효성과 성과에 긍정적으로 영향을 미치게 된다.

[그림 2-1] 갈등수준과 집단유효성과의 관계

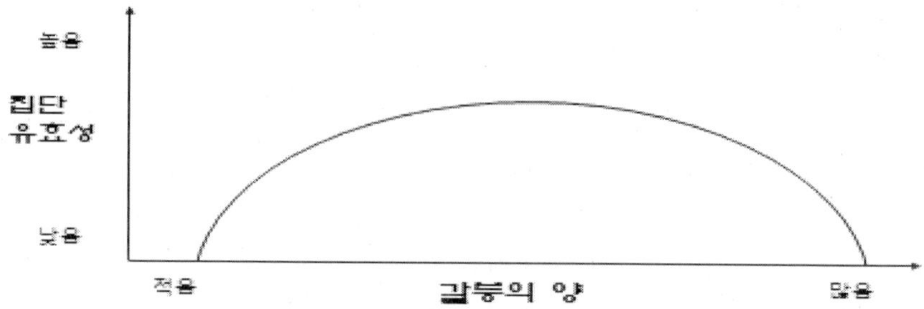

갈등과소	적정수준	갈등과다
적응력 둔화 획일성 무사안일 포기 · 침체	변화지향 창조적, 다양성 도전적 목표실천 행동	혼란 · 분열 투쟁, 비협조 불안, 위협 목표의식 결여

자료: 나기현(2013), 성과예술: 인간존중경영, 부산외국어대학교 출판부, p308.

둘째, 갈등수준이 과도하거나 과소한 경우에는 갈등당사자들 간의 상호작용에 부정적으로 영향을 미쳐 집단유효성에 부정적인 결과를 초래할 수도 있다. 즉 갈등당사자 간의 상호작용이 건설적이지 못할 경우에는 의사소통의 마비, 집단응집력의 약화, 구성원 간의 대립으로 인한 집단목표의 상실 등의 바람직하지 않은 결과들을 초래할 수 있다. 또한 극단적으로는 갈등이 집단기능을 중지시키고 생존까지 위협할 수 있다. 모든 형태의 갈등은 집단구성원의 만족감과 신뢰를 줄이는 것으로 보인다.

이와 같이 조직관리자는 갈등수준과 집단유효성(성과)간의 관계에서 긍정적인 면과 부정적인 면을 구체적으로 이해하고, 갈등이 순기능적인 측면으로 역할을 할 수 있도록 적극적으로 갈등관리를 하여야 한다.

2.3. 갈등관리 유형

갈등관리의 목적은 갈등을 제거하거나 방지, 통제하는 것이라기보다는 오히려 갈등으로부터 생기는 가치와 순기능을 증대시키고 비용과 불만족 및 역기능을 감소시키는 것이다. 그러므로 조직관리자가 갈등관리(조정)자 역할을 성공적으로 수행하기 위해서는 기존의 갈등관리의 유형에 대하여 잘 이해하고 있어야 한다.

2.3.1. March와 Simon의 갈등해결 방안

갈등해결방법으로 조직이 갈등에 직접 개입하는 개입적 방법과 개입하지 않는 비개입적 방법으로 나누어 고찰하였다(March와 Simon, 1958). 이를 정리하면 다음의 <표 2-1>과 같다.

〈표 2-1〉 개입적 방법과 비개입적 방법

구분			내용
개입적 방법	개 념		· 조직이 집단 간의 갈등에 직접 개입하는 것을 의미
	방법	무마 (smoothing)	· 공개적 충돌을 피하고 갈등상대 양측에 공동관심사를 구축하고. 그에 따라 보상을 실시하는 것
		강압 (repressing)	· 갈등 양측에 조직업무를 방해하면 처벌하겠다고 위협함으로써 갈등을 억누르는 방법
		관심전환 (detracting)	· 집단들의 관심을 갈등에서 다른 쪽으로 돌리게 하는 것
		갈등완화 시책	· 갈등을 어느 수준이나 범위에 한정시키는 규칙을 만들어 갈등을 봉쇄 또는 완화하는 방법
		갈등원천제거 시책	· 갈등원인이 되는 중심인물을 속죄양으로 삼아 제거하는 방법
비개입적 방법	개 념		· 조직이 집단의 갈등에 개입하지 않고 갈등당사자간에 맡겨 해결을 모색하는 방법
	방법	문제 해결 (problem solving)	· 갈등을 유발시키는 문제자체를 제거하려는 것
		설득(persuasion)	· 태도나 목표차이와 같이 규정화 되지 않은 갈등에서 상대방과 목표의 차이를 줄이거나 공유하려는 것
		협상(bargaining)	· 당사자 간에 양보와 획득관계로서 서로 교환을 통하여 중간지점을 얻으려는 것
		정략(politics)	· 제삼자의 도움을 얻어 갈등을 해결하려는 비분석적인 방법

이외에도 개입적 방법으로 갈등원인이 조직구조에 있을 때에는 구조를 재편성하여 상호의존성을 줄이거나 공유되는 자원을 줄이거나 과업에 대한 책임을 재정립하거나 조직을 분권화 하거나 갈등을 빚는 두 집단을 통합하는 방법을 사용한다.

비개입적 방법의 가정은 갈등자체를 무시하거나 관련 집단 스스로 문제를 해결하도록 하면, 문제가 해결될 수 있다는 것이다. 사이몬은 개인 갈등 → 대인적 갈등 → 집단간 갈등 → 조직간 갈등에 이를수록, 공동결정의 필요성이 많기 때문에 비분석적 방법이 사용된다고 한다.

2.3.2. Thomas & Kilmann의 갈등관리방식

Thomas & Kilmann(1975)은 갈등당사자들이 갈등을 다루는 2차원 모형(독단성과 협조성)을 제시하였다. 자신의 관심사를 만족시키려는 독단성(Assertiveness)과 갈등당사자를 만족시켜 주려는 협조성(Cooperativeness)을 축으로 하여 다섯 가지의 갈등관리 방식을 만들어 내었다. 즉 자신 또는 조직의 요구를 만족시키려는 정도가 독단적이냐 비독단적이냐에 따라 그리고 상대방의 요구를 만족시켜주려는 정도가 협력적이냐 비협력적이냐에 따라 갈등관리유형을 회피지향, 경쟁지향, 양보(적응)지향, 타협지향, 협력(협동)지향으로 분류하였다. 또한 이러한 전략가운데 어느 것을 택하는 것이 좋은가 하는 것은 갈등의 상황요인에 따라 달라진다. 갈등의 상황요인으로서는 결정의 중요성, 갈등당사자들의 권력, 조직에서의 지위 등을 들 수 있다. 각각의 갈등관리방식에 적절한 상황을 다음과 같이 제시하고 있는데, 각 전략들의 개념과 효과적인 연계상황을 정리하면 다음의 <표 2-2>와 같다.

〈표 2-2〉 갈등관리방식

방식	내 용
회피	· 양 당사자들이 갈등문제를 다루지 않겠다고 선택함으로써 갈등을 연기시키거나 그 문제들에서 피함으로써 관련된 갈등문제들을 무시하는 비단정적이고 비협력적인 방식이다. · 이 전략은 ① 의견이나 관심사가 반영될 기회가 없다고 생각할 때, ② 해결이 되는 것보다 그대로 두는 것이 유리할 때, ③ 상대자의 흥분을 식히고 이성을 회복하도록 할 때에 사용한다.
경쟁	· 당사자들은 논쟁, 권위, 위협 심지어 물리적 강제력을 통하여 타 당사자를 희생시킴으로써 자신의 목표를 달성하려는 타협적이고 협력적인 방식이다. · 이 전략은 ① 양보할 수 없는 대단히 중요한 문제일 때 ② 신속하게 단호한 결정을 해야 하는 비상시 ③ 조직의 질서 유지에 필수적인 법규의 시행시 사용한다.

양보	· 한 당사자가 그 자신의 관심사나 목표를 포기함으로써 타 당사자의 관심을 만족시키려는 비단정적이고 협력적인 방식이다. · 이 전략은 ① 상대에게 압도되어 손실을 극소화 할 필요가 있을 때, ② 화합/안정이 특히 중요할 때, ③ 상대자가 잘못을 알게 하여 발전시킬 필요가 있을 때 사용한다.
타협	· 상호희생을 반영하여 양 당사자가 어느 정도의 양보를 할 뿐 아니라 어느 정도의 양보를 획득하는 단정성과 협력성의 긍정적인 형태이다. · 이 전략은 ① 세력이 비슷한 쌍방이 상호배타적인 목표달성에 종사하게 될 때, ② 복잡한 문제를 임시변통으로 해결하려 할 때, ③ 시간에 쫓겨 편법을 강구할 때에 사용한다.
협력	· 양 당사자 모두가 자신들의 관심사를 모두 만족시키려는 단정적이고 협력적인 방식이다. · 이 전략은 ① 여러 사람의 견해와 통찰력을 모아야 할 때, ② 의견을 통합함으로써 관계자들의 협력을 얻을 수 있을 때, ③ 쌍방의 관심사가 모두 고려되어야 할 정도로 중요하여 통합의 해결책을 마련해야 할 때에 사용한다.

2.3.3. 갈등관리전략으로서의 자극 · 예방 · 해소

조직 내 갈등관리전략을 자극(조장)차원, 예방차원, 그리고 해소차원으로 구분하고 각 차원의 방안들을 구체적으로 알아보도록 한다.

(1) 갈등의 자극(조장)전략

갈등의 자극전략이란 조직의 활력, 창의와 쇄신을 위하여 순기능적인 갈등을 적절히 조성하는 전략을 의미한다. 순기능적 갈등의 구체적인 조장방안들을 다음의 〈표 2-3〉과 같이 정리할 수 있다(Huse & Bowditch, 1977).

〈표 2-3〉 갈등 자극전략의 방안들

조장방안	내 용
의사전달 경로의 변경	· 표준화된 공식적/비공식적 의사전달경로를 의식적으로 변경시켜 갈등조장 하는 방법. · 예: 특정 의사전달경로에 통상적 포함되던 사람을 일부러 제외하거나 새로 포함시켜 정보 재분배에 따른 권력 재분배 초래로 갈등을 야기 시킴.

의사전달 정보의 조작	· 정보전달을 억제하거나 과다한 정보를 전달함으로써 갈등을 조장하는 방법. · 예: 과다정보전달 및 과다정보억제로 모든 의사전달을 무비판적으로 받아들이는 구성원들의 무관심상태를 타파할 수 있다. · 이유: 구성원들의 정체된 행태를 활성화, 창의성/자율성 일깨워 주기 때문.
이질감의 조성	· 역할갈등이나 지위부조화 등으로 인한 개인의 내면적 갈등을 조성하여 조직상의 갈등을 유도하는 것으로, 침체된 조직을 흔들어 변화/활기를 띠게 할 수 있는 방법이다. · 예: 기존의 조직구성원들과는 가치관, 경험, 배경 등이 다른 사람을 한두 명 투입해 기존의 구성원들과 이질감을 조성케 함으로써 갈등을 야기하는 것이다.
경쟁 유도	· 조직 내 단위부서/집단들 간에 경쟁적 상황을 조성해 갈등을 일으키도록 하는 방법. · 예: 계선조직과 참모조직을 적절히 다뤄 갈등조장하거나, 조직구성원을 이동시키거나 직위간의 관계를 재설정함으로써 갈등을 조장할 수 있다. · 이유: 관련된 조직단위와 동질성을 와해시키고 의사결정권을 재분배하여 상호감시기능을 확대시키기 때문.

(2) 갈등의 예방전략

갈등의 예방 전략이란 아직 발생하지는 않았지만, 앞으로 발생할 가능성이 충분한 역기능적 갈등을 미연에 방지하려는 전략이다. 방안으로는 <표 2-4>와 같다(박연호· 오세덕, 1988).

〈표 2-4〉 갈등 예방전략의 방안들

예방방안	내 용
균형된 자세유지	· 높은 합법적 지위를 지니고 있는 기능분야의 전문가로서 여러 사람을 평가하는 조정역할을 하는 사람은 작업집단 간의 요구에 균형된 자세를 견지할 수 있다. · 이들은 타인들 보다 맡은바 일을 훨씬 효과적 수행함(Lawrence & Lorsch, 1967).
상호의존성에 입각한 조직변경	· 갈등은 사람들이 직업적 유사성 대신에 상호작용의 필요에 따라 집단화 된다면 상당한 정도 피할 수 있게 된다. · 방법: ① 조직을 구성하는 일부요인의 교체나 또는 새로운 요인의 추가, ② 기본적인 구조의 개편 등 조직상의 배열을 적극적으로 변동시킴.

불필요한 경쟁의 회피	· 조직 내 제로섬 게임 같은 불필요한 경쟁을 회피함으로써 갈등발생을 방지할 수 있다 · 구성원/집단들 간 경쟁촉진요인: 비용 및 예산통제, 수익극대화, 성과측정 및 책임 등.
공동의 적 설정	· 외부위협이나 공동의 적(경쟁조직, 조직 내 제3의 집단 등)에 효과적 대처위해 집단 간의 차이를 잊게 만든다. · 성공방안: 자기집단이 위협을 피해야 하며 공동노력이 필요하다 인식해야.

(3) 갈등의 해소전략

전통적인 갈등관리는 바로 갈등의 해소를 의미하는 것이었기 때문에, 이미 발생한 역기능적 갈등의 해소를 위한 구체적인 방법들로는 다음의 <표 2-5>와 같다(Robbins, 1980; (박연호· 오세덕, 1988).

〈표 2–5〉 갈등 해소전략의 방안들

해소방안	내 용
문제해결	· 갈등을 일으키고 있는 당사자들이 직접 접촉하여 갈등의 원인이 되는 문제를 공동으로 해결하게 하는 방법이다. · 이는 당사자들이 협동적인 문제해결능력을 가지고 있을 때 이 방법이 효율적일 수 있으며, 새로운 쇄신적 대안을 창출할 수 있다.
상위 목표의 설정	· 갈등당사자들이 공동으로 추구해야 할 상위목표를 설정해 갈등을 완화시킬 수 있다. · 상위목표는 갈등상태에 있는 행동주체들이 모두 추구하기를 원하는 것이지만 어느 하나의 행동주체가 단독으로는 성취시킬 수 없는 것이어야 한다.
자원의 증대	· 희소자원의 더 많은 획득을 위한 경쟁에서 초래되는 갈등의 효과적 해소방법. · 자원을 늘려버리면 어느 당사자도 패자도 되지 않고 모두가 승자로 될 수 있다
회피	· 갈등을 야기할 수 있는 의사결정을 보류하거나 갈등상황에 처한 당사자들이 접촉을 피하도록 하는 것이나 갈등행동을 억압하는 것 등의 회피방법은 단기적으로 갈등을 완화할 수 있는 방법이다. · 갈등의 원인 또는 갈등상황을 제거하는 것이 아니므로 근본적 갈등해소방법은 아님.
완화	· 완화는 갈등당사자들의 차이를 호도하고 유사성이나 공동이익을 강조함으로써 갈등을 해소시켜 보려는 방법이다. · 이는 회피방법과 상위목표 제시방법을 혼합한 것이라고 볼 수도 있다. · 완화는 갈등당사자들의 차이를 제거하지 않아서 잠정적/피상적인 갈등해소 방법.

전제적 명령	· 공식적 권한을 가진 상사가 명령에 의해 부하들의 갈등을 해소시키는 방법. · 상사결정에 찬성하지 않더라도 당사자는 정당한 명령에 복종하지 않을 수 없는 것이다. · 이는 원인이 제거되지 않고 단지 갈등행동만을 해소시킬 뿐이다.
강압	· 강력한 압력을 가함으로써 갈등을 해소하는 방법이다. · 강력한 힘을 가진 경쟁자, 보스와 같이 권위를 가진 사람, 중재인/조정자를 이용한다.
갈등 당사자의 태도개조	· 갈등당사자나 잠재자의 인적변수를 변화시킴으로써 갈등을 예방/해소시키는 방법. · 태도개선은 단기적인 노력보다 시간과 비용이 많이 드는 방법이다. · 태도변화를 촉진하는데 쓰이는 주된 수단은 실험실훈련 등의 교육훈련이다.

2.3.4. 갈등관리와 협상기술

최근 조직에서는 갈등관리방안의 일환으로 협상이 떠오르고 있다. 그 이유는 협상이 결정대안에 대해 서로 다른 선호체계를 가진 상호의존적인 당사자들 간의 상호작용을 통해 협의 및 조정해가는 쌍방적인 의사결정과정이기 때문이다. 그러나 협상관련 이슈에 있어서 당사자들의 선호가 서로 일치하는지의 여부에 따라서 다르게 협상상황은 형성된다. 협력적 상황은 협상이슈에 대한 협상자간의 선호가 비슷하기 때문에 나타나며, 협상자로 하여금 협상상대방에 대한 양보와 이해를 통하여 문제해결적인 방법으로 협상을 하도록 한다. 반면에 경쟁적 상황은 협상이슈에 대하여 서로 반대되는 의견을 갖기 때문에 발생하므로, 협상상대방을 포용하게 하기 보다는 협상이슈에 대하여 하나하나 시시비비를 가리려는 논쟁적 협상을 하게 한다. 이러한 협상상황은 협상당사자의 심리상태에 영향을 미치게 된다. 즉 긍정적 심리상태는 통합적 성과를 달성할 수 있는 능력을 강화시키고, 협조전략을 선택할 수 있는 경향을 증가시킨다. 반면에 부정적 감정의 상태는 그들의 선호를 더 이기적이도록 만들고, 유리한 제안에 대하여 거절할 수 있는 가능성을 증가시킨다(Carnevale & Lawler, 1986; Alfred, et. al., 1997).

이와 같이 협상당사자 간의 감정의 형성은 협상의 과정 및 성과에 결정적인 영향을 미친다. 즉 협상당사자 간의 친밀관계(rapport)는 협상의 공동이익이나 통합적 차원과 관련되지만, 협상당사자들 간의 우세의 차이는 협상의 차별적 성과나 분배적 차원과 관련된다(Lewis & Fry, 1977).

따라서 조직관리자는 갈등상황 및 협상상황에서 상대방과의 상호작용을 증진할 수 있는 피플스킬과 협상기술 및 역량을 개발하여 효과적인 갈등해결을 할 수 있도록 노력하여야 한다. 그 이유는 효과적 갈등해결은 당사자들이 협력 하에 통합할 수 있느냐의 여부에 달려있기 때문이다(Schelling, 1960).

효과적으로 갈등을 해결하기 위한 협상기술을 정리하면 다음과 같다. 1) 협상 및 갈등이슈를 명확화 하는 기술을 가져야 한다. 그 이유는 협상이 진행되는 동안 이슈는 자주 변화하기 때문이다. 또한 협상이슈에 대한 당사자들의 선호와 우선순위에 관한 정보공유가 협상성과의 질을 향상시키기 때문이다. 협상이슈는 피상적으로 보면 하나인 것 같지만, 자세히 관찰하면 이슈의 수는 늘어날 수 있고, 또 창의적으로 새로운 이슈를 개발하고 덧붙일 수 있다. 그러므로 협상을 진행하기 전에 이슈를 파악하고, 진행하면서 파생되는 새로운 이슈를 발견하고 지혜롭게 다루는 것은 상호만족을 위한 합의점을 찾는데 중요한 요인이 될 것이다. 2) 설득력을 키워야 한다. 그 이유는 협상 및 갈등해결은 논쟁과 설득의 과정이기 때문이다. 상대편을 설득하기 위해서는 특히 자신의 관점을 상대편에게 설득시키기 위한 메시지를 구성할 때 조심해야 한다. 그 이유는 메시지 내용, 메시지 구조, 설득스타일은 메시지가 설득적일 수 있는 범위에 모두 영향을 미칠 수 있기 때문이다. 다시 말하면 어떤 것을 어떻게 말하는 것은 무엇을 말해야 하는 것만큼 중요할 수 있다. 그리고 만약 상대편이 설득되지 않았다면 아마도 전달메시지를 효과적으로 구성하지 못한 것이다. 따라서 설득노력의 유효성은 어떻게 사실과 아이디어가 선택되고 조직화되며 표현되어지는가에 달려있다.

제3절. 갈등관리(조정)자 역할의 실행방안

조직에서 갈등관리(조정)자란 갈등을 적정수준으로 유지함으로써 집단생동감을 넘치게 하고, 혁신지향적인 분위기를 조성해 조직유효성을 제고시키도록 다양한 역할을 수행하는 조직관리자를 의미한다. 우리는 갈등관리에 대한 이론적 논의를 통해서 다양한 방법들을 살펴보았다. 이러한 방안들을 토대로 효과적인 갈등관리를 위한 조직관리자의 역할을 다음과 같이 제시할 수 있다.

첫째, 상충되는 시스템 및 제도의 변화를 꾀하라. 조직 내 갈등의 많은 부분은 개개인에게 그 원인이 있다기보다는 시스템이나 제도에 있을 때가 더 많다. 이런 제도나 시스템에 근거한 갈등을 구성원들끼리 원만히 해결하라고 맡긴다면 조직관리자는 책임을 포기하는 것이다. 그러므로 조직관리자는 회사 내 상충하는 시스템이나 제도 때문에 갈등이 발생하지 않는지 여부를 꼼꼼히 살펴보고, 만약 있다면 적극적으로 시스템과 제도의 변화를 꾀하여야 한다.

둘째, 조직 내 사일로 효과를 제거하라. 사일로 효과(silos effect)는 부서이기주의와 팀 간의 장벽을 의미하는 것으로, 이는 어느 조직에서나 크고 작게 발생할 수 있다. 조직관리자는 빈번하게 발생하는 사일로 효과를 무심코 간과했다가는 조직이 파멸로 갈 수도 있음을 알아야 한다. 따라서 조직관리자가 사이로 효과를 제거하기 위해서는 공통의 목표세우기, 협력과 보상 연계하기, 여러 부서들이 참여하는 다기능 팀 만들기, 전사 협의체 만들기 등 조직 내 부서 간에 유기적으로 협력할 수 있는 다양한 시스템을 구축하여야 한다.

셋째, 구성원간 신뢰를 구축하여 관계적 갈등을 해소하라. 조직 내 갈등은 업무적 갈등(Task Conflict)과 관계적 갈등(Relationship Conflict)으로 나누어 생각할 수 있는데, 관계적 갈등이란 성격이나 가치관 차이로 인한 호불호 등 대인 관계에서 발생하는 갈등으로 감정적 갈등이라고 부르기도 한다. 관계적 갈등이 많은 조직은 구성원들의 만족도와 조직에 대한 충성도가 떨어져 업무성과가 떨어지고 조직원들이 직장을 옮기는 빈도가 증가하는 것으로 나타난다. 특히 글로벌화와 다원화 사회는 구성원 간의 개인차를 심화시켜 관계적 갈등의 소지 또한 크게 만들고 있다. 이러한 때일수록 조직관리자는 구성원간 신뢰관계를 형성하여 조직 내 갈등을 조율함으로써 구성원들의 잠재능력을 모두 이끌어내 성공조직으로 가도록 하여야 한다.

이러한 관계적 갈등을 억제하기 위한 조직관리자의 역할은 조직원 사이의 신뢰를 구축하여야 한다(Simons & Peterson, 2000). 그 이유는 신뢰가 있는 조직의 구성원은 다른 구성원이 본인의 의견에 반대하더라도, 본인에 대한 모독이나 비난으로 받아들이지 않을 가능성이 높아 상호간 의견을 존중하고 건전한 토론으로 발전시켜 감정적으로 대응하지 않을 수 있기 때문이다.

따라서 신뢰를 구축하기 위해서는 1) 서로의 능력에 대한 인정과 호혜적 관계라는 인식이 필요하므로 리더부터 조직원을 배려하고 보호하는 모습을 보이는 것이 중요하다. 2) 긍정적인 피드백이 요구된다. '칭찬은 고래도 춤추게 한다'는 말처럼, 긍정적인 피드백을 받은 구성원은 리더나 다른 구성원이 자신을 비난하는 것이 아니라 발전적인 조언을 해주고 있다고 인식할 가능성이 높다. 특히, 신입구성원에게 긍정적인 피드백을 줄 경우 조직에 빠르게 적응하는 모습을 보이고 조직에 대한 유대감이 증대되는 것으로 나타나고 있다. 그리고 3) 자율을 강조하고 권한을 부여하는 리너십도 강력한 힘을 발휘힌디. 그 이유는 자율성을 강조하는 리더가 구성원들을 존중하고 있다는 느낌을 받게 함으로써 적극적인 동기를 부여하기 때문이다. 따라서 큰 틀은 제시하되 때로 세세한 부분은 구성원들에게 믿고 맡기는 리더가 되도록 노력해야 할 것이다.

넷째, 소통을 강화하여 업무적 갈등을 적정하게 관리하라. 업무적 갈등이란 특정 작업을 처리하는 방식이나 절차에 대한 의견차이로 인해 생기는 갈등을 의미한다. 현재는 과거에 비해 한 조직에서 수행해야 하는 업무가 유기적으로 변하고 있다. 과거에는 정해진 일만 수행하면 되었다면 이제는 상황에 적극적으로 대처하고 변화하는 모습이 중요하게 여겨지고 있다. 이에 따라 구성원간 견해차로 인한 업무적 갈등이 발생할 요인은 증대되고 있다.

그렇다면 업무적 갈등은 어떠할까? 동일한 업무를 바라보는 둘 이상의 다양한 시선은 조직의 의사결정과정을 유연하게 만들 수 있다. 토론과 합리적 의사결정은 의견차이가 있다는 인식에서 시작되기 때문이다. 미처 생각하지 못했던 소수의 의견은 새로운 아이디어를 발전시키는 토양이 되며, 이로부터 얻는 혁신은 생각지도 못한 놀라운 성과로 나타날 수 있다. 적정량의 스트레스가 신체와 정신을 강하게 만들어주는 것처럼 적정량의 업무적 갈등이 조직에 활기를 불어넣는다. 그러나 과

또한 스트레스가 몸에 부담을 주듯 인위적으로 업무적 갈등을 방치 또는 조장하는 것은 바람직하지 못하다. 또한 지나친 업무적 갈등은 관계적 갈등의 원인이 된다. 그 이유는 아무리 친한 친구라도 매사에 의견이 다르면 조금씩 멀어지는 것처럼 업무에 있어 사사건건 충돌하는 두 구성원은 서로를 감정적으로 대하게 되기 때문이다. 따라서 조직관리자에게는 이미 존재하는 업무적 갈등으로부터 시너지 효과를 얻는 한편, 이 갈등이 관계적 갈등으로 비화되지 않도록 세심한 주의를 기울이는 것이 요구된다.

갈등해소기법 사례: 마이크로 소프트

마이크로 소프트는 90년대 말부터 기업의 성과를 높이기 위해 필수적으로 도입해야 할 성과주의 제도에 기반을 둔 조직문화를 형성하고 있었다. 하지만 이러한 조직문화는 기업 내 구성원들을 대상으로 그들의 성과를 상대화, 서열화해 고성과 그룹과 저성과 그룹으로 나누어 차등적 보상은 물론 차별적인 대우를 만들었다.

각 구성원들(특히 저성과 그룹)은 이러한 제도 때문에 정서적, 경제적 압박은 증가하고 직무를 수행하는 것에 대한 즐거움은 하락하게 되었다. 결국 이는 구성원간 과도한 경쟁과 갈등을 유발하고 경직된 분위기를 조성해 결국 구성원들끼리 유능한 인재를 오히려 배척하거나 함께 일하기 꺼려하는 사태를 낳았다.

[갈등의 원인]

성과제도에 지나치게 치우쳐 있는 조직문화로 인한 구성원들 간의 지나친 경쟁구도 형성으로 정서적 압박 증가 및 즐거움 하락

[갈등 해결방법]

1) 스택랭킹 폐지

스택랭킹(구성원들이 낸 성과를 수치화하고 서열화 하는 인사평가 제도)이 마이크로소프트의 핵심철학인 '하나의 MS'에 맞지 않다고 인정하고, 이를 폐지한다고 공식발표했다.

구조적 개편(조직에게 도움 되는 조직문화로 개선): 조직 문화를 대하는 구성원들의 태도가 장기적인 관점에서 조직의 '실질적인 성과'를 규정짓는 다는 것을 알고, 조직문화를 부분의 문제가 아닌, 기업전체의 아주 중요한 사안, 전략임을 알아야 한다.

2) 유연한 예산 확보 및 지속적인 투자

인위적 서열화를 반대하고, 사전 배당된, 한정된 예산에 직원들의 성과를 끼워 맞추지 않으며 보다 관대하고 유연한 예산을 확보해 구성원에 대한 투자를 지속 늘리겠다고 공언했다.

자원의 확충: 조직 내 집단들은 희소한 자원을 되도록 많이 획득하려 하기 때문에 갈등이 발생하는데, 이 때 자원을 확충을 시켜 주면 집단간 갈등이 해소될 수 있다.

3) 잠재적 갈등 요소 점검하기

구성원의 불만을 최소화하기 위한 새로운 제도를 고안하고, 공정하게 운영함으로써 갈등을 해결한다.

4) 구성원의 스트레스 관리

과도한 스트레스는 구성원들이 부정적 태도를 높이고 희망에 대한 긍정적 기대감은 약화시킨다. 그래서 스트레스가 많은 조직의 경우 생산성이 저하되거나 구성원 이직률, 의료비 비용, 윤리적 문제, 업무상의 사고로 인한 비용 발생 등이 높아진다고 한다. 또한, 경쟁이 치열한 산업 환경에 있거나 또는 성패를 좌우할 수 있는 중요한 의사 결정 상황에서 구성원들은 최고 수준의 스트레스에 노출될 수밖에 없다. 이때 스트레스가 너무 과하면 오랫동안 준비하고 쌓아온 역량을 제대로 발휘하지 못하고 결정적인 순간에 실수를 하게 될 확률이 높다. 따라서 기업은 신속하고 올바른 스트레스 관리를 통해 어떤 상황에서도 올바른 판단력을 유지할 수 있도록 해야 한다.

출처) https://brunch.co.kr/@workplays/11

갈등 자극기법 사례: 텐센트

현재 중국 최대 기업인 텐센트는 중국 최대 IT기업이다. 텐센트는 그간 완성도 있는 제품 및 서비스를 시장에 내놓았으며, 경쟁에서 살아남을 수 있었다. 대표적인 사례가 현재 텐센트를 대표하는 서비스 '위챗'이다. 하지만 처음부터 텐센트가 이렇게 승승장구한 것은 아니다. 텐센트도 수많은 실패와 시행착오를 겪어왔다. 일례로 마화텅 회장은 기업 혁신을 위해 야심차게 혁신연구개발센터를 설립했지만, 결과적으로 원하는 결과는 도출해내지 못 했다.

출처) https://platum.kr/archives/82942

[갈등해결 방법]

- 광저우 연구개발센터 설립 - 위로 올라가는 방향의 경계에서 혁신/ 아래부서가 따라가는 형식이라면 기업이 활력이 없으며 경직된다고 말한다. 변화가 빠르고 창의성과 다양성을 추구하는 IT기업에게 그런 현상은 치명적이기 때문이다.
- 건전한 내부경쟁조성 - 내부 팀이 동일한 아이템으로 경쟁하지만, 같은 방향을 보고 최고의 제품을 추구하는 방식이다. 경쟁의 판단 기준은 기업 수뇌진이 세우는 것이 아니라 시장과 소비자의 기준에 철저히 맞춘다. 텐센트는 그간 이런 내부 경쟁을 통해 완성도 있는 제품 및 서비스를 시장에 내놓았으며, 경쟁에서 살아남을 수 있었다.
- 실패를 용인하고 경쟁과 도전을 격려하는 기업 문화, 도전을 하지 않는다면 시장 판도를 바꾸는 서비스는 나올 수 없다.

[갈등 자극기법 사례]: 카길(Cargill)사

연 매출 600억불 이상으로 세계 최대의 곡물 회사 중 하나인 미국의 카길(Cargill)社의 사례를 보자. 1865년 미국 아이오와 주에서 곡물 거래로 시작된 카길사는 140여 년이 넘도록 변화의 필요성을 크게 느끼지 못하고 프로세스의 효율성과 규모의 경제로 성장해 왔다. 1990년 대 말에 이르러 회사는 신기술과 빠른 제품 사이클, 새로운 기업의 출현 등 새로운 도전에 직면하게 되었다. 가족적인 기업 문화와 강한 로열티의 전통을 고수해오던 회사는 시장의 변화에 대응하지 못하고 도태될 위기에 처한 것이었다.

출처) https://hochiminh.tistory.com/m/155

[갈등의 원인] : 시장 변화에 변화하지 못한 회사운영

[갈등해결 방안]

새로운 CEO의 투입(새로운 구성원의 투입) : 1999년 위기의 카길사를 구하기 위해 CEO로 취임한 스탤리는 먼저 조직의 체질을 바꾸기 위한 SIT(Strategic Intent Team)이라는 미래 준비팀을 구성하였다.

비효율적이었던 매트릭스 조직을 네트워크 조직으로 바꾸고 수직구조의 상층부에 몰려있던 의사 결정 권한을 각 네트워크의 연결 고리로 배분하였다. 혁신적인 조직 문화를 구축해가기 위해 구성원 행동 지표를 만들어 공표하고 성과 중심, 솔루션 중심의 업무 실행을 강조하였다. 이런 노력으로 카길사는 12년간의 계획 중 절반인 6년 만에 큰 폭의 흑자와 함께 연평균 18% 이상의 주가 상승률을 기록하는 성과를 낼 수 있었다.

참고문헌

나기현(2013), 성과예술: 인간존중경영, 부산외국어대학교 출판부.

박연호· 오세덕(1988). 현대조직관리론. 서울, 법문사.

신유근(1997), 인간존중의 경영, 다산출판사.

Alfred, K.G., Mallozzi, J. S., Matsui, F. & Raia, C. P.(1997), "The Influence of Anger and Compassion on Negotiation Performance", *Organizational Behavior and Human Decision Processes*,70,3: pp.175-187.

Carnevale, P. J. D. & Lawler, E. J.(1986), "Time Pressure and the Development of Integrative Agreements in Bilateral Negotiations", *Journal of Conflict Resolution*, 30: pp.636-659.

Fordor, E. M.(1976), Group Stress, Authoritarian Style of Control and Use of Power, *Journal of Applied Psychology,* Vol. 61, pp.313-318.

Huse, E. F. & Bowditch, J. L.(1977), Behavior in Organizations : A Systems Approach to Managing, 2nd ed.(Boston: Addison-Wesley, pp. 210-211.

Lawton, A. & and McKevitt, D.(1995), "Strategic Change in Local Government Management: Comparative Case Studies", *Local Government Studies*, Vol. 21, No.1(London: Frank Cass, Spring), pp. 46-64.

Lewis, S. & .Fry, W.(1977), "Effects of Visual Access and Orientation on the Discovery of Integrative Bargaining Alternatives", *Organizational Behavior and Human Decision Processes*, 20,1:pp.75-92.

March, J. G. and Simon, H. A., Organizations, N.Y.: John Wiley, 1958.

Robey, D.(1982), Designing Organizations: A Macro Perspective(Homewood, Illinois: Richard D. Irwin, Inc., p. 208.

Robbins, S. P.(1994), Management, 4th ed.(Englewood Cliffs, NJ: Prentice-Hall).

Robbins, S.(1980), "Conflict Management and Conflict Resolution are not Synonymous Terms", *California Management Review*.

Regan,P. M.(1996), "Conditions of Successful Third-Party Intervention in Intrastate Conflicts", *Journal of Conflict Resolution*, Vol.40, No.2(Sage Publications, Inc., June), pp. 336-359.

Schelling, T(1960). The Strategy of Conflict, MA: Harvard University Press.

Simons, T. L., & Peterson, R. S. (2000). Task Conflict And Relationship Conflict In Top Management Teams: The Pivotal Role Of Intra-group Trust. *Journal Of Applied Psychology*, 85, 102-111.

Thomas, K. W.(1992), Conflict and Conflict Management: Reflections and Update, *Journal of Organizational Behavior,* Vol. 13, pp.265-274.

Thomas, K. W. & Kilmann, R. H(1975), Interpersonal Conflict Handling Behavior as Reflections of Jungian Personalty Dimensions Psychological Report, 1975.

제6장

소통활성자 역할

오늘날 조직에서의 의사소통은 조직의 공통된 목표를 이해시켜 구성원 상호간에 통합을 강화하고 조직의 목표나 구성원들의 목적을 협동적으로 높일 수 있는 수단으로서 목표달성에 결정적이고 광범위한 영향을 미친다(백종철, 2008). 그러나 기업경영에 있어서 조직 내 의사소통이 가장 큰 관심사항으로 자리매김하고 있음에도 불구하고, 조직 내 주체들 간의 의사소통이 원활하지 못하여 갈등유발과 불만증가 등으로 기대했던 조직성과를 달성하지 못하는 사례들을 종종 볼 수 있다. 이로 인해 많은 조직에서는 조직관리자의 소통활성자 역할에 대해 주목을 하고 있다. 그 이유는 조직관리자가 의사소통관련 역할을 어떻게 수행하느냐 여부에 따라 조직 내 주체(구성원들 및 집단들) 간의 상호작용의 질, 집단이 역동성 및 생동감, 그리고 자율기반구축에 영향을 미치게 되고, 이는 조직유효성에 영향을 미칠 수 있기 때문이다.

따라서 제1절에서는 소통활성자 역할의 의미 및 중요성에 대하여 알아보도록 한다. 제2절에서는 조직 내 의사소통에 대한 이론적 논의를 살펴본다. 그리고 제3절에서는 소통활성자 역할의 실행방안을 제시하도록 한다.

제1절. 소통활성자 역할의 의미 및 중요성

창의성기반 경제시대에 회사의 존망을 좌우하는 요소로 조직관리자가 얼마나 소통의 중요성에 대해 인식하고 어떻게 대처했느냐를 들 수 있다. 그 이유는 조직 내 주체들 간의 원활한 소통을 통해 신뢰구축은 물론 협력의 질을 향상시켜 성과창출을 적극 유도할 수 있기 때문이다.

조직 내 소통(organizational communication)이란 일반적 관점에서는 '조직구성원들이 목표달성을 위하여 조직 내 상하좌우 계층과의 의사소통을 행하는 과정'을 의미한다. 즉 조직구성원 간의 정보교환 및 조직 환경과 상호작용하는데 중요한 역할을 한다. 또한 전문적 관점에서는 '공감하고 협력하는 창조적 혁신활동'을 의미한다. 이는 조직의 다양한 벽을 허물고 서로 공감·협력함으로써 창조적 혁신을 달성해가는 과정을 의미한다(엄동욱 외, 2011). 즉 소통이 개방적이고 신뢰가 높을수록 지식창출, 축적, 공유, 활용이 증대하는 것이다. 그러므로 조직 내 소통은 구체적인 조직목표달성을 위해 구성원의 일체감과 결속력을 이끌어내는 핵심수단이며, 구성원간 신뢰와 회사의 신뢰를 제고해 구성원의 직무만족과 조직몰입을 향상시키고, 궁극적으로는 기업의 창조적 혁신에 기여하는 경영활동의 일환이다.

최근 급속한 정보화와 네트워크화로 인해 조직 내 소통의 주체, 방식, 내용 등이 변화되어가고 있다(채준호, 2010). 특히 최근 신세대 직장인들은 기성세대와는 달리 쌍방향 참여를 통해 의미를 찾는 소통을 선호하는 추세이므로 조직에서 조직관리자의 소통활성자 역할이 무엇보다도 중요하다. 그 이유를 조직관리자의 역할에서 찾아보고자 한다.

Mintzberg(1975)는 관리자의 10가지 역할을 3가지 범주 즉 정보적 역할, 의사결정역할, 대인간 역할로 분류하였는데, 관리자는 이러한 역할 중 조직내부의 여러 계층의 사람들과 상호작용 하는 연락원으로서 그리고 문제해결을 위한 협상가로서의 역할이 더욱 중시된다고 주장했다. 그 이유는 관리자가 기업에 있어서 상하 간 및 부서 상호간에 의사소통에 대해서 중요한 기능을 담당하며 부서 간에는 상호조정역할이 중요하기 때문이다. 이처럼 조직관리자는 최고관리계층 못지않게 경영관리의 중요기능 즉 계획, 통제, 충원, 인사, 조정 등의 중요한 관리역할을 수행하고 있어, 이들 역할의 중요성은 날로 증가하고 있다.

조직관리자의 소통활성자 역할이란 조직 내 주체(개인 및 집단)들 간의 개방적 소통 촉진 및 활성화로 상호작용의 질을 향상시켜 구성원들 간에는 서로 공감·협력하는 상호신뢰 분위기를 구축하고, 집단들 간에는 역동성 제고 및 생동감이 넘쳐나는 자율기반을 구축하여 조직의 다양한 벽을 허물고, 지식창출, 축적, 공유, 활용증대 등으로 창조적 혁신을 유도해 조직유효성에 긍정적인 영향을 미치도록 하는 것을 의미한다.

조직에서 조직관리자의 소통활성자 역할을 성공적으로 수행될 경우, 조직 내 건강한 소통이 주는 긍정적 결과를 정리해보면 다음과 같다(김현기, 2011; 신유근, 1997).

1) 조직 내 구성원들 간의 사회적 상호작용을 통한 인간적인 친밀감 향상 및 정서적 만족감을 증대시킬 수 있다. 그 이유는 개개인의 감정과 밀접한 정서적 소통의 활성화로 인해 서로의 고충을 나누고 행복한 감정을 공유하여 친밀감과 유대감을 형성할 수 있기 때문이다. 이는 신뢰와 믿음의 조직문화를 만드는 촉매제 역할을 하게 된다. 2) 조직구성원들의 바람직한 행동을 강화시키는 유용한 동기부여수단이 된다. 그 이유는 소통활성화는 구성원들의 좌절이니 만족 같은 감정을 자유롭게 표현하게 함으로써 스트레스 해소는 물론 구성원간의 사회적 접촉을 가능하게 해 사회적 소속욕구 같은 기본욕구를 시켜줄 수 있기 때문이다. 또한 소통활성화로 '구성원들이 무엇을 해야 하는지', 그리고 '얼마나 잘하고 있는지' 등을 명확히 할 수 있는 기회를 제공하기 때문이다. 3) 정보 및 지식공유 활성화로 창의적 업무수행을 할 수 있도록 활력을 불어넣어주고, 정보 및 지식공유 활성화로 집단창의성을 배가시켜 준다. 그 이유는 원활한 의사소통은 구성원들 상호간에 건설적인 자극을 줌으로써 사회적 촉진을 일으키고, 상호간에 학습을 유발하며, 개방적이며 민주적인 집단운영이 가능해 지도록 하기 때문이다. 또한 소통원활화는 서로의 경험과 지혜를 나누는 효과적인 수단이며, 지식과 아이디어의 원활한 교류 및 공유를 통해 집단창의를 촉진할 수 있도록 한다. 4)창의적 구성원의 풀(pool)을 넓힐 수 있다. 그 이유는 기업내부의 소통활성화는 외부인이 기업을 평가하는 신규잣대로 작동하고, 그 결과가 거꾸로 구성원들이 조직에 대해 갖는 열정수준과 기업의 경쟁력향상으로 연결될 수 있기 때문이다. 5) 조직사회화 및 조직의 변화/혁신을 촉진한다. 그 이유는 소통활성화는 신규로 조직에 진입하는 구성원들에게 조직의 규범, 역할, 성과기준 등의 정보를 제공해줌으로써 빠른 조직적응을 유도하고 성공적인 조직생활을

촉진한다. 또한 조직의 내·외적 변화에 대한 정보를 구성원들에게 제공해줌으로써, 이에 대응할 수 있도록 도움을 주기 때문이다.

제2절. 의사소통 및 소통활성화에 대한 이론적 논의

본 절에서는 의사소통의 개념과 소통방식 및 소통매체에 대해 살펴보고, 신세대를 포함하는 조직 내 구성원들의 다양성을 반영한 소통활성화 전략에 대하여 알아보도록 한다.

2.1. 의사소통의 개념 및 프레임워크

의사소통이란 '사람들 간에 공통된 의미를 얻기 위해 메시지를 교환하는 과정'이다 (Bartol & Martin,1994). 즉 의사소통은 '공통' 또는 '공유'라는 의미를 가지고 있으며 "인간이나 동물들이 기호를 통하여 서로 정보나 메시지를 전달하고 수신해서 서로 공통된 의미를 수렴하고 나아가 서로의 행동에 영향을 미치는 과정 및 행동"이라고 할 수 있다(차배근, 1994). 이러한 의사소통은 조직체나 사회집단에 형성되는 두 명이상의 관계당사자들이 언어적 또는 비언어적 방법을 통해서 서로의 의사와 감정은 전달하고 반응을 주고받는 과정이기 때문에, 대인간의 상호작용을 촉진시켜 준다(서판수, 2002).

의사소통의 프레임워크는 다음의 [그림 2-1]과 같이 발전해 왔다.

오늘날의 조직들은 규모의 확대로 인해 조직구성원들에게 정확한 정보를 제공하는 것이 매우 중요한 요소가 되었다. 그 이유는 조직 내 소통을 통해 조직의 공통된 목표를 이해시키고, 구성원 상호간에 통합을 강화하여 구성원들의 사기함양과 협력증진으로 목표달성을 성취하여야 하기 때문이다. 그러므로 조직의 의사소통은 조직된 집단의 관리를 촉진하기 위하여 의도된 의사소통이며, 동시에 조직된 집단의 목표를 직·간접적으로 달성코자 의도된 비매스미디어에 의한 소통을 의미한다.

[그림 2-1] 의사소통의 프레임워크

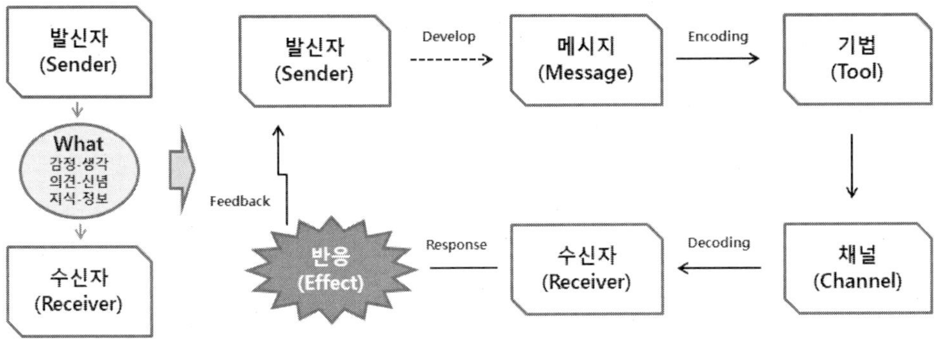

2.2. 조직 내 의사소통의 유형

조직 내에서 구성원들이 목표달성을 위하여 조직 내 상·하·좌·우 계층과 의사소통을 행하는 과정인 조직 내 의사소통은 일반적으로 소통의 공식성 또는 비공식성을 기준으로 유형을 구분한다. 이 분류를 기준으로 의사소통의 유형을 살펴보고자 한다.

2.2.1. 공식적 의사소통

공식적 의사소통은 '권한의 체계와 절차적 관계가 분명한 상태에서 이루어지는 의사소통'을 의미한다. 일반적으로 조직 내에서 이루어지는 결재행위나 문서 전달, 공식회의 보고 등에서 나타나며 의사소통을 둘러싼 권한을 중심으로 다시 상향식, 하향식, 수평적, 대각적 의사소통으로 나뉜다(이수광·윤세남, 2008).

1) 상향적 의사소통(upward communication)은 조직구성원의 참여의식이 강한 경우 나타나는 의사소통의 유형으로, 조직의 하층에서 상층으로 올라가는 의사소통을 의미한다. 단 상위직급에서 의사소통을 수용함을 전제로 한다. 예로 명령계통을 대응하는 불만처리, 절치보고, 내부결재, 제안제도, 상담 등이 이에 해당한다. 상향적 소통을 통해 조직관리자가 얻을 수 있는 것은 구성원참여를 통한 직무관여, 조직 및 직무몰입을 이끌어 낼 수 있다는 것이다. 그러나 하급자에게 상급자로 의

사가 전달되는 과정에서 정보의 선택과 여과를 통해 역시 초기정보가 그대로 전달되지 않는다는 문제점이 있다.

2) 하향적 의사소통(downward communication)은 '관리적 의사소통' 또는 '상의하달 의사소통'이라고도 하는데, 지시적 의사소통으로서 조직 내에서의 합법적인 지위와 역할에 따라 상급자로부터 하급자에게 전달되는 것이다. 예로 경영자와 조직관리자가 구성원들에게 자신들의 의도를 전파하고 정보를 전달하는데 주된 목적이 있으며 게시판, 사내보, 사내방송조례 등을 활용하기도 한다. 이 소통유형은 상향 수평적 의사소통 등 다른 커뮤니케이션의 장애요소가 될 수 있으나 관리직의 의도와 정보를 정확하고 명확하게 구성원들에게 전달하므로 조직전체의 효율성을 향상시키는 주요한 의사소통 통로이다. 이러한 소통을 적절히 활용하기 위해서는 하급자가 이해할 수 있도록 내용이 명확해야 하며 아래에서의 수용가능성이 매우 높아야 하고, 일관성과 적시성도 있어야 한다.

3) 수평적 의사소통(horizontal communication)은 조직계층상 동일한 수준의 지위에 있는 종업원간에 이루어지는 소통으로, 부서내의 문제를 해결하게 하고 다른 부서와의 협조를 공고히 하게하며 동료들 간의 정서표현을 통해 사회적 욕구를 충족시켜 주기도 하는 등 조직유효성제고에 기여한다.

4) 대각적 의사소통(diagonal communication)은 직선적인 의사소통 업무추진구조에서는 공식적으로는 나타나지 않는 형태로, 구성원들이 자신의 기능적 권한 이외의 각 계층의 구성원들과 의사소통하는 것을 말한다. 주로 라인부서와 직원부서간, 네트워크 조직 간의 소통에서 이루어지며 수평, 수직, 하향, 상향 등의 의사소통방향을 이용하기 어렵거나 시간과 비용이 과다 사용되는 경우에 이용된다.

2.2.2. 비공식적 의사소통

모든 조직은 공식적 구조뿐만 아니라 권한과 책임관계가 불분명한 비공식적 조직이 존재하고, 이에 근거한 비공식적 의사소통이 일어난다. 즉 비공식적 의사소통은 비공식적 조직에서 이루어지는 의사소통으로, 공식적 의사소통 이외의 경로를 통해 이루어지며, 계층이나 직종을 초월한 소통으로, 공식적인 권한과 반드시 일치하는 조직단위의 의사소통이기 보다는 개인과 개인 간에 이루어진다. 그러므로 이 소통은 경영자와 조직관리자에게 통제되지 않고, 시간의 흐름에 따라 공식적 의사소통 채널보다 정보의 전달속도가 빠르고, 그 영향력이 강한 반면에 집단 간의 벽을 높이고 분화의식을 조장하여 조직내분위기를 해친다는 우려도 있다.

2.3. 디지털시대의 신 소통전략

모바일 혁명은 조직 내 의사소통의 새 장을 열고 있다. 특히 인트라넷과 같은 조직 내부전용 인터넷으로 인해 회사 전체가 돌아가는 모습을 책상에 앉아 PC로, 아니 언제 어디서나 스마트 폰으로 훤히 볼 수 있게 되면서 예전엔 엄두 내지 못했던 일도 과감히 시도하게 된 것이다. 실제로 요즘 인트라넷 환경이 갖춰진 기업소속 임직원은 그 환경을 십분 활용, 회사 일을 너 잘 이해하고 자신의 업무도 수월하게 파악한다. 그뿐 아니다. 업무상 도움을 주고받을 수 있는 타 부서 동료들과도 간편하게 연락한다. 이러한 변화는 자연스레 자기표현기회의 증가로 이어졌으며, 임직원의 경험과 직관을 보다 효율적으로 공유하기 위해 디지털 미디어를 활용하는건 세계적 추세이다.

이런 경향은 기업 내 밀레니얼 세대 및 Z세대의 구성원 비중이 커지며 한층 강화되는 추세다. 밀레니얼 세대와 Z세대는 하나같이 일에서 '의미'를 찾고 싶어 하기 때문에, 자신이 의미를 부여하는 일에 관한 한 누구보다 적극적이며 열정적으로 참여하려는 성향을 보인다. 특히 Z세대는 항상 손에는 스마트 폰을 놓지 않고, 책이나 신문을 읽기 보다는 사진과 동영상에서 정보를 얻는 것이 익숙하고, 사람들과 직접 만나기보다 소셜미디어를 활용하는 소통이 편한 계층이 바로 Z세대의 모습이다. 이들 세대의 차이를 살펴보면 다음의 <표 2-1>과 같다.

사내소통은 이들의 참여를 적극 독려하는 창구역할을 해주고 있다. 실제로 오늘날 기업문화의 상당부분은 사내소통으로 인해 달라지는 추세다. 구성원들의 가치관과 태도변화가 사내소통의 성격을 바꿔놓기도 한다.

〈표 2-1〉 X, Y, Z세대의 차이

구 분	내 용
X세대	· 1965년~1980년에 태어난 사람들을 지칭 · 어디로 튈지 모르는 럭비공에 비유되어 제 멋대로 행동한다는 특징이 있다.
Y세대	· 1980년~1995년 사이에 태어난 사람들로 디지털 환경에 노출되기 시작한 초기 세대 · 어린 시절부터 컴퓨터와 친숙해 쌍방향 커뮤니케이션으로 의견을 개진하고, 독립심과 자율성, 능동적인 자기혁신과 개발을 추구한다.
Z세대	· 1990년대 중반에서 2000년대 중반에 태어난 사람들을 지칭 · 미국 소비인구의 1/4, 국내에는 약 646만명으로 추산하고 있다.
	특징: 1) 디지털에 매우 친근한 디지털 네이티브((Digital Native) 2) 합리적 소비보다 윤리적 소비 추구 3) SNS 정보 공유는 활발히, 개인 정보 보호는 철저히 4) 유행에 민감한 자립형 성향 5) 정보는 온라인에서, 실제 소비는 오프라인에서

'위에서 아래로' 일색이었던 소통방식이 '옆에서 옆으로', 혹은 '아래에서 위로' 자유롭게 뒤섞이며 하나의 목소리로 통합되어가는 것이다. 인터넷을 기반으로한 디지털 미디어의 발달은 이 같은 변화에 불을 댕기고 있다. 따라서 기업들이 다양한 소셜미디어(블로그, 유튜브, 페이스북, 트위터 등)를 사내소통도구로 활용하는 기업들이 점점 많아지고 있다. 이와 관련하여 소셜미디어(SNS)와 기업의 신 소통 전략을 알아보도록 한다.

2.3.1. 소셜미디어의 개념과 가치

소셜미디어란 '일반인이 주도하는 개방적이며 서로 소통이 가능한 매체'이다. 즉 자신의 생각, 경험, 정보 등을 생산·확산시키기 위해 사용하는 개방된 플랫폼(블로그, 유트브)과 관계를 형성하는 소셜네트워크 서비스(페이스북, 트위터)를 의미한다. 소셜미디어가 폭발적으로 성장하면서 전 세계인으로부터 사랑받는 미디어로 자리매김하면서 매스미디어 중심의 소통전략에 일대 혁신이 이루어지고 있다.

소셜미디어는 4가지 관점(시간, 대상, 비용, 관계)에서 기존 미디어에 비해 유용한 가치를 보유하고 있다(이동훈 외 3인, 2010). 이를 정리하면 다음과 같다.

관 점	가 치
시간측면	· 쉽고 빠르게 콘텐츠를 전달. 콘텐츠의 영향력이 지속적으로 발휘.
대상측면	· 다수의 다양한 사람에게 콘텐츠를 전달.
비용측면	· 적은 비용으로 효과적인 소통이 가능.
관계측면	· 마음을 담은 인간적 소통이 가능. 강화된 상호작용을 바탕으로 신뢰구축.

2.3.2. 소셜미디어의 가치를 제대로 활용하기 위한 방안

첫째, 사고의 틀을 전환하여야 한다. 기업에 우호적인 이슈 만들기 위해서는 고객과 끊임없이 소통해야 한다. 그 이유는 네티즌이 '이슈 프레이밍(Issue Framing)'의 주체가 되고 있기 때문이다. 또한 자발성을 존중하는 건강한 소통 생태계를 조성하고, 생태계 활성화의 촉매역할을 마련해야 한다.

둘째, 운영주체 및 역할을 명확화 하여야 한다. 전담인력을 구성하고 지속적으로 역량을 강화해야 함은 물론 외부와의 소통에 임직원 모두가 참여해야 한다. 또한 외부와 소통시 발생할 수 있는 리스크를 최소화하기 위한 가이드라인도 마련해야 한다.

셋째, 소통콘텐츠의 다변화를 꾀하여야 한다. 이를 위해서는 먼저 다각적·체계적으로 콘텐츠 발굴해야 한다. 그리고 콘텐츠를 전달하는 분위기와 태도에 세심한 주의를 기울이는 소통방식의 변화가 요구된다.

넷째, 미디어의 통합적 관리가 요구된다. 이는 매스미디어와 통합적 관점에서 소셜미디어를 활용함으로써 시너지효과를 극대화시켜야 한다.

그 이유는 소셜미디어는 매스미디어의 대체제가 아니라 상호보완재이기 때문이다. 또한 사업특성, 미디어별 특성 및 소통소재와의 정합성을 고려하여 포트폴리오를 구성하고 유연하게 소통해야 한다. 그 이유는 다양한 소셜미디어를 통합적으로 관리함으로써 사용자 편의성 및 확산효과를 제고함과 동시에 운영효율성도 추구할 수 있기 때문이다.

제3절. 소통활성자 역할의 실행방안

조직관리자가 소통활성자 역할을 성공적으로 수행하기 위해서는 조직 내 소통채널 및 소통방식을 다변화하는 전략을 추구하여야 한다. 또한 디지털 시대에 적합한 소셜미디어를 활용하는 신 소통전략을 우선적으로 활용하여야 한다. 이러한 전략들을 효과적으로 활용할 경우, 소통이 활성화되어 구성원들의 아이디어와 노하우를 공유함은 물론 집단지성을 촉진하여 조직유효성을 꾀하는 창조경영의 유효한 수단이 될 것이다(권순환, 2010). 이러한 관점에서 조직관리자의 소통활성자 역할에 대한 실행방안을 제시하도록 한다.

3.1. 자기과신에서 벗어나 경청분위기를 조성하라.

자기과신이란 대다수의 상황에서 '내 판단이 옳다'라고 확신하는 것을 의미한다. 이러한 확신은 리더들로 하여금 인내심을 잃게 만든다. 자신의 생각과 다른 의견을 이야기하는 부하들의 말을 듣다보면 짜증부터 나게 되는 것이다. 결국 그 시점부터 부하들과의 커뮤니케이션은 단절되게 된다.

자기과신에서 벗어나려면 무엇보다 자신에 대한 진지한 성찰이 필요하다. 이를 위해서는 두 가지 방안을 생각해 볼 수 있다. 1) 타인의 평가에 귀를 기울이는 것이다. 즉 다른 사람들의 평가를 통해 자신의 진실된 모습이 무엇인지 다시 한 번 생각해 보는 것이다. 2) 코칭을 받는 방안이다. 전문가의 도움을 받아 자신의 모습에 대해 객관적으로 돌아보는 시간을 갖는 것이다(황인경·박지원, 2008).

경영자와 조직관리자들이 경청하기 위해서는 자기과신에서 벗어나 자신이 틀릴 수도 있다는 생각부터 가져야 한다. 구성원들이 자신보다 경험이나 연륜이 부족하지만, 그들의 새롭고 참신한 시각을 통해 더 좋은 결과물을 만들어 낼 수 있다는 믿음을 가져야 한다. 그래야 듣고 싶은 마음 자체가 생길 수 있고 부하들과의 자연스러운 커뮤니케이션이 가능하다. 이러한 인식(Perception)상의 변화는 쉽게 이루어지기 어려운 부분이지만 끊임없이 개선을 위해 노력해야 할 부분이다.

최근 디지털시대에 자라난 신세대들이 조직에 진입하고 있다. 이들은 질문도 거리낌 없이 하고, 불만 혹은 문제점 등을 주저하지 않고 제기하고 있다. 즉 이들이 평소에 모든 문제를 별다른 눈치 안 보고 얘기를 하고 있다는 것이다. 그러므로 이를 잘 들을 수 있도록 경영자와 조직관리자는 경청분위기를 조성하여야 한다. 특히 Z세대와 함께 일을 해보면 뭔가 산만하다는 인상을 받게 된다. 즉 일이나 회의하다가 누군가에게든 모르면 물어보고, 그 자리에서 검색하고, 이상한건 이상하다고 바로바로 말하기 때문에 이들을 오해하고 예의가 없다 생각하지 말고 받아드릴 준비를 해야 한다. 조직관리자가 그들이 항상 하고 있는 얘기에 귀를 기울이는 순간 조직 내 관료주의, 오래된 위계조직의 문제 등의 조직의 문제도 보일 것이고, 개선방안도 찾을 수 있을 것이다. 따라서 조직관리자는 신세대들과 기존의 조직문화가 충돌할까봐 두려워하지 말고 평소에 그들이 하는 말을 경청하는 조직분위기를 조성하여야 한다.

3.2. 조직 내 건강한 소통을 가로막는 원인을 파악하라

기업들은 각종 노력을 통해 조직 내 원활하고 건강한 소통메커니즘이 작동되기를 희망하지만, 이는 말처럼 쉬운 일이 아니다. 그 이유는 은연중에 소통을 방해하는 요인들이 조직 내에 자리 잡고 있기 때문이다. 그러므로 조직관리자는 소통을 가로막는 원인들을 정확하게 파악하고, 이에 대한 대처방안을 마련하여야 한다. 장애요인들로는 다음의 <표 3-1>과 같은 것들이 있다.

〈표 3-1〉 건강한 소통을 가로막는 장애요인들

장애 요인	내 용
다양성에 대한 이해와 감수성 결핍	· 일방적 전달만 하는 반쪽소통이 아닌 완전한 소통을 위해서는 전달하고자 하는 메시지나 의미가 충분히 상호 간에 이해되고 공유될 수 있어야 한다. · 그 출발점은 서로의 다름과 차이를 인식하고, 이를 고려하여 소통하게 돕는 감수성에 있기 때문에 건강한 소통을 위해서는 다양성에 대해 충분히 이해하고 학습하는 감수성 배양이 요구된다.

내재된 심리적 편향성	· 선택적 지각의 문제로, 자신의 경험과 배경 등을 토대로 정보를 선택적으로 받아들이려는 심리적 편향성. · 수신자에게 잘 보이기 위해 전달자가 정보를 왜곡하거나 여과해 버리는 필터링과 조작의 심리적 편향성. · 이러한 문제는 조직의 계층상 수직적인 위계질서가 강하거나, 조직 내 지위 차이가 있는 곳에서는 어느 정도 발생할 수 있다.
부적절한 소통채널 활용	· 잘못된 소통채널과 방식을 활용하는 것도 건강한 소통을 방해하는 요인. · 전달메시지에 적합한 소통채널을 활용해야.
신뢰와 일관성 결여	· 리더들의 일관성 있는 행동과 솔선수범의 행동 등이 뒷받침 되어야. · 일관성 없는 리더의 행동은 부하 직원들의 불신과 냉소주의를 유발시킴.
모호함과 불확실성	· '불확실성과 루머(Rumor)' 는 소통과정에서 나타나는 필연적인 부산물. · 좋은 소문이라면 좋겠지만, 나쁜 소문은 쉽게 확대 재생산되는 속성을 가지고 있어, 때로는 조직문화를 와해시킬 수 있다.

조직 내 건강한 소통을 가로막는 장애요인들을 방지하기 위해서 기업은 최소한 다음의 몇 가지 측면에 보다 세심한 관심을 기울일 필요가 있다. 1) 회사특성에 알맞은 소통방식과 채널을 고민해야 한다. 특히 이러한 소통방식과 채널의 적절성은 수시로 점검하는 노력이 병행되어야 한다. 2) 소통하는 당사자들의 올바른 습관과 태도를 갖도록 고민하여야 한다. 특히 경영자와 조직관리자들은 소통스킬향상은 물론 자기 자신만의 소통철학과 원칙을 정립할 필요가 있다. 그리고 3) 조직 내 공감역량(Empathy)의 제고방안을 고민하여야 한다. 특히 개별구성원들의 자아인식력, 타인인식력, 그리고 공감역량 등을 함께 키울 수 있는 '감수성 훈련(Sensitivity Training) 프로그램'이 조직의 공감역량을 높이는데 도움이 될 수 있다.

3.3. 공감성 및 신뢰성을 얻기 위한 소통을 하라.

조직관리자는 조직목표의 성공적 달성을 위해 조직 내 상·하간의 원활한 소통제도의 구축뿐만 아니라 공감성, 신뢰성을 얻을 수 있는 커뮤니케이션 능력이 요구된다. 그 이유는 조직은 효율적이고 체계적인 지시·명령으로 업무를 수행하고, 부문간·구성원간의 커뮤니케이션을 유지하며 적시에 보고가 이루어질 필요가 있기 때문이다. 조직관리자가 커뮤니케이션 능력을 강화할 수 있는 구체적인 방법으로는 코칭기법(문제해결 접근법)에 의한 인사고과, 피드백 면접훈련 등을 들 수 있다(김환일, 2009).

코칭에 의한 커뮤니케이션에서 코칭기법이란 '대화에 의한 재능'을 활용하여 굳게 닫힌 마음을 풀어 주면서 구성원들을 지원하는 방법이다. 구성원들은 코치(상사)와 대화를 정기적으로 반복하고, 하고 싶은 마음을 북돋우는 목표의 설정 및 자기통제를 행하는 형태로 지원을 받게 한다. 커뮤니케이션 효과에서 중요한 것은 '격려' 와 '공감'을 잘 구분하여 활용하는 것이다. 성과가 오르지 않아 매우 우울하게 있는 사람에게 '노력' 하라고 하는 말은 격려보다 독으로 되는 측면이 있다. 상대의 기분에 맞는 공감 있는 말이 매우 필요하다.

공감성·신뢰성을 얻는 커뮤니케이션([그림 3-1] 참조)의 성과는 공통의 인식, 업무의 목적·목표 공유화, 공통의 목표책임 등을 늘 수 있다. 이러한 소통을 하기 위해서는 경영자와 조직관리자가 먼저 커뮤니케이션 스킬을 갖추어야 한다. 그 이유는 구성원들과 대화를 지속할 마음을 갖더라도, 적절한 스킬을 갖추고 있지 못하면 쌍방 간의 효과적인 소통이 이루어지기란 어렵기 때문이다. 그러므로 조직관리자가 가능한 많은 구성원들과 자연스럽게 의견을 교류하기 위해서는 적절하게 소통하는 방법이 무엇인지 파악하고 체득하려는 노력을 기울여야 한다.

[그림 3-1] 공감성, 신뢰성을 얻기 위한 커뮤니케이션(김환일, 2009)

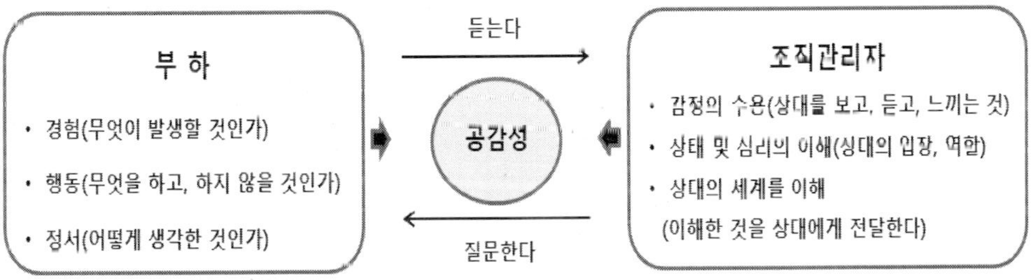

경영자와 조직관리자가 구성원들과의 효과적인 커뮤니케이션을 위해 다음 세 가지를 잘해야 한다. 1) 질문과 경청이다. 이는 상대의 말하는 바와 그 논지를 파악하기 위해 그리고 상대방의 의견을 제대로 이해했는지 확인하는 과정도 필요하다. 그 이유는 그래야 상호간 명확한 의사소통이 가능할 뿐 아니라 상대에게 진지하게 듣고 있다는 신뢰감을 더해줌으로써 보다 원활한 의사소통이 가능해질 수 있기 때문이다. 2) 구성원의 견해에 대한 비난보다는 함께 개선하는 관점에서 이야기를 하는 것이다. 즉 그들이 말한 내용에 논리상 허점이 있더라도 이를 지적하거나 비난하지 말고 '이런 문제가 나타나는데, 어떻게 하면 좋을까'라는 개선의 관점에서 이야기를 풀어나갈 때 상호간에 도움이 되는 의사소통을 할 수 있다. 3) 경영자와 조직관리자는 대화 중 자신의 감정을 잘 통제할 수 있어야 한다. 그 이유는 화를 내게 될 경우 대화분위기 자체가 싸늘해져 더 이상 이야기가 진행되기 어려울 뿐만 아니라, 화를 내는 사람에게 대꾸해 봐야 역효과만 난다고 생각하기 때문에 구성원들은 입을 다물게 된다. 그리고 4) 구성원들의 성격/성향을 알고, 그에 따라 맞춤형으로 커뮤니케이션을 할 수 있어야 한다. 간혹 일부 관리자들은 자신이 선호하는 커뮤니케이션 방식이나 성향을 구성원들에게 강요하는 경향이 있다. 조직 내 커뮤니케이션이 활성화되려면 경영자와 조직관리자들은 획일적인 방법으로 소통하는 것이 아니라, 각 구성원의 특성에 맞게 맞춤형으로 소통할 수 있는 스킬을 갖추어야 한다(<표 3-2>참조).

〈표 3-2〉 4가지 행동유형별 개선점

행동 유형	줄여야 할 점	개발하여 보완해야 할 점
지시형	다른 사람들과 상황에 대한 통제	경청, 질문, 긍정적 강화 등을 통한 상대방에 대한 지원 기술 또는 행동
사교형	다른 사람들 또는 집단으로부터 받고 싶은 인정에 대한 욕구	자기주장, 갈등 해결, 협상 등과 같은 지도적 기술
관계형	새롭고 또 다른 기회를 찾아보거나 시도하려는 것에 대한 저항	새롭고 다양한 사고력 및 협상 등과 같은 지도적 기술
사색형	약점 또는 부족한 면에 초점을 맞추는 불필요한 완벽주의와 그 성향	공감적 경청, 타인에 대한 긍정적 피드백 및 지원을 통해 인간관계를 개방적으로 이끌어 나갈 수 있는 기술 혹은 행동

자료: 토니 알렉산드라 & 필립 헌스커(2003), '행복한 일터의 커뮤니케이션.'

3.4. 구성원들이 주인의식을 갖도록 독려하라.

조직에서 소통활성화를 위해 다양한 제도를 도입하더라도 구성원들의 참여가 저조하거나 무관심하면 기대했던 결과를 얻을 수 없다. 이의 해결방안으로는 1) 구성원들 스스로가 회사와 일에 대한 주인의식을 가져야 한다는 점이다. 그 이유는 주인의식이 부족한 부하들은 일을 제대로 하기 보다는 상사의 비위를 맞춰 편하게 직장생활을 하려고 하거나 조직에서 쫓겨나지 않는 것에 관심이 많기 때문이다. 이런 부하들은 리더가 하지 말라는 일은 무조건 하지 않는다. 그 이유는 본인생각보다도 상사의 의견에 전적으로 기대기 때문이다. 결국 주인의식을 잃은 구성원은 상사에게 반론을 하지 않고 자신의 의견은 침묵하며 충실하게 예스(Yes)만 외치는 예스맨이 될 따름이다. 2) 조직에서 구성원들이 적극적으로 자신의 견해를 말하고, 일을 추진해 나가는 사람을 존중하고 인정하는 분위기를 만들어야 한다. 그래야 상·하간에 자유롭고 창의적인 커뮤니케이션과 보다 나은 아웃풋 창출이 가능해질 것이다. 만약 조직에서 구성원들의 침묵이 지속된다면 무언가 문제가 있음을 인식하고, 그 이면에 숨어있는 의미를 파악하도록 노력할 필요가 있다. 따라서 조직에서 당당한 한 명의 주체로서 자리매김하기 위해서는 누구나 자신의 생각을 정리하여 명확히 의견을 주장하는 것이 필요하다. 다만 서로 의견을 나눌 때는 상대방을 배려하는 마음, 마음의 상처를 주지 않기 위한 노력이 언제나 병행되어야 한다. 3) 많은 구성원들이 적극적 참여할 수 있도록 다양한 인센티브를 제공하는 제도도입이 필요하다. 특히 참신한 아이디어 제공이나 경영성과에 이바지한 구성원에게 금전적 보상, CEO 표창, 우수사원 칭찬 등이 이루어지도록 인사제도에 반영함으로써 참여를 독려해야 한다.

3.5. 소셜미디어를 포함하는 적절한 채널을 선정하라

이제 조직 내 구성원들과의 소통이 전통적인 커뮤니케이션 방식에서 소셜미디어를 활용하는 방식으로 트렌드가 변화하고 있음으로 기업은 이에 대해 적극적으로 대비할 필요가 있다. 또한 소통활성화는 구성원들이 함께 참여하고 새로운 아이디어를 만들어가는 창조경영에 있어 중요한 역할을 할 수 있기 때문에 소셜미디어 도입은 물론 다양한 채널을 구축하여야 하고, 이의 성공적 정착 및 운영을 할 수 있도록 경영자와 조직관리자의 많은 관심과 지원을 지속적으로 견지해야 한다.

최근 디지털 기술혁명 즉 IT기술 및 네트워크 기술 등의 발전으로 기업 블로그를 운영하며 메시지 및 정보를 제공하고 의견을 개진하거나, 각 기업마다 인트라넷 시스템 활용을 활발히 하고 있다. 그 이유는 회사가 구축한 인프라에 구성원이 정보를 올리는 인트라넷 시스템은 정보공유 및 문서보관이 편리하다는 장점을 갖기 때문이다. 특히 구성원간 실시간으로 교류하는 트위터형 등의 소셜미디어 유형 중 회사와 구성원들의 특성을 고려하여 전략적으로 가장 사용하기 쉽고 활용도가 높은 소셜미디어를 도입해야 한다. 그 이유는 기업이 모든 유형의 소셜미디어를 도입하는 것은 소모적일 수 있기 때문이다. 도입된 소셜미디어를 활성화시키기 위한 방안을 다음과 같이 정리할 수 있다(권순환, 2010).

· 경영진이 주도적으로 참여하여야 한다. 이유는 CEO가 구성원들과 직접 소셜미디어를 활용해 소통을 함으로써 구성원들의 호감과 유대감을 더욱 공고히 할 수 있기 때문.
· 주도자 선정이 요구된다. 이유는 영향력 없는 사람이 운영할 경우 정보의 질 저하와 참여자의 무관심을 야기할 수 있기 때문.
· 여론 전문가가 필요하다. 이유는 도입초기에는 단순한 시스템 관리자가 아닌 화두를 던지고 여론을 주도해 나갈 수 있는 역량을 가진 전문가가 필요하기 때문.
· 정보의 신뢰성을 제고하여야 한다. 이유는 제공정보(회사편의에 따른 선별적인 정보 및 성과만을 강조)가 제한받거나 진정성을 가지고 못할 경우 구성원들의 신뢰도 저하의 원인이 될 수 있기 때문.
· 사이버 보안의 안정성을 확보하여야 한다. 이유는 성과창출을 위해서 도입한 소셜미디어가 보안상의 문제가 있다면 더 큰 손실을 불러올 수도 있기 때문.

3.6. 기업문화유형을 파악하고, 이에 어울리는 커뮤니케이션을 하라.

기업 내 소통활성화 전략은 결국 조직문화를 이해하는데서 시작한다. 기업의 조직문화는 조직문화 진단이론에 따라 한 축은 유연성/자율을 추구하는지 또는 지속성/통제를 추구하는지, 다른 축은 외부/개별화를 지향하는지 또는 내부/통합을 지향하는지에 따라 4가지로 구분할 수 있다([그림 3-2] 참조).

1) 인적자원의 문화아래에서는 가족적 관계에 부합하는 채널을 통한 커뮤니케이션을 하여야 한다. 2) 생산중심의 문화아래에서는 설정된 목표의 소통과 업무 효율중심의 커뮤니케이션을 하여야 한다. 즉 사내커뮤니케이션은 우선 공식커뮤니케이션, 특히 상·하간 소통과정이 투명하고 신속하게 이뤄지는 것이 가장 중요하다. 그 이유는 잘못된 소문 등 비공식커뮤니케이션이 주는 역기능을 제거해야 하기 때문이다. 3) 개방체계의 문화아래서는 도전적 문화에 어울리는 커뮤니케이션을 하여야 한다. 즉 이런 문화를 가진 기업들은 마구 쏟아내는 메시지를 잘 정리하고 조합해서 이해하는 능력이 수신자에게 필요하다. 또한 도구와 채널은 철저히 메시지를 이해하는 기능에 맞춰져야 한다. 특히 중요한 것은 최종 수신자인 경영진의 존중한다는 반응이다. 4) 위계질서의 문화아래에서는 공식적이고 사무적인 커뮤니케이션을 하여야 한다. 비록 내키지 않더라도 고도의 효율이 필요한 조직이라면 고려해 볼 수 있다.

[그림 3-2] 조직문화 진단이론에 따른 조직문화 구분

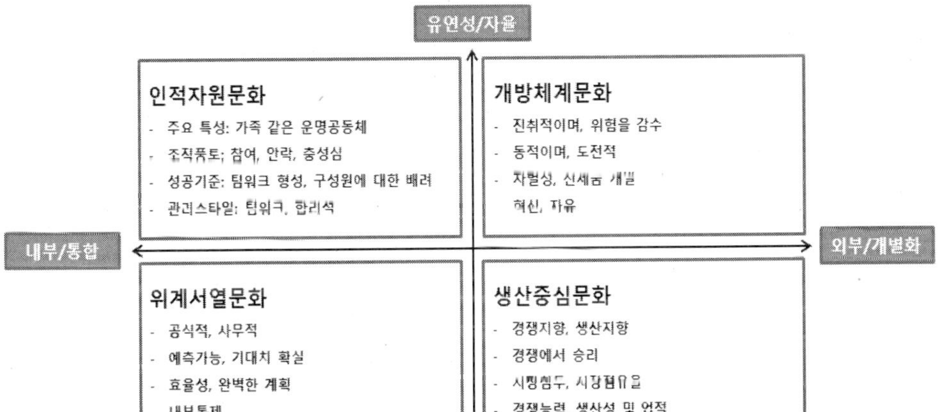

3.7. 업무관련 구체적인 소통을 강화하라

조직관리자는 소통내용과 관련하여 구성원들이 일의 의미 및 목적성 등을 알고 일을 할 수 있도록 업무관련 구체적인 소통을 강화하여야 한다. 그 이유는 업무관련 소통이 원활할 경우 구성원들의 동기유발은 물론 높은 성과를 창출할 수 있기 때문이다. 그렇다면 조직에서는 왜 업무관련 소통부재 현상이 나타날까? 그 이유는 소통부재의 핵심원인이 조직에서 직무명확화하기가 제대로 이루어지지 않은데 있기 때문이다. 그러므로 조직관리자는 직무명확화하기를 통해 구성원에게 직무관련 충족해야만 할 성과기대에 관하여 구체적으로 소통을 하여야 한다. 그 이유는 구성원들이 이에 대한 이해가 클수록 개별구성원들의 수용과 몰입 및 만족을 더 잘 이끌어 낼 수 있기 때문이다.

조직에서 성과경영을 성공적으로 실행하기 위해서는 구성원과 직무성과 기대 충족을 위해 소통하여야 한다. 구체적으로 소통할 내용은 크게 3가지로, 1) 조직목표달성을 위해 구성원이 책임져야 할 직무와 관련된 핵심성과영역(key result areas), 2) 구성원이 언제까지 무엇을 할 것인가와 관련된 개별적 성과목표(performance objectives), 그리고 3) 구성원이 목표달성을 위해 어떻게 행동할 것인가와 관련된 성과기준(performance standards) 등이다. 이러한 소통내용들은 실행 후 성과평가기준으로의 역할을 하게 된다(나기현, 2014; 류량도, 2004).

소통활성자 사례: kt cs

개방적 소통 문화를 통해
대한민국 스팸을 '후후' 날려 버린 사내 아이디어 발굴

Business Needs

조직 내 커뮤니케이션이 제대로 이루어지지 않는 다는 것은 신체로 비유하자면 혈액 순환 장애가 있는 것이나 다를 바 없다. 건강하고 활기찬 조직의 공통적인 특성을 소통 문화에서 찾는 것도 같은 이유에서다. 대한민국 No1. 컨택 전문 기업인 kt cs는 야머를 통해 오랜 기간 고민해 왔던 개방적 소통 문화 확산의 길을 트는 데 성공했다.

kt cs는 오랜 기간 소통 문화 확산을 위해 노력해 왔다. 하지만 조직 구성과 업무 특성상 이는 쉬운 일이 아니었다. kt cs는 한 건물 내에 모두 근무하는 것이 아니라 여러 곳에 사무실이 분산되어 있다. 대전과 서울 본사 외에 부산, 대구, 광주, 대전, 전북, 충북, 제주에 사업단이 있다. 전국에 걸쳐 조직이 분산되어 있다 보니 원활한 커뮤니케이션을 하는 데 있어 유리한 조건이 아니었다.

여기에 더해 업무에 따른 커뮤니케이션 불편도 있었다. 본사에서 근무하는 이들은 PC 상에서 그룹웨어 게시판이나 이메일로 의사소통을 하는 데 불편이 없었다. 반면에 전국 사업단에 근무하는 현장 직원들은 PC를 통한 소통에 제약이 많았다. 이와 관련해 kt cs 관계자는 "대부분의 직원이 상담센터에서 근무하기 때문에 예전에는 PC를 통한 정보 교류가 어려웠다"라며 "114상담센터는 컴퓨터에서 전화번호 검색만 가능하고 다른 콜센터도 고객 상담을 하면서 웹 검색을 하기 힘든 환경이었다"라고 말했다.

조직 구조와 업무 특성을 감안해 kt cs가 마련한 소통 방안은 사내 게시판을 활용하는 것이었다. '그룹웨어'에 본사와 사업단 근무자들이 게시글을 올려 정보가 사연스럽게 쌓이는 가운데 사용자 간 소통을 할 수 있도록 한 것이다. 이와 함께 사람들이 직접 얼굴을 맞대고 이야기를 나눌 수 있는 만남의 자리도 자주 마련하여 사내 게시판 중심의 커뮤니케이션의 부족함을 메우고자 하였다.

하지만 게시판에 글을 올리고 오프라인 만남을 활성화 하는 것만으로는 물리적으로 분산된 조직 구조의 벽을 넘어서기 힘들었다. 더불어 사업단에 근무하는 현장 직원들이 느끼는 소통의 불편함은 여전히 해결하기 어려운 과제로 남아 있었다. 그러던 차에 2012년 kt cs 경영기획실에 중요한 임무가 주어졌다. 최고경영자가 직접 현장 직원들이 소외감을 느끼지 않을 수 있는 새로운 소통 수단을 찾아보라고 한 것이다. kt cs 경영기획실은 여러 가지 방법을 하나하나 살펴보았다. 사내 게시판, 이메일, 메신저, 전화 등 사용자들의 평소 커뮤니케이션 습관을 자세히 관찰하던 kt cs 경영기획실은 '소셜네트워크'란 키워드에서 문제해결의 실마리를 찾았다.

Solution

kt cs 경영기획실이 주목한 '소셜네트워크'는 한 마디로 페이스북이나 트위터 같이 누구나 쉽게 쓸 수 있는 방식으로 소통을 하는 것이었다. 어느 곳에서 근무하건, PC를 자유롭게 쓸 수 있건 없건 누구나 원하는 기기로 원하는 시간에 쓰고 싶은 글이나 공유하고 싶은 자료를 올릴 수 있다면 본사와 현장 직원 모두를 위한 소통의 장을 마련할 수 있을 것이라 본 것이다.

kt cs 경영기획실은 트위터, 페이스북 등 일반인들이 즐겨 쓰는 소셜네트워크 서비스에서 힌트를 얻은 후 같은 개념과 기능성을 갖추고 있고 동시에 기업환경에 특화된 서비스가 있는지 알아보았다. 답은 바로 나왔다. 바로 기업용 소셜네트워크를 대표하는 서비스인 야머(Yammer)가 그 주인공이었다.

kt cs는 야머가 과연 기업 환경에 적합한지에 대해 내부 검토에 들어갔다. 그리고 보안에 대한 걱정 없이 사내 소식, 아이디어, 자료 공유를 공유함에 있어 야머 서비스라면 믿고 쓸 수 있겠다는 판단을 하였다. kt cs가 도입을 검토한 2012년 당시 야머는 이미 기업용 소셜네트워크 서비스로 유명했을 뿐 아니라 많은 기업들이 야머를 사용하고 있었다. 더불어 2012년 6월 마이크로소프트가 야머를 인수한다는 발표까지 나 kt cs는 서비스에 대해 더욱 믿음을 가질 수 있었다.

야머 이용을 결정한 kt cs는 곧 바로 사용자 등록에 나섰다. 이 작업은 아주 간단히 처리 되었다. IT 관리자가 몇 날 몇 일에 걸쳐 혼자 작업하는 그런 식이 아니기 때문이었다. 야머는 같은 도메인 이메일을 사용하는 회사 직원들을 초대 방식으로 등록하게 한다. 따라서 IT 관리자는 전체 메일로 초대장을 보내고, 이를 받은 직원들은 초대를 수락한 후 간단한 기본 정보 입력만으로 가입이 처리된다. 가입을 마친 후 조직원들은 즉시 원하는 사람과 대화를 나눌 수 있고, 특정인을 팔로우 하여 그 사람이 올리는 글과 자료에 대한 정보를 지속적으로 볼 수 있다.

한편 kt cs 경영기획실은 야머를 자사의 소통문화에 맞게 잘 사용하기 위해 세 가지 범주로 대화 그룹을 만들었다. 이를 간단히 소개하자면 kt cs는 'BI(Business Idea)', '제안', 'Heartner Talk'이라 이름 붙어진 세 개의 그룹을 만들어 운영하고 있다. 먼저 'BI' 그룹은 신사업 아이디어를 올리는 공간으로 특화 시켰다. '제안' 그룹은 114, kt 고객센터 등 kt cs 사업 전반에 대한 업무 개선 사항과 업무 환경에 대한 제안 의견 및 담당 부서의 답변이 올라가는 공간으로 꾸며졌다. 'Heartner Talk' 그룹은 직원들의 소소한 일상을 나누는 대화의 장으로 만들어졌다.

야머를 어떻게 쓸 것인지는 전적으로 사용자의 자율에 맡겼다. 평소 스마트폰으로 야머를 쓰는 게 편한 이는 앱을 설치해 쓰면 되고, 평소 PC에서 이용하는 일이 잦을 경우 PC용을 깔면 된다는 공지만 간단히 하였다. 야머에 대한 공지가 나간 후 얼마 되지 않아 야머에 올라오는 글과 사진 등의 자료가 눈에 띄게 많아졌다. 사내 게시판을 열었을 때에는 볼 수 없었던 그런 현상이 일어난 것이다.

사용자들이 새로운 소통 채널에 빨리 적응할 수 있었던 배경으로 kt cs는 친숙한 이용 방법을 꼽고 있다. 야머는 여러모로 트위터와 닮았다. 사용하는 방법이나 화면 구성 그리고 팔로우하는 방법이나 쓸 수 있는 글자 수 등 여러 면에서 스마트폰 사용자에게 익숙한 소셜 네트워크 서비스와 비슷하다 보니 별나른 교육 없이 곧 바로 업무 일상에 녹아들 수 있었다.

이런 특징으로 인해 야머는 사용 초기부터 사용자들의 참여가 활발했다. 번뜩이는 아이디어가 떠올라 BI 그룹에 신사업 제안 글을 올리면 다양한 관점을 가진 이들의 댓글이 하나 둘 따라 올라왔다. Heartner Talk 그룹에 사진 공모전, 슬로건 공모전 등을 열었더니 이 역시 과거 게시판이나 이메일 공지를 했을 때와는 사용자 참여율 면에서 큰 차이를 보였다. 사용자 간 시간, 장소, 기기 구분 없이 편하게 말할 수 있는 공간이 생기자 그 동안 얼음처럼 굳어 있던 사용자들의 손과 입이 풀리기 시작한 것이다.

기업용 소셜네트워크를 이용함에 있어 사용자 자율과 편의 못지않게 중요한 보안성 확보를 위해 kt cs는 나름의 관리 기준을 세워 놓고 있다. 우선 사용자 계정 관리의 경우 월 단위로 휴면 계정을 정리하는 작업을 한다. 야머는 기본적으로 같은 도메인 사용자끼리 연결되어 공용 클라우드 상에서 서비스 되지만 특정 조직원들 간의 소통에 대한 기밀성이 보장된다.

kt cs는 이런 기본적인 보안성에 정기적으로 퇴사 등의 이유로 쓰이지 않는 계정을 정리하여 외부 사용자의 계정 남용을 차단하는 관리적 차원의 보안 활동을 실행하고 있다. 다음으로 자료 공유의 경우 야머가 갖는 소셜네트워크 차원의 지식의 확산과 전파이 이점을 취하되 외부로 유출되더라도 권한 없는 이는 문서 파일 자체를 열람 할 수 없도록 DRM을 적용하였다.

한편 kt cs는 3개 그룹을 몇 년간 운영해본 결과 그 효과가 크다고 보고 각 사업 조직 별 그룹을 생성하는 등 야머를 통한 대화의 폭과 주제를 넓혀간다는 계획이다.

Benefits

개방적 소통 문화 뿌리 내려

야머는 kt cs가 그토록 염원하던 개방적 소통 문화가 뿌리 내리는 데 큰 역할을 하고 있다. 실제로 야머는 kt cs의 소통 문화를 바꾸어 놓았다. 회의를 소집하거나, 전화를 걸거나, 이메일을 보내는 것과 같이 다소 사무적인 소통 방식 보다 야머를 더 자주 쓰다 보니 직장 내 의사소통 문화가 바뀌고 더불어 사무실 분위기까지 달라졌다.

이와 관련해 kt cs 관계자는 "굳이 전화를 걸거나 회의를 하지 않아도 우리는 회사 소식부터 동료 근황까지 야머에서 본다"라며 "옆 자리 동료뿐 아니라 근무지가 달라 평소 얼굴 보기 어려운 동료와도 편하게 소식과 자료를 주고받을 수 있게 되면서 직장 내 분위기가 바뀌었다"라고 말했다.

소통 일상이 가장 많이 변한 곳은 사업단 현장이었다. 이메일이나 사내 게시판을 업무 시간 중 쓰기 불편했던 현장 직원들에게 야머는 늘 곁에 두고 쓸 수 있는 그런 서비스였다. kt cs 관계자는 "야머가 도입되면서 휴대폰을 통해 현장 직원들도 의사를 자유롭게 나누고 경영 정보를 공유하는 것이 가능해져 기존에 지원직군 중심으로 이루어졌던 소통이 현장 직원들까지 확대되었다"라며 "현장에서 상담 업무를 하는 직원들은 스마트폰을 주로 사용하고, 검색 시스템 등 업무 불편 사항, 고객의 소리, 마케팅 방안, 신사업 아이디어, 소소한 일상 등을 야머 내 그룹 성격에 맞게 게재한다"고 말했다.

"현장에서 상담 업무를 하는 직원들은 대부분 스마트폰을 주로 사용하고, 검색 시스템 등 업무 불편 사항, 고객의 소리, 마케팅 방안, 신사업 아이디어, 소소한 일상 등을 야머 내 그룹 성격에 맞게 게재한다."

스팸 차단 인기 앱 '후후' 탄생의 모태가 된 야머

야머에 만들어진 대화 그룹에 대한 조직원들의 관심과 참여가 자연스럽게 이루어지는 분위기가 조성되면서 kt cs는 당초 기대했던 것 이상의 비즈니스 성과를 거두게 된다. 바로 대한민국 인기 앱 중 하나인 '후후'를 야머를 통해 오가는 대화 속에서 탄생시킨 것이다. 야머가 아이디어와 혁신의 인큐베이터가 된 것이다.

kt cs 관계자는 "개방적인 소통 문화 확산이 나은 산물 중 하나가 바로 '후후'이다. 2013년 서비스 출시 후 6개월만에 570만 다운로드를 기록한 스팸차단 앱 '후후'도 처음 직원의 아이디어로 시작하여 야머를 통해 다양한 아이디어들이 하나 둘 더해지면서 지금의 서비스가 탄생되었다"라고 설명했다.

작은 아이디어에 여러 부서 관계자들이 각자의 관점에서 한 마디 두 마디 댓글로 더하다 보니 어느덧 신사업 기획이 되었고, 현장의 다양한 경험과 지식이 하나로 모여 집단 지성이 발휘되면서 공전의 히트를 친 후후라는 앱이 만들어질 수 있었던 것이다.

이처럼 집단 지성이 자연스럽게 발현될 수 있었던 요인은 무엇일까? kt cs는 '관계'에 주목하고 있다. 예전에도 사내 게시판에 자신의 아이디어를 올리는 이들이 있었다. 하지만 후후가 만들어 지듯이 여러 명의 활발한 참여 속에 아이디어가 발전해 간 적은 없었다. 과거 사내 게시판에 올려진 아이디어는 해당 내용을 올린 제안자 그리고 이를 평가하는 유관 부서의 심사자가 있었을 뿐이다.

즉, '제안자와 심사자' 관계에서 아이디어가 올려지고 평가되었던 것이다. 하지만 야머에 마련 된 BI 그룹에서는 모두가 동등한 눈높이에서 자유롭게 이야기를 하는 '참여자' 자격으로 소통을 한다. 바로 이 관계의 차이가 후후라는 스타앱을 만들어낸 원동력이라 kt cs는 보고 있다.

조직원 간 친근감 높이는 데에도 일조

kt cs는 야머가 아이디어 제안이나 업무 개선 등 비즈니스 차원에서만 도움이 된다고 보지 않는다. 기업 내 소셜 네트워크 서비스는 경영에도 기여해야 하겠지만 이 보다 더 근본적으로 조직원 간 친밀감을 높이는 데에도 도움이 되어야 한다는 것이 수년 간 야머를 써온 kt cs의 견해다. 이런 측면에서 볼 때 야머는 kt cs가 바라는 조직원 간 마음의 거리를 좁히는 데에도 나름의 역할을 했다.

kt cs 관계자는 "졸업식, 발렌타인데이, 생일 등 소소한 일상을 마치 자신의 페이스북이나 트위터에 올려 지인들과 공유하듯이 야머를 통해 자신의 일상을 전하는 이들이 늘고 있다"라며 "일상적인 기록을 서로 보고 댓글도 달고 하면서 알게 모르게 조직원들이 서로에 대한 관심이 커지게 된 듯하다"고 말했다.

참고문헌

권순환(2010), 직원의 마음을 움직이는 소통 '소셜미디어', SERI 경영노트, 제 53호, 삼성경제연구소.

김현기(2010), 구성원이 몰입하지 못하는 이유, LG경제연구원.

김환일(2009), 일본 기업의 최근 조직활성화 방안과 과제, 임금연구, 여름호, KEF Compensation Quarterly.

나기현(2014), 전략적 인적자원관리: 통합성과관리모델, 부산외국어대학교 출판부.

류량도(2004), 통합성과관리시스템, 한언

백종철(2008), 대인관계스트레스가 직무태도와 이직의도에 미치는 영향에 관한 연구, 위덕대학교 대학원 박사학위논문.

서판수(2002). 의사의 커뮤니케이션 스타일이 환자만족에 미치는 영향에 관한연구, 한국병원경영학회지, 7(4), 57-101.

신유근(1997), 인간존중의 경영, 다산출판사.

엄동욱·예지은·권수한·위종범(2011), 조직 내 소통활성화를 위한 제언, CEO Information, 제 795호, 삼성경제연구소.

이건우2000). 조직 내 커뮤니케이션이 직무만족에 미치는 영향: 성균관대학교 교직원을 대상으로. 성균관대학교 언론대학원 석사학위논문.

이동훈, 이민훈, 박성민, 이준환(2010), 확산되는 소셜미디어와 기업의 신 소통전략, CEO Information, 제764호, 삼성경제연구소.

이수광·윤세남(2008), 서비스 기업의 조직행동론, 서울 대왕사.

차배근(1994), 커뮤니케이션 개론, 서울 세영사.

채준호(2010), 직원의 열정을 불러일으키는 '정서적 소통', SERI 경영노트, 제78호, 삼성경제연구소.

토니 알렉산드라 & 필립 헌스커(2003), '행복한 일터의 커뮤니케이션',

황인경·박지원(2008), "조직 내 침묵현상," LG Business Insight.

Bartol, K. M. & Martin, D. C.(1994), Management, 2nded, New York: McGraw-Hill.

Mintzberg, H.(1975) "The manager's job: folklore and facts", *Harvard Business Review*, 53(4), 49-61.

Quinn, R. E., and M. R. McGrath(1985), The Transformation of Organizational Culture : A Competing Values Perspectives, in Frost, P. J., CA : Sage Publications, p. 320.

제Ⅳ부

See 관련 조직관리자의 역할

제Ⅳ부는 3개의 장으로 구성되었다.

- 통제(controlling)는 실적을 목표와 비교 · 검토하고, 필요하면 조치를 취하는 과정을 의미한다.

- 만약 성과가 기준보다 낮을 경우는 그 원인을 파악하여야 한다. 팀 구성원의 역량이 부족한가? 혹은 목표 기준이 과도한 것인가? 등을 살펴보아야 한다.

- 반면에 성과가 기준보다 높게 달성된 경우에는 잉여부분을 어떻게 배분할 것인가를 결정하면서, 차후에는 그 기준을 상향 조정하게 된다. 따라서 경영통제시스템은 계획된 목표를 달성하고 있는지 여부를 감지하여 경영자에게 알려준다.

- 제Ⅳ부에서는 성과경영의 통제자(controlling)와 관련된 역할들을 제시하였다.
  1. 모니터의 역할
  2. 평가자의 역할
  3. 피드백 제공자의 역할

제1장 모니터(monitor) 역할

조직에서 성공적인 성과경영을 위해서는 조직관리자의 역할 중 모니터의 역할이 아주 중요하다. 그 이유는 모니터링과정에서 공정한 성과평가를 위한 성과관련 데이터(자료)들을 수집해야 하기 때문이다. 또한 모니터링과정에서 수집된 성과관련 자료들을 토대로 구성원들의 성과목표를 성취하기 위한 평가, 코칭, 피드백제공을 용이하게 할 수 있기 때문이다.

따라서 제1절에서는 모니터 역할의 의미 및 중요성에 대하여 알아보도록 한다. 제2절에서는 모니터링에 대한 이론적 논의를 살펴본다. 그리고 제3절에서는 모니터 역할의 실행방안을 제시하도록 한다.

제1절. 모니터 역할의 의미 및 중요성

조직에서 통합적으로 성과관리를 하기 위해서는 조직관리자의 역할이 변화하여야 한다. 즉 과거의 지시 및 통제하는 역할에서 벗어나 지시한 것들의 이행과정에 대한 관찰을 통해 객관적으로 정보를 수집하는 모니터의 역할로 변화하여야 한다. 그 이유는 조직의 전략이 구축되고 실행방안이 수립되었다 하더라도 진행과정에 여러 가지 생각하지 않았던 변수가 개입되기도 하고 계획대로 이루어지지 않을 수 있기 때문이다. 그러므로 조직에서 성공적인 성과경영을 위해서는 조직관리자가 이러한 개연성을 충분히 인지하고 추진과정에서 중간목표대비 성과를 점검해야한다. 만약 진행되고 있는 일이 목표를 벗어나 있다면 원인을 파악하고 교정을 하고 수정해야한다. 이처럼 과거 통제역할에서 벗어나 직무담당자가 직무실행(do)과정에서 계획된 목표를 효율적/효과적으로 달성할 수 있도록 직무수행과정과 성과상태 등 중간과정을 점검하고, 이에 대한 적절한 조치를 취하는 것은 조직관리자의 역할 중 핵심역할에 해당한다(Baker, et. al., 1990; Heide, 1993; 나기현, 2004; 류랑도, 2007). 이러한 역할로 인해 통합 성과관리가 전통적인 성과평가와는 확연히 구분되는 것이다.

조직관리자의 모니터 역할이란 새롭게 부여된 역할로, 직무명확화하기를 통해 작성된 개별 직무성과 기대들을 구성원들이 각자 직무상에서 얼마나 잘 부응하고 있는지에 대한 구체적인 정보를 수집하는 것. 즉 개별직무마다 작성된 직무성과 기대를 충족시키기 위해 함께 수립한 달성계획을 직무상에서 제대로 실행하고 있는지, 과업행동들을 그대로 행하고 있는지, 만약 아니라면 왜 못하고 있는지, 그리고 성과가 부진하다면 이유가 무엇인지, 성과상태 및 상황을 잘 관찰하여 정확하게 실시간으로 데이터를 수집하는 과정을 의미한다(Heide, 1993; 나기현, 2004; 2014).

조직에서 조직관리자가 이러한 모니터 역할을 성공적으로 수행하기 위해서는 체계화된 성과모니터링 프로그램이 필요하다. 이러한 성과모니터링 프로그램을 조직에서 갖출 경우, 다음과 같이 긍정적인 효과가 있다(류랑도, 2007).

첫째, 효과적으로 성과경영을 할 수 있다. 그 이유는 연초의 성과목표를 분기별 또는 월별로 적절하게 배분하고, 이를 달성하기 위한 전략을 일상적인 업무와 연계하여 수립함으로써, 누적실적에 대한 확인이 용이하고 업무의 선택과 집중으로 우선순위에 따른 성과목표달성 전략수립이 가능하기 때문이다.

둘째, 효율적인 의사소통이 가능하다. 그 이유는 조직관리자가 일반적인 소통이 아닌 성과목표에 대한 실적분석을 통해 실행과정 중 예상되는 문제점 및 장애요인을 확인하여, 직무담당자와 성과목표실행에 대한 의사소통 구체적으로 할 수 있기 때문이다.

셋째, 성과목표 중심의 사고를 생활화 할 수 있다. 그 이유는 직무담당자가 연간 성과목표 달성을 위해 분기별, 월별 목표에 대한 확인과 실시간 진행사항 파악으로, 선택과 집중의 전략적 일처리를 위한 방안들에 대해 매 순간 생각하게 만들기 때문이다.

넷째, 공정한 평가를 위한 근거자료를 제공할 수 있다. 그 이유는 조직관리자가 직무담당자의 성과목표 수행과정에 대한 수시점검을 통해(월별, 분기별, 반기별 실적의 정기적 분석), 평가의 근거가 되는 객관적인 자료를 확보하고, 이를 평가의 백데이터(back data)로 활용하기 때문이다. 이로 인해 구성원들의 평가결과에 대한 수용성을 증대시킬 수 있다.

제2절. 모니터링에 대한 이론적 논의

본 절에서는 조직에서 성공적인 모니터링을 하기 위해 그동안 연구 및 논의 되어진 모니터링과 관련된 관찰할 내용 그리고 방법 및 도구 등에 대하여 살펴보도록 한다.

2.1. 모니터링 의미 및 관찰할 내용

운동경기가 시작되면 감독/코치들은 원래의 작전대로 선수들이 잘 움직이고 있는지, 상대팀의 전략/전술의 변화에 따라 선수들이 잘 적응을 하는지, 경기장 사정이나 경기에 영향을 미치는 다른 요인들은 없는지 끊임없이 지켜보면서 메모한다. 그리고 코치진들이 대응방안을 놓고 새로운 작전을 구상하고, 적절한 때 작전타임을 불러 선수들에게 새로운 작전내용을 알려주고 경기상황에 좀 더 잘 대응할 수 있도록 주문한다. 이러한 상황은 기업조직에서도 마찬가지다(류량도, 2007).

조직관리자는 주기적인 모니터링을 통해 조직의 성과목표에 보다 가까이 도달할 수 있도록 업무추진과정을 꾸준하고 세밀하게 관찰하여야 한다. 즉 모니터링하기란 직무성과 기대를 충족하기 위해 함께 수립한 달성계획이 직무상에서 차질 없이 진행되고 있는지에 대한 정보를 수집하여 중간점검을 하는 과정이다. 이와 같이 조직에서 직무명확화하기를 통해 개별직무마다 작성된 직무성과 기대를 구성원들이 어느 정도 충족시키고 있는지, 만약 충족시키지 못하고 있다면, 장애요인은 무엇인지 등과 관련하여 실시간으로 데이터를 수집하는 과정을 의미한다.

이러한 모니터링하기의 주된 목적은 개개인 구성원의 성과를 평가하는데 사용되어지는 성과데이터를 모으는데 있기 때문에, 이는 공정한 평가를 촉진하고, 그 결과를 토대로 구성원들의 높은 성과창출 방안을 제시함은 물론 구성원들의 성장 및 발전을 효과적으로 돕고 지원해주기 위해 조직관리자에게 꼭 필요한 역할이다.

그렇다면 모니터링을 통해서 평가를 위해 수집되는 성과데이터에는 어떤 내용들이 포함되어야 하는가? 즉 조직관리자인 모니터가 모니터링 과정에서 수집해야 할 내용들이 많지만 특히 관심을 갖고 수집할 정보목록에 대해 다음과 같이 정리할 수 있다(나기현, 2014). 1) 조직에서 직무명확화하기를 통해 작성된 개별직무의 직무성과 기대들에 대한 달성정도의 판난정보, 2) 개별직무의 지무성과 기대들이 비현실적인지 부적절한지여부에 대한 판단정보, 3) 구성원들이 자기직무와 관련된 직무성과 기대들을 명확히 이해하고 있는지, 그리고 직부수행 과정에시 이떤 과업행동들을 주로하고 있는지 여부의 판단정보. 4) 만약에 구성원들이 직무수행과정에서 기대되는 과업행동을 제대로 못하고 있다면 그 원인이 무엇인지 또한 장애물이 있다면 무엇인지 파악하고, 이에 대한 제거방안여부의 판단정보. 5) 직무성과 기대의 애매성 정도가 어느 정도인지 여부를 찾아내 훈련과 적응 프로그램에 대한 반영정도여부의 체크정보, 6) 모니터링을 위해 사용되는 도구들이 평가를 위해 찾고자 하는 행동들을 정확하게 측정할 수 있는지 여부에 대한 판단정보 등이다.

2.2. 모니터링 방법 및 도구

조직에서는 구성원들 업무수행에 대한 상시모니터링을 통해 얻은 정보를 활용해서 그들을 평가할 뿐 아니라 조직의 전략까지도 개선할 수 있기 때문에 조직관리자의 중요한 업무 중 하니다. 하지만 구성원들은 관리자의 일상적인 모니터링을 종종 과도한 감시로 여기고 불편해하는 경향 때문에 관리자는 그들의 업무를 방해하지 않으면서 효과적으로 모니터링하는 기술을 가져야 한다. 따라서 모니터의 역할을 성공적으로 수행하기 위한 방법 및 도구에 대하여 알아보도록 한다(문광수, 2017).

2.2.1. 관찰적 모니터링

관찰적 모니터링은 구성원이 직접적으로 정보를 재공하지 않은 채, 상사가 구성원의 업무행태를 주변을 돌아다니거나 가까이서 어깨너머로 관찰하면서 정보를 획득하는 방법이다. 이 방법은 하향식 모니터링 스타일이라고 할 수 있다. 이는 새로운 업무를 부여했거나 문제가 발생했을 때, 구성원의 즉각적인 반응과 대처를 관찰하는데 유용하다. 그러나 상사의 입장에서는 본인과 조직의 의사결정에 효과적으로 활용할 수 있지만, 이러한 모니터링을 통해 얻은 정보는 구성원과의 커뮤니케이션이 결여되어 있는 상태라 제한적일 수 있다. 또한 이 방법은 상사에 대한 구성원들의 신뢰도를 떨어뜨리고 창의적인 행동도 위축시킬 수 있다.

2.2.2. 상호작용적 모니터링

상호작용적 모니터링 방법은 회의나 일대일 대화를 통해 구성원들로부터 직접 정보를 획득하는 방법이다. 조직관리자는 이 방법을 통해 업무분장, 절차, 업무처리방식 등에 대한 구성원의 기대, 의견, 피드백 등의 정보를 얻게 된다. 구성원들은 상사의 기대나 요구를 이해하고, 실수나 기대에 못 미친 업무를 설명할 수 있다.

이 방법의 장점은 기존에 알려지지 않은 구성원의 성과나 개인적인 걱정과 불만스러운 점을 공유할 수 있어, 구성원들로 하여금 상사를 신뢰하고 적극적으로 소통하게 만들 수 있다는 것이다. 또한 구성원들의 창의성을 증진시키는데 긍정적인 영향을 미친다. 그러므로 조직관리자가 이 방법을 활성화시키기 위해서는 구성원들이 혹시나 본인의 의견이 잘못돼도 부정적인 보복이 없을 것이라고 믿도록 해야 그들이 적극적으로 아이디어를 개진하고 실행하는 경향을 보일 수 있다.

이와 같이 모니터링의 두 방법을 살펴보았지만 조직 내 구성원들은 관찰적 모니터링보다 상호작용적 모니터링을 더 긍정적으로 받아드린다. 그 이유는 상사의 개방적인 소통방식이 구성원들의 창의적 행동을 독려할 수 있기 때문이다. 하지만 이 방법의 단점은 관찰적 방법보다 시간과 노력이 소요되며, 구성원이 자신의 유리한 정보만 취사선택해 상사 및 관리자에게 제공할 수 있다는 한계가 있다.

따라서 조직관리자는 구성원들이 새로운 아이디어를 적극적으로 개진하고 실행하길 원한다면, 평소 일을 열심히 하는지 감시하는 행동보다는 구성원들의 의견을 먼저 듣는 모니터링 방식이 효과적이다. 회사도 조직관리자 및 상사들이 이러한 모니터링 방식을 적극적으로 활용할 수 있도록 리더십 훈련을 진행할 필요가 있다.

2.2.3. 성과중심 모니터링

성과중심 모니터링이란 공정한 성과평가를 위하여 현재 진행 중인 프로젝트나 개별직무의 성과지표를 중심으로, 이에 대한 정보를 지속적으로 수집하고 분석하여 계획대비 프로젝트나 개별직무의 실시간 성과달성 현황을 비교·점검하는 방법이다. 이러한 성과중심 모니터링은 개인차원과 집단 (팀) 차원으로 구분하여 모니터링 도구를 달리 사용할 수 있다. 즉 개인차원에서는 개별직무의 과제들을 중심으로 핵심성과지표에 의한 모니터링 방식을 활용할 수 있고, 반면에 집단(팀) 차원에서는 집단(팀)의 목표를 달성하기 위한 BSC지표에 의한 모니터링 방식을 활용할 수 있다. 이를 다음과 같이 정리할 수 있다(류량도, 2007; 나기현, 2014).

(1) 개인차원에서 핵심성과지표(KPI)에 의한 모니터링 방법

조직에서 성과경영을 효과적으로 하기 위해서는 다음과 같은 단계를 거쳐야 한다(나기현, 2014). 1) 조직목표달성을 위한 프로젝트나 개별직무에 대해 성취해야 할 과제들을 먼저 선정하여야 한다. 2) 선정과제가 의도대로 완수되었는가 여부를 확인할 수 있는 전략적 연계성과 타당성이 가장 높은 핵심지표를 선정하여야 한다. 3) 과제별 선정된 핵심성과지표상에서 주어진 시간 안에 달성해야 할 성과목표를 합의 도출해야 한다. 4) 합의된 성과목표를 달성할 계획을 함께 수립한다. 5) 달성계획이 계획한 대로 진전되고 있는지, 실행(투입, 활동, 산출)과 기간별 결과(성과 및 영향)에 대해 추적하여 정보를 수집하는 모니터링을 해야 한다. 6) 기간 및 단계별로 성과목표에 대해 실시간으로 수집되는 정보들을 분석 후 한 눈에 확인할 수 있도록 지도관리를 하여 업무추진의 조기경보기능을 수행해 성과목표달성에 집중하도록 해야 한다. 7) 성과목표 대비 결과물을 비교하는 공정한 평가를 실시하고, 모니터링 정보들을 평가 및 피드백의 백 데이터로 활용해야 한다. 8) 평가결과를 토대로 차후 성과목표설정 및 달성전략을 재정비해야 한다.

이러한 성과경영의 단계에서 조직관리자가 모니터링하기를 성공적으로 완수하기 위해서는 모니터링을 위한 구체적인 지침들이 제시되어야 한다. 특히 모니터링을 할 때에는 개별직무의 직무성과 기대를 충족시키기 위한 달성계획속의 기간별 성과목표를 어느 정도 달성했는지 확인하고, 성과목표에 도달하지 못했을 경우에는 일차적으로 무엇 때문에 이러한 결과를 초래하게 되었는지 확인하고, 그리고 이를 보완할 수 있는 조직적인 노력이 무엇인지를 확인하는 것이다. 이와 같이 조직관리자는 달성계획대로 잘 실행이 진척되고 있는가 여부를 중간점검하면서 데이터를 수집하고 모니터링 지표를 작성하는 것이다(<표 2-1>참조).

〈표 2-1〉 핵심성과지표(KPI)에 의한 모니터링 지표

해야 할 일들 (과업)	핵심 성과지표 (KPI)	목 표		월별 성과추이				성 과		
		당해	당월	1월	2월	....	12월	현재성과		전년
								당월	과부족	
고가형 신제품 매출증가	고가형 신제품 매출액	120억	10억	10억 ⇔	19억 ▽			8억	-2억	80억
고객서비스 강화	고객만족도	80점	82점	불만건수 10%감소 ▽	불만요인 개선완료 ⇔			85점	+3점	75점
신규고객 발굴	신규고객 수	800명	78명	95명 ⬆	165명 ⬇			80명	+2명	680명
신제품 특판기획	특판 매출액	60억	6억	7억 ⇔	12억 ⬇			6억	0명	50억
시장 및 고객 정보수집	정보보고 횟수	12회	1회	1회 ⇔	2회 ⇔			1회	0회	8회
기존 제품 판매망 확대	기존제품판매망 확대비율	45%	40%	40% ▽	40% ▽			38%	-2%	40%

※ 상태표시: ⬆Green(상향): 목표 대비 5%(예시) 이상 초과 달성, ▽Yellow(하향): 목표 대비 90% 이상~100%미만 달성 ●Black(추락): 목표 대비 70% 미만 달성, ⇔White(유지): 목표 대비 ~ 목표 대비 5% 미만 초과 달성 ⬇Red(악화): 목표 대비 70% 이상~90% 미만 달성

자료: 류량도(2007), 하이포퍼머; 성과로 말하는 핵심인재. 쌤앤파커스. p.138

(2) 집단 및 팀 차원에서 BSC방식에 의한 모니터링 방법

사업부나 팀 차원에서는 상위조직과 연계된 중기목표를 기준으로 목표달성을 위해 해야 할 일(과제)들을 BSC의 4가지 균형적 관점(재무, 고객, 내부 프로세스, 학습과 성장)에서 도출하되 이들 사이의 연계성을 확보해야 한다. 이들의 할 일(과제)도출방식은 팀원들의 동의가 전제되어야 하기 때문에, 팀원들이 모두 모여 워크숍 등을 통해 도출하는 것이 효과적이다. 이와 같이 도출된 일(과제)들 중 어떤 일(과제)에 우선순위를 두고 수행할지를 결정해야 한다. 또한 이의 달성여부를 측정하고 관리할 수 있는 핵심성과지표를 역시 개발해야 한다(류량도, 2007; 나기현, 2014).

사업부나 팀 차원의 경우 과제별로 핵심성과지표가 결정되었으면, 핵심성과지표별로 팀이 달성하고자 하는 구체적인 목표를 중기일정에 맞춰 설정해야 한다. 지표별 목표수준은 연도별로 수립하되 현실을 고려해 도전적으로 설정함으로써 팀원들의 동기를 유발할 수 있어야 한다. 따라서 조직관리자는 이렇게 수립된 목표와 달성계획에 대하여 실행과정을 관찰하면서 현재의 실행상태를 월별, 분기별, 반기별, 혹은 연간단위로 점검하고 측정해야 한다. 즉 목표의 진척도를 측정해 데이터를 수집하고 모니터링 지표를 작성하는 것이다(<표 2-2>참조).

〈표 2-2〉 팀 차원의 BSC방식에 의한 모니터링 지표: 총무 팀 사례

관점 구분	해야 할 일(과제)	핵심성과지표(KPI)	관리 주기	목표		전년도 실적	지표 상태
				3년 후	1년 후		
재무	인력효율성 강화	인당 매출액	년	300	250	215	⇔
	직무관리를 통한 정원관리 강화	총 인건비	년	520	420	380	⬆
고객	직무만족도 강화	직무만족도	년	75점	65점	62점	⇔
	사원의견 반영 인사시스템 보완	인사시스템 활용 만족도	년	75점	65점	60점	▽
내부 프로 세스	통합적 관점의 성과평가체계 구축	성과평가시스템 이해도	년	83점	72점	63점	⬇
	성과와 연계한 보상	성과평가 절차 준수도	년	75점	65점	62점	⬆
학습 성장	직무교육프로그램 개발	직무교육프로그램개발 건수	년	4건	4건	3건	⇔
	교육훈련 강화	인당 교육훈련시간	월	75시간	45시간	40시간	⬆

자료: 류량도(2007), 하이퍼포머 팀장매뉴얼, 쌤앤파커스. p123

제3절 모니터 역할의 실행방안

조직에서 성공적인 성과경영을 위해서는 조직관리자가 모니터 역할을 충실하게 실행하여야 한다. 그 이유는 성과관리에 책임이 있는 조직관리자가 중간점검 없이 최종결과가 나오는 시점까지 기다렸다가 성과를 확인한다는 것은 위험천만한 일이기 때문이다. 당연히 중간과정의 점검을 해야 한다. 즉 조직의 성과가 계획대로 진행되는 경우는 거의 없으므로 조직관리자는 성과관리를 위하여 구성원들이 직무수행을 제대로 하고 있는가를 수시로 점검하고, 구성원들에 대한 공정한 성과평가를 위한 객관적인 정보를 수집할 수 있도록 모니터 역할의 실행방안을 사전단계, 진행단계, 그리고 사후단계로 구분하여 제시하도록 한다.

3.1. 사전단계: 해야 할 일, 핵심성과지표, 성과목표, 달성계획 함께 결정/수립하라

조직관리자가 성공적인 모니터가 되기 위해서는 다음과 같은 모니터링을 위한 사전역할들을 수행하여야 한다. 모니터의 사전역할들을 다음과 같이 정리할 수 있다.

1) 목표달성을 위해 해야 할 일(과제)을 함께 선정하라. 해야 할 일(과제)와 관련하여 개별 직무차원이나 사업부 및 팀 차원에서 적용되는 기준 및 선정주체에 차이가 있다. 개별 직무차원에서 해야 할 일을 선정기준은 직무명확화하기를 통해 작성된 직무성과 기대에 근거하여야 한다. 그 이유는 직무성과 기대를 충족하기 위해 달성계획상의 해야 할 일들을 선정하여야 하기 때문이다. 또한 선정주체는 관리자(상사)와 직무담당자가 함께 해야 한다. 반면에 사업부나 팀 차원에서의 해야 할 일 선정기준은 상위조직과 연계되어 팀의 중기목표를 기준으로 BSC의 4가지 균형적 관점(재무, 고객, 내부 프로세스, 학습과 성장)에서 선정하여야 한다. 그 이유는 개별 직무차원에서 단기적인 목표를 추구하는 것이 아니라 사업부나 팀 차원의 중기적인 목표를 추구해야 하기 때문이다. 또한 선정주체도 조직관리자(팀장)과 팀원들

이 워크숍 형태로 모여 함께 선정하고 우선순위를 결정하여야 한다.

2) 해야 할 일(과제)별로 핵심성과지표를 함께 도출하라. 핵심성과지표와 관련하여 조직관리자는 선정된 해야 할 일에 대해 달성정도를 측정·관리할 수 있는 지표를 직무담당자 혹은 팀원들과 함께 선정하여야 한다. 그 이유는 참여를 통해 핵심성과지표를 함께 선정함으로써 구성원들은 자신들이 결정한 지표로 나중에 평가받을지를 알고 일을 하게 되어 몰입유도 및 평가결과에 대한 수용도를 높일 수 있기 때문이다. 조직관리자는 핵심성과지표의 결정과 관련하여, 전략연계성, 측정가능성 등 여러 상황을 고려해야 한다. 특히 일(과제)에 따라 성과지표가 다수 존재의 경우, 이를 가장 정확하게 측정할 수 있는 하나의 지표를 선정하여야 한다. 그러나 만약 복수의 지표를 선정해야 할 경우에는 KPI를 각각 관리하여야 한다. 그리고 핵심성과지표가 결정되면, 각 KPI 별로 핵심성과지표 기술서(선정근거 및 전략, 측정방법, 자료수집방법, 취합주체 등)를 작성해야 한다(유량도, 2007).

3) 핵심성과지표별 목표수준(성과목표)을 함께 정하라. 목표수준(성과목표)와 관련하여 조직관리자는 개별직무의 경우 직무성과 기대의 성과표준을 근거하여 지표상에서 당해 연도에 도달하고자하는 구체적인 성과목표를 직무담당자가 함께 결정하여야 한다. 반면에 사업부나 팀 차원의 경우 지표별로 팀이 달성하고자 하는 구체적인 중기목표를 상위조직과 연계하여 설정하는데, 지표별 목표수준은 연도별로 현실을 고려하되 도전적으로 수립하여야 한다. 이때 조직관리자는 직무담당자나 팀원이 합리적인 목표수준을 결정하도록 도우미 코치의 역할을 함께 하여야 한다.

4) 성과목표를 달성할 계획을 함께 수립하라. 달성계획과 관련하여 조직관리자는 직무담당자나 팀원들이 자율적으로 달성계획을 수립하도록 도와주어야 한다. 그러나 구성원들에게만 맡겨놓을 경우 그들은 달성계획을 수립할 때 결과중시보다는 투입중시 즉 얼마나 많은 업무를 그리고 얼마나 많은 시간과 노력을 투입했는가를 염두에 두고 작성하기 쉽기 때문에, 그들이 성과목표에 초점을 맞추고 자신의 역량에 맞게 계획을 수립할 수 있도록 그리고 달성계획은 연간단위, 분기단위, 월간단위 등 세부적으로 수립할 수 있도록 도와주어야 한다. 그 이유는 결과를 중시하는 방향으로의 세부적 계획수립을 하는 것은 성과경영(관리)을 하기 위한 필수항

목이기 때문이다. 또한 구성원들이 자율적으로 수립한 달성계획에 대해 조직관리자와 합의가 이루어져야 한다. 그 이유는 수립된 계획을 창의적 및 자율적으로 실행하려면 권한위임이 요구되기 때문이다. 즉 달성계획에 대해 권한을 위임하는 자와 위임받는 자 사이에 합의가 전제되어야 효과적으로 권한위임이 될 수 있다.

3.2. 실행단계: 성과목표 실행상태 측정 후, 모니터링 지표를 작성하라

조직관리자는 달성계획상 함께 설정한 성과목표에 대해 직무담당자 및 팀원들의 실행과정을 관찰하면서 현재의 실행상태를 월별, 분기별, 반기별, 혹은 연간단위로 측정해야 한다. 성과목표의 실행상태를 효과적으로 모니터링 하기 위해서는 다음의 <표 3-1>과 같은 일들을 수행하여야 한다(류량도, 2007).

〈표 3-1〉 성과목표의 실행상태 모니터링 지표

해야 할 일들 (과업)	핵심 성과지표 (KPI)	목표		월별 성과추이				성과		
		당해	당월	1월	2월	....	12월	현재성과 당월	현재성과 과부족	전년
고가형 신제품 매출증가	고가형 신제품 매출액	120억	10억	10억 ⇔	19억 ▽			8억	-2억	80억
고객서비스 강화	고객만족도	80점	82점	불만건수 10%감소 ▽	불만요인 개선완료 ⇔			85점	+3점	75점
신규고객 발굴	신규고객 수	800명	78명	95명 ⬆	165명 ⬇			80명	+2명	680명

구 분	색상표시	의 미	표시
상향	Green	. 목표대비 5%(예시)이상 초과달성	⬆
유지	White	. 목표~목표 대비 5% 미만 초과 달성	⇔
하향	Yellow	. 목표 대비 90%이상~100%미만 달성	▽
악화	Red	. 목표 대비 70% 이상~90% 미만 달성	⬇
추락	Black	. 목표 대비 70% 미만 달성	●

자료: 류량도(2007), 하이퍼포머: 성과로 말하는 핵심인재, 쌤앤파커스. . p.138

1) 해당 월의 목표를 세분화하여 기재해야 한다. 해당 월의 목표란 지난해의 실적이나 지난달, 지난분기의 실적을 참고해서 올해의 목표를 달성하기 위해 조정된 수치를 작성하거나, 올해의 목표를 12등분하되 시장상황이나 과거 수치상의 경향 등을 반영해서 이번 달에 달성해야 하는 목표를 계산해서 기입하면 된다. 2) 월별 성과추이를 기재해야 한다. 윗줄에는 지표별로 이번 달의 누계실적을 기제하고, 아랫줄에는 성과지표상의 이번 달 목표와 비교했을 때 실적이 어느 정도 달성되었는지 가능하다면 컬러기호를 사용해서 한눈에 현재 상태를 조망할 수 있도록 표시하는 것이 좋다. 예로 녹색(green)이나 적색(red) 기호를 사용하면 현재실적이 좋은지 나쁜지 아니면 보합세인지 누가 봐도 바로 알 수 있다. 현황은 다음과 같이 5단계로 구분하여 관리한다. 3) 현재성과를 표시한다. 이번 달의 실적수치와 과부족 여부를 역시 숫자로 표현하는 것이다. 실적을 수치로 기입해보면 전체적으로 어떤 양상으로 성과목표가 진행되고 있는지 알 수 있다. 모니터링지표를 세분화해 '월간 성과목표 달성지표(전략)'를 작성하는 방법(안)은 추후에 일목요연하게 평가가 가능하도록 도표화하는 방법이다. 이는 관리자의 역할인 자기 부하직원에 대한 모니터링을 구체적으로 할 수 있도록 도와주는 것뿐만 아니라 구성원 개인 스스로도 자신의 성과 진척도를 반성하고 계획할 수 있는 좋은 자료가 된다. '월간 성과목표 달성지표'는 지난달 실적리뷰와 이번 달 성과목표 달성지표로 이루어진다(류량도, 2007).

〈지난달 실적리뷰 작성방법〉

<table>
<tr><th colspan="3">성과목표</th><th>추진 실적</th><th colspan="2">성과 분석 및 만회대책</th></tr>
<tr><td colspan="2">할 일(과제)</td><td>고가형 신제품 매출 증가</td><td rowspan="4">. 신제품 A 매출액 6억
. 신제품 B 매출액 2억
. 고객 재구매율 78%
. 판촉비 절감률 19%</td><td>미달성 목표</td><td>고가형 신제품 매출액 2억워</td></tr>
<tr><td colspan="2">KPI</td><td>고가형 신제품 매출액</td><td rowspan="2">원인 분석</td><td rowspan="2">신제품 B: 타사에서 이벤트로 15% 저가공급</td></tr>
<tr><td rowspan="2">성과목표</td><td>년</td><td>120억</td></tr>
<tr><td>월</td><td>10억</td><td>대책 시원 요청</td><td>강북지역 대리적 통해 2개월 걸쳐 만회 예정</td></tr>
</table>

〈이번 달 성과목표 달성지표 작성방법〉

<table>
<tr><th colspan="3" rowspan="2">성과목표</th><th colspan="3">(6)월 성과목표 달성전략</th></tr>
<tr><th>예상 장애요인 & 핵심 성공요인</th><th>성과목표 달성 핵신과제</th><th>과제 목표</th></tr>
<tr><td colspan="2">할 일(과제)</td><td>고가 신제품 매출 증가</td><td rowspan="4">신제품 B 배출액 높임
. 판촉비 빛춰 비용절감
. 브랜드파워 활용 전략적 마케팅
VIP고객 재구매율 높인</td><td>. 신제품 B 매출액 증가 (강북과 충청 집중공략)</td><td>5억</td></tr>
<tr><td colspan="2">KPI</td><td>고가 신제품 매출액</td><td rowspan="2">. 고객 재구매율 강화</td><td rowspan="2">85%</td></tr>
<tr><td rowspan="2">성과목표</td><td>년</td><td>120억</td></tr>
<tr><td>월</td><td>10억</td><td>. 판촉비 절감률 증가</td><td>15%</td></tr>
</table>

자료: 류량도(2007), 하이퍼포머; 성과로 말하는 핵심인재, 쌤앤파커스. p.145

3.3. 사후단계: 단계별 진도관리 및 대시보드 작성하고, 지표 구분해 관리하라

조직관리자는 현황분석을 통하여 모니터링 지표를 작성한 후, 개별직무는 진도관리를 그리고 사업부 및 팀 차원의 과제는 대시보드를 작성하여 관리하는 것이 성과경영을 위해 요구된다. 개별 직무의 진도관리나 사업부 및 팀 차원의 대시보드를 작성하는 것도 앞에서 도출한 해야 할 일(과제)별 핵심성과지표, 목표수준, 그리고 성과를 한눈에 알 수 있도록 정리한 것이기 때문에, '현재의 성과상태가 어떠한가를 파악하게 해주는 역할'을 한다. 이처럼 개별 진도관리 및 팀 대시보드를 작성해 관리할 경우, 이를 통해 얻는 효과는 다음과 같이 정리할 수 있다. 1) 업무추진의 조기경보기능 역할을 수행한다. 그 이유는 개별 직무든 팀 과제든 각 핵심성과지표에 대한 현재의 진행상태를 한눈에 파악하고, 이를 분석하여 조기에 문제를 해결할 수 있어 효과적인 성과경영이 가능해지기 때문이다. 2) 효율적인 소통이 가능해진다. 그 이유는 성과목표 실적분석을 통해 실행과정 중에 발생할 수 있는 문제점/장애요인을 적절한 순간에 확인 가능해져, 이를 토대로 명확한 방향/공감대를 갖고 구체적으로 소통할 수 있게 되기 때문이다.

조직관리자가 성과경영을 위해 효과적으로 핵심성과지표를 관리하기 위해서는 '성과책임지표'와 '성과관리지표'로 구분하여 관리하는 것이 좋다(류량도, 2007). 지표의 구분기준은 핵심성과지표의 관리상태(하향, 악화나 추락, 유지 또는 상향 등)를 확인하여 지표에 문제가 있는 경우에는 성과책임지표가 되고, 그 외의 지표는 성과관리지표로 유지된다.

즉 성과책임지표는 성과가 저조한 지표로 성과목표 향상을 위해 중점관리 해야 하는 지표이며, 성과관리지표는 현상유지이거나 기대목표보다 상향되는 성과를 나타내는 지표로 유지를 위해 중점관리 해야 하는 대상을 의미한다. 그러므로 조직관리자는 구분된 지표들을 구분목적에 따른 효과적 관리로 높은 성과개선은 물론 성공적인 성과경영을 할 수 있도록 노력하여야 한다.

공공 연구기관의 목표관리(MBO) 기반 성과모니터링 체계 개발사례:

K 기관의 성과지표 유형은 성과지표 산출물 형태(논문, 서비스, 서비스 만족도, 기술혁신, 혁신 사례 등)와 파급효과 형태(과학적 성과, 경제적 성과, 사회적 성과 등)로 구분되어 있다. 그러나 성과 모니터링 관점에서는 산출물과 파급효과의 각 유형 내에 존재하는 성과지표별로 성과측정의 가능성이 다르며, 지표의 성격이 서로 달라 동일한 측정 방법을 적용하기가 어렵다.

실제로 K 기관의 모든 성과지표가 계량 가능한 형태로 목표치가 설정되어 있다 하더라도, 일부 지표는 상시적으로 성과측정이 가능한 반면, 일부지표는 특정 조사시점에서만 성과를 조사할 수밖에 없는 지표도 존재한다.

K 기관은 정기적인 내부 성과보고 체계를 통해 목표달성도를 점검하기를 원하고 있으나, 연간 1건 내지 2건과 같이 소수의 실적을 달성하는 것으로 목표가 수립된 항목도 존재하여, 월간 또는 분기별 측정이 불가하거나, 자주 보고회를 하여도 매번 동일한 수치가 반복될 소지도 있다. 따라서 이러한 특성을 반영하기 위해 우선적으로 성과지표의 유형을 분류하고 유형별로 합리적인 측정방법을 제안하고자 한다.

〈성과지표의 유형 분류 방법〉

성과지표 값의 합리적인 수시적 모니터링을 위해 네 가지의 성과지표 유형 분류 기준을 개발하고, 네 가지의 성과지표 유형 분류기준들을 토대로 총 세 가지의 유형으로 지표를 구분한다.

업적/비업적

성과지표들 중에는 장기간동안 하나의 예정된 특수목표를 달성하는 지표들이 존재한다. 이러한 성격의 성과지표는 '업적' 형태로 분류한다. 이러한 형태가 아닌 경우는 '비업적'으로 분류한다. '업적'으로 분류된 성과지표들은 분기별로 해당 목표달성을 위해 수행한 활동을 정성적으로 점검하는 '분기별 활동 점검지표' 유형으로 분류하고, '비업적'으로 분류된 성과지표들은 타 분류 기준을 적용한다.

임의/특정

성과지표 값의 조사 가능 시점에 따른 구분기준이다. 어떤 시점에도 지척도를 측정 또는 조사할 수 있는 지표와, 연중 특정시점에만 실적을 조사할 수 있는 지표를 구분한다. K 기관의 특성상 연구환경 인프라를 제공, 서비스하기 때문에 '서비스 만족도'라는 지표가 제공 서비스 유형별로 존재하며, 이는 연 1회 외부 설문 결과에 의해 측정이 가능하다. 따라서 '서비스 만족도' 지표는 '특정'으로 구분한다. 일반적인 '논문 수', '특허 수' 등은 연중 어떤 시점에서라도 그 수를 파악 가능하기 때문에 '임의' 지표로 분류한다. '특정'지표의 경우도 분기별로 해당 목표달성을 위해 수행한 활동을 정성적으로 점검하는 '분기별 활동 점검지표' 유형으로 구분하고, '임의'에 해당하는 성과지표들은 타 분류기준에 의거 유형을 분류한다.

다수/소수

성과지표 측정주기(단위주기)는 성과 모니터링을 위한 실적조사의 시간간격을 의미한다. 이러한 단위 주기 내에 성과가 발생할 기대횟수가 많은 성과지표가 있는 반면, 기대횟수가 작은 지표가 존재한다. 예를 들어, '논문 수'라는 지표의 목표 값이 15건이고, 매월 측정 주기에 따라 조사하는 것이 합리적이라면, 이는 '다수'의 형태로 분류한다. 이 경우 15건을 12개월로 나눈 수는 1보다 크다. 반대로 목표 값이 2건이라고 가정해 보자. 이러한 경우, 매월 측정하는 것 보다는 분기별로 측정하고, 해당 분기동안의 활동을 정성적으로 수집하는 것이 더 합리적이므로, '소수'의 형태로 분류한다. 이 경우 2건/12개월은 1보다 작다.

'다수'에 해당되는 성과지표들은 단위 주기마다 실적이 발생할 확률이 높으므로 매월 발생한 정량적 실적을 측정하는 '월별 실적 점검지표' 유형으로 분류하고, '소수'에 해당되는 성과지표들은 단위 주기마다 실적이 발생할 확률이 적으므로 매 분기별로 발생한 정량적 실적 및 정성적 활동을 측정하는 '분기별 실적/활동 점검지표' 유형으로 분류한다.

초기화/유지

성과지표의 유형은 앞서 제시한 '업적/비업적', '임의/특정', '다수/소수'의 분류 기준에 따라 '월별 실적 점검지표', '분기별 실적/활동 점검지표', '분기별 활동 점검지표'의 세 가지 유형으로 분류가 된다. 하지만, 다음과 같이 성과발생 기대횟수 계산보조를 위한 성과지표 분류 기준을 제시함으로써 '다수/소수'를 보다 정교하게 분류할 수 있다.

성과지표의 지표 값은 이전 연도의 기존 실적 달성의 정도가 이번 연도의 실적에 일부 혹은 전부 영향을 주는 지표가 있으며, 이전 연도의 기존 실적 달성 정도와 상관없이 처음부터 실적을 새로 달성하는 지표가 있다. '초기화'에 해당되는 성과지표의 성과발생 기대횟수 계산식은 '연중 단위주기 수 대비 올해 목표량'이며 '유지'에 해당되는 성과지표의 성과발생 기대횟수 계산식은 '연중 단위주기 수 대비 올해 목표량과 작년 목표량의 차'이다.

〈성과지표 유형〉

성과지표의 유형 분류체계는 그림 2와 같으며 위의 분류기준에 따라 모든 성과지표는 월별 실적 점검지표, 분기별 실적/활동 점검지표, 분기별 활동 점검지표 중 하나의 유형으로 분류된다.

1. 월별 실적 점검지표는 매 월 마다 성과지표의 실적을 바탕으로 계산하는 지표이다. ‘비업적’, ‘임의’, ‘다수’로 분류되는 지표들이 월별 실적 점검지표이며, 이 지표들은 성과 조사시점에서 집계된 데이터만 활하여 목표달성도를 도출한다.

2. 분기별 실적/활동 점검지표는 매 분기별로 성과지표의 실적과 잔여 목표량의 정성적 진행정도를 목표달성도로써 활용하는 지표이다. ‘비업적’, ‘임의’, ‘소수’로 분류되는 지표들이 분기별 실적/활동 점검 지표이며, 매 분기별로 발생한 정량적 실적 및 정성적 활동을 측정한다. 이 지표들은 성과 조사 시점에서 집계된 데이터 및 잔여 목표량 달성을 위한 과정진행도를 정성적으로 평가하여 목표달성도를 도출한다.

3. 분기별 활동 점검지표는 매 분기별로 성과지표 잔여 목표량의 정성적 진행정도를 목표달성도로써 활용하는 지표이다. ‘특정’에 속하거나 ‘업적’에 속하는 성과지표들이 분기별 활동 점검 지표이며, 이 지표들은 잔여 목표량 달성을 위한 성과 조사 시점에서의 과정진행도를 정성적으로 평가하여 목표달성도를 도출한다.

〈성과측정 방법 개발〉

목표달성도는 각 성과지표의 목표달성 진행정도를 백분율로 표현한 값이며, 실제로 산출된 성과를 바탕으로 계산한 당해 연도 목표대비 성과지표의 달성한 값인 ‘성과달성도’와 실제 산출물로 환원되지 않은 정성적인 업무량을 계량화하여 반영한 값인 ‘과정진행도’의 합으로 표현된다. 성과달성도의 기본 개념은 현재까지의 실적을 연중 목표량으로 나눈 값을 백분율(%)로 나타낸 것이며, 과정진행도는 실제성과 값으로 나타나진 않았지만 잔여목표의 달성을 위해 조직원이 수행한 활동 정도를 정성적으로 도출한 값이다. 단위 주기 내에서 성과의 발생 횟수가 적은 경우 이 업무량은 과정 진행도로 반영되며, 또한 임의의 시점에서 측정할 수 없거나 과거의 실적만 존재하는 경우 측정하지 못한 시간 동안의 정성적인 업무량을 과정 진행도로 반영한다. 과정진행도는 잔여목표의 진행정도를 백분율(%)로 평가하여 기입하게 된다.

따라서 성과지표 유형별 목표달성도 개념을 정리하면, 월별 실적 점검지표는 성과 측정시점까지의 실제성과를 활용하여 성과달성도만을 계산해 이를 목표달성도로 활용한다. 분기별 실적/활동 점검지표는 성과측정 시점까지의 실제성과를 활하여 성과달성도를 계산하고 성과측정 시점에서의 잔여목표량의 정성적인 진행정도를 백분율로 환산하여 과정진행도를 도출해 낸 뒤 둘의 합을 목표달성도로 활용한다. 분기별 활동점검지표는 성과측정 시점까지의 목표량 달성을 위한 정성적인 진행정도를 백분율로 환산하여 활용한다.

참고문헌

나기현(2004), 포괄적인 성과관리모델에 관한 연구, 외대논총, 제28집, 부산외국어대학교.

나기현(2014), 전략적 인적자원관리: 통합 성과관리모델, 부산외국어대학교 출판부.

류량도(2007), 하이퍼포머 팀장매뉴얼, 쌤앤파커스.

류량도(2007), 하이퍼포머: 성과로 말하는 핵심인재, 쌤앤파커스.

문광수(2017), 상사가 직원을 모니터링 하는 두 방법, 동아비즈니스리뷰.

Baker, H. G., Spier, M. S., & Dhammanungune, S.(1990, April). Trust, Credibility, and Empowerment, paper presented at the Bay Area Organizational Development Network Conference, Palo Alto, CA.

Heide, D. P.(1993), A Comprehensive Performance Management Model, A Dissertation in School of Human Behavior, United States International University, San diego, CA.

제2장 공정한 평가자 역할

공정한 평가하기는 성과경영에서 핵심적인 기능을 수행하는 과정이다. 그 이유는 평가가 개인의 행동에 영향을 미침으로써 개인성과는 물론 조직성과와 직접적인 관련을 갖기 때문이다. 성과평가는 단순히 과거의 성과만을 평가하던 것과 달리 개인의 개발과 육성을 강조하는 평가로 변모하고 있다. 특히 측정에 바탕을 둔 공정한 평가는 성과경영에 있어서 중요한 출발점으로 간주된다.

공정한 평가하기의 가장 중요한 목적은 경영전략과의 통합을 통하여 성과경영의 실행 그리고 궁극적으로는 조직체 목표달성에 기여하는 것이다. 따라서 제1절에서는 공정한 평가자 역할의 의미 및 중요성에 대하여 알아보도록 한다. 제2절에서는 공정한 평가에 대한 이론적 논의를 살펴본다. 그리고 제3절에서는 공정한 평가자 역할의 실행방안에 대하여 알아본다.

제1절. 공정한 평가자 역할의 의미 및 중요성

조직에서 성과경영을 효과적으로 수행하기 위해서는 훌륭한 인재를 잘 선발하여 적재적소에 배치하고, 이러한 인력을 잘 관리하여 그 성과를 극대화될 수 있도록 조직관리자는 다양한 노력을 하여야 한다. 특히 인적자원의 관리 및 활용에 있어, 공정한 평가는 모든 인적자원관리의 가장 기본적인 토대가 되기 때문에 인사와 관련된 평가가 얼마나 공정하게 이루어지느냐 하는 정도에 따라 곧 인적자원관리의 성과와 효율성이 결정된다고 해도 과언이 아니다(Umbreit et al., 1986).

조직에서 공정한 평가란 무엇인가? 여러 해석이 있을 수 있겠지만, 가장 쉽게는

'평가의 결과에 대해서 최소 일정비율 이상의 구성원들이 납득하는 상황'을 의미한다. 조직에서 일반적으로 공정한 평가를 위한 요소로는 목표대비 달성률, 그 목표를 달성하기 위해 담당자가 어떤 노력을 하였는가?('얼마나 많이'가 아니라 '무엇을'에 더 가깝다), 숫자로 보이는 목표 외에 조직을 위해 어떤 일을 하였는가?, 동료들은 그 사람을 어떻게 생각하는가?, 직속상사는 그 사람에 대해서 어떤 판단을 내리는가? 등을 들 수 있다. 그러나 이 요소들 중 숫자로 나오는 것은 '목표대비 달성율'뿐이다. 나머지는 모두 사람의 '주관'이 많이 작용을 하게 된다. 여기서 공정성에 대한 문제가 심각하게 발생할 수 있기 때문에, 이러한 문제를 사전제거하기 위해 공정한 평가자 역할이 요구 된다.

조직관리자의 공정한 평가자 역할이란 평가자체의 오류를 최소화하여 피평가자인 구성원들이 공정하다고 인식하도록 만드는 것으로, 평가자의 주관적 가치판단에서 벗어나 업무추진 초기에 설계했던 성과기준과 실적이라는 '결과'에 근거해 평가하는 것을 의미한다. 여기서 말하는 공정성은 피평가자의 주관적/인식적 판단에 근거한다.

조직관리자가 이러한 역할을 성공적으로 수행하여 올바른 평가가 이루어지도록 하기 위해서는 평가에 대한 분명한 목적, 합리적이고 체계적인 평가제도, 그리고 이를 효율적으로 관리할 수 있는 인적자원부서의 역량이 조화롭게 결합되어야 한다. 먼저, 기업의 경영자는 평가를 통해 궁극적으로 얻고자 하는 내용이 무엇인지를 분명하게 제시해 줄 필요가 있다. 또, 인적자원부서는 평가자, 피평자가의 입장에서 보다 이해하기 쉽고 활용하기 쉬운 평가시스템을 구축하고 운영하는 능력이 필요하다. 마지막으로, 평가의 주·객체가 되는 구성원들 역시 평가에 대해 ownership을 갖고 책임 있는 자세로 적극적으로 참여하는 것이 중요하다(윤언철, 2004).

조직에서 공정한 평가가 갖는 중요성을 살펴보면 다음과 같이 정리할 수 있다(신유근, 1997).

1) 경영자와 관리자로 하여금 기업의 인적자원의 질을 향상시키고, 이를 효과적 활용할 수 있도록 해준다. 그 이유는 조직에서 개개인의 능력과 자질, 업적을 올바르게 평가할 수 있을 때 인적자원의 효과적 관리와 인적자원의 질 향상이 가능하기

때문이다. 2) 조직구성원들의 성공적인 경력설계를 위한 기초를 제공해준다. 그 이유는 자신의 생애와 직장생활에서 어떤 위치의 무엇이 되고자 하는지에 대한 평가를 통해 사람과 업무를 적합하게 결합함으로써 능력발휘를 할 수 있는 기회를 제공함은 물론 성공적인 경력개발을 촉진할 수 있기 때문이다. 3) 유능한 조직구성원이 되도록 하기 위해서 어떠한 능력 및 자질을 개발해야 하는지에 대한 정확한 기초자료를 제공한다. 그 이유는 평가를 통해서 인적자원의 자기계발과 그들을 관리·육성하는데 중요자료를 얻을 수 있기 때문이다. 4) 구성원들의 인간관계에도 큰 도움이 된다. 그 이유는 공정하지 못한 평가는 평가자와 피 평가자 간에 갈등관계가 형성되기도 하고, 평가결과를 받아드리지 않아 단기적으로 상호불편한 관계가 만들어질 수도 있기 때문이다.

제2절. 공정한 평가에 대한 이론적 논의

현대조직에서 평가는 매우 중요한 관리기능으로 강조되고 있다. 특히 조직을 활성화시키는데 중요기능으로 인식되고 있기 때문에, 조직은 평가자 인적요인과 평가시스템요인 모두를 중요한 요소로 고려해야 한다. 즉 기존 평가시스템에 대한 분석 후, 구성원들의 성과를 정확히 그리고 공정하게 평가할 수 있는 평가시스템의 설계(Judge & Ferris, 1993)와 평가자를 평가도구로 인식하여 그들의 교육훈련에 많은 노력을 기울여야 한다(Landy & Farr, 1980).

2.1. 평가개념과 주요목직

평가란 '어떤 대상이 얼마나 가치가 있는지를 따지는 활동'이다. 즉 평가는 조직구성원이 조직체 목표달성에 얼마나 기여하고 있는가 여부를 평가하는 중요한 관리기능이다. 조직에서 평가를 행하는 주된 목표는 정확하게 구성원의 효과성을 결정하여, 그들의 성장/개발에 초점을 둔다. 주요 목적을 구체적으로 다음과 같이 정리할 수 있다(이학종·양혁승, 2005).

1) 경영전략과의 연계에 있다. 그 이유는 조직체의 전략적 목표를 구성원들의 과업활동과 연계시켜, 그들로부터 성공적인 경영전략수행을 위해 요구되는 행동, 활동, 그리고 성과를 이끌어낼 수 있기 때문이다. 2) 보상 및 상벌결정에 있다. 그 이유는 구성원들을 정당하게 대우하기 위해서는 그들의 성과를 주기적으로 측정하고, 그 결과를 기준으로 승진, 승급, 강등, 징계 등 적절한 결정을 해야 하기 때문이다. 3) 성과피드백을 통한 성과향상과 인력개발에 있다. 그 이유는 구성원이 얼마나 성과를 거두고 있고, 조직체의 기대수준에 얼마나 접근하고 있는지에 대한 평가결과를 피드백을 통해 그들의 동기부여, 성과향상, 인력개발 및 경력개발에 중요역할을 하기 때문이다. 4) 적재적소배치에 있다. 그 이유는 평가결과를 토대로 구성원(성격, 능력 등)과 직무를 적합화 시키는데 유효한 자료를 제공하기 때문이다.

2.2 평가시스템의 발전과정, 평가방안의 변화와 공정성 제고

(1) 평가시스템의 발전과정

조직에서 평가시스템은 효과적인 인적자원관리 도구로서 가장 중요한 비중을 차지한다. 평가시스템의 발전과정에서 일어나고 있는 변화를 살펴보면 다음과 같이 정리할 수 있다.

첫째, 평가시스템은 인적자원관리에 대한 인식의 변환과 궤를 같이 하여 발전해왔다. 즉 과거의 인사평가시스템이 1년 단위로 직원들의 능력이나 업무성과를 평가하였다면, 최근에는 조직의 전략적 목표를 달성하기 위해 구성원들의 업무성과를 연중 지속적으로 평가하는 방식으로 전환되고 있다. 또한 인사평가시스템은 전사적 관점에서 채용, 급여, 승진 및 보상 등의 인센티브시스템, 경력경로, 교육훈련 등의 제반 인사관리 요소들과 연계되어 설계되고 운영되고 있다(강신철 , 2009).

둘째, 평가제도의 투명성이 증가하고 있다는 것이다. 평가제도 구축과정에 피평가자들을 적극 참여시킬 뿐만 아니라, 평가하는 과정에 서도 다면평가를 통해 평가자와 피평가자 간의 상호교차평가가 이루어지고 있으며, 평가결과를 피 평가자들에게 알려주고 이의가 있으면 평가자와 조정할 수 있는 기회를 제공하는 기업들이 점차 늘어나고 있다(황규대, 2007).

따라서 최근 인사평가시스템의 발전방향을 한 마디로 요약하면 단순한 인사고과 방식에서 전략적 성과관리시스템으로 전환되고 있다는 것이다. 전략적 성과관리시스템을 구축하기 위해서는 조직의 미션과 비전에서부터 시작하여 조직의 전략과 목표를 달성하기 위해 필요한 개인과 팀의 역량을 정확히 파악해야 한다. 적재적소에 적절한 역량을 갖춘 인재를 배치하며, 역량이 부족한 부분에는 인재를 채용하거나 지속적인 교육과 훈련을 통해 장기적인 관점에서 인재를 육성하는 노력이 수반되고 있다. 객관적이고 공정한 인사평가시스템을 마련하고 이를 투명하게 운영함으로써 전체의 임직원들이 함께 참여하는 전사적 인적자원관리시스템을 구축하려는 기업들이 늘고 있다. 인사평가시스템의 설계를 위한 기본 틀은 [그림 2-1]과 같다(강신철, 2016).

[그림 2-1] 인사평가시스템의 설계 방향

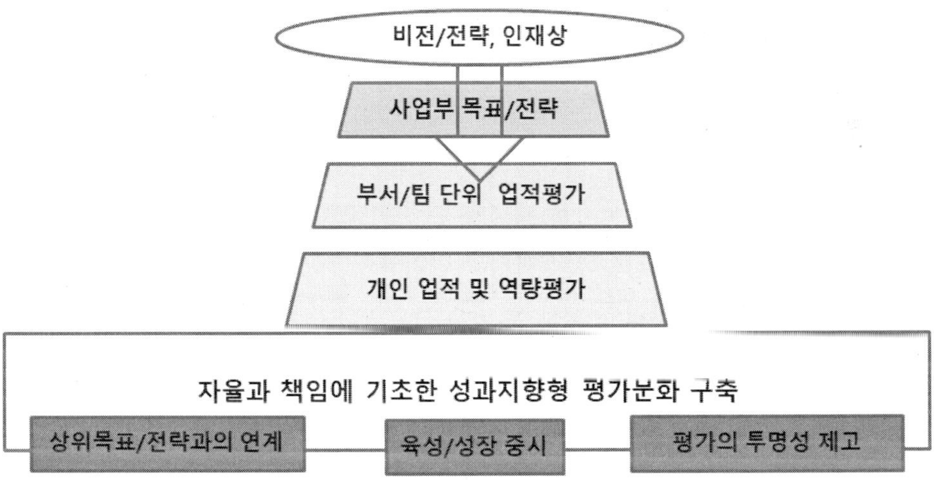

자료: 강신철(2016), 공정평가제도 구축을 통한 성과부진자 선발·관리, KEF Compensation Quarterly.

조직에서 평가시스템이 성공적으로 운영되기 위해서는 평가의 객관성과 공정성이 보장되어야 하고, 무엇보다도 평가를 받는 당사자가 평가결과를 수용할 수 있어야 한다.

인사평가의 공정성과 피평가자의 수용성을 확보하기 위한 방안으로 크게 다섯 가지를 생각해볼 수 있다. 1) 업적과 역량을 다양한 측면에서 평가하고, 2) 평가자의 수를 최대한 늘리며, 3) 평가지표와 반영비율을 정할 때 구성원들을 참여시키고, 4) 평가결과에 대해 평가자와 피평가자가 조정할 수 있는 기회를 제공해야 하고, 5) 업무특성과 경영환경의 변화에 따라 평가지표를 정 기적으로 수정해야 한다.

⑵ 평가방안의 변화와 공정성 제고

이와 관련하여 흐름변화는 타당성과 신뢰성이 높은 평가도구개발에서 공정한 인사평가 방안을 모색하는 방향으로 전환되었다(정동관, 2015; 2016). 그 이유는 고(高)성과에 관한 구성원들 간의 합의의 어려움, 평가자의 인지적 제한으로 인한 주관적 오류, 그리고 평가과정의 정치적 성격 등으로 인하여 성과에 관한 객관적인 평가가 현실적으로 거의 불가능하다는 판단 때문이다.

평가는 성격상 당연히 주관적이다. 즉 객관적일 수 없다. 그 이유는 평가객관성을 위해 계량지표를 사용했다 하더라도, 그 지표의 목표수치를 설정한 것도 사람이고 실제 성과결과 수치를 해석하는 것도 사람이다. 그렇기 때문에 인사평가에 으레 따라붙는 이슈가 '공정성' 이다.

공정성 문제는 '결과의 공정성'과 '절차적 공정성'을 나눠 생각해야 한다. 누가 평가를 하더라도, 어떤 평가결과를 내더라도 평가에 불만이 있는 사람은 있게 마련이다. 모든 사람이 평가결과를 공정하다고 받아들이기는 힘들다. 따라서 결과의 공정성을 높이기 위해 '절차적 공정성'은 더욱 중요하다.

평가자는 절차적 공정성을 높이기 위해서 연중 내내 구성원들에게 성과에 대한 조언(피드백, 코칭, 멘터링)을 아끼지 않아야 한다. 그 이유는 성과경영을 위해서는 구성원 스스로 본인이 일을 잘하고 있는지, 무엇이 부족한지 인식하게끔 만들어줘야 하기 때문이다. 조직에서 성과경영을 하기 위해서는 평가자가 연중 이런 절차적 공정성을 높이기 위한 노력을 했는지, 연말에 명확한 주관을 갖고 얼마나 설득력 있는 평가를 하는지가 핵심이다.

2.3. 인사평가의 영향요인

인사평가의 영향요인에 대하여 평가자 인적요인과 평가시스템 요인으로 구분할 수 있다.

2.3.1 평가자 인적요인

평가자의 주관적 특성이 평가결과에 영향을 미칠 수 있다는 전제하에, 영향원천을 평가자의 심리상태(정서 등)와 평가에 대한 동기유발(평가입장에 대한 관점, 행위귀인과정 등) 여부에서 찾았다(Forgas & George, 2001). 또한 인사평가시 평가자와 관련하여 평가결과에 영향을 줄 수 있는 요소로 평가자의 평가경험 및 숙련도, 평가교육수준, 평가책임감 등을 들 수 있다(Frink & Ferris, 1998).

(1) 평가경험 및 숙련도: 평가경험은 인사평가를 실제로 수행하면서 주관적으로 획득하게 되는 일종의 지식을 뜻하며, 평가를 받아들이는 과정과 수행과정에서 나타나는 어려움 및 그 어려움을 해결하기 위한 전략, 평가의 가치 등 평가자가 겪는 감각과 지식을 모두 포함하는 개념이라고 할 수 있다. 그리고 평가숙련도는 이러한 경험을 바탕으로 평가자가 피평가자의 성과를 정확하게 평가할 만큼의 능력을 갖춘 정도라고 말할 수 있다. 평가자의 평가경험과 숙련도에 대한 인식이 피평가자의 수용 자세나 만족도에 긍정적 영향을 준다고 강조하였다(Barclay & Harland, 1995).

(2) 평가자 교육: 이는 궁극적으로 평가자의 평가능력을 향상시키는 역할을 한다. 즉 평가자들에게 평가의 목적을 인지시키고, 규정 및 절차를 이해시키며, 평가과정에서 일어날 수 있는 오류를 감소시키는 등 평가자의 전반적인 평가능력을 향상시킴으로써, 피평가자로 하여금 인사평가의 신뢰성 및 공정성을 확보할 수 있게 해준다는 점에서 그 중요성이 강조되고 있다. 평가자 교육의 종류에 대하여 다음의 <표 2-1>과 같이 분류하여 소개하고 있다(조재한, 2007).

(3) 평가 책임감: 이는 피평가자에 대한 판단을 공정하게 해야 하는 책임감의 정도로, 인사평가자의 책임감이 부족할 경우, 그 평가결과를 신뢰하기 어렵다(Harris, 1994). 조직 내에서 피평가자에 대한 평가자의 책임감 정도에 영향을 미치는 주된

요인은 "평가의 비밀성" 수준으로서, 평가결과의 비공개 여부와 큰 연관이 있다. 즉 평가의 비밀성이 낮으면 낮을수록(평가결과의 공개를 의미) 평가자의 피평가자에 대한 인사평가에 대한 책임감의 정도는 점점 높아지게 되고, 그 반대의 경우 평가자의 책임감의 정도는 낮아질 수밖에 없게 된다.

〈표 2-1〉 평가자 교육의 종류

교육 종류	내 용
평가자 오류교육 (RET; Rater Error Training)	· 가정: 평가자들이 평가 정확성이 감소하는 특정한 편파적 견해들을 갖고 있다. · 평가자 오류의 개념/정의를 설명하고 예를 보여줘 직접적으로 평가오류를 감소시키고자 하는 교육이다.
성과차원 교육 (PDT; Performance Dimension Training)	· 가정: 평가자가 피평가자의 행동 판단을 모두 관찰한 후 평가나 평정에 대한 판단이 형성되기보다는, 행동이 관찰되는 동안 판단이 형성된다고 봄. · 이에 평가자는 판단을 해야 하는 차원을 올바르게 선정하여 이끌어내야 하고, 이를 성과차원으로 범주화시켜야 한다는 점을 강조하는 교육이다.
준거 틀 교육 (FOR; Frame-Of-Reference training)	· 업무수행내용을 평가할 때 공통적으로 참조하는 기준을 평가자에게 제공한다. · 평가자들에게 우수, 평균, 부족한 업무실적을 나타내는 사람들을 보여주고, 그들에 대한 평가자들의 평가가 얼마나 정확했는지에 관하여 피드백을 준다. · 각 업무수행 차원에서 어떤 수행이 효과적인지에 대한 판단이 일치되도록 하기 위하여 평가자들을 교육시키는 데 목적이 있다.
평가자 변산성 교육 (RVT; Rater Variablity Training)	· FOR 교육이 평가차원과 관련된 부분에서는 뛰어난 정확성을 나타내었지만 피평가자들 간의 변별도에 있어 문제가 있다 · FOR 교육피드백: 실제 평가와 평가자의 평정 사이의 차이점에 집중함. · RVT 교육피드백: 피평가자들 사이의 상대적 차이점에 관한 논의에 초점 둠.

2.3.2 평가시스템요인

인사평가에 대한 만족은, 조직공정성(organizational justice)이라는 표현을 사용하여 공정성(fairness) 기준의 인식과 관계가 있다고 볼 수 있으며(Greenberg, 1986; Kluger & DeNisi, 1996), 평가과정에 관련되는 모든 요인이 공정하다고 인식되지 못 할 경우 그 평가는 필연적으로 효과성이 떨어질 수밖에 없다(이재훈·윤정현·김기근, 2010).

조직에서 합리적인 평가관리를 위해 고려해야 할 평가자 인적요인과 평가시스템 요인은 모두 평가의 절차공정성을 높이기 위한 요인들인데, 여기서 절차공정성이란 조직으로부터 행해지는 인사평가시스템과 과정의 공정성과 동일한 개념으로 이해된다(Erdogan, 2002). 평가자의 인적요인과는 별개로 평가시스템요인으로써 평가결과에 영향을 미치는 요인으로는 평가도구의 정확성, 평가결과의 피드백, 그리고 평가제도 운영의 실용성/신뢰성 등을 들 수 있다. (Curtis et al., 2005; Tziner et al., 2005), 이들 요인을 살펴보면 다음과 같다.

(1) 평가도구의 정확성: 이는 다양한 평가도구를 평가목적과 평가상황에 맞게 적절하게 사용함으로써, 피평가자의 직무수행수준을 정확하게 반영하고 있는 정도를 의미한다. 이처럼 정확한 평가도구의 선택은 평가목적에 따른 타당한 정보를 수집할 수 있으므로, 조직에서는 효과적인 인적자원기능수행은 물론 성과경영을 위한 기본토대가 마련되기 때문에 아주 중요하다. 또한 피평가자의 성과와 작업만족, 상사 만족, 직장만족 등에 모두 긍정적인 영향을 미치게 된다(Nathan et al., 1991).

(2) 평가 피드백: 이는 평가결과를 토대로 긍정적이거나 부정적인 정보를 통해 행동해야 하는 방법을 알 수 있도록 해주는, 추구하는 목표와 변화를 가속시키는데 도움을 주는 역할을 한다. 이러한 피드백이 효과적으로 작용하기 위해서는 시기적절하고, 구체적이며, 행위에 근거해야 하고, 신뢰할 만한 원천으로부터 제공되어야 한다는 점이 강조되고 있다. 또한 지속적으로 피드백을 제공할 때 평가시스템의 효율성을 제고할 수 있다(Nathan et al., 1991).

(3) 평가 실용성: 평가가 제대로 그 목적을 달성하려고 하면, 조직 내 구성원들이 인사평가 자체가 조직 내 설정된 평가기준에 맞춰 제대로 수행되고 있으며, 개인의 능력과 업적을 제대로 반영하고 있는, 신뢰성 있는 평가결과를 얻어 그러한 자료들이 실제 인적자원관리에 유용한 수단으로 활용되고 있다고 인식하는 것이 아주 중요하다. 따라서 평가결과를 최종적으로 결정하기에 앞서 그 평가결과가 과연 기준에 맞춰 제대로 평가되었는지 또 신뢰성을 갖추었는지에 대한 검증절차가 매우 중요하며, 이러한 검증제도가 있다는 것 자체만으로도 신뢰성의 향상을 기할 수 있다 (Seanson et al., 2005; Doerner & Dantzker, 2000).

제3절. 공정한 평가자 역할의 실행방안

조직관리자는 공정한 평가자 역할을 수행하여 인적자원기능들을 성과경영을 위해 효과적으로 활용하여야 한다. 그럼에도 불구하고 조직에서는 평가와 관련하여 공정성의 문제가 지속적으로 대두되고 있다. 그 이유는 문제가 지속 제기됨에도 조직관리자는 자기가 평가하는 것이 '공정하다'고 믿고 있기 때문이다. 그러나 아무도 공정을 담보할 수는 없다. 단 공정하려고 노력할 뿐이다. 따라서 공정한 평가자 역할을 수행하기 위한 실행방안을 인사평가의 영향요인인 평가자(주관성 배제)와 평가시스템(평가지표와 항목, 평가 운영상의 절차, 평가의 결과화 및 결과에 따른 보상 분배 등)의 관점에서 제시하도록 한다.

3.1. 평가자에게 평가오류를 이해하도록 교육을 실시하라

성과나 역량 변별을 잘못했을 때의 부작용을 평가자에게 구체적으로 인식시켜야 한다. 이를 위해 평가자를 대상으로 교육을 해야 한다. 교육내용은 평가를 하다보면 생기는 평가오류 등이 대표적이다. 평가오류는 인지단계에서 발생하는 오류와 점수부여과정에서 발생하는 오류가 있다(백진기, 2019). 이런 오류를 평가자가 알고 평가하는 것과 모르고 평가하는 것은 그 갭이 크다.

첫째, 인지단계에서 발생하는 오류를 이해하고, 이에 적극 대처하라: 이 단계에서 발생하는 오류 중 가장 대표적인 것이 1) 후광효과다. 후광효과의 원인은 서로 달리 정해진 실행목표와 평가방법을 구분하지 않고 전체로 묶어 논의함으로써 발생한다. 후광효과를 줄이는 방법은 세밀한 관찰, 실행목표와 평가방법은 한 번에 하나씩 논의하고 평가하는 것이다. 2) 대비오차 오류이다. 대비오차를 줄이기 위해서는 해당직무의 요구수준을 만족시키고 있는 것인지, 성과목표나 역량의 기준을 세밀하게 확인해야 한다. 그리고 3) 스테레오타입의 오류다. 스테레오타입의 오류는 과거의 선입견적 경험, 통계적 확률의 과신에서 온다. 사람은 다 다르고 상황은 다 다르다는 것을 전제해야 한다. 4) 기억오차(Christmas effect) 오류다. 최근사건

오류는 관리자가 기록에 의존하지 않고 기억에 의존해서 평가를 하기 때문에 발생한다. 대책은 그때그때 평가하고 기록하는 데에 있다.

둘째, 점수부여과정에서 발생하는 오류를 이해하고, 이에 적극 대처하라. 이 단계에서 발생하는 오류 중 가장 대표적인 것이 1) 관대화경향이다. 이는 사실 근거보다 더 관대하게 평가하는 것이다. 이런 경향은 부하직원과의 인간관계 악화우려, 평가자신감 결여, 결과보다는 노력에 초점을 두는 관리자들에게 잘 나타난다. 이들에게는 부하는 솔직하고 건설적인 평가에 의해서만 발전할 수 있다는 사실을 인지시켜야 한다. 2) 엄격화경향이다. 이는 관대화의 반대로 평가를 할 때 낮은 점수를 주는 것이다. 특히 평가자의 기준이 높은 경우 그 기대수준과 구성원이 대비되기 때문에 발생되는 현상으로 구체적인 목표 대비 결과치를 평가해야 한다. 그리고 3) 중심화경향이다. 이는 점수가 평균점에 집중하는 경향으로, 평가권을 부여받은 평가자가 권한을 포기한 사례이다. 그런 관리자는 평가사 리스크 최소화, 관찰 부족, 평가 자신감 부족, 개인차 극소화로 평가 오류를 만들어 궁극적으로 고성과자가 잠재적 퇴직자가 되는 경우가 많다. 가장 나쁜 평가자 유형이다.

3.2. 피 평가자들의 평가수용성을 강화하라

평가의 객관성과 공정성을 확보하기 위해서는 인사평가의 주기는 짧을수록 좋으며, 평가자의 수는 많을수록 좋고, 평가의 방법은 가능한 객관화시켜 정량화하는 것이 좋다. 그러나 아무리 제도를 정교하게 만들어도 상대적 우열을 가리는 평가가 존재하는한 공정성 문제는 영원히 해결하기 쉽지 않다. 공정성을 포기할 수 없다면 기업은 수용성강화를 통해 공정성 이슈를 해결할 수 있다(김진솔, 2019). 그 이유는 피평가자 개개인이 납득해 받아들일 수 있는 수용성이 올라가면 자연히 공정성에 대한 염려나 불만이 줄어들기 때문이다. 그렇다면 평가에서 수용성을 강화하기 위한 방법은 무엇일까? 성과평가에 대한 구성원의 수용도는 평가자에 의해 결정된다고 해도 과언이 아니다. 아무리 체계적인 평가제도를 구축하였다 하더라도 성과평가는 결국 사람이 사람을 평가하는 것이기 때문에, 합리적인 평가자 없이는 성과

평가에 대한 수용도를 절대 높일 수 없다. 그렇다면 평가자의 올바른 역할은 무엇일까.

첫째, 피평가자의 성과목표 및 추진계획을 피평가자와 함께 수립하여야 한다. 핵심성과지표에 바탕을 둔 성과목표설정과 이를 달성하기 위한 계획수립은 성과평가의 출발점으로 평가자는 피평가자의 담당업무 및 능력을 고려하여 피평가자와 함께 조직목표와 연계된 성과목표를 세우고 그에 따른 추진계획을 수립하여야 한다. 설정된 성과목표는 성과평가의 기준이 되므로 반드시 평가자와 피평가자 간의 합의가 필요하다. 합의가 이루어질 경우 평가자나 피평가자 모두 전 평가과정을 알게 됨으로써, 평가결과에 대한 불만을 사전에 감소시킬 수 있고, 수용성을 높일 수 있다.

둘째, 평가의 중간점검 및 피드백 횟수를 늘려야 한다. 평가자는 공정한 평가를 위해 모니터링을 통해 정보를 가능한 많이 수집할 수 있도록 평가근거를 꼼꼼히 챙겨야 한다(김진솔, 2019). 평가근거를 챙기는 효과적인 모니터링을 위해 구성원들이 업무에 대해 실시간으로 글을 올리고 성과에 대한 피드백을 받을 수 있는 SNS 기반 모니터링제도도 고려해볼 만하다. 또한 지속적인 소통을 통해 추진계획의 진행상황과 어려움을 수시로 파악하고 기록하여야 한다. 그 이유는 수용성 강화는 지표나 제도보다 과정관리와 커뮤니케이션이 핵심이기 때문이다.

소통은 피평가자의 성과목표를 토대로 자유롭게 실시하되 반드시 평가자가 피평가자를 코칭하는 방식으로 이루어져야 한다. 또한 피평가자가 평가결과에 수긍하기 위해서는 그에 대한 객관적인 기록이 반드시 필요하므로 소통내용을 항상 기록해두도록 한다.

평가자는 피평가자에게 평가결과를 지속적이고 잦은 피드백을 하고, 발전방향을 제시해야 한다. 평가자가 평가피드백 근거를 피평가자 업무목표 진척과 달성, 그 과정과 방식에 초점을 두고, 업무과정에서 느낀 점을 그때그때 수시로 지적하고 보완할 점 등 피평가자가 목표달성을 위한 개인역량 향상을 꾀하도록 구체적으로 알려줄 경우, 피평가자의 수용성이 높아질 것이다. 따라서 조직관리자는 피평가자들이 평가를 '나의 성장을 위한 중요하고 공식적인 정보'로 받아들이도록 유도해야 한다(박형철, 2009).

3.3. 블라인드 평가에 임하는 자세로 평가하고, 평가자를 평가하라.

객관적 평가를 위해서는 편견과 선입견을 제거하여야 한다. 팀원들의 개별책임과 역할, 업무 등에 대해 알고 있는 평가자(팀장)이 완전히 객관성을 유지하는 것은 사실상 불가능하다. 하지만 평가시점에는 블라인드 평가에 임하는 자세로 객관적인 태도를 유지하여야 한다. 즉 사실과 관찰에 기반한 객관적 자료에 따라 평가해야 한다. 또한 공정한 평가를 할 수 있도록 평가자를 평가하여야 한다. 그 이유는 관리자의 가장 중요한 역할이 공정평가이기 때문이다. 따라서 평가자들이 제대로 공정평가를 하는지는 매번 리뷰해 피드백을 주어야 한다.

글로벌 기업들은 평가결과 검토회의(Calibration Se-ssion)를 제도화 하여 운영하고 있다. 현재 미국 대기업의 1/3은 이 평가결과 검토회의를 실행하고 있다. 일부 기업은 평가결과 검토회의를 확장하기도 한다. 즉 평가결과 등급조정뿐만 아니라 우수인재 특별 보너스 지급대상자 결정, 특정 포지션에 대한 승계계획(succession planning), 특정 개인에 대한 육성계획 등 인재검토회의까지도 논의하고 있다.

3.4. 오픈형 방식으로 공정한 평가제도를 견인하라.

평가에서 여러 가지 문제나 오류가 발생하는 가장 큰 요인 중 하나는 평가지표와 방식이 전사적으로 공유되지 않아서다. 평가자(팀장) 혼자 결정하다 보면 중복시내나 사각지대가 생기고, 평가방식 측면에서도 주관이 개입할 여지가 생기게 된다. 많은 기업들이 오픈형 평가방식을 통해 이러한 문제를 해결하려 시도하고 있다. 또한 평가자들에게 성과평가 결과를 공유하여야 한다. 대부분의 평가자는 회사전체 성과평가의 결과를 알지 못한다. 상대평가든 절대평가든 간에 특정부서를 표기하는 것은 서로 비교해 문제를 일으킨다. 부서표기를 하지 않은 상태로 전체 부서별-부문별 평가결과를 공유하고 이상적인 평가결과를 보여줌으로써 평가자들이 자기

부서나 부문의 평가결과가 전체 평가결과보다 어떤 위치에 있는지 알게 하는 것이 중요하다. 또한 자기부서나 부문은 타 부서 타 부문보다 더 회사에 공헌도가 높다고 주장하는 평가자들을 위해 조직평가항목을 반드시 포함시켜야 한다.

3.5. 실적을 바탕으로 공정하고 객관적으로 평가하라.

실적을 바탕으로 공정하고 객관적으로 평가하여야 하는 이유는 성과평가란 '성과달성도를 성과목표와 비교해서 객관적으로 측정하고 분석하는 행위'이기 때문이다. 또한 구성원을 평가하는 목적은 현재의 성과평가를 통해 다음의 성과목표를 좀 더 제대로 그리고, 도전적으로 달성할 수 있도록 구성원들에게 정확한 정보를 제공하고 구체적인 피드백을 주기 위한 일련의 상호커뮤니케이션이라고 이해하면 된다. 평가자는 실적을 꼼꼼이 검토한 후 평가를 실시하고 평가시점의 기분에 따라 결과가 바뀌지 않도록 소통기록을 활용하여 공정하고 객관적으로 평가를 실시하여야 한다.

3.6. 다면평가를 적극적으로 활용하라.

다면평가는 상사 1인이 평가하는 것이 아니라, 동료나 부하직원도 평가에 참여하도록 하는 평가방식이다. 이 평가의 장점은 공정성에 대한 피평가자의 불신을 줄일 수 있다는 것이다. 피평가자들의 불만토로 부분은 평가자에 대한 낮은 신뢰도의 문제이기 때문에, 이를 해소하기 위해서는 평가자를 한 사람이 아닌 여러 사람으로 설정하면 평가자의 특성에 기인한 오류를 줄일 수 있어 신뢰성을 제고할 수 있다. 다면평가를 실시할 경우에는 피평가자나 평가자 중 한쪽만이 일방적으로 원하는 사람들로 구성되어서는 안 된다. 서로 간의 협의를 통해 피평가자의 경력과 현재 수행업무를 잘 이해하고 있는 직속상사 외 상사급 평가자 수는 5명 이내로 구성하여, 그들로부터 성과제고는 물론 피평가자의 성장 및 발전을 위한 타당한 평가를 받아야 한다. 특히 동료평가(Peer Review)를 확대하는 것도 한 방법이다. 그 이유는 직속상사나 차상위자 평가보다 함께 일하는 팀이나 밀접한 연관 팀 동료의견에 대한 신뢰가 높기 때문이다. 많은 글로벌 혁신기업이 이런 이유로 동료평가를 평가의 중요한 과정이자 근거로 활용하고 있다.

GE
· PD@GE(Performance Development at GE)라는 모바일 평가 앱을 개발해 활용 중이다. · 앱을 통해 상사, 동료로부터 자유롭게 피드백을 받는다. 또한 조직원의 각종 피드백은 데이터로 정리된다. 피평가자 스스로 체계적으로 보완점과 개선 방향을 분석할 수 있도록 도와주기 위해서다

기업들은 기업문화를 잘 고려해 다면평가 제도를 설계해야 한다. 현재 평가제도의 문제점을 정확히 분석하고 제도의 도입목적을 명확히 세워야 한다. 특히 다면평가 제도를 효과적으로 설계하고 운용하기 위해서는 다음의 네 가지에 유의할 필요가 있다(임병권, 2019).

1) 리더십 개발 목적으로 활용하는 것이 더 효과적이다. 많은 글로벌 기업들도 고위 임원이나 핵심리더를 대상으로 제도를 운영해본 후, 제도의 성숙도를 보아 가면서 점진적으로 확대해 나간다.
2) 행동위주로 평가하도록 한다. 다면평가목적이 태도요소를 평가하는 것이 아니라 행동을 잘 관찰해 효과적인 피드백을 주기 위함이기 때문이다.
3) 비밀이 보장 되어야 한다. 그 이유는 익명성과 비밀이 보장이 되지 않으면, 솔직하고 객관적인 피드백을 기대할 수 없기 때문이다.
4) 부정적인 피드백이 더 중요하므로 시행하기 전에 사전 교육이 필요하다. 그 이유는 피평가자는 긍정 적인 평가결과 보다는 부정적인 평가결과에 신경을 더 쓰기 때문이다.

삼성전자 인사제도 개편

삼성전자가 올 하반기부터 직원의 직무전문성을 진단하고 이를 인사에 반영하는 '역량 진단제'를 도입한다. 전문성을 더 객관적이고 엄격하게 판단한 뒤 이를 부서이동 등에 적극 반영하겠다는 것이다. 스마트 폰 등 주력 제품시장의 성장세가 한풀 꺾인 상황에서 직원의 전문성이 높아지지 않으면 글로벌 경쟁에 뒤처질 것이라는 최고위 경영진의 '위기감'이 이번 제도개편에 반영됐다는 분석이다.

2017년 직급단계를 7단계에서 4단계로 축소한 이후 2년 만의 인사제도 개편이다. 현재 삼성전자의 인사평가는 상반기 '역량평가'와 하반기 '업적평가'로 진행된다. 둘을 합쳐 연말 최종 고과를 매긴다. 역량평가는 승진, 업적평가는 연봉에 큰 영향을 미치는 것으로 알려졌다. 역량 진단제는 올 하반기부터 역량평가를 보완하게 된다.

올해 하반기엔 시범 운영된다. 역량 진단제는 직원의 직무전문성을 1~5등급으로 진단하는 방식으로 시행될 예정이다. 직원 스스로 자신의 직무전문성을 진단하고 부서장이 등급을 확정할 것으로 알려졌다.

부서장은 진단결과를 토대로 역량향상을 위한 조언을 한다. 부서원은 부족한 역량 관련 교육 프로그램을 이수하게 된다. 삼성전자는 부서장 등 간부의 리더십을 동료·부하직원들이 평가하는 '리더십 다면 진단제'도 올해 하반기 전면 도입할 계획이다.

삼성전자가 정식 도입할 '역량 진단제'는 역량평가를 보완하게 된다. 역량 진단제는 직원의 직무전문성을 1~5등급으로 진단하는 방식이 될 예정이다. 직원이 평가문항에 답하면 상급자가 최종 확정하는 방안이 거론된다. 상대평가 방식인 역량평가와 달리 '절대평가'로 등급을 결정하는 것이다. 삼성전자는 이번 개편 때 마케팅, 영업, 개발, 소프트웨어 등으로 구분된 직무체계를 더 세분화하고, 직무별 맞춤형 진단항목을 새로 만들기도 하였다.

무엇보다 삼성전자가 인사제도를 개편한 가장 큰 이유는 저성장 국면으로 접어든 정보기술(IT)산업 환경이 우선 꼽힌다. 스마트 폰 산업은 정체기를 맞았고 반도체 시황도 '불황'에서 좀처럼 벗어나지 못하고 있다. 이런 상황을 극복하기 위해 직원의 전문성을 끌어올려야 한다는 삼성 수뇌부의 인식이 반영된 것이다. 인사평가를 통해 직원 개개인의 전문성 향상을 유도하고 조직 경쟁력을 높이겠다는 의도라는 것이기도 하다.

〈르노삼성〉

- 사무직과 생산직에 대해 지속적으로 평가제도를 운영해왔으며 평가회의체인 HR Committee에서 평가와 보상 등 인사제도에 합의하는 방식으로 제도의 공정성과 수용성을 확보했다.
- 사무직은 매니저와 비(非)매니저로 구분해 4단계 상대평가 방식의 업적평가와 역량평가를 하고 이 결과에 따라 변동급과 고정급을 차등 인상하고 있다.
- 생산직도 마찬가지로 업적평가 결과에 따라 변동급을 차등 지급하고 있으며 고정급에 대해서는 현 역량평가 제도를 보완해 보다 합리적인 평가보상시스템을 구축할 계획이다.

〈삼양사〉

- 평가제도는 직무·성과 중심의 HR시스템을 뒷받침하는 핵심 제도로 개인의 역량향상과 조직성과 창출에 목적을 두고 있다.
- 업적평가와 역량평가는 효과적인 성과관리가 가능하도록 목표설정→중간점검→평가와 피드백 3단계로 운영되며 업적평가 결과는 기본급과 성과급을 차등 지급하는 데 활용된다.
- 역량평가는 리더십역량, 공통역량, 직무역량 지표를 설정해 각각의 직책에 맞게 적용하며 직급승진 후보자를 검증하는 기준이다

참고문헌

강신철(2016), 공정평가제도 구축을 통한 성과부진자 선발·관리, KEF Compensation Quarterly.

김진술 (2019), 팀원 모두가 수긍하는 성과평가 가능할까? 평가자 오류 막으려면--, 프리미엄 경영매거진, 동아비즈니스리뷰, 198호

박형철(2009), 나를 위한 평가라는 믿음, 직원을 뛰게 만든다, 동아비즈니스리뷰, 46호(12월 Issue 1)

백진기(2019), 리더마다 다른 평가 성향을 어떻게 관리해야 하나, 월간 HR Insight, 11월호.

신유근(1997)m 인간존중의 경영, 다산출판사.

윤언철(2004), 평가에 대한 오해 5가지, LG경제연구원.

윤정현 · 이재훈 · 김기근(2010), 인적자원관리관행에 대한 공정성 인식과 조직유효성 간의 관련성에 관한 연구, 인적자원관리연구, 17(3), pp.1-22

이학종·양혁승(2005), 전략적 인적자원관리, 박영사.

임병권(2019), 다면평가의 실패를 줄이기 위해 고려할 4가지 사항, 월간 HR Insight, 10월호.

정동관 외(2015), 인사평가제도 현황과 발전방안에 관한 연구, 한국노동연구원.

정동관(2016), 공정한 인사평가의 가능성과 조건, 노동리뷰 4월호, 한국노동연구원.

조재한(2007), 평가 정확성에 대한 평가자 교육 유형의 영향 : 책임성과 평가자 기분의 상호작용을 중심으로, 광운대학교 대학원 산업심리학과 석사학위논문2009.3, pp. 77-96.

황규대,(2007), 전략적 인적자원관리, 박영사.

Barclay, J.H. & Harland, K. (1995), Peer performance appraisal: The impact of rather competence, rater location, and rating correctability on fairness perceptions, *Group & Organization Management*, 20(1), 39-60

Curtis, A.B., Harvey, R.D. & Ravden, D. (2005), Sources of political distortions in performance appraisals: Appraisal purpose and rater accountability, *Group and Organization Management*, 30, 42-60

Doerner, W.G. & Dantzker, L.M. (2000), Contemporary Police Organization and Management: Issues and Trends, Butterworth-Heinermann

Erdogan, B. (2002), Antecedents and consequences of justice perceptions in performance appraisal, *Human Resource Management Review*, 12, 555-578

Forgas, J.P. & George, J.M. (2001), Affective influences on judgments and behavior in organizations: An information processing perspective, *Organizational Behavior and Human Decision Processes*, 86(1), 3-34

Frink, D.D. & Ferris, G.R. (1998), Accountability, impression management, and goal setting in the performance evaluation process, *Human Relation*s, 51, 1259-1283

Greenberg, J. (1986), Determinants of perceived fairness of performance evaluations, *Journal of Applied Psychology*, 71, 340-342

Harris, M.M. (1994), Rater motivation in the performance appraisal context, *Theoretical Journal of Management*, 20, 737-756

Ilgen, D.R. & Knowlton, W.A. (1980), Performance attributional effects on feedback from superiors, *Organizational Behavior and Human Performance*, 25, 41-56

Judge, T.A. & Ferris, G.R. (1993), Social context of performance evaluation decisions, *Academy of Management Journal*, 36(1), 80-105

Kluger, A.N. & DeNisi, A. (1996), The effects of feedback interventions on performance: A historical review, a meta-analysis, and a preliminary feedback intervention theory, *Psychological Bulletin*, 119, 254-284

Landy, F.J. & Farr, J.L. (1980), Performance rating, *Psychological Bulletin*, 87, 72-107

Landy. F.J., Barnes, J.L. & Murphy, K.R. 1978), Correlates of perceived fairness and accuracy of performance evaluations, *Journal of Applied Psychology*, 63(6), 751-754

Levy, P.E. & Williams, J.R. (1998), The role of perceived system knowledge in predicting appraisal reactions, job satisfaction, and organizational commitment. *Journal of Organizational Behavior*, 19, 53-65

Murphy, K.R. & Cleveland, J.N. (1995), Understanding Performance Appraisal: Social, Organizational and Goal-oriented Perspectives, Sage, Thousand Oaks: CA

Murphy, K.R. & Cleveland, J.N. (1991), Relation of self-efficacy beliefs to academic outcomes: A meta-analytic investigation, *Journal of Counseling Psychology*, 38, 30-38

Nathan, B.R., Mohrman, A.M. & Milliman, J. (1991), Interpersonal relations as a contest for the effects of appraisal interviews on performance and satisfaction: A longitudinal Study, *Academy of Management Journal*, 34(2), 352-369

Seanson, R., Territo, L. & Taylor, W. (2005), Police Administration, Prentice Hall

Tziner, A., Murphy, K.R. & Cleveland, J.N. (2005), Contextual and rater factors affecting rating behavior, *Group and Organization Management*, 30(1), 89-98

Umbreit, W.T., Eder, R.W. & McConnell, J.P. (1986), Performance appraisals: Making them fair and making them work. *The Cornell Hotel and Restaurant Administration Quarterly*, 26(4), 59-69.

Wagner, III, J. A. & Hollenbeck, J. R.(1995), Organizational Behavior, 2nd ed.(Englewood Cliffs, NJ: Prentice-Hall)

제3장 피드백 제공자 역할

조직에서는 평가하기를 통해 얻어진 결과들을 토대로 구성원들의 성과창출을 위한 그리고 그들의 성장과 개발에 도움이 되도록 피드백을 하여야 한다. 이러한 피드백을 구성원들은 더 자주, 시기적절하게 원하기 때문에 조직에서는 피드백을 강화할 필요가 있다. 이러한 피드백은 평가하기의 중요한 목적 중의 하나이다. 구성원은 자신의 성과에 대한 피드백을 근거해서 학습을 할 수 있기 때문에 피드백이 없다면 학습도 일어나지 않을 것이다.

따라서 제1절에서는 피드백 제공자 역할의 의미 및 중요성을 알아보도록 한다. 그리고 제2절에서는 피드백에 대한 이론적 논의를 살펴본다. 그리고 제3절에서는 피드백 제공자 역할의 실행방안을 제시하도록 한다.

제1절. 피드백 제공자 역할의 의미 및 중요성

급변하는 환경과 치열해져가는 업무환경 속에서 조직구성원들은 조직목표와 성과향상 등 조직이 기대하는 바를 충족시킬 수 있는 자기개발능력이 무엇인지 또 이를 위해서 무엇을 해야 하는지에 대한 정보를 필요로 하고 있다. 그렇기 때문에 조직 내에서 피드백의 중요성이 강조되고 있으며, 피드백은 조직의 목표와 업무성과를 향상시킬 수 있는 요소로써 매우 중요한 역할을 하고 있는 것이다. 이렇듯 피드백의 중요성에 대한 인식이 확산되어감에 따라 조직 내 피드백에 대해 책임의 중심에 있는 조직관리자들의 피드백 제공자 역할에 대하여 관심이 집중되고 있다.

그렇다면 조직관리자는 어떻게 구성원들의 마음을 얻고 신뢰를 바탕으로 구성원들이 공동의 목표를 위해 몰입하도록 할 수 있을까? 일부 조직관리자들은 피드백을 적극적으로 활용해왔다. 피드백은 구성원이 성취한 결과, 성취하는 과정에 대한 인정과 평가를 포함하는 포괄적인 소통이다. 그 이유는 즉 피드백이 담고 있는 중요한 특성이 소통이기 때문이다. 다시 말해 조직 내에서 소통을 통해 자신의 위치와 가치를 확인받는 핵심적인 활동 중 하나가 피드백인데, 이는 업무적 측면에서 개개인의 성과수준 및 성과달성과정에 대한 정보를 제공하는 역할을 하기 때문이다. 그러므로 조직관리자는 피드백을 제대로 하기 위해서는 적극적인 관심과 지속적인 실행이 필요하다. 그 이유는 피드백의 초점이 리더나 조직관리자가 아니라 구성원에게 있기 때문이다. 즉 피드백은 구성원이 한 일들을 잘하건 못하건 인정하고, 실제로 진행된 일에 대해 판단을 담은 의견을 전달하는 것이기 때문에, 구성원들이 빠진 일 우선의 피드백은 그들에게 큰 동기를 촉진하지 못한다.

조직관리자가 수행하여야 할 피드백 제공자 역할은 성과평가 결과 및 모니터링을 통해 수집한 구체적인 성과데이터들을 토대로, 1) 잘못된 부분을 수정· 보완할 수 있도록 구성원들이 그동안 보여주었던 자신의 업무수행 방법이나 행동에 대해 올바른 정보를 제공해주는 것은 물론 잘하고 있는 부분은 더욱더 증진시켜 업무성과를 향상시킬 수 있도록 한다. 2) 구성원 각자의 특정행동들이 목표달성을 향하여 잘 진행되고 있는지 혹은 이탈하고 있는지를 구체적으로 알려주어 개인의 노력과 업무수행방법을 조정하도록 유도한다. 그리고 3) 피드백이 개인의 과업에 대한 내재적인 흥미를 갖게 하고, 나아가 개인의 학습을 촉진하여 향후 성장·발전을 할 수 있도록 동기부여를 하는 강화(Reinforce)의 수단이 되도록 하는 구성원 개개인에게 맞춤식 소통을 의미한다(London, 2003).

조직관리자가 이러한 피드백 제공자 역할을 성공적으로 수행하여 제대로 된 맞춤식 피드백이 제공될 때, 업무현장에서 가장 가치 있는 도구 중 하나가 되는 것이다. 피드백의 목적(중요성)은 다음과 같이 정리할 수 있다(나기현, 2014). 1) 평가결과를 토대로 이미 드러난 성과를 확인시켜주고, 모니터링과정에서 수집한 성과데이터를 토대로 성과목표를 달성하는 과정에서 발생했던 문제점을 개선하기 위해 실시한다. 또한 2) 목표수행기간동안 발휘된 구성원의 역량을 정확하게 분석할 수 있으며, 그것을 통해 직무성과 기대의 자격요건(KSAOs)과 비교하여 개발이 필요한 구성원의 역량을 구체적으로 도출하여 구체적인 타당한 훈련프로그램을 설계할 수 있도록 도와준다. 그리고 3) 차기 성과목표 및 과제를 설정할 때 정확하게 분석된 구성원의 역량을 반영하도록 한다(나기현, 2014).

따라서 올바른 피드백은 기업에서 정기적으로 실시되는 이벤트성 교육훈련프로그램보다도 더 구성원들의 성장에 실질적인 도움을 줄 수 있기 때문에, 그 어떤 값비싼 교육훈련프로그램보다도 더 효과적일 수 있음을 조직관리자는 인식할 필요가 있다(류량도, 2006; 나기현, 2014).

제2절. 피드백에 대한 이론적 논의

피드백하기에 대한 이해를 돕기 위해 본 절에서는 피드백의 개념과 목적(중요성), 피드백 제공을 위한 선행조건과 구성요소 등 피드백에 대한 이론적 논의를 살펴본다.

2.1. 피드백의 개념과 피드백 제공을 위한 선행조건

피드백(feedback)이란 조직에서 직무명확화하기를 통해 세밀하게 계획된 개별 직무성과 기대를 직무담당자인 구성원이 얼마나 잘 부응했는가에 관한 내용을 담당자에게 주어지는 것이다(나기현, 2014). 즉 조직에서 피드백이란 조직관리자가 개인이나 집단에게 그들의 과거행동(목표달성하기 위해 행하는 여러 행동들)의 적절성이나 정확성 그리고 성과에 대한 양적·질적인 정보를 제공해 주는 것을 의미한다(Prue & Fairbank, 1981; Ashford & Cummings, 1983; Ashford, 1986). 그러므로 피드백은 평가의 주요목적들 중의 하나로 학습 즉 중요성과를 낳는 행위를 지속하도록 하거나 또는 나쁜 성과를 낳는 행위를 수정할 기회를 갖도록 하는 것이다(김식현, 1999).

따라서 조직에서 지속적인 학습을 기반으로 하는 피드백을 제공하기 위해서는 다음과 같이 4가지 선행조건이 요구된다(강대석, 2009; 나기현, 2014).

1) 직무결과물 및 역량에 초점을 두어야 한다. 이유는 피드백에서는 직무/역할로부터 요구되는 기대성과와 역량대비 결과물/산출물을 거론하여야 하기 때문.
2) 바람직한 성과 및 역량의 기준이 제시되어야 한다. 성과기준은 직무성과 기대의 성과표준 또는 성과목표가 되는 것이고, 역량기준은 직무성과 기대상의 자격요건인 역량들이 되는 것이다.
3) 개별 직무마다 직무성과 기대상의 성과목표, 과업행동, 그리고 역량을 기준대상으로 객관적인 측정이 이뤄져야 된다. 이를 위해 객관적으로 측정할 수 있는 타당한 도구가 준비되어 있어야 한다.
4) 중요한 소통도구로 활용하여야 한다. 이유는 측정결과(시간에 따른 성과 및 역량)를 도식화/시각화할 수 있기 때문.

2.2. 피드백의 구분

피드백은 내용, 시기, 대상에 따라 구분된다. 이를 구체적으로 정리해보면 다음과 같다.

1) 피드백 내용에 따라 두 가지로 구분될 수 있다(Audia & Locke, 2003). 하나는 긍정적 피드백(positive feedback)으로, 이는 구성원이 직무를 충실히 수행하고 성과를 기대수준으로 달성하고 있다는 점을 확인할 수 있는 정보를 포함하는 피드백을 의미한다. 다른 하나는 부정적 피드백(negative feedback)으로, 이는 현재 수행하고 있는 역할과 성과가 미흡하거나 잘못된 방향으로 행동하고 있음을 지적하는 피드백을 의미한다. 두 피드백 중 부정적 피드백의 중요성이 더 큰 것으로 알려져 있다. 그 이유는 구성원이 현재 무엇을 잘못하고 있는지에 대한 정보를 제공해줌으로써 적절한 자기행동의 규제를 가능하게 해주고, 현 수준에서 개선이 필요한 행동, 단점 및 잘못이 포함된 정보를 제공함으로써 성과향상에 더 긍정적 역할을 하기 때문이다(Moss, Valenzi, & Taggart, 2003; Yariv, 2006).

2) 피드백 시기와 관련하여 3 단계로 구분된다. 성과피드백은 계획수립단계, 실행단계, 그리고 평가단계 등 전체단계에서 이루어져야 한다(류량도, 2007).

구분	내용
목표수립 단계	· 전년도 실적결과를 피드백 하여, 필요할 경우 성과목표와 전략을 수정하도록 한다.
목표실행 단계	· 실행단계에서 실적분석을 피드백 하여, 월간 성과목표 달성전략을 수정하도록 한다.
목표평가 단계	· 평가결과를 확인하고, 이에 대한 분석실시 후 이루어지며, 평가기간 중 보여준 평가대상자의 성과, 역량, 능력차원에 대한 피드백을 통해 잘한 점과 부족한 점을 분명히 알 수 있도록 함으로써 차기 성과목표를 수립할 때 반영할 수 있도록 한다.

3) 피드백은 평가대상에 따라 개인차원과 조직차원으로 구분할 수 있다(류량도, 2007). 먼저 조직차원의 피드백은 팀 단위에 대한 피드백을 의미한다. 팀별로 설정한 성과목표에 대한 피드백을 상위조직과 주관부서에서 실시한다. 피드백 내용은 3가지로, ① 성과목표와 관련해서는 개별 팀마다 팀 성과 목표를 얼마나 달성했는지를 확인하여 팀장에게 피드백을 한다. ② 성과경영 프로세스운영 관련해서는 성과경영프로세스를 제대로 수행하고 있는지에 대한 피드백으로서, 프로세스상에서 잘 실행되지 않고 있는 부분이 어떤 부분인지를 파악하여 다음연도에 그 부분을 집중적으로 개선하도록 한다. 그리고 ③ 역량관련해서는 팀장이 업무수행 중에 발휘한 리더십역량에 대하여 피드백을 한다. 피드백 내용은 3가지로, ① 성과와 관련해서는 팀원이 평가기간 중에 수행한 결과들을 대상으로 탁월한 성과와 보완이 필요한 성과로 구분하여 피드백을 실시한다. ② 역량과 관련해서는 팀원 개개인의 역량에 대해 탁월한 역량과 개발이 요구되는 역량으로 구분하여 피드백을 실시한다. 그리고 ③ 능력개발과 관련해서는 팀원별로 개발이 필요한 능력과 그 목표수준, 필요한 개발기간, 코칭 가이드를 분류하여 피드백을 실시한다.

2.3. 360도 피드백시스템

최근 360도 피드백시스템이 다면평가기법으로 이해되면서 기업에 확산되고 있다. 글로벌 기업에서는 다면평가를 '360 Degree Feedback'이라고 일반적으로 부른다. 그러나 이는 엄밀히 말해서 평가라기보다는 피드백시스템이다. 그 이유는 조직에서 이 시스템을 업무성과를 직접적으로 평가하거나 연봉조정을 위한 평가와는 별도로 운영하면서, 본질적으로 피평가자에게 피드백을 제공함으로써 사람을 개발시키는데 목적이 있기 때문이다. 즉, 성과평가(Performance Appraisal)가 아니고 개발을 위한 피드백(Feedback for Development)이 목적이다. 그래서 '평가'라는 표현보다는 '피드백'이라는 표현을 사용하는 것이다.

360도 피드백(다면평가) 시스템은 피평가자를 관찰 할 수 있는 위치에 있는 다양한 사람들(상사, 동료, 부하, 고객, 자신 등)을 평가자로 활용하는 방법이다. 그러므로 조직에서 360도 피드백시스템의 성공적 도입방안으로 [그림 2-1]과 같이 5개의 프레임웍을 제시하였다(나기현, 2014; Carey Peter의 TVA: Tennessee Valley Authority 회사사례)

[그림 2-1] 360도 평가피드백시스템의 성공적 도입을 위한 5개의 프레임웍

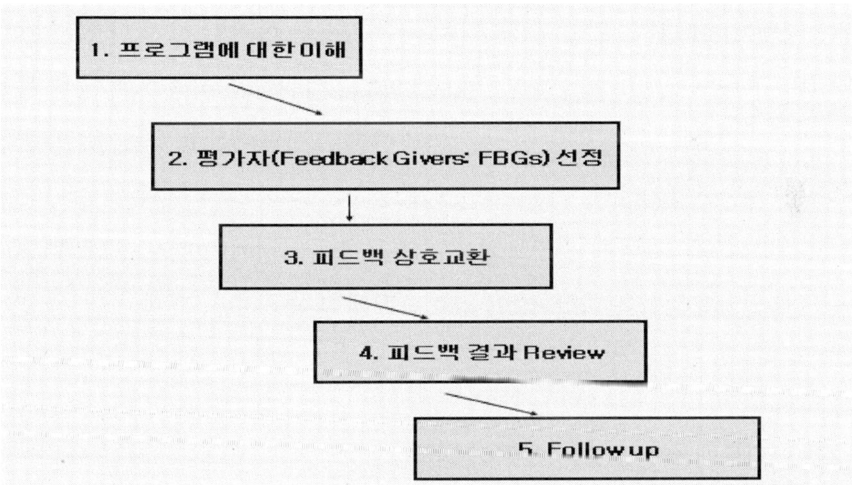

자료: 나기현(2014), 전략적 인적자원관리: 통합 성과관리모델, 부산외국어대학교 출판부, p. 301

2.3.1. 프로그램에 대한 이해를 얻어야 한다.

프로그램에 대한 이해를 얻기 위한 방안으로는 다음과 같이 제시할 수 있다. ① 프로그램의 목적을 분명히 설정하여야 한다. 왜 360도 인가?'에 대한 질문에 대해

이 프로그램의 역할이 무엇이며, 구성원에게 어떤 의미가 있는지를 분명히 밝혀야 한다. ② 미션 Statement를 개발하여야 한다. 프로그램에 대한 미션 Statement를 간결/명료하게 개발하여, 유익하다는 것에 대한 논리적인 근거를 명확하게 해야 한다. ③ 프로세스를 정립하여야 한다. '그것이 어떻게 작동되는지'에 대해 업무처리지침을 구체적으로 제시하여야 한다. 즉 프로그램이 언제/어디서/어떻게 이루어지는지 명확히 제시해야 한다. ④ 의사소통의 도구(질의서)를 개발하여야 한다. 이 프로그램이 매우 중요하다는 것을 구성원들에게 인식시키기 위해서 새롭고 흥미로운 그래픽을한 도구(질의서)를 만들어야 한다. ⑤ 지속적인 의사소통을 하여야 한다. 구성원 모두에게 매일 e-mail을 통해 프로세스를 알리고, 당신이 생각할 수 있는 모든 것에 대해 모든 사람과 공유하여야 한다.

2.3.2. 평가자(FBGs: feed back givers)를 선정하여야 한다.

TVA 구성원들은 Web-based 양식을 통하여 자신의 평가자를 선정한다. 조직에서 구성원들이 자유롭게 평가자 선정을 할 수 있도록 돕기 위한 방안으로 ① 평가자 선정의 규칙을 정립하여야 한다. 예로 TVA 구성원들은 직접 5~10명의 동료를 평가자로 선정한다. 단 평가자 선정은 익명성을 보장해야하고, 자신을 높게 평가해줄 사람만을 선정한다면, 이는 본인에게 전혀 도움이 되지 않음을 상기시켰다. 또한 ② 선정된 평가자에게 선정목적을 분명하게 상기시켜야 한다. 예로 TVA에서는 구성원 개발과 육성을 위한 것임(급여/승진에 영향을 주는 것이 아님)을 명확히 했다.

2.3.3. 피드백을 상호교환 하여야 한다.

평가자와 피평가자 간의 피드백을 상호교환 할 수 있도록 돕기 위해서는 ① 질의서 내용을 결정하여야 한다. TVA에서는 조직에서의 '성공적인 행동(태도)'에 초점을 둔 2개 항목으로 질의서 내용을 구성하였다. 어떤 관리자는 10명 이상으로부터 평가자로 선정되기도 하기 때문에 질의서는 평가자를 피곤하게 만드는 것으로 인식되기도 함으로 주의해야 한다. ② 질의서에 평가자를 위한 메시지를 제시하여야 한다. 질의서 양식에 구성원 피드백의 목적을 설명하고, 데드라인을 명시하며, 이것이 왜 중요한지 상기시켜야 한다. 그리고 ③ 피드백은 피평가자인 당사자(FBRs: feedback receivers)에게 직접 보내도록 한다. 질의서를 받은 후 7일 이내 보낸 사람에게 다시 보내도록 해야 한다. TVA에서는 당사자가 평가자에게 연락해 질의서에 충실하게 답해줄 것을 요구하기를 권장하도록 해 회수율이 80% 이상 되었다.

2.3.4. 피드백 결과에 대한 리뷰(review)를 하여야 한다.

올바른 피드백을 위해 피드백 결과에 대한 리뷰를 하여야 한다. 리뷰내용으로는 다음과 같다.

① 피드백 결과를 누가 받아 보는가? 피드백이 개발/육성이 목적이라면 그 결과를 받는 사람은 당연히 피평가자인 당사자가 되어야 한다. 만약 상사(관리자)에게 주면 경고가 주어진다. 그러나 피드백이 인사관리 목적이라면 피드백결과의 수신인은 당연히 HR부서 또는 해당자의 관리자(상사)가 되어야 한다. ② 그것에는 무엇이 담겨있는가? TVA에서는 피드백 내용으로 '성공적인 행동(태도)'을 포함하고 있고, '구성원들이 그것을 얼마나 자주 발휘하고 있는가?'에 대한 평가내용이 있다. TVA에서는 이것이 동료들 간의 순위를 결정하는 상대평가보다 더 효과적이라는 것을 알게 되었다. 그리고 ③ 실질적으로 육성과 개발에 도움이 되는가? 단지 숫자가 아닌 서술된 피드백을 통해서 당사자는 평가자들의 피드백이 의미하는 것이 무엇인지 확실히 이해해야 한다.

2.3.5. 후속조치(Follow Up)를 취하여야 한다.

대부분의 기업들은 후속조치가 매우 중요하다는 것을 알고 있지만, 이에 대해서는 인색하기만 하다. 그러나 피드백의 효과성을 높이기 위해서는 다음과 같은 후속조치를 취해야 한다.

① 피평가자가 피드백내용을 명확히게 깨닫도록 하여야 한다. 당사자는 인터넷을 통해 요약된 내용과 워크숍 참석을 통해서 제본된 그룹보고서를 받는다. TVA에서는 더 많은 정보를 얻기 위하여 그들의 평가자와 접촉하기를 요구하는데, 이는

중요한 결과를 낳는다. ② 피평가자의 행동변화를 촉진시켜야 한다. 구성원들이 그들의 행동과 태도를 향상시킬 수 있는 기회와 아이디어를 제공해 주어야 한다. ③ 그룹별 보고서를 만들어야 한다. 피드백을 다 마친 후에 함께 참여했던 동료그룹(10~11명)별로 그룹보고서를 만들어야 한다. 그 이유는 피평가자인 당사자(FRRs)가 참여그룹 동료 중에서 자신이 어느 곳에 위치해 있는지를 알게 하는데 도움을 주기 때문이다. 그리고 ④ 당신의 프로그램을 평가하여야 한다. 시간낭비의 과정이 되지 않기 위해서는 결과들에 대해 반드시 기록하고, 성공적인 사례는 즉시 널리 알리도록 한다.

이와 같이 360도 피드백시스템은 피평가자를 관찰 할 수 있는 위치에 있는 다양한 사람들(상사, 동료, 부하, 고객, 자신 등)을 평가자로 활용하는 방법이기 때문에, 상사평가에 비해 훨씬 공정하다고 인식되고, 특정개인의 편견으로부터 영향을 적게 받아 타당도가 더 높은 평가결과를 산출한다(임창희, 2008; 김영재 외 2인, 2005). 그러나 제대로된 효과를 얻기 위해 개선해야할 점들은 다음과 같다(이학종 & 양혁승, 2005).

1) 평가자 개개인의 익명성 보장이 되어야 한다. 그 이유는 동료 혹은 부하 평가자의 경우 익명성이 보장되지 않는 상황에서는 피 평가자를 있는 그대로 평가하기가 쉽지 않기 때문이다.

2) 평가를 주관하는 부서에서 평가내용을 종합적으로 분석하고, 이를 요약・정리하여 피평가자에게 피드백을 제공하여야 한다. 그 이유는 평가자의 익명성을 보장하고, 평가결과에 대한 피평가자의 이해도/활용도를 높이는 효과를 가져다 줄 것이기 때문이다.

3) 평가결과의 활용측면에서 보상이나 상벌보다는 개인의 역량개발을 위한 피드백제공 목적으로 활용하는 것이 적합하다. 그 이유는 평가결과가 보상이나 상벌 등에 중대한 영향을 미치게 설계될 경우 부하입장에서는 상사에 대한 정확한 정보제공에 부담스럽기 때문이다.

제3절. 피드백 제공자 역할의 실행방안

조직에서 구성원들의 성장과 개발을 위한 제대로 된 피드백을 주고받으려면 어떻게 하여야 할까? 이를 위해 피드백 제공자가 어떠한 역할을 하여야 할까? 이에 대한 실행방안을 제시하도록 한다.

3.1. 효과적인 피드백 프로세스를 이해하라

구성원과 피드백을 주고받는 데도 효과적인 프로세스와 요소가 필요하다고 주장한다(고현숙, 2018). 필요부분을 정리해보면 다음과 같다.

첫째, 피드백 환경을 점검해야 한다. 여기서 핵심은 '안전감'이다. 그 이유는 안전한 상황이라야 솔직하게 피드백을 주고 수용하는게 가능하기 때문이다. 만약 피드백이 위협으로 받아들여진다면 결과는 싸우거나 도망가기 중 하나다. 안전하게 만들려면 피드백이 지원을 제공하는 것임을 서로 간에 명확하게 해야 한다.

둘째, 피드백하는 주제에 대해 명확히 해야 한다. 피드백에서 중요한 것은 구체적인 행동이나 역량에 대해 말해주거나, 개선점만을 지적하는게 아니라 잘한 것, 개선된 것을 알려줌으로써 행동에 확신을 갖고 유지하게 하는 것이다.

셋째, 피드백에 대한 상대방의 의견을 청취해야 한다. 단지 지적에 그치지 않으려면 피드백을 하고 그에 대한 당사자의 의견을 들어야 한다. 동의하는지, 고려할 다른 요소가 있는지, 더 나은 대안이 있는지를 함께 의논해야 한다.

넷째, 피드백 이후 실행계획을 의논해야 한다. 피드백이 충고나 주관적인 비평에 그치지 않으려면 실행계획을 세우는 것으로 이어져야 한다. 구체적으로 무엇을 할지 함께 의논하고 정하는 것이다. 그런 다음 구성원의 책무확인으로 마무리한다. 예로 실행계획을 언제까지 실천할지, 언제 점검할지, 실행의 확인기준은 무엇인지 등에 대해 의논해야 한다.

다섯째, 지속적으로 피드백을 제공하여야 한다. 피드백은 매년 실시하는 성과리뷰와는 다르다. 피드백은 지속적으로 이루어질 때 가장 효과적이다. 또한 일상적이고 사소한 행동에 대해 피드백이 제공되는 것이 중요하다. 관리자들은 명백한 실수 혹은 뛰어난 성과와 같은 극단적인 행동에 대해서만 주로 의견을 제시한다. 그러나 구성원들은 대부분 이러한 극단적인 행동의 사이에 있는 행동을 한다.

3.2. 코칭 대상을 분명히 알아라.

피드백 제공자가 코칭 대상자를 알아야 피드백을 정확하게 줄 수 있다. 코칭 대상이 사람이기 때문에 다 안다는 것은 불가능하다. 단지 업무를 수행하기 위해 코칭 대상을 파악한다 해도 여러 차원이 존재하기 때문에, 개개인의 성과와 역량을 알면 피드백의 질이 달라진다. 성과와 역량을 두 축으로 2X2 매트릭스를 구성해 보면 구성원들을 4가지 차원으로 구분할 수 있다.

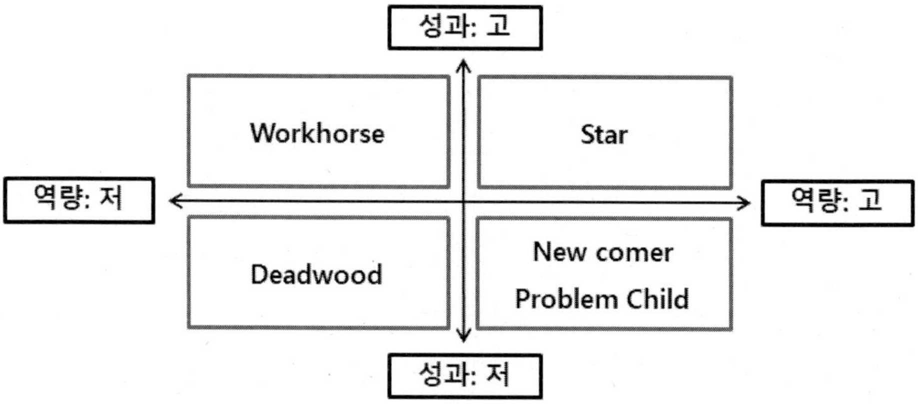

1) 역량도 뛰어나고 성과도 훌륭한 직원(Star): 이들에게는 앞으로 커리어를 어떻게 할 것인지, 승진을 하려면 어떤 준비가 필요한지, 어떤 새로운 일을 해 본인의 역량이 확대할 것인지에 대한 피드백이 적절하다.

2) 성과는 좋은데 역량이 부족한 구성원(Workhorse): 이들은 야근도 밥 먹듯이 하고 있는 구성원이라 오히려 역량을 올릴 수 있거나 업무수행의 효율성을 높일 수 있는 피드백이 필요하다.

3) 역량은 있는데 성과가 좋지 않은 두 그룹의 구성원들(new comer, problem

child): 이들은 좀 더 면밀한 피드백이 필요한 구성원들이다. 신입사원은 스펀지와 같아 가만히 놔두면 Deadwood나 Problem child와 어울려 조직의 부정적인 면면만 보고 따라하게 된다. 이를 차단하기 위해 입사와 동시에 Star 나 Workhorse를 멘토로 연결해 조직의 이해도나 다른 구성원들에 대한 이해도를 높이게 해야 한다. 또 Problem Child은 역량발휘에 초점을 둬야 한다. 명확하게 특정 업무책임을 부여하고, 그 업무완성도를 높이는데 기여하게끔 기회를 부여한 다음 중간 중간 과정에 깊게 개입해 그동안 잘못된 형태를 찾아 고쳐주는데 초점을 맞춰야 한다. 작은 성공을 간간히 격려해 긍정적 강화를 시켜야 한다.

4) 역량도 떨어지고 성과도 낮은 구성원들(Deadwood): 이들은 자기존중감과 자기유능(효능)성이 낮기 때문에, 이를 개선할 수 있는 피드백이 필요하다. 또한 재배치를 통해 자신과 잘 맞도록 연계시키거나 희망하는 경력욕구와 관련하여 역량개발을 할 수 있도록 교육 및 훈련기회를 제공하는 것도 필요하다.

3.3. 긍정적 피드백을 하라

조직관리자는 피드백이 긍정적이고 건설적인 의견을 구성원에게 전달하는 것임을 명심해야 한다. 이를 통해 조직목표와 구성원의 성과를 확인하고 개선해야 되는 사항을 긍정적으로 받아들이도록 돕고, 향상에 대한 의지를 고취하는 것이다. 이를 위해 조직관리자는 피드백의 효과적인 방식을 이해하고, 이를 제대로 실행할 수 있도록 피드백 스킬훈련을 하여야 한다.

효과적인 피드백 구조로는 1) 특별히 잘한 일, 이를 가능하게 한 구성원의 공헌과 구성원의 강점으로 시작하여야 한다. 이를 위해서는 실제로 관찰하고, 발생한 성과인가를 확인해야 한다. 또 잘한 것은 구성원의 강점과 연결하여야 한다. 2) 구체적이고 분명하게 피드백 하여야 한다. 그래야 구성원에게 의미를 정확하게 전달할 수 있다. 또한 피드백 과정에 집중하게 하고, 시간을 효과적으로 활용하도록 한다.

피드백은 구성원들이 목표에 초점을 맞추도록 하고, 과정을 이해하며 구성원과 조직을 함께 성장하도록 돕는 도구이다. 그러므로 피드백에 포함해야 할 정보로는 구성원이 성취한 것, 조직목표, 업무목표 및 계획과 비교한 성과, 성취한 결과와 구성원의 공헌과의 연결 등이다. 또한 평상시 관리자로서 어떻게 피드백을 하는지에 대해 점검해야 한다. 구성원의 동기를 강화하고 개선된 행동으로 향하는 효과적인 피드백지침 및 특성은 다음의 <표 3-1>과 같다(백진기, 2017).

〈표 3–1〉 효과적인 피드백지침 및 특성

<table>
<tr><th>리더 및 관리자를 위한 피드백 지침</th><th>효과적인 피드백 특성</th></tr>
<tr><td>· 구성원의 강점을 파악하라
· 피드백을 할 때는 간단명료하게 하라
· 구성원의 의견을 묻고 적극적으로 경청하라
· 구성원에게 집중하라
· 인정할 것은 인정하라
· 결과를 조직의 목표와 연결하라
· 피드백을 통해 교환한 내용을 공유하라
· 언제나 향상에 초점을 맞추라</td><td>· 격려한다.
· 성공의 느낌을 준다.
· 잘하고 있는 것을 인식하도록 한다.
· 적절한 실행단계를 확인한다.
· 개인의 목표와 조직의 목표를 이해하도록 한다.
· 학습을 촉진한다.
· 비난보다 개선에 초점을 둔 조직 환경을 촉진한다.</td></tr>
<tr><td colspan="2">· 구성원이 잘한 일을 부각한다. 실제로 나타난 결과를 바탕으로 진정성 있는 인정과 칭찬을 한다.
· 구성원이 성취한 것을 통해 그가 갖고 있는 강점이나 역량, 성공요인을 강조한다.
· 구성원이 더욱 잘하기 위해서 변해야 하는 행동이나 알아야 하는 지식을 제안한다.
· 개선해야 하는 것을 파악한다. 구성원에게 필요한 변화를 파악하고 조언한다. 구성원의 시야와 비전을 더 높은 곳으로 향하도록 돕고, 구성원이 가진 잠재력을 깨닫도록 한다.</td></tr>
</table>

자료: 백진기(2017), 성과코치의 리더역할과 제대로 된 피드백을 주려면?, HR Insight.

3.4. 코칭과 피드백 역량을 갖춰라

성과평가가 목표하는 바를 이루려면 일하는 과정에서 건전한 피드백을 하고 코칭을 해주는게 필수다. 그래서 모든 관리자에게 피드백과 코칭역량은 필수다. 팀원이 적든 많든, 구성원이 뛰어나든, 부족하든 그들의 잠재력을 최대한 이끌어 내려면 효과적인 코칭역량을 갖춰야 한다. 주관적인 잣대를 가지고 팀원의 역량이 부족하다고 탓하기 이전에 충분히 목표를 공유하고 훈련시키며 역량을 높이기 위한 피드백과 코칭을 해주는게 먼저다. 그렇다면 올바른 피드백과 코칭을 하려면 어떤 역량이 필요할까?(고현숙, 2018)

1) 관찰력이다. 구성원이 일하는 방식을 관심을 갖고 지켜봐야 한다. 그 이유는 현실을 직시하지 않고서는 개선점을 찾을 수 없기 때문이다. 2) 직접적인 커뮤니케이션을 할 수 있어야 한다. 문제가 있어도 관계를 해칠까봐 두려워서 혹은 귀찮아서 참는 경우도 많다. 또 빙빙 돌려서 말하거나 너무 완곡하게 표현해서 상대에게 분명한 의미를 전달하지 못하기도 한다. 진실말하기 그리고 상대에게 어떤 행동을 취할 것을 요청하는 요청하기도 직접소통의 한 요소이다. 요청하는건 코칭이지 지시가 아니다. 그 이유는 상대가 실행여부를 선택하게 하기 때문이다. 3) 중립적인 언어를 사용해 건설적으로 대하라. 중립적인 언어란 상대를 비난, 판단하지 않는 언어이다. 잘했다, 못했다가 아니라 사실에 기초해 냉철하게 말할 수 있는 것이다. 예로 '지금까지 뭐 했습니까' 보다는 '이 일은 매우 중요합니다. 어떻게 해야 진전이 될 수 있습니까'라는 식으로 바꿔야 한다. 그 이유는 질책성 말은 그 안에 비난이 숨어있기 때문에 방어적으로 만들기 때문이다. 4) 피드백의 내싱은 행동과 역량에 국한되어야 한다. 상사라고해서 구성원을 인격적으로 평가할 권한은 없다는 점을 분명히 알아야 한다. 즉 개선에 필요한 행동에 초점을 맞춰 피드백해야 한다. 예로 '당신은 소심해서 탈이야'보다는 '회의시간에 좀 더 자기의견을 표현하도록 하게' 같이 말해야 한다. 5) 자신의 에고(ego)를 통제할 수 있어야 한다. 주관적인 현실을 벗어나서 객관적으로 자신을 볼 수 있어야 한다. 구성원의 나르시시스트면 어떤 피드백이나 코칭도 무용지물이 되고, 상사가 나르시시즘은 피드백이나 코칭시 자신이 똑똑함을 과시하려는 경향으로 나타난다.

성과관리의 선진기업들은 리더 및 관리자들에게 "부하직원에게 적극적으로 피드백을 하라"라고 강조하는 것에서 그치지 않고 실질적으로 그들이 피드백을 살할 수 있도록 지원한다. 어도비는 2012년에 연례 성과평가를 폐지하고 코칭과 피드백 중심의 성과관리로 전환하였다. 새롭게 도입된 성과관리는 목표설정, 업무진척, 역량개발 영역에서 상사와 부하직원 간의 소통을 중요시 한다.

어도비는 리더들이 코칭과 피드백을 원활하게 수행할 수 있도록 훈련을 시키고, 새로운 성과관리에 대해 구성원들이 도움이 필요할 때면 언제라도 지원받을 수 있도록 구성원 자원센터(employee resources center)를 운영한다. 다른 기업들은 리더와 관리자들의 피드백 역량을 향상시키기 위해 성과관리 애플리케이션을 활용하기도 한다. 이는 그들의 전반적인 역량진단이 아니라 성과관리역량에 초점을 두어 진단하고, 리더에게 피드백과 코칭을 제공한다. 예로 부하직원으로부터 리더와 관리자가 목표기준을 명확히 제시하였는지, 필요한 지원은 무엇인지를 중심으로 피드백을 수집하여 전달함으로써 리더와 관리자의 생각이 아닌 부하직원의 니즈에 맞게 코칭을 제공할 수 있도록 지원한다.

Adobe:

- 2012년 연례 업무평가 제도를 개혁함: 연례 실적평가를 없애고 Check in 프로세스로 바꿈.
- 실시간 사용 솔루션, 분기별 관리자-구성원 매칭, 매달 또는 프로젝트 종료 후 기대목표, 피드백, 성장과 개발 등 3가지 주제로 대화.
- **기대목표:** 개인 직무와 프로젝트 목표 설정, 진척상황 추적, 재확인 → 개인 역할과 책임, 성공평가에 대한 소통. 기대목표는 경영진이 설정한 연간 목표에 바탕을 두지만, 이 목표들을 실현하는 직원/프로젝트 기여는 관리자와 구성원이 논의.
- **피드백 강화:** 직원들은 피드백을 더 자주, 시기적절하게 원한다.
- **성장과 개발:** 새로운 기회 논의, 현재의 역할과 소망하는 진로를 관리자와 함께 논의함. 향상해야 할 지식, 기술, 역량에 대한 조언(과거의 평가: 백미러 방식, 과거 지향).
- **새로운 체크인 프로세스:** 미래 초점, 자기 계발에 대한 책임감과 자신감 부여.
- "사람들에게 자신의 업무실적을 향상하고, 미래 진로를 바꾸는데 필요한 것들을 제공해 준다는 점에서 체크인 방식은 180도 전환을 의미한다. 이는 자신의 일과 기회에 대한 구성원들의 생각을 완전히 바꿔준다. 이제는 직원들이 피드백을 반가운 선물로 생각한다." (2012년 인사부장 도나 모리스)

3.5. 성과관리와 피드백 코칭을 연결하라

선진기업들은 어떻게 성과관리와 피드백 코칭을 연결하고 있는가? 이미 선진기업들은 성과관리와 피드백 코칭을 연결할 수 있는 토대가 구축되어 있다. 왜 토대가 이미 구축되었는지를 살펴보면 다음과 같다.

첫째, 기대성과와 목표가 분명하게 설정돼 있다. 전사의 목표가 분명히 수립돼 있고, 이는 사업부와 팀의 목표, 개인의 목표로 전환되어 있어야 한다. 구글은

OKR(objective and key results)이라는 시스템을 운영 중이다. 이 시스템은 조직적 차원에서 목표를 설정하고, 그 결과를 추적할 수 있도록 도와주는 목표설정 프레임워크다. 이는 인텔을 이끌던 앤디 그로브에 의해 정리됐고, 벤처케피털리스트 이었던 존 도어가 1999년에 구글에 소개했다. 구글은 구성원과 조직관리자가 충분한 논의와 공유과정을 거쳐 개인의 OKR을 정하고 이를 공유한다. 이 목표와 달성실행계획을 시스템에 등록하고, 주간단위로 진행수준을 점검해 나가는 것이다. 진척상황에 따라 레드, 옐로, 그린 등으로 표시해 가며 진도를 평가한다. 이런 주기적인 평가가 쌓여 개인의 성과평가가 되기 때문에 받아드리는 입장에서도 놀랄 일이 없다. 오늘날 거대기업으로 성장한 결정요인이 바로 여기에 있다고 평가한다.

둘째, 상시적인 평가체계를 갖추고 있다. 페이스북은 SNS를 통해 업무상황에 대해 그때그때 즉각적이고 짧은 가벼운 피드백을 댓글로 올려준다. 짧고 가벼운 내용이라 시간도 오래 길리지 않는다. 결국 이렇게 축적된 데이터들을 토대로 성과평가를 하니 객관성이 높아진다.

셋째, 투명성을 추구하고 있다. 브리지워터 어소시에이츠는 기업문화로 극단적인 투명성을 추구한다. 그래서 구성원들끼리 솔직하게 의견을 말하고 갈등이 생겨도 이를 공론화하도록 한다. 이를 위해 창업자 레이 달리오는 '야구 카드'라는 것을 만들었다. 모든 구성원의 통계자료를 야구선수처럼 관리하도록 한 것이다. 심지어 실수도 기록하고, 성격검사도 해 가능한 많은 내용이 담기게 했다. 특히 이 야구 카드의 핵심은 동료직원들이 서로를 평가한다는 점이다. 예로 구성원은 프로젝트를 함께 진행한 동료직원들에게 서로서로 도트(dot: 점)을 부여한다. 이를 통해 남들이 자신을 어떻게 평가했는지도 알 수 있다. 그리고 이렇게 투명하게 작성된 구성원 개개인의 기록을 바탕으로 임무를 부여한다.

3.6. 피드백 수용도를 높여라

피드백 수용도(Feedback Acceptance)는 개인이 받은 피드백을 어떻게 인식하는가와 얼마나 중요하고 유용하게 생각하는지에 대한 정도를 나타낸다. 피드백 수용도가 높을수록 개인은 피드백이 자신에게 유용하다고 생각하고, 피드백을 수행을 증진시키기 위한 도구로 활용하며, 수용자 개인의 성향, 피드백을 주는 대상(sources)과 피드백 내용(contents)에 따라서 수용도가 달라진다(Ilgen, Fisher와 Taylor, 1979). 즉 피드백 수용도는 평가결과 피드백 받은 내용에 대한 정확성, 유용성 등에 대한 지각뿐만 아니라 피드백에 대한 긍정적인 인지적 태도로 정의하였다(김문선, 2009; 김정진·박경규, 2008).

이러한 피드백 수용도의 영향요인으로는 피드백의 정보원뿐만 아니라 피드백의 내용, 빈도와 양, 수신자의 특성 등을 들 수 있다(Asford & Cummings, 1983). 이 외에도 피드백 구체성, 피드백 직무가치, 피드백 호의성, 부정적 피드백보다는 긍정적 피드백 등이 영향요인으로 제시되었다(Brett와 Atwater, 2001; 김정진·박경규, 2008). 따라서 조직관리자는 구성원들의 피드백 수용도를 높이기 위해서 바람직한 피드백 방향을 이해하고, 피드백내용이 적절하게 구성되어 있는지를 항상 점검해야 한다.

'체크인Check-in'으로 상시피드백 실현한 어도비

체크인은 인사고과 없이 관리자와 직원간의 대화와 피드백으로 이뤄지는 성과평가 시스템이다. 김 차장은 주력 제품과 영업 방식이 바뀌어 기존의 평가 시스템으로는 직원의 성과를 측정하기 어려워졌고, 업무평가서를 작성하는데 불필요한 시간이 많이 투입됐으며, 연초에 한 번 성과 목표를 제시하는 형태로는 시시각각 변화하는 시장 상황을 반영하지 못한다는 지적에 따라 문제를 개선하기 위한 새로운 성과관리 체계로서 체크인을 도입했다.

이어 관리자는 분기별로 1번 이상의 체크인을 통해 결과물, 기여 및 행동에 대한 명확한 기대치를 설정해서 직원들이 비즈니스 및 개인 목표를 달성할 수 있도록 지원한다. 이 과정에서 관리자와 직원은 서로에게 상시적이고 건설적인 피드백을 제공하게 되는데, 직원들은 관리자에게 앞서 설정한 기대치와 비교해 일의 진행 상황이 어떠한지에 대해 설명하고 진행 상황이나 변화에 따라 목표를 유연하게 재조정 할 수 있다.

어도비 HR은 매니저들이 목표를 설정하고, 피드백을 주고, 발전 방향에 대해 얘기하고, 임파워먼트 할 수 있도록 매니저들을 교육하고 서포트 하는 HR 비즈니스 파트너로서의 역할을 수행하고 있다. 또한 체크인에서는 책임과 함께 권한도 위임하기 때문에 1년에 한 번 '리워드 체크인'을 통해 매니저들은 직접 자신의 팀원들에게 예산을 배분하는 방식으로 보상하게 된다. 체크인 도입 후 객관적인 성과평가를 할 수 있게 됐고, 적절한 피드백을 받을 수 있어 많은 도움이 된다는 직원들의 긍정적인 평가를 받고 있다. 실제로 체크인 도입 이후 어도비를 일하기 좋은 회사로 추천하는 직원이 과거에 비해 10% 증가했고, 피드백이 업무 성과에 도움이 된다고 응답한 직원도 10% 증가했으며, 자신의 매니저가 직원의 피드백에 열려 있다고 답한 직원도 5% 늘어났다. 직원의 만족도와 자긍심이 높아지자, 퇴사자도 체크인 도입 이전보다 30%나 감소했다. 이제는 체크인이 단순히 성과관리 체계가 아닌 어도비의 중요한 사내문화이자 사람을 중시하는 기업문화로 뿌리 내렸다.

LG디스플레이: 서술형 피드백제도 운영

- "직원이 연초세운 목표를 달성할 수 있도록 연중 관리하는 프로세스에 중점을 둔다."고 자사 인사평가 제도를 평가했다. 또한 최종 인사평가에 대해 납득할 수 있도록 중간 피드백을 실시하는 것을 특징으로 꼽았다.
- LG디스플레이(034220)는 특히 중간피드백을 서술식으로 진행해 직원들이 본인의 역량을 키우는데 도움이 되도록 피드백 제도를 활용하고 있다.

유한킴벌리: 수시피드백 사내시스템 구축

- 유한킴벌리는 상시피드백 시스템과 성과평가위원회를 통해 평가의 공정성과 객관성 부여하고 있다.
- 회사 내에서 인사평가를 조직원 동기를 부여하기 위해서는 상시피드백제도를 도입하는 것이 효과적인 것으로 나타났다.
- 상시피드백시스템은 시기에 관계없이 사원이 업무 및 개인의 목표에 대해 언제든 피드백을 요청할 수 있다. 이에 대해 피드백 제공자는 사원의 성과향상에 도움 되는 방향으로 피드백을 제공한다.
- 유한킴벌리는 특히 연말 평가시즌에 개최되는 성과평가위원회가 다른 팀 앞에서 부하직원의 성과를 설명한다. 팀 리더는 팀원의 성과를 보다 객관적으로 납득시키기 위해 평소에도 직원과 교류, 소통하게 되므로 평가에 대한 객관성과 공정성이 확보된다는 것이 유한킴벌리의 설명이다.

참고문헌

강대석(2009), 성과향상 Skill Up, 경문사.

고현숙(2018), 상대평가결과는 대부분 승복 안 해 피드백과 코칭으로 팀워크를 키워라, 동아비즈니스리뷰, 12월호

김문선. (2009). 조직 내 피드백에 관한 연구. 이화여자대학교 대학원 석사 학위논문

김식현(1999),인사관리론, 무역경영사

김영재, 김성국, 김강식(2005), 인적자원관리, 심영사.

김정진, & 박경규. (2008). 다면평가 특성에 따른 평가결과 수용도 결정요인과 그 결과. 대한경영학회지, 21(1), 391-416.

나기현(2014), 전략적 인적자원관리: 통합 성과관리모델, 부산외국어대학교 출판부.

류랑도(2007), 하이퍼포머 팀장매뉴얼, 쌤엔파커스.

류랑도(2006), 1 Mission 3 Role; 성과중심의 리더십, 웅진윙스.

백진기(2017), 성과코치의 리더역할과 제대로 된 피드백을 주려면?, HR Insight.

이학종 & 양혁승(2005), 전략적 인적자원관리, 박영사.

임창희(2008) 인적자원관리 2판, 비앤엠북스.

Ashford, S. J., & Cummings, L. L. (1983). Feedback as an individual resource personal strategies of creating information. *Organizational behavior and human performance*, 32, 370-398.

Ashford, S. J. (1986). Feedback-seeking in individual adoption: A resource perspective. *Academy of Management Journal*, 29, 465-487.

Audia, P. G. & Locke, E. A.(2003), Benefiting from negative feedback, *Human Resources* ㅋ *Management Review*, 13(4), 631-646.

Brett, J. F., & Atwater, L. E. (2001). 360° feedback: Accuracy, reactions, and perceptions of usefulness. *Journal of Applied Psychology*, 86(5), 930.

Ilgen, D. R., Fisher, C. D., & Taylor, M. S. (1979). Consequences of individual feedback on behavior in organizations. *Journal of Applied Psychology*, 64(4), 349.

London, M. (2003). Job Feedback. Mahwah, NJ: Lawrence Erlbaum.

Prue, D. M., & Fairbank, J. A. (1981). Performance feedback in organizational behavior management: A review. *Journal of Organizational Behavior Management*, 3, 1-16.

Yariv, E.(2006), “Mum effects”: Principal's reluctance to submit negative feedback, *Journal of Managerial Psychology*, 21(6), 533-546.

찾아보기